FRIEDHELM KRÖL

Die »Gruppe 47«

Soziale Lage und gesellschaftliches Bewußtsein
literarischer Intelligenz in der Bundesrepublik

MCMLXXVII
J. B. METZLERSCHE VERLAGSBUCHHANDLUNG
STUTTGART

CIP-Kurztitelaufnahme der Deutschen Bibliothek
Kröll, Friedhelm
Die Gruppe 47 [siebenundvierzig]: soziale Lage u. gesellschaftl.
Bewußtsein literar. Intelligenz in d. Bundesrepublik. – 1. Aufl. –
Stuttgart: Metzler, 1977.
  (Metzler-Studienausgabe)
  ISBN 3-476-00371-X

e

Das Foto auf dem Umschlag der »Gruppe 47«, Tagung in Berlin 1965, stellte uns Frau
Renate von Mangoldt dankenswerterweise zur Verfügung. Unter anderen sind hier auf
dem Foto zu erkennen:
Hans Werner Richter in der Mitte mit dem Rücken zum Beschauer;
jeweils von links nach rechts in der
1. Reihe: Hans Erich Hollander, Erich Fried,
2. Reihe: Siegfried Unseld, Fritz J. Raddatz, Roland Wiegenstein,
3. Reihe: Reinhard Baumgart, Fritz Arnold, Ivan Nagel,
4. Reihe: Hellmuth Karasek, Hubert Fichte.

ISBN 3 476 00371 X

© J. B. Metzlersche Verlagsbuchhandlung und Carl Ernst Poeschel Verlag GmbH
in Stuttgart 1977.
Satz und Druck: Gulde-Druck, Tübingen
Printed in Germany

Die vorliegende Studie ist die überarbeitete Fassung einer Habilitationsschrift, die im Juli 1976 unter dem Titel, Gruppe 47 – Untersuchung zur sozialen Lage und zum gesellschaftlichen Bewußtsein literarischer Intelligenz in der BRD, am Fachbereich Philosophie, Geschichte und Sozialwissenschaften der Universität Erlangen-Nürnberg eingereicht wurde.

Zu Dank verpflichtet bin ich der Deutschen Forschungsgemeinschaft, die das Projekt »Gruppe 47« ermöglichte, und den Professoren W. Mangold und G. Wurzbacher, die das Forschungsvorhaben unterstützten.

Für kritische Interventionen möchte ich Dr. Heckmann und Dr. Beyer danken.

Frau I. Hochleitner gilt Dank für Ihre einjährige Mitarbeit am Projekt.

Allen Interviewpartnern danke ich für Ihre Bereitschaft zur Mitarbeit am Projekt, gehören doch die Interviews zum »stofflichen Kern« der Untersuchung; insbesondere Herrn Richter, der das Vorhaben von Anfang an mit freundlichem Zweifel unterstützte.

»Dank aber gebührt dem, der das Diktat aufnimmt, wenn er den Schriftsteller durch Widerspruch, Ironie, Nervosität, Ungeduld und Respektlosigkeit im rechten Augenblick aufscheucht. Er zieht Wut auf sich. Sie wird vom Vorrat des schlechten Gewissens abgezweigt, mit dem der Autor sonst dem eigenen Gebilde mißtraut und das ihn um so sturer in den vermeintlich heiligen Text sich verbeißen läßt. Der Affekt, der gegen den lästigen Helfer undankbar sich kehrt, reinigt wohltätig die Beziehung zur Sache« (Adorno, MM).

Diese Notiz gilt Marita Müller.

Nürnberg, April 1977 F. K.

INHALT

1. Problemzusammenhang

> »Hier kann jeder seine Meinung sagen,
> selbst wenn er dadurch in den Verdacht
> kommen sollte, ein Banause oder
> ein Soziologe zu sein.«
>
> Hans Werner Richter, 1957 während einer
> Gruppentagung

Notwendig ist klarzulegen, was die soziologische Untersuchung nicht zu leisten beansprucht, um vorweg Mißverständnisse, die leicht sich einstellen können, da bisher noch keine umfassende und systematische Darstellung der »Gruppe 47« vorliegt, zu vermeiden. Es ist weder eine literaturhistorische Analyse unter rezeptionssoziologischen Gesichtspunkten beabsichtigt, noch eine sozialgeschichtliche Deskription des facettenreichen Verlaufs der Gruppe. Beide Arbeiten stehen meiner Kenntnis nach noch aus. Die anstehende Rekonstruktion konzentriert sich auf Struktur- und Funktionsaspekte des *Gruppenprozesses,* insofern in ihm Momente der sozialen Lage und des Bewußtseins literarischer Intelligenz in der Bundesrepublik sich ausdrücken. Wissenschaftsbetrieblicher Borniertheit käme es gleich, sperrte die soziologische Analyse rigoristisch literaturgeschichtliche Gesichtspunkte aus; nicht nur borniert, sondern verfälschend wäre es, die strukturanalytisch orientierte Untersuchung gleichsam oberhalb historischer Konkretion anzusetzen. Um Strukturanalyse, welche auf den Zusammenhang gesellschaftlicher Tendenzverläufe reflektiert, bemüht sich die Untersuchung der »Gruppe 47«. Die soziale Bewegung und das ideologische Profil der Gruppe werden als spezifische Ausdrucksmomente der Entwicklung der objektiven Gesamtlage literarischer Intelligenz und ihres subjektiven, handlungskonstitutiven Widerscheins analysiert.

1.1. Historischer Abriß der »Gruppe 47«

Die Untersuchung mit einem knappen historischen Abriß der »Gruppe 47« zu beginnen, dürfte zweckmäßig sein, weil das soziologische Verfahren der Rekonstruktion nicht beabsichtigt, eine Chronologie der Ereignisse zu liefern. Sinnvoll erscheint eine historische Skizze zudem, weil anzunehmen ist, daß die »Gruppe 47« inzwischen, seit 1967, dem Jahr ihrer letzten offiziösen Zusammenkunft, durch eine Fülle literarischer und politisch-intellektueller Ereignisse im öffentlichen Bewußtsein überdeckt worden ist.

Wer publizierte Photographien des ersten Kongresses des Verbandes deutscher Schriftsteller von 1970 betrachtet, wird zwar den »Mentor« der »Gruppe 47«, Hans Werner Richter noch entdecken, aber schon fast unauffällig eingereiht in die Versammlung der Literaten. Zwar zeigen die Photos der ersten Reihe neben dem damaligen Bundeskanzler Willy Brandt, die Autoren Heinrich Böll und Günter Grass, doch wird in den Kommentaren kaum noch vermerkt, daß der Entwicklungsweg dieser Schriftsteller mehr oder minder eng mit der Geschichte der »Gruppe 47« verknüpft ist. Zwar sitzen im Vorstand des Schriftstellerverbandes Reinhard Baumgart und Dieter Lattmann, der 1. VS-Vorsitzende, doch wird kaum mehr registriert, daß der eine ein recht bekannter Kritiker in der »Gruppe 47« gewesen ist und der andere als Autor nicht eben erfolgreich auf deren Tagungen debütiert hat.

So sehr die »Gruppe 47« wenige Jahre zuvor noch ein Lieblingskind der literarischen und auch politischen Öffentlichkeit gewesen ist, so schnell ist das Interesse an ihr nach 1967 erloschen. »Aus den Augen, aus dem Sinn« – merkwürdig nur, daß gerade auch in der literarisch-intellektuellen Sphäre positivistische Bewußtseinsgeschichte so ungebrochen waltet. Wer die ereignisorientierte Verfahrensweise der Medien genauer kennt, der mag nicht erstaunt sein.

Immerhin, die »Gruppe 47« hat eine ganze literarische und intellektuelle Epoche, die Jahre von 1947 bis 1967, mitgeprägt. Vor diesem Hintergrund müssen Tempo und Ausmaß, mit dem die Gruppe ins Bewußtseinsabseits geraten ist, doch verwundern.

1973, als die Forschungsarbeiten zu dieser Untersuchung begonnen wurden, hatte sich am skizzierten Zustand kaum etwas geändert. Recht vereinzelt nur fanden sich retrospektive Artikel, von umfassenderen Untersuchungen ganz zu schweigen. So mag es nicht überraschen, daß eine Reihe der befragten ehemaligen »Mitglieder« der Gruppe eigentlich ein wenig erstaunt waren, zu diesem »abgestandenen« Thema noch befragt zu werden. Ein »Gruppenmitglied«, das um ein Interview ersucht wurde, meinte gar, zur Gruppe sei alles gesagt, so daß ein Interview sich erübrige. Hans Werner Richter, der das Projekt unterstützte, nachdem ich ihn im Herbst 1972 darum gebeten hatte, meldete aber Zweifel an der Möglichkeit einer *soziologischen* Untersuchung der »Gruppe 47« an:

»Ist Literatur überhaupt der Soziologie zugänglich? oder anders: Wie will Kröll die Mannigfaltigkeit, die Vielfalt, die zahlreichen Verästelungen, die Niederlagen und Erfolge, die Freundschaften, die Freund-Feind-Beziehungen, die Atmosphäre der Tagungen, wie will er das nach einheitlichen soziologischen Gesichtspunkten beurteilen? Eine Sisyphusarbeit, die nach meinem Ermessen nie gelingen oder zumindest nicht ganz gelingen« kann, so Richter 1974 in einer Rundfunksendung.

In diesem Herbst wird mit Sicherheit die feuilletonistische Buschtrommel wieder gerührt werden; das positivistische Bewußtsein der Medien wird aus seinem Dornröschenschlaf aufwachen, gilt es doch pflichtgemäß den »30. Geburtstag« und den »10. Todestag« der »Gruppe 47« zu begehen.

Diese Studie versteht sich nicht als Festbeitrag. Die Gruppe ist weder von bloß literar-historischem Archiv-Interesse, noch reduziert sich ihre Relevanz auf ein abgeschlossenes Kapitel bundesdeutscher, literarisch-intellektueller Nachkriegsgeschichte. Die Vorüberlegungen zu dieser Studien, daß die »Gruppe 47« Aktualität besitze, haben im Gang der Forschungsarbeiten sowohl unter theoretischen wie empirischen Gesichtspunkten sich bestätigt. Um es paradox zu pointieren, die Aktualität der Gruppe gründet im Schein ihrer bloßen Historizität.

Angemessenes historisches Bewußtsein ist m. E. Bedingung für zureichendes Verständnis der gegenwärtigen Situation und den in ihr sich andeutenden zukünftigen Tendenzen. Auf diesem Weg möchte die Untersuchung ein Stück gehen.

Ein historischer Abriß der »Gruppe 47« findet seine Anhaltspunkte in der Geschichte ihrer Tagungen, welche die Stationen ihrer Entwicklung markieren. Der Abriß ersetzt nicht eine Sozial- und Literaturgeschichte der »Gruppe 47«; er kann nicht mehr sein, als eine knappe (vor-)informierende Revue der Tagungsgeschichte.

Im Herbst 1947 treffen sich auf Anregung von Hans Werner Richter einige Schriftsteller und Kritiker, deren Namen heute kaum noch bekannt sind oder allmählich erst wieder genannt werden, wie beispielsweise der Lyriker Wolfgang Bächler, in Bannwaldsee bei Füssen im Allgäu. In der »tiefsten Provinz« werden die Keime für eine literarische Vereinigung gelegt, die einige Jahre später eine stattliche Anzahl prominenter deutschsprachiger Autoren, Kritiker, Lektoren und Verleger zu ihrem Kreis rechnen kann. Dieser Kreis, schon ein wenig erweitert, trifft sich im Jahre 1947 noch einmal; ihm gehören neben Hans Werner Richter u. a. Alfred Andersch, Günter Eich, Walter Kolbenhoff und Wolfdietrich Schnurre an. Schnurre ist es, der auf der ersten Tagung in Bannwaldsee mit seiner Erzählung *Das Begräbnis* die illustre Geschichte der Lesungen in der »Gruppe 47« eröffnet.

Der Faden der Zusammenkünfte reißt nicht ab; der Kreis vergrößert sich; in der literarischen Öffentlichkeit beginnt das Interesse sich zu regen. Zu den Tagungen in Jugenheim und Altenbeuren (Frühjahr und Herbst 1948), Marktbreit und Utting (1949) stoßen Lektoren z. B. der Verlage Desch, Rowohlt und S. Fischer hinzu; z. T. erscheinen die Verleger selbst. In dieser Zeit gelingt es der »Gruppe 47« als einer der ersten Vereinigungen, das tiefe Mißtrauen gegen den deutschen »(Un-)Geist« abzubauen; Gäste z. B. aus Frankreich und den Niederlanden nehmen an den Treffen teil. Die Ahnung, daß hier ein Stück demokratischer deutscher Geistestradition beheimatet ist, erleichtert ihnen den Zugang. In diese Zeit fällt auch die unprätentiöse Namensgebung der Gruppe; die von dem Literaten Hans Georg Brenner vorgeschlagene Bezeichnung »Gruppe 47« bürgert sich ein.

1949 wird die Bundesrepublik gegründet; ein Jahr später, auf der Tagung in Inzigkofen, 1950, vergibt die »Gruppe 47«, die älter ist als die Republik, in die sie sich sozial-kulturell integriert, ihren ersten Preis. Er geht an Günter Eich; die Gruppenkritik erkennt ihm den Preis für einige Gedichte zu, die später in dem berühmten Band *Botschaften des Regens* publiziert werden. In der Presse heißt der Platz, den die Autoren zur Lesung vor der versammelten Gruppe einnehmen, bereits »Elektrischer Stuhl« und die Kritiker werden als »Hyänen der Kritik« bezeichnet. Der »Elektrische Stuhl« wird zu einem Markenzeichen, das die »Gruppe 47« bis zu ihrem Ende begleitet.

Mit der Preisverleihung an Günter Eich deutet sich an, daß die literarische Palette der Gruppe sich erweitert und ausdifferenziert. Mit Schlagworten wie Abkehr von der »Trümmerliteratur« und Ende des »Kahlschlägerstils« wird die »poetische« Kehre in der Presse begrüßt. Manuskripte, in welchen vorwiegend Kriegs- und Faschismuserfahrungen unmittelbar literarisch verarbeitet werden, hierzu gehört etwa Hans Werner Richters Roman *Die Geschlagenen,* treten in den Hintergrund. Die zu Unrecht als »Landserrealismus« abqualifizierte Literatur weicht »magischer Poetik«.

Mit der Erzählung *Die schwarzen Schafe* reüssiert in der »Gruppe 47« ein »33jähriger Kölner Erzähler«, der »wenige Tage vor Beginn der Tagung arbeitslos geworden« war, wie es in einem zeitgenössischen Kommentar heißt. Heinrich Böll erhält 1951 den Preis auf der Tagung in Bad Dürkheim. Böll, dem in der zeitgenössischen Presse angekreidet wird, daß er literarisch »soziales Biedermeier« produziere, gibt 1952 störrisch sein *Bekenntnis zur Trümmerliteratur* ab. In der »Gruppe 47« stoßen jedoch andere literarische Töne auf positive Resonanz. Mit den Preisvergaben an die österreichischen Schriftstellerinnen Ilse Aichinger und Ingeborg Bachmann werden nicht nur bestimmte literarische Akzente gesetzt, sondern die Gruppe prägt zugleich ihr eigenwilliges Profil als literarisches »Entdecker-Organ« aus. 1952 in Niendorf wird Ilse Aichinger für ihre *Spiegelgeschichte* der Preis zuerkannt; auf der Tagung in Mainz 1953 kann Ingeborg Bachmann mit einigen Proben aus dem Gedicht-Zyklus *Die gestundete Zeit* das kritische Auditorium überzeugen. Nicht nur für Aichinger, Bachmann, Böll und Eich wird die »Gruppe 47« zum Auftakt sozial-literarischer Karrieren.

Der inzwischen sozial qualifizierte Kreis erweitert sich um Autoren wie den inzwischen verstorbenen Paul Schallück, Wolfgang Weyrauch und Siegfried Lenz. Auch den Intendanten des vormaligen Nordwestdeutschen Rundfunks (NWDR) Ernst Schnabel kann die Gruppe zu den ihren zählen. Nicht zuletzt ist dies ein Symptom, daß der Kreis der 47er enge Beziehungen zum Rundfunk unterhält; nicht wenige Autoren der Gruppe füttern die Kulturprogramme der bundesdeutschen Rundfunkanstalten; oft werden Lesungen direkt vom Funk mitgeschnitten.

In die Zeit des sozial-kulturellen Aufstiegs der Gruppe fallen auch spektakuläre »Durchfälle«. Auf schroffe Ablehnung stoßen die Lesungen von Rudolf Krämer-

Badoni, Luise Rinser und Paul Celan. Das literarisch treffsichere Gruppenorgan zeigt auch Schwächen.

Nicht zuletzt daran, daß der »Gruppe 47« starke Gegnerschaft erwächst, die teils literarisch, teils politisch-ideologisch motiviert ist, kann abgelesen werden, daß sie schon zu Anfang der 50er Jahre ein kultureller Faktor ist. Im Jahre 1952 eröffnet der kulturkonservative »Papst« westdeutscher Literaturkritik, Friedrich Sieburg, die nicht mehr abreißende Serie konservativer Angriffe gegen die Gruppe. Einen Kulminationspunkt hat diese nicht unbedenkliche Tradition im Vorwurf des Geschäftführenden Vorsitzenden der CDU Hermann Josef Dufhues im Jahre 1963, die Gruppe sei »eine geheime Reichsschrifttumskammer«. Das restaurative Klima der Adenauer-Ära läßt auch die intellektuelle Szene nicht unberührt. Es ist die Zeit, in der Schriftsteller aus der DDR wie Stephan Hermlin und Bodo Uhse in der Presse schlicht »SED-Schriftsteller« heißen. Die Autoren, die zum Kreis der »Gruppe 47« gerechnet werden, bekommen die Wirkungen des Sieburg-Zeitalters zu spüren. Das Urteil Thomas Manns, die Gruppe sei eine »Rasselbande«, nimmt sich gegenüber dem antikommunistisch durchfärbten Anti-Intellektualismus der 50er Jahre als eine recht freundlich gestimmte, kritische Bemerkung aus.

1954 tagt die Gruppe zum ersten Mal im Ausland. Cap Circeo heißt der Tagungsort. Dem Niederländer Adriaan Morrien wird der Preis zugesprochen. Im öffentlichen literarischen Bewußtsein ist dieser Autor heute längst verschwunden; die Preisvergabe verdrängt wie ein faux-pas. Ihren antikonservativen, antifaschistisch-demokratischen Grundzug zeigt die Gruppe an, indem sie Schriftsteller, die im Faschismus verfemt und in die Emigration gezwungen worden sind, verschiedentlich zu Tagungen einlädt. Zu ihnen gehören Walter Mehring, Hermann Kesten und Günther Weisenborn.

Martin Walser bekommt 1955 auf der Tagung in Berlin den Preis für seine Erzählung *Templones Ende*. Hiermit endet die erste Periode der Gruppenpreise; der Kreis kann auf beachtliches Stück Weg zurückblicken. Es kehrt eine Phase relativer Ruhe ein; die Stationen sind die Tagungen von 1956 und 57, beide Male in Niederpöcking. Ab 1956 verzichtet die Gruppe auf ihre Frühjahrstagung, es wird nur noch eine Tagung im Jahr, jeweils im Herbst, abgehalten. Inzwischen haben sich Autoren wie Wolfgang Hildesheimer, Hans Magnus Enzensberger und Helmut Heißenbüttel der Gruppe zugestellt. Entsprechend subtil differenziert sich das literarische Spektrum auf den Tagungen aus. Dies ist auch die Phase, in der ein spezifisches Gruppenphänomen allmählich sich herauskristallisiert, die Kritiker in der »Gruppe 47«. Neben dem inzwischen verstorbenen Kritiker Walter Maria Guggenheimer entwickeln sich gleichsam zu Stammkritikern Joachim Kaiser, Walter Höllerer, der in Doppelfunktion als Autor und Kritiker in der Gruppe wirkt, und Walter Jens, gleichfalls in Doppelfunktion. Von Jens heißt es, daß er einmal der »Kronprinz« der Gruppe gewesen sei. Später kommen die Kritiker Fritz J. Raddatz, Marcel Reich-Ranicki und Hans Mayer hinzu, die nach Übersiedlung in die BRD in den festen Kritikerkern der Gruppe verschmelzen. Autoren wie Walter Kolbenhoff oder Jürgen von Hollander treten in den Hintergrund; soziale Umschichtungen finden statt.

1958 ist das Jahr eines Autors, der zuvor das Tagungsauditorium mit Lesungen aus seinem Stück *Onkel, Onkel* »gelöchert« hat, wie ein befragtes Gruppenmiglied sich erinnert. Günter Grass beeindruckt die Gruppenkritik mit seiner Lesung aus der *Blechtrommel*. Nicht nur er, nicht nur die »Gruppe 47«, sondern die »junge westdeutsche Nachkriegsliteratur« beginnen zu diesem Zeitpunkt mit der internationalen Literaturszene fester sich zu verweben. Das soziale Prestige der Gruppe erfährt einen Akkumulationsschub; sie ist nicht mehr wegzudenken aus der bundesdeutschen Literaturszene. Nach der Tagung in Großholzleute 1958, auf der Grass den Preis bekommt, erhöht sich der Andrang zur Gruppe schlagartig. Der soziale Magnetismus zieht in der Folge bekannte und unbekannte Autoren an; zu den bekannten zählen u. a. Uwe Johnson, Dieter Wellershoff, Jürgen Becker, Peter Rühmkorf, Alexander Kluge und Gabriele Wohmann. Die Tagung von Aschaffenburg 1960 wird zu einem literarischen »Mammutfestival«. Die Gruppe entwickelt endgültig repräsentativen Charakter.

Nach einer stilleren Tagung in der Göhrde 1961 tritt die Tagung von 1962 wieder ins Rampenlicht. Kuba-Krise und Spiegel-Affäre bestimmen die äußere Szene der Tagung in Berlin. Die Gruppe aber hält sich unbeirrt an ihr tradiertes Klausurritual: Lesung und Kritik. Peter Weiss stellt, musikalisch untermalt, sein Stück *Marat* vor. In der Preisabstimmung aber unterliegt er dem DDR-Lyriker Johannes Bobrowski.

Nach einer wiederum ruhigen Zwischenstation in Saulgau 1963 wird die Auslandtagung in Sigtuna (Schweden) zum »Großereignis«. Der »demokratische Sauerteig Westdeutschlands«, wie der schwedische Schriftsteller Lars Gustafsson die Gruppe lobt, stellt sich als »geballte« literarische Repräsentation bundesdeutscher Literatur und Literaturkritik der schwedischen Öffentlichkeit vor. Hans Christoph Buch, Nicolas Born und Hermann Peter Piwitt, »Zöglinge« des von Walter Höllerer ins Leben gerufenen »Literarischen Colloquiums«, Günther Herburger aus dem Kreis des Neuen Realismus um Dieter Wellershoff stellen sich der Gruppenkritik. Wie Martin Walser Mitte der 50er Jahre der einzige gewesen war, der dem heute bis zum Überdruß paraphrasierten Thema der Ehe sich zugewendet hatte und Proben aus seinem Roman *Ehen in Philippsburg* vortrug, so ist es 1964 in Sigtuna Günther Herburger, der, wie einem Tagungsbeobachter auffällt, »als einziger mit der Arbeitswelt sich beschäftigte«. Streiflichter, die eine Literaturgeschichte eingehender zu thematisieren hätte im Blick auf die Weichenstellungsfunktion der »Gruppe 47«. Erich Fried eröffnet die dreitägige Lesungsperiode in Sigtuna. Zum »Triumph« aber wird diese Tagung für die Kritiker; ihr zollt die literarische Öffentlichkeit immenses Lob. Der österreichische Autor Konrad Bayer, der im selben Jahr in Wien sich das Leben nimmt, kann auch diesmal nicht die Kritik überzeugen, nachdem er zum ersten Mal 1963 in der Gruppe gelesen hatte. Die Signale der jungen österreichischen Literatur werden nicht empfangen.

1965, die Gruppe tagt wiederum in Berlin, geht der Preis an den Schweizer Autor Peter Bichsel. Inzwischen gibt es kaum literarisch-kulturelle Medien, die nicht versuchen, Vertreter in die Gruppentagungen einzuschleusen.

Mit der Tagung in den Gebäuden der Universität Princeton ist die öffentliche Resonanz der »Gruppe 47« derart angeschwollen, daß nicht wenige »Gruppenmitglieder« zunehmend Unbehagen angesichts des repräsentativen Charakters befällt. Der Vietnam-Krieg geht auch an der »Gruppe 47« nicht spurlos vorüber. Peter Weiss, Hans Magnus Enzensberger und Reinhard Lettau sorgen mit öffentlichen Statements gegen das amerikanische Engagement in Vietnam für Ansätze einer Politisierung der Gruppe. Insgesamt wird die »Gruppe 47« von der Legitimationskrise der Kulturinstitutionen, wie sie Mitte der 60er Jahre in den spätbürgerlichen Gesellschaften sich abzeichnet, ergriffen. Aber nicht der politisch motivierte Selbstzweifel beherrscht die Schlagzeilen zur Princeton-Tagung, sondern »ein Autor, der die Unsicherheit der Gruppe insgesamt testete, was ihr Selbstverständnis betraf, mit einem sachlich völlig unbegründeten Angriff, der sich von seinen Texten her überhaupt nicht herleiten ließ«, wie ein befragter Schriftsteller die »Rebellion« Peter Handkes in der »Gruppe 47« kommentiert; Handke startet seine »Rebellion« mit dem bekannt gewordenen Vorwurf, die Gruppe kultiviere »Beschreibungsimpotenz«.

Nicht erst zu dieser Tagung gehen Absagen bei Hans Werner Richter ein, die z. T. motiviert sind durch das Unbehagen an jener Repräsentativität; so erscheinen z. B. Alfred Andersch, Heinrich Böll und Martin Walser nicht in Princeton. Verfallserscheinungen machen sich auf dem Scheitelpunkt des sozial-kulturellen Status der Gruppe bemerkbar. 1967 kehrt die Gruppe zu ihrer Herbsttagung zurück in die »Provinz«. Die Tagung in der Pulvermühle bei Erlangen wird von den Auswirkungen der Studentenbewegung und von der umgreifenden Kritik an der verstärkten Pressekonzentration ereilt. Nicht zuletzt, ein Anti-Springer-Manifest dissoziiert die Gruppe. Das zwanzig Jahre hindurch unbeirrt geübte literarische und literar-kritische Ritual bekommt Risse. Zerwürfnisse im Innern, z. B. ideologisch motivierte Konflikte zwischen Günter Grass und Erich Fried, und ein institutioneller Überdruß kennzeichnen die Gruppensituation. Darin geht der letzte Preis der Gruppe 47 an den Kölner Autor Jürgen Becker fast unter. Nicht nur die Preis-, sondern auch die Tagungsgeschichte geht zu Ende.

Gleichsam als »Krönung des Prager Frühlings«, wie ein befragter Autor pointierte, sollte 1968 die Tagung in Prag stattfinden. Es kommt nicht mehr dazu; der Prager Herbst von 1968 ist keine Tagungszeit für die Gruppe 47.

Die Unterbrechung des Tagungsrhythmus wird zum Anknüpfungspunkt der Stillegung der »Gruppe 47«. Was bis 1967 nicht nur dem Kulturteil der Medien Schlagzeilen und Stoff lieferte, die »Gruppe 47«, wird von der Studentenbewegung und den gewerkschaftlichen Konstitutionsprozessen innerhalb der literarischen Intelligenz – vereinfacht zusammengefaßt – gleichsam verschluckt. Die Autoren und Kritiker, die seinerzeit in der Gruppe reüssiert haben, gehören bis heute zur literarischen Prominenz; die Haut der »Gruppe 47« aber ist abgestreift, denn wer erinnert sich noch, daß der Bestseller von Siegfried Lenz, *Die Deutsch-*

stunde, vor der Gruppenöffentlichkeit seine Premiere hatte. Der Erinnerungsschwund – wie eingangs angedeutet – ist frappierend.

Gleichwohl scheint das Bedürfnis nach sozialen Formen ähnlich der »Gruppe 47« immer noch untergründig fortzubestehen. Illustrativ mag hierfür eine Interviewäußerung stehen, die von einem Autor stammt, der Gewerkschaftsorganisation und politisches Handeln explizit zu seinem praktischen Selbstverständnis als Schriftsteller rechnet. Im Rückblick auf seine Erfahrungen im Umkreis der »Gruppe 47« bekennt er ein:

»... beim zweiten und beim dritten Mal, als ich dabei war, hat es mir ungemein Freude gemacht, mit Kollegen zusammenzukommen. Es war eine einmalige Gelegenheit, daß man Freundschaften schließen konnte, daß man auch Feindschaften austragen konnte, denn es gibt ja keine Gelegenheit, daß alle sich an einem Punkt sammeln für zwei, drei Tage und es sich ausschließlich um Literatur und das Umfeld von Literatur dreht. Also bis in die Biographien herein. Weil Biographie und Literatur ist etwas eminent Verzahntes ... Das war mir etwas, was ich heute noch sehr misse. Ich wollte, es gäbe etwas Ähnliches immer noch.«

1.2. Sozialtheoretische Dimensionen: Literarische Produktionsweise, Sonderideologie und Öffentlichkeit als Bewußtseins- und Handlungsdeterminanten literarischer Intelligenz

Die »Gruppe 47« geht nicht auf in der Ereignissumme ihrer 29 Tagungen [1]. Der Untersuchung geht der methodische Zweifel an der verbreiteten These, »sie existierte nur in ihren halbjährlichen und jährlichen Tagungen« (Endres 1975, 29), voraus. Die Triftigkeit des Zweifels ist im Gang der Untersuchung selbst einzulösen.

Vor dem Hintergrund des Zeitraums der Gruppenexistenz, 1947 bis 1967, stellt sich der soziologischen Betrachtung die Frage nach der Kontinuität, weil im kursorischen sozialhistorischen Vergleich die »Gruppe 47« eine für informelle literarische Zusammenschlüsse auffällige Stabilität aufweist [2]. Informellen künstlerischen Gruppierungen, wozu die literarischen zu zählen sind, wohnt die Tendenz, »um *statuarisch* zu bleiben, *statutorisch* zu werden« (König 1974, 345), inne; d. h., sie neigen dazu, in the long run zu formalisierten Organisationsgebilden sich zu versteifen. Andererseits scheint zu gelten, daß solche Gruppierungen »eigentlich nur in statu nascendi ganz bei sich selbst sind« (345), nur in schwacher, fragiler Strukturierung ihren eigentümlichen Charakter ausbilden. Im Vorhof formaler Organisiertheit sich zu bewegen, scheint literarischen Gruppierungen nicht nur typisch zu eignen, sondern auch die Bedingung ihrer Instabilität und letztlich Kurzlebigkeit zu sein. Entweder – was historisch natürlich selten vorkommt – transformieren sich solche Gruppierungen mit der Zeit in formale Organisationen mit eingebauten Mechanismen der Konfliktregelung und Spontaneitätsregulierung sowie präziser Zielprogrammatik; oder sie lösen sich nach kurzer Dauer aufgrund von kaum kontrollierten Spontaneitäts- und Konfliktüberschüssen auf; oder sie werden aus nämlichen Gründen von permanenter Sezession, die die strukturelle Identität der Gruppe ändert, geschüttelt (Neumann 1968; Kreuzer 1971; Kröll 1974). Bemerkenswert ist nun, daß die »Gruppe 47« eine strukturidentische Dauerhaftigkeit entwickelt. Sie fällt dabei weder organisationsstiftende und -festigende Statuten aus noch zerbröselt sie aufgrund fehlender formaler Mechanismen zur Dissonanzreduktion in sich ignorierende oder befehdende Abspaltungen. *Statuarisch zu bleiben, ohne statutorisch zu werden,* diese Erscheinung hebt die »Gruppe 47« aus der Sozialgeschichte einschlägiger Gruppierungen heraus. Zugleich aber teilt sie – wie zu entwickeln sein wird – Grundvoraussetzungen, Strukturmomente und Erscheinungszüge mit überkommenen Formen literarischer Gruppenbildung: in statu nascendi, in der »flüssigen Struktur«, ist sie ganz bei sich selbst. In der Problematik der *Kontinuität* literarisch-künstlerischer Gruppierungen verdichtet sich ausschnitthaft die soziale Komplexität der Produktions- und Existenzweise literarischer Intelligenz. Diese am Gegenstand selbst zu entfaltende These liegt der Untersuchung implizit zugrunde. Unter genetischen Gesichtspunkten wird ›literarische Intelligenz‹ vorläufig bestimmt als eine soziale Schicht, die mit der Herausbildung des auf anonymen Warenverkehr beruhenden literarischen Marktes sich konstituiert (Hauser

1973; Winckler 1973). Die hier zunächst an den Erscheinungsformen der Fragilität, Informalität und Kurzlebigkeit anknüpfende soziologische Untersuchung literarischer Gruppen sieht ab von dem fehlleitenden Versuch, gleichsam universell und ahistorisch geltende Hypothesen zu konstituieren. Sie geht umgekehrt von der historischen, d. h. *gesellschaftsformativen* Bedingtheit der Kontinuitätsproblematik aus*. Von dieser allgemeinen gesellschaftstheoretischen Voraussetzung her sind die Momente der Bestimmung der Kategorien ›literarische Produktionsweise‹ und ›literarische Intelligenz‹, sowie das Moment der Ermittlung der soziologischen Bezugspunkte gesellschaftlichen Bewußtseins literarischer Intelligenz begriffen als konstitutiver, sozialtheoretischer Zusammenhang, innerhalb dessen Genese, Strukturierung und Bewegung literarischer Gruppierungen im Wege empirisch-soziologischer Analyse sich erhellen.

Formen der an die Voraussetzung eines literarischen Marktes gebundenen sozialen Selbstdokumentation [3] kristallisieren sich als praktische und mehr oder minder theoretische, prozessierende Resultate des konkret-historisch bestimmten *Verhältnisses* literarischer Intelligenz zur Gesellschaft wie zu sich selbst heraus. Dieses Verhältnis zur Gesellschaft (oder gesellschaftliche Verhältnis) und das darin eingründende Selbstverhältnis leiten sich ab aus der Struktur der Produktionsweise literarischer Intelligenz im Verhältnis zur gesellschaftlich herrschenden. Die besondere, »marginale« Stellung des literarischen Produktionszweiges im gesamtgesellschaftlichen Reproduktionsprozeß determiniert den Grundriß sozial-struktureller Lokalisation** [4]. Zwar ist die sozialstrukturelle Verortung literarischer Intelligenz objektiv bestimmt durch die ihr eigene Produktionsweise, doch sind damit die konkrete soziale Lage, die Handlungs- und Bewußtseinsbedingungen nicht zureichend umrissen. In Betracht gezogen werden müssen darüber hinaus der Charakter der institutionellen und ideologischen Verhältnisse und die spezifischen Umstände einer je konkret-historischen Situation.

Tradierte ideologische Muster wirken als Prismen, welche Erfahrung im Rahmen des durch die Produktionsweise vordefinierten gesellschaftlichen Verhältnisses vorstrukturieren, nicht jedoch unbedingt irreversibel präjudizieren. Das institutionelle Gefüge, d. h. das in Struktur und Bewegung des literarischen Marktes eingezogene System sozial-literarischer Verhältnisse, wirkt als sozio-ökonomisch

---

* Die Bestimmung »gesellschaftsformativer Bedingtheit« bezieht sich auf das entwicklungstheoretische Konzept »ökonomischer Gesellschaftsformationen«. Der Grundbegriff der ökonomischen Gesellschaftsformation bezeichnet historisch definierte Systeme gesellschaftlicher Produktion. Diese haben ihren strukturellen Kern in der Art und Weise, wie die gemeinschaftliche, materielle Auseinandersetzung der Individuen mit der außermenschlichen Natur vonstatten geht und geregelt ist. Der Begriff »konkreter gesellschaftlicher Systeme«, z. B. BRD, bezeichnet demgegenüber geographisch und zeitlich enger spezifizierte Erscheinungsformen historisch-bestimmter ökonomischer Gesellschaftsformationen, z. B. Kapitalismus. (Tjaden 1977)

** »Sozialstrukturelle Lokalisation« bezeichnet den Ort gesellschaftlicher Individuen, wie er bestimmt ist durch deren objektive Stellung im System geschichtlich-bestimmter gesellschaftlicher Produktion. Der Begriff »Sozialstruktur« (Klassenverhältnisse, Schicht- und Gruppenbeziehungen) hebt ab auf die soziale Gliederung einer Gesellschaft, wie sie aus dem gesellschaftlichen Produktions- und Reproduktionsprozeß hervorgeht.

unterbauter und ideologisch gesteuerter normativer Handlungsrahmen. Dieser schreibt zum einen den Erfahrungshorizont literarischer Intelligenz tendenziell fest, zum anderen grenzt er die Bandbreite sozialerwünschter, lizensierter und (noch) geduldeter Handlungs-, Verhaltens- und Kommunikationsweisen aus. Ideologie und Institutionsgefüge konstituieren ein gesellschaftliches Teilsystem, das phänomenologisch von der subjektiven Erfahrungsseite her als »Subsinnwelt der Literatur« oder von der institutionellen Seite her als Sozialsystem *Literaturwelt* umrissen werden kann. Formen sozialer Selbstdokumentation sind demnach generell bestimmt durch die sozial-strukturellen Implikate der Produktionsweise, die prismatische Wirkung, Intensität und Inhalte ideologischer Traditionen und durch die institutionellen Bedingungen und Möglichkeiten der je historisch konkret ausgeformten sozial-literarischen Verhältnisse. Gesellschaftliches Bewußtsein literarischer Intelligenz, das in den konkreten Formen sozialer Selbstdokumentation seinen manifesten Ausdruck findet, drückt nichts anderes aus als das durch Praxis vermittelte, emotive und ideell-theoretische Verhältnis literarischer Produzenten zur gesellschaftlichen Wirklichkeit, d. h. zugleich zu ihren eigenen sozialen Existenzbedingungen. Gesellschaftliches Bewußtsein ist nicht als statische Größe zu bestimmen, sondern als historisch-strukturelle *Beziehungsform,* die über das Bewußtsein der einzelnen literarischen Produzenten individuell gebrochen und abdifferenziert ist. Der Konstitutionsprozeß ist gebunden an komplexe Erfahrungsvorgänge; Geltung und Wirkung gesellschaftlichen Bewußtseins schlagen sich nieder in sozial objektivierten ideellen resp. ideologischen Beziehungsstrukturen. Gesellschaftlichem Bewußtsein ist inhärent, daß es auf den objektiven gesellschaftlichen Bedingungskontext, aus dem es hervorgeht, selbst, vermittelt über konkretes soziales Handeln, lagestabilisierend oder -verändernd zurückwirkt [5]. Weil gruppeninitiierende, -bewegende und -verändernde (einschließlich -auflösende) Motivationen und Handlungen Ausdrucksmomente gesellschaftlichen Bewußtseins sind, gilt dessen Konstitutionseckpunkten, der tradierten Sonderideologie, der Produktionsweise und dem Gefüge sozialliterarischer Verhältnisse im folgenden das Interesse. Die problematisierten Dimensionen fungieren als orientierende Bestimmungen der Rekonstruktion, sie beanspruchen nicht den Status entfalteter Sozialtheorie literarischer Intelligenz.

Ihre eigentümliche Suggestivkraft bezieht Sonderideologie literarischer Intelligenz aus dem Charakter literarischer Produktion: Bewußtseinstätigkeit bzw. ideelle Aneignung der Wirklichkeit (Kievenheim 1972; Kievenheim 1973). Aufgrund der gesellschaftlichen Arbeitsteilung und der hiermit verbundenen *relativen* Eigenentwicklung ideologischer Verhältnisse, die zwar gegen die sozial-materiellen Basisprozesse tendenziell sich verselbständigen können, gleichwohl aber durch sie determiniert sind, kristallisiert sich innerhalb der Schichten immaterieller Produzenten eine zur Grundideologie bzw. Sonderideologie geronnene Einbildung heraus. Im Kern läuft das tradierte Selbstmißverständnis der »ideologischen Stände« darauf hinaus, daß dem »Geist« das genetische wie strukturelle Primat gegenüber den sozial-materiellen Verhältnissee zuerkannt wird in Bezug auf die Konstitution und Geltung von Bewußtsein [6]. Dieser objektiv bedingte Schein, d. h.,

die Hypostasierung der Rolle des Bewußtseins zum gleichsam archimedischen
Punkt im Geschichtsprozeß, obgleich real und mithin durch die Wissenschaft arg
zerzaust, bildet immer noch die Grundlage des durchschnittlichen Bewußtseins literarischer Intelligenz [7]. Zum tradierten Standard verfestigt, geht die Idee der
Vorgängigkeit des subjektiven Bewußtseins als Substrat des Sonderbewußtseins in
die literarisch-intellektuellen Sozialisationsprozesse ein [8]. Daß ein »Sonderbe-
bewußtsein der Intellektuellen, speziell der Schriftsteller« (Batt, 1974, 8) sozial
wirksam sich zeigt, bedarf kaum weitschweifender Verweise. Noch und gerade
der zähe und komplizierte Weg der literarischen Intelligenz in die Gewerkschaft
als praktischer, sowie die neueren, einschlägigen empirischen Arbeiten als (sozialwissenschaftlicher und die schier unübersehbare Flut selbstdokumentierender
Reflexionen und Äußerungen von Schriftstellern (Tagebücher, Autobiographien,
Preisreden, Interviews u. a. m.) als unmittelbarer Ausdruck gesellschaftlichen Bewußtseins, zeugen von einem traditionsbeladenen Kernbestand hartnäckigen Sonderbewußtseins, das in seiner mehr theoretischen und systematisierten Gestalt zur
Sonderideologie sich objektiviert.

Jedoch, nicht einfach, weil sie ideeller Reflex eingebürgerter Marginalität ist*,
kommt der Sonderideologie bewußtseins- und handlungsstrukturelle Relevanz zu.
Erst mit der komplementären Normierung seitens relevanter gesellschaftlicher Bezugsinstanzen wird die Definition der Lage der literarischen Einzelproduzenten
sozial verfestigt. In diesem Prozeß wird die Lage zugleich ideologisch überwölbt
mit bekannten, stereotypisierenden Formeln wie »Einzelgänger«, »Grenzgänger«
oder »Außenseiter«. Diese Identitäts- und Legitimationsbedürfnissen bzw. -zwek-
ken zugute kommende soziale Stabilisation der Sonderideologie vollzieht sich im
Zusammenwirken von gesamtgesellschaftlich herrschenden ideologischen Trends
und ideologischen Tendenzen, die der gesellschaftlichen Subsphäre der Literaturwelt entstammen. Gleich, ob subkulturelle oder kontrakulturelle Variationen

---

* Der Begriff der Marginalität, so wie er hier verwendet wird, bezeichnet den gesellschaftlichen Ort von »Randpersönlichkeiten« oder auch »Randgruppen«. Es handelt
sich um Personen oder Gruppen, die aufgrund ihrer Stellung im gesellschaftlichen Pro-
duktions- und Reproduktionsprozeß tendenziell, temporär oder dauernd aus den
Kernbereichen der dominanten gesellschaftlichen Produktionsweise ausgegliedert sind.
In Anknüpfung an die tradierte soziologische Literatur wird hier Marginalität in einem zweiten Schritt in Zusammenhang gebracht mit dem Konzept der Bezugsgruppen.
Danach erscheint Marginalität als eine soziale Situation, in der eine Person oder
Gruppe einerseits nicht mehr zur Herkunftsgruppe bzw. zum sozialen Herkunftssystem
gehört (sei es subjektiv gewollt oder durch objektive Umstände erzwungen), andererseits aber noch nicht in die bevorzugte oder unfreiwillig hineingedrängte neue Bezugs-
gruppe integriert sind. Grundsätzlich ist Marginalität durch Ambivalenz der sozialen
Situation gekennzeichnet. Für Schriftsteller liegt die latente oder manifeste Marginalität ihrer Situation zum einen in der objektiven gesellschaftlichen Stellung und Spezifik
der Arbeit (marginale Produktionsweise) begründet; diese objektiv bestimmte Lage
transformiert sich in eine reich abdifferenzierte Skala konflikthaltiger, ambivalenter
sozio-psychischer Situationen (»zwischen den Stühlen«). Die Situation ist definiert
durch die Bezugsambivalenz von Eigengruppe (Sozialwelt der Literatur) und Fremd-
gruppe (»Gesamtgesellschaft«).

herrschender ideologischer Muster, die Sonderideologie hat unter wirkungsstrukturellen Gesichtspunkten kontinuierliche, manifeste *Distanzierung* von der gesellschaftlich herrschenden Ideologie zur Bedingung, um als besondere zu gelten. Die Geltung der Distanz ist bestimmt durch ein signifikantes, mit sozialer Gewißheit und Anerkennung der Gültigkeit ausgestattetes *Bild* der Differenz. Ausgeprägte Sonderideologie greift, wenn ihre soziale Reichweite und Geltung wahrnehmbar restringiert ist, bzw. sie in Korrespondenz mit einer tatsächlichen oder vermeintlichen sozialen Sonderstellung fungiert. Zum einen formuliert und richtet Sonderideologie ein Distanzverhältnis der literarischen Intelligenz zur sozialen Umwelt auf; zum anderen leistet sie innerhalb der Produktions- und sozialen Lebenswelt literarischer Intelligenz soziale Integration. Sonderideologie entwickelt Eigenstruktur, indem sie als Gegenform sinnfällig wird.

Interpolationen einbeschlossen differenziert sich tradierte Sonderideologie der »bürgerlichen schöngeistig-literarischen Intelligenz« (Speier 1929, 58) in zwei Grundvarianten, welchen spezifische Handlungstypen eignen: eine *privatistische* und eine *abstrakt-universalistische*. Gemeinsam ist beiden Varianten die Idee vorausgesetzter Subjektivität (»Monadologie«) und eine gegenorganisatorische Grundorientierung (»Organisationsphobie«). Die Interpretationsfigur vorausgesetzter Subjektivität resultiert letztlich aus der Struktur literarischer Produktionsweise: das in individuell-integralem Arbeitsvorgang hergestellte Werk geht erst nach Fertigstellung in den Zirkulationszusammenhang ein; nicht das Arbeitsvermögen des Produzenten, sondern das Produkt verwandelt sich in Ware. Die antiorganisatorische Grundorientierung ist sozialen Differenzierungs- und Orginalitätszwängen geschuldet, welche hervorgehen aus den dem anonymen Warenverkehr gehorchenden Mechanismen des literarischen Marktes, (sieht man von den Restformen mäzenatischer literarischer Auftragsarbeiten ab) [9]. In der Hochphase der geisteswissenschaftlichen Wissens- und Intelligenzsoziologie endlich ist wort- und nuancenreich jene legitimatorisch fungierende Begrifflichkeit für das von den Grundpfeilern Monadologie und Organisationsphobie getragene Gewölbe der Sonderideologie geliefert worden. Nicht zuletzt durch die Wissenschaft nämlich ist jener eine gleichsam expertengestützte Resistenzkraft verliehen worden (Lethen 1970; Kron 1976). Die in dieser Wissenschaftstradition entwickelten, eher *deutenden* Umschreibungen der Situation des Schriftstellers im engeren und der des »Intellektuellen« im weiteren lehnen sich implizit oder explizit an die assoziationsschwangeren Modelle des »Anderen« bzw. »Fremden« an (Lenk 1963). Gewendet auf das Problemfeld literarischer Intelligenz basieren die Modelle auf der Prämisse fundamental geschiedener Sphären: hier literarische Subjektivität (und die literarische Sphäre), dort die Gesellschaft. Indem der konkret-historische Freisetzungsprozeß der literarisch-künstlerischen Subjektivität im Zuge der Entfaltung des literarischen Marktes sukzessive ins Dunkel der Vergessenheit zurücksank, verselbstständigte sich die literarisch-künstlerische Subjektivität in der Vorstellung gleichsam zu einer prä-gesellschaftlichen, z. T. quasi-ontologischen, z. T. anthropologischen Größe [10]. In der Sonderideologie ist der Ausgangspunkt nicht »in Gesellschaft produzierende Individuen« [11], sondern Ausgangs- und

Springpunkt bildet der Pol literarischer Subjektivität mit der literarischen Sphäre als ausgesondertem Gravitationsfeld, – zäh sich haltender Widerschein einer Gesellschaft »freier Konkurrenz«, in der der Einzelne vorgängig vereinzelt erscheint (Adorno 1969 a, 195 f.). Ist einmal der Subjektpol selbstmächtig gesetzt, so tritt die Gesellschaft dann als das »Andere«, z. T. als das »Fremde«, jedenfalls als amorphes Gegen-Subjekt in der Vorstellung auf, mit dem die autonom sich setzende Instanz literarisch-künstlerischer Subjektivität eine von ihr nach Dauer, Intensität, Ausmaß und Inhalt scheinbar verfügungs- und wahlfrei bestimmte Beziehung eingeht. Die Vermittlung zwischen literarisch-künstlerischer Subjektivität und Gesellschaft erscheint als bloß sekundärer, vom Bewußtsein erst dezisionistisch gestifteter Akt [12]. Die monadologische Figuration kennt keinen Handeln und Bewußtsein der Subjektivität vorgängig determinierenden sozialen Bezugsrahmen, weiß sich jedoch gleichwohl in ein zunächst non-gesellschaftliches Bezugssystem eingegliedert. Auf einer allgemeinen Ebene interpretiert sich die selbstautorisierte Subjektivität als eingebunden in die mystifizierte Geschichte eines gesellschaftsenthobenen »Geistes«, (der nach einer sonderideologischen Formel bekanntlich »weht, wohin er will«), auf einer spezielleren Ebene als einbezogen in die letztlich geschichtslos gedeuteten Vorgänge und Niederschläge (»Emanationen«) der Kunst. Durch Vereinseitigung mystifiziert wird die relative Eigenentwicklung des *Literaturprozesses**, indem dessen gesellschaftliche Voraussetzungen, Bedingungen und Vermittlungen, zumal der Grundprozeß gesellschaftlicher Arbeitsteilung, entweder gänzlich geleugnet werden – was allenthalben rückläufig ist – oder als bloß äußerliche Zurechnungs- und Klassifikationshilfen bzw. -instrumente auftauchen (Naumann, u. a. 1975). Geist und Kunst als Wesenheiten sui generis bilden die Bezugspunkte einer monadologisch durchformten Ideologie, die als bewußtseinskonstitutive Stützen eingebürgerter Marginalität fungieren. Sie fungieren als soziopsychische, *identitätsfunktionale* Substitute für die im monadologischen Grundriß ausgelöschte Sozialität.

Folgerichtig schließt diese Konzeption des Verhältnisses von literarischer Subjektivität und Gesellschaft ein Eigenbild des Schriftstellers aus, in welchem literarische Intelligenz als prinzipiell soziale Kategorie gezeichnet ist. Das zur Sonderideologie verdichtete Bild des Selbstverhältnisses ist vielmehr von der vorgängigen Vereinzelung der literarischen Subjektivitäten *gegeneinander* grundiert: der Vorstellung »insularer« Positionen eignet denn auch der Robinson-Mythos. Als Verbindung herstellendes Band erscheint der gegen gesellschaftliche Vermittlungen verselbständigte Literaturprozeß: »Literatur« als selbst nicht mehr hintergehbare

---

* »Literaturprozeß« bezeichnet eine historisch kontinuierliche Beziehung zwischen literarischen Werken, sei es innerhalb einer gesellschaftlichen Epoche oder über Epochen hinweg. Der Begriff Literaturprozeß hebt ab auf den Sachverhalt, daß kein literarisches Werk absolut originär ist, sondern immer schon in den überlieferten ideellen Traditionszusammenhang eingebettet ist, der durch die inhaltliche und formale Geschichte literarischer Produktion gestiftet ist. Diese relativ eigendynamisch sich konstituierende Achse zwischen den Werken hat ihren Widerschein in der Literaturgeschichte als deren Erläuterungs-, Erklärungs- und Begründungszusammenhang.

Bezugsbasis literarischer Subjektivitäten. Der Zusammenhang zwischen ihnen bleibt in der Perspektive der Sozialität abstrakt, muß abstrakt bleiben, weil seit der vollen Freisetzung der literarischen Subjektivität deren Selbst-Autorisation ihre Legitimation gerade aus dem je individuellen *Bruch* mit dem Literaturprozeß bzw. -tradition bezieht. Aufgrund von realen Differenzierungs- und Orginalitätszwängen der über die Struktur des literarischen Marktes vermittelten »geistigen Konkurrenz« muß die literarisch-künstlerische Subjektivität selbst auf das abstrakt einigende Band des Literaturprozesses noch negativ sich beziehen, sei es demonstrativ gleichgültig, polemisch usw. [13]. In der Sonderideologie ist eine Sozialisations- und Verhaltensmaxime vorgezeichnet, nach der das spezifische Gebrauchswertinteresse, d. h. die Verwertung der künstlerischen Fähigkeiten der literarischen Subjektivität, optimal aufgehoben ist in der kontinuierlichen *demonstrativen* Eigensetzung der literarischen Subjektivitäten gegeneinander. Durch die Norm eines »ostentativen Subjektivismus« (Hauser 1973, 704) wird ein Selbstverständnis verbaut, in welchem literarische Intelligenz als soziale Kategorie *innerhalb* des Gesellschaftsprozesses sich interpretiert [14]. Definiert sich also die literarische Subjektivität vor dem Horizont der Sonderideologie gegen die Gesellschaft *monadisch-marginal,* so zugleich gegen die literarische Mit-Welt, i. e. die anderen literarischen Subjektivitäten, *monadisch-differenziell.*

Trotz der pointierte Subjektivität und Vereinzelung einfordernden und legitimierenden Basiskonzeption ist in der Sonderideologie die Dimension sozialer Verflechtungen keineswegs total tabuisiert. Ohne daß die Prämisse vorausgesetzter Subjektivität revidiert wäre, ist in ihr das Problem der Zulässigkeit möglicher Formen transprivater Sozialbeziehungen thematisiert. Die ihr im gesamten ideologischen Kräftefeld der Gesellschaft gewährte Halbautonomie bezahlt Sonderideologie mit der strikten Einhaltung ihrer Geltungsansprüche für die literarisch-künstlerische Sphäre, d. h. mit der bereichspezifischen Kontrolle von Handlungs- und Bewußtseinsprozessen der literarischen Intelligenz. Bestimmte transprivate Formen der Organisation werden von ihr als Verletzung der literarischen Subjektivität denunziert, mit tendenziellem sozialen Identitätsverlust geahndet [15]. Das der Sonderideologie innewohnende Modell der Sozialorientierung nimmt folgerichtig ihren Ausgangspunkt beim Verhältnis literarischer Intelligenz zu sich selbst, weil eben nicht nur die Subjektivität der Gesellschaft vorgeordnet wird, sondern weil die literarisch-künstlerische Sphäre als vom gesamtgesellschaftlichen Zusammenhang abgehoben resp. herausgehoben gilt, diesem letztlich inkommensurabel. Vor diesem Hintergrund konstituieren sich soziale Beziehungsfelder, versehen mit der Beglaubigung tradierter Ideologie: die »Literaturwelt«. Dieses mit einer spezifischen bewußtseinskonstitutiven Interaktions- und Kommunikationsstruktur durchwachsene Ensemble sozialer Felder resultiert real aus der Entfaltung des literarischen Marktes. Dessen Entwicklung differenziert ein anonymes Publikum aus, mit dem die literarische Subjektivität, über die Sphäre der Zirkulation vermittelt, sachlich und kaum mehr unmittelbar durch Interaktion sozial verknüpft ist (Bourdieu 1970). Die Ausweitung des literarischen Marktes richtet diffuse Fern-Beziehungen zum Publikum auf, das als »idealer« oder »hypotheti-

scher« Leser von der literarischen Subjektivität rezipiert wird (Schücking 1961;
Naumann u. a. 1975). Indem das Publikum in konturlose Anonymität und Allgemeinheit verschwindet, kristallisiert sich – verstärkt durch Professionalisierung
und Spezialisierung der Literatur – ein personales und institutionelles Gefüge literarischer Experten heraus [16]. Diese Instanzen fungieren nicht bloß als Ver-
mittlungs- und Selektionsagenturen von Literatur am Markt, sondern sie nehmen
zudem Publikumsfunktionen wahr. Als nicht gewählte oder delegierte »Repräsentanten des Publikums« – das in seiner sozialen Strukturiertheit zumeist unbekannt ist – stellen sie relevante Bezugsinstanzen literarischer Subjektivitäten dar.
Von der Rezeptions- und Vermittlungsseite her sind jene Agenturen eingebaut in
die »Literaturwelt«, sowohl was die sachliche Produktions- und Zirkulationsdi-
mension als auch die spezifisch soziale angeht. Zusammen mit den literarischen
Subjektivitäten teilen die Literatur-Experten Wissen und Gewißheit um die Zugehörigkeit zu einer spezifischen Sozialsphäre. Dieses soziale Bezugssystem ist von
der Sonderideologie zugelassen, da der soziale Zusammenhang innerhalb der von
der Gesellschaft scheinbar abgehobenen Kenner- und Expertensphäre gestiftet
wird. Ökonomisch wird diese Sphäre zusammengehalten durch den literarischen
Markt, sozial insbesondere durch die wechselseitige Anerkennung literarisch-
künstlerischer Kompetenz. Auf der Basis einer durch »Wissen« und »Zugehörig-
keitsgewißheit« nach außen erheblich abgeschirmten »Literaturwelt« werden von
der Sonderideologie Lizenzen für transprivate, öffentliche Handlungsformen er-
teilt. Hierzu gehören literarische Gemeinden, Gesinnungsvereine mit primär literarischen Ambitionen, Zirkel, Bünde, literarische Schulen, Bewunderungsschulen.
Erfüllt sein müssen jedoch zwei Bedingungen: Freiwilligkeit und Unverbindlichkeit der Teilnahme bzw. Garantie vorbehaltlosen Rückzugs der literarischen Subjektivitäten aus dem losen Gefüge, und – korrespondierend – Verzicht auf formale Organisation mit organisationsspezifischen sozialen Implikationen und Folgelasten für die literarische Subjektivität bzw. strukturelle Absicherung des informellen Charakters. D. h., im Sonderbewußtsein literarischer Intelligenz sedimentiert sich handlungsregulierend Organisationsphobie als der literarischen Subjektivität scheinbar wesenseigenes Attribut, so daß möglicher handlungspraktischer
Sozialorientierung von vornherein von der Sonderideologie sanktionsbeladene
Schranken aufgetürmt werden.

Sind der privatistischen und der abstrakt-universalistischen Bewußtseinsvarian-
te auch Einstellungsprämissen gemeinsam, differenzieren sich doch strukturell wie
historisch die Einstellungsstrukturen in bezug auf die gesellschaftliche Dimension
erheblich. In der ersteren dominiert eine eher sozial-ignorante Einstellung, in der
zweiten eine eher sozial-reflexive bzw. sozial und politisch interessierte, die bis an
die Grenze von der Sonderideologie noch geduldeten Akzentuierung reichen
kann. In der privatistischen Fassung profiliert sich der Gesamthabitus zum Esoteriertum, zur programmatischen Innerlichkeit. Die eingebürgerte Marginalität
schützt sich defensiv gegen die Gesellschaft. Eingemauert ins Esoteriertum gelingt
der unverletzte Kultus künstlerischer Selbstmächtigkeit, die Grenzen der Welt

werden tendenziell deckungsgleich mit denen der Literaturwelt. Einsamkeit in
Freiheit (von der Gesellschaft) impliziert strikten Verzicht auf gesellschaftliche,
politisch gemünzte Eingriffe. Dieser im strikten Sinne borniert Zustand wird ge-
sichert durch wechselseitige Stillhalteabkommen zwischen literarischer Subjektivität und Gesellschaft: eine »innere Emigration« par excellence. Eine derartige Sicherung autonomistischer Identität, durch selbstgewählten Rückzug in soziale
Sinn-Provinzen (Arno Schmidt), schaltet vorweg Ohnmachtserfahrung aus. Nicht
das Modell eines Gegenbildes zur Gesellschaft, sondern das eines sozial desinter-
essierten Eigenbildes marginaler Existenz wird geformt: es regiert der sozial ent-
täuschungsfeste »Dichter« [17]. Berichten die neueren Entwicklungen und empirischen Untersuchungen von einem Schrumpfungsprozeß der sonderideologischen
Dichter-Tradition, so kann ihr Verschwinden beileibe noch nicht konstatiert werden, offenbart doch auch die abstrakt-universalistische Variante bewußtseinsformative Residuen jener Tradition. Doch prägen sie nicht dominant die ideologische Beziehungsstruktur zur Gesellschaft. Den abstrakt-universalistischen Typ be-
schreibt Doehlemann präzis:

»Der Schriftsteller kennt den sozialen Einfluß, anerkennt und verflucht ihn gleichzeitig
und versucht dabei, sich einen sozial nicht verstellten Raum zu halten.« (Doehlemann
1970, 37)

Von der sozial-interessierten Einstellung her, die oft den Boden für sozialkritische
Artikulation und politische Eingriffsintention abgibt, werden gesellschaftsbezoge-
ne Interventionsversuche nicht vorweg als illegitim verneint und gescheut. Vielmehr wird das Verharren in der Position des »Schriftstellers als Einsamen, als Beobachter, als Außenseiter, als dem Mann allein an seinem Schreibtisch« (Koeppen
1972, 121) als zu eng kritisiert und zu überwinden, genauer: zu ergänzen versucht; allerdings unter dem Vorbehalt, daß der zitierte »sozial nicht verstellte
Raum« freigehalten bleibt. Dieser Vorbehalt wiederum ist unterbaut durch die
Konzeption vorausgesetzter Subjektivität, ablesbar an der Konstruktion des »Gewissens« als letzter, nicht mehr hintergehbarer Berufungsinstanz, deren Bezugspunkte von Universalien wie »Die Welt«, »Der Mensch«, »Die Freiheit«, »Der
Zwang« usf. gebildet wurden [18]. Jener sozial unverstellte Raum ist nicht identisch mit der Privatsphäre. Es handelt sich vielmehr um eine gleichsam non- oder
gegen-gesellschaftliche Sphäre, von der angenommen wird, daß sie in der – allerdings diffus interpretierten – »Konstitution« des Schriftstellers als Künstler
begründet sei. Indem nun aber der Schriftsteller diese der Sozialität gleichsam
vorgeordnete Sphäre verläßt, um sozialkritisch oder politisch eingreifend zu wirken, gerät er in das problematische Spannungsverhältnis von Absicht und Wirkung. Während der esoterische Typ von Enttäuschungen verschont bleibt, weil er
jene problematische Handlungsstruktur vermeidet, bleiben dem sozialinteressier-
ten und eingreifenden Typ Enttäuschung und Ohnmachtserfahrungen nicht erspart. D. h., mit der Metamorphose von Einzelnen oder Teilen der literarischen
Intelligenz in eine literarisch-politische, in Form der temporären oder dauerhaften
Verwandlung in die monadisch-differenzielle Gestalt des »Intellektuellen« sind

die Folgeprobleme sozialer und psychischer Natur für intellektuelle Einzelunternehmungen gesetzt. Das Problem der Enttäuschung und Ohnmacht ist in der abstrakt-universalistischen Variante der Sonderideologie durchaus »antizipiert«, so daß Enttäuschung nicht notwendig zum Zweifel an ihrer Realitätsangemessenheit führen muß. Sonderideologie liefert vielmehr einen Rationalisierungsmechanismus, der den literarisch-politischen Subjekten oder literarisch-politischen Miniaturgruppen als ideelle und psychische »Krücke« zur Verfügung steht. Der Kern dieser Rationalisierung von Ohnmacht ist das tradierte Konstrukt der Geist-Macht-Dichotomie, die als unumstößliche prä-gesellschaftliche Konstante erscheint. Dämmert Folgenlosigkeit von intellektuellen Eingriffen herauf, drohen Ohnmachtserfahrungen, weil der Eingriff als inkompetente Einmischung von mächtigen Adressaten zurückgewiesen und blockiert wird, greift jener Mechanismus, um die lädierte Selbstmächtigkeit, die in der Sonderideologie den Schriftstellern und »Intellektuellen« bescheinigt wird, wieder aufzurichten. Zur Verfügung steht die These, daß der moraldurchsäuerte Geist der ewige Widerpart der Macht schlechthin sei. Ohnmacht erscheint so letztlich als untrügliches Zeichen einer hochgradigen Integrität des kritischen Geistes; sie ist der immerfort zu zahlende Preis der »Freiheit«. Wie eine Variation auf den »Mythos von Sisyphos« [19] konstituiert sich ein welt- und gesellschaftskritisches »Partisanenbewußtsein«. Diesem literarisch-intellektuellen Typ, bestimmt von einem abstrakt-universalistischen Einstellungsmuster, entspricht die primär individuelle oder allenfalls die Handlungsform kleiner Gruppen. Allerdings bergen konkrete Ohnmachtserfahrungen eine Gefährdungsschwelle, an der die Wirkungsgrenzen der Sonderideologie am Horizont sich abzeichnen; dann nämlich, wenn Ohnmacht nicht zurückweist in die eingebürgerte Marginalität. Wenn der Enttäuschung statt melancholischer oder elitärer Sublimation Bewußtseinswandel und Transformationsprozesse der Handlungsstruktur über die von der Sonderideologie lizensierten Modi sozialer Verbundformen hinaus nachfolgen, kommen Prozesse realistischen *Lage*bewußtseins mit entsprechender gegenindividualistischer Handlungsperspektive in Gang [20]. Im Zersetzungsprozeß der Sonderideologie deutet sich *Strukturwandel* gesellschaftlichen Bewußtseins literarischer Intelligenz an.

Der Zersetzungsprozeß – wie umgekehrt Genese und Geltung der Sonderideologie – verdanken sich objektiven Momenten der Stellung literarischer Intelligenz im gesellschaftlichen Reproduktionsprozeß [21]. Sonderideologie ist vor diesem Hintergrund mehr denn ein interessenpsychologisch rekonstruierbares Trugbild, ihr Zersetzungsprozeß nicht einfach ein Vorgang der Beseitigung subjektiver Ungereimtheiten im Bewußtsein. Spiegelt Sonderideologie den traditionellen Typ sozialer Lagerung des kleinen immateriellen Warenproduzenten wider, so die Ausbreitung gewerkschaftlichen Bewußtseins die tendenzielle Verwandlung in Lohnabhängigkeit.

Im Verfallsprozeß der traditionellen Struktur des literarischen Marktes geht es der Sonderideologie ans Mark, als nämlich die tendenzielle Anverwandlung des literarischen Produzenten an den »Arbeitnehmer-«Status bei gleichzeitiger Schrumpfung der Gruppe der »Nur-Buch-Autoren«, deren Bild das Profil der Sonderideologie bis heute nachhaltig prägt, das Image des »Freien (Buch-)Schriftstellers« arg lädiert. Die Destruktion der objektiven Grundlage für die Entstehung und Geltung von Sonderbewußtsein innerhalb der literarischen Intelligenz ist in vollem Gang, doch hat diese Tendenz unterhalb aller Widerstandskraft der ideologischen Tradition objektive Schranken, die durch die stoffliche Spezifik literarischer Produktion gesetzt sind. Gegen die Subsumtion unters Lohnarbeitsverhältnis, gegen die Verwandlung der literarischen Arbeitskraft in *entwickelten* Warencharakter sperrt sich der Charakter qualifizierter immaterieller Produktion, oder anders ausgedrückt,

»die Besonderheiten der schwer kalkulierbaren künstlerischen Arbeiten (lassen) es ratsam erscheinen, dem Künstler nicht die Arbeitskraft, sondern seine Erzeugnisse abzukaufen.« (Batt 1974, 7)

Vor dem Horizont der stofflichen Spezifik literarischer Arbeit kann der zähe Widerstand literarischer Produzenten gegen Subsumtionstendenzen ihrer Arbeitskraft nicht schlichtweg zum Zeichen zurückgebliebenen Bewußtseins verkürzt werden, da darin die objektiv begründete Angst vor der Deformation bzw. Dequalifizierung ihres Arbeitsvermögens sich verbirgt [22]. So wie selbst in betrieblich verfaßten Strukturen Teilen hochqualifizierter wissenschaftlicher Arbeitskraft Kreativitäts- und Innovationsräume gegen die Zwänge der entwickelten Lohnarbeitsform institutionell freigehalten werden, so bleiben auch der qualifizierten literarischen Arbeitskraft sozial ausgesparte Felder vorbehalten. Diese Restfelder bilden die Residuen des klassischen Typs des kleinen immateriellen Warenproduzenten, die Reservate der überkommenen Gestalt des Nur-Buch-Autors. Der Heterogenität in der sozialen Zusammensetzung der literarischen Intelligenz insgesamt hat die Kategorienbildung inne zu werden, will sie für die Bewußtseinsprozesse folgenreiche innere Differenzierungen der literarischen Intelligenz nicht zu schütten. Genetisch betrachtet, wird der klassische Typus von dem Schriftsteller repräsentiert, der

»warenproduzierende Arbeiten in einer Weise verrichtet, die *früheren Produktionsweisen* angehören, wo also das *Verhältnis von Kapital und Lohnarbeit* faktisch noch nicht existiert . . .« (Marx 1969, 68).

Strukturell gesehen wäre es jedoch verkürzt, literarische Intelligenz nur mit diesem traditionellen Typ zu identifizieren, da »der tendenzielle Übergang der Autoren in das Lager der gesellschaftlichen Arbeit« (Schwenger 1973, 48) die jüngere Geschichte der literarischen Intelligenz wie ein »ökonomischer roter Faden« durchzieht. Die empirischen Fakten, daß zum einen die Sozialbiographien literarischer Produzenten von einem mehrmaligen Wechsel zwischen dem Status des »freien Autors« und dem des dauerhaft abhängig Beschäftigten berichten (»berufliche Mobilität«), zum anderen, daß es eine reiche Skala von Abdifferenzierungen des sozial-ökonomischen Status von Schriftstellern gibt, zwingen die theoretische Begriffsbestimmung, sowohl die Seite der formellen Stellung des Schriftstellers wie die der stofflichen Besonderheit von Literatur zu berücksichtigen.

Zusammensetzung und innere Gliederung der literarischen Intelligenz hängen ab von dem *historisch* bestimmten Verhältnis literarischer Produktion zur herrschenden Form gesellschaftlicher Arbeit. Mit den strukturellen Veränderungen des literarischen Marktes, den sozio-ökonomischen Konzentrationsprozessen sowie der Ausweitung und Differenzierung massenmedialer Organisationsstrukturen erhöht sich (relativ wie absolut) der Anteil der »arbeitnehmer-ähnlichen« literarischen Intelligenz (Fohrbeck/Wiesand 1972). Zugleich verändern sich in diesem Rahmen die berufliche Gliederung und die Tätigkeitsformen resp. -schwerpunkte. Die mit der Annäherung an das Lager der gesellschaftlichen Arbeit eingeleiteten Prozesse quantitativer Veränderungen in der inneren Zusammensetzung erhöht die sozial-strukturelle Komplexität [23]: eine in dauernder Bewegung sich befindliche Fülle von Übergangs-, Misch- und Restformen der Stellung literarischer Intelligenz, deren Eckpunkte der kleine einfache Warenproduzent und der lebenslang abhängig Beschäftigte bilden. Die objektiven Momente, welche trotz reicher Differenzierung innerhalb der formellen Stellung die literarische Intelligenz verbinden, sind zum einen zu verzeichnen als Zunahme sozialer und ökonomischer Abhängigkeit, zum anderen als konstantes Interesse am spezifischen Gebrauchswert der eigenen Arbeitskraft bzw. des Arbeitsvermögens aufgrund des Charakters künstlerischer Arbeit (Kautsky 1894/95). So kann die Kategorie literarische Intelligenz nicht auf den traditionellen Kern der »Freien Autoren« eingeschränkt werden, sondern ihr sind zuzurechnen – der tatsächlich fließenden Grenzen durchaus eingedenk – diejenigen Teile verbeamteter oder angestellter Intelligenz, allemal betrieblich strukturiert, welche mit *relativer Konstanz* literarische und/oder literar-kritische Arbeiten betreiben und veröffentlichen. Die Arbeiten können sowohl unmittelbar in die lohnabhängige Berufstätigkeit eingegliedert als auch ausgegliedert sein; in diesem Fall Ergebnisse von Privatproduktion. Die Einbeziehung des Kriteriums der stofflichen Spezifik in expliziter Konkretion als literarische oder literar-kritische Arbeit setzt sich so ab von der gegen den Charakter der Arbeit gleichgültigen Bestimmung des »Wortproduzenten« als dem »Rohstofflieferanten«. So unsinnig es wäre, etwa einen angestellten Schriftsteller nicht zur literarischen Intelligenz zu rechnen, weil er aufgrund seines Angestellten-Verhältnisses auf Dauer dem tradierten Status des »freien Warenproduzenten« nicht entspricht, so wäre es umgekehrt absurd, jeden Wortproduzenten (z. B. einen Abgeordneten) zur literarischen Intelligenz hinzu zu definieren. Gegen die scheinbar entideologisierenden Gesten, welche die inhaltlich-stoffliche Bestimmtheit literarischer Produktion aus der theoretischen Bestimmung ausgeblendet wissen möchten, insistiert der hier entfaltete Begriff von literarischer Intelligenz auf der Kennzeichnung ›literarisch‹ [24]. Eine Soziologie wissenschaftlich-technischer Intelligenz z. B., welche mit der abstrakten Allgemeinheit »Zahlenproduzenten« ansetzte, verlöre sich in fruchtloser formaler Diffusität. Andererseits wäre es einem soziologischen Ansatz unangemessen, innerkünstlerische Qualitätskriterien zum absoluten Ausgangspunkt gleichsam vertikaler ästhetischer Stufung zu nehmen [25]. Unter Sozialstrukturgesichtspunkten geht es vielmehr darum, Komplexität der gesellschaftlichen Stellung und stoffliche Eigenart miteinander zu verknüpfen, um zu einem dem Sachverhalt angemessenen Begriff literarischer Intelligenz zu gelangen. Stoffliche Eigenart, Charakter der Arbeit *und* des Arbeitsvermögens, beziehen sich wiederum auf das je *historisch* bestimmte Verhältnis literarischer Arbeit zur herrschenden Form gesellschaftlicher Produktion. D. h., die analytische Bestimmung der Kategorie literarische Intelligenz filtert nicht aus inner-ästhetischen Rangkriterien ihre Bezugspunkte ab, sondern aus der Struktur jenes Verhältnisses in seiner je historischen Bestimmtheit, was die sozial-strukturelle, die produktionstechnische und arbeitsorganisatorische Seite angeht. Einerseits ist eine tendenzielle Annäherung von Teilen der literarischen Intelligenz an das Lager der gesellschaftlichen Arbeit zu diagnostizieren, die die innere soziale Gliederung der literarischen Intelligenz insgesamt beeinflußt. Im Zeichen multimedialer Herstellungsbetriebe und stark vergrößerter Produktionsorganisationen ist sogar eine partielle Angleichung an den Status lohnabhängiger kaufmännischer oder technischer Intelligenz zu beobachten. Andererseits aber ist analytisch dem spezifischen Charakter literarischer Arbeit, aus welchem die Schranken gegen eine durchgreifende Angleichung des Charakters der Arbeit und des Arbeitsvermögens an die organisatorischen Bedingungen entfalteter kapitalistischer Produktionsweise hervorgehen, Rechnung zu tragen. Der widersprüchlichen Momente hat die Analyse der Bewußtseinskonstitution literarischer Intelligenz inne zu werden; hier findet sie ihre zentralen Bezugspunkte.

Unangemessen wäre zu unterstellen, daß mit jenen in der literarischen Produktionsweise gesetzten Schranken ein gleichsam immunes System gegen die Einflüsse der gesellschaftlich herrschenden Produktionsweise errichtet sei. Zu berücksichtigen ist, daß die zur kapitalistischen Produktionsweise Distanz setzenden Schranken literarischer Produktion ihrerseits Resultat historisch geronnener, gesellschaftlicher Arbeitsteilung sind. Dieser ist geschuldet, daß »eine relative Selbstbewegung der künstlerischen Produktion (sich) herausgebildet hat« (Warneken 1972, 212). Und erst vollends in der bürgerlichen Gesellschaft differenziert sich Literaturproduktion als eigenständiger Bereich mit immanenten Fortentwicklungsgesetzlichkeiten heraus (Caudwell 1971). D. h., die dialektische Beziehung von literarischer und entfalteter kapitalistischer Produktionsweise liegt darin begründet, daß letztere zwar die Bedingung für die Entfaltung einer relativ eigenständigen literarischen Produktionssphäre darstellt; daß aber im Gang der historischen Entwicklung literarische Produktion zunehmend widersprüchlich und kritisch zu ihren durch die kapitalistische Produktionsweise erzeugten gesellschaftlichen Bedingungen sich entwickelt. Da literarisch-intellektuelle Produktion und ihr gesamtgesellschaftlicher Ort immer schon in den »Äther« historisch bestimmter Gesellschaftsformationen getaucht sind (Jung 1972, 24), bleibt sie von den allgemeinen Gesetzmäßigkeiten gesellschaftlicher Produktion nicht verschont. Ihre besondere Determination im gesamtgesellschaftlichen Produktions- und Reproduktionszusammenhang, die in der relativen Abgehobenheit von der Sphäre materieller gesellschaftlicher Produktion sich ausdrückt, birgt aber zugleich das Potential bewußtseins- und ideologiekritischer Distanz. Marx' Notiz, daß die »kapitalistische Produktion ... gewissen geistigen Produktionszweigen, z. B. der Kunst

und Poesie, feindlich (ist)« (Marx 1973, 257), darf füglich mehr als bloß ein feuil-
letonistisches Aperçu rezipiert werden, ist doch darin der Verweis auf die Schranken formeller wie reeller Subsumtion des literarischen Produzenten unters Kapital-
verhältnis enthalten*. Und es verdankt sich just dem widersprüchlichen Verhältnis von künstlerisch-literarischer Produktion und entfalteter kapitalistischer Produktionsweise, daß es »hier meistens bei der *Übergangsform* zur kapitalistischen
Produktion (bleibt)« (Marx 1973, 385). Auf der allgemeinen Grundlage des Charakters immaterieller Produktion, der ihr »immanenten Abstraktion von den ge-
genständlichen Bedingungen (der) Umwelt« (Kievenheim 1972, 193), kommt der
inhaltlichen Seite der *literarischen* Produktion wiederum besondere Bedeutung
zu. Ihr inhäriert Sperrigkeit, die tendenziell *verhindert,* daß die literarische Tätigkeit mehr und mehr ihren

»Kunstcharakter verliert; ihre besondre Fertigkeit immer etwas Abstraktes, Gleichgültiges
wird, und sie mehr und mehr rein abstrakte Tätigkeit, rein mechanische, daher gleich-
gültige, gegen ihre besondre Form indifferente Tätigkeit wird; bloß formelle Tätigkeit
oder, was dasselbe ist, bloß stoffliche, Tätigkeit überhaupt, gleichgültig gegen die Form«
(Marx o. J., 204).

D. h., literarische Individualproduktion widerstrebt den in der reellen Subsumtion
erzwungenen Dequalifizierungstendenzen des Arbeitsvermögens, welche Marx in

---

* Formelle und reelle Subsumtion sind Bestimmungsformen in der Entwicklung kapitalistischer Produktionsweise. Deren Merkmal ist, »daß die Arbeitskraft für den Arbeiter
selbst die Form einer ihm gehörigen Ware, seine Arbeit daher die Form der Lohnarbeit erhält« (Marx 1972, 184). Formelle Unterordnung der Arbeit unters Kapital ist
diejenige Form, in welcher der (Verleger) Kapitalist in Geldform den Lohn vorschießt
(z. T. auch Rohstoffe und Halbfabrikate), die Arbeit aber manuell mit tradierten
Handwerksinstrumenten verrichtet wird und der Arbeiter noch als individueller Produzent auftritt. Das arbeitsorganisatorische und technische Niveau ist in der formellen
Subsumtion als historischer Vorform der reellen niedrig. Im Unterschied dazu zeichnet sich die reelle Subsumtion durch entwickelte arbeitsteilige Kooperation und ein
hohes, stetig steigendes technisches Niveau aus. Der Arbeiter verliert den Status eines
individuellen Produzenten, Produktionsorganisation und Rhythmus werden vom technischen System bestimmt. Die Arbeit wird zunehmend vergesellschaftet. Das Verhältnis
von reeller und formeller Subsumtion läßt sich in dreifacher Hinsicht gliedern. Erstens
ist die formelle Abhängigkeit vom (vorgeschossenen) Kapital die allgemeine Form des
kapitalistischen Produktionsprozesses; sie geht der reellen historisch voraus. Zweitens
ist in der reellen Subsumtion die formelle involviert; nicht aber umgekehrt. Drittens
existiert die formelle Subsumtion als eine *besondere* Form neben der reellen als domi-
nanter Form kapitalistischer Produktion fort. Als besondere Form findet sie im Bereich der literarischen Produktionsweise eher Zutritt als die reelle Subsumtion, da die
stoffliche Spezifik von Literatur gebietet, die Arbeit an einen einzelnen Produzenten
oder allenfalls an eine kleine Arbeitsgruppe zu binden. Reeller Subsumtion stehen hier
arbeitsorganisatorische und -technische Schwierigkeiten entgegen. Literarische Produktion läßt kaum hochgradige arbeitsteilige Zerlegung und Vereinfachung der Arbeits-
vorgänge zu; das technische Niveau literarischer Produktion, das durch seine handwerkliche Natur ausgezeichnet ist, bedingt ihre Unvereinbarkeit mit technischen Erfor-
dernissen industrieller Großproduktion. In den arbeitsorganisatorischen und -techni-
schen Momenten kommt die Eigenart literarischer Produktion zum Vorschein.

Abhebung zur handwerklichen Kleinproduktion als ein typisches Moment des entwickelten kapitalistischen Produktionsverhältnisses bestimmt.

Literarische Produktion ist generell charakterisiert durch die *bestimmte* Beziehung von Inhalt und Form, (hier sitzt der Springpunkt innerliterarischer, qualitätsbezogener Feinstrukturierungen und Abstufungen), die in Prozeß und Resultat *nicht* gegeneinander gleichgültig sich verhalten. Umgekehrt, die literarische Aneignung der Totalität der gesellschaftlichen Wirklichkeit (darin einbezogen der Natur) ist in der Darstellungsweise konstitutiv an die Organisation der Form (»Komposition«) gefesselt, wie andererseits die Formbestimmung konstitutiv Inhalt in sich begreift (Redeker 1969; Thierse 1969; Metscher 1972). Aufgrund der materialen Form-Inhalt-Beziehung ist die Subsumtion unter die entfaltete kapitalistische Produktionsweise nur um den Preis erkaufbar, daß Literatur den Charakter der Versenktheit in die »*Bestimmtheit* ihrer Arbeit und (das) Verhältnis zu einem *bestimmten Meister*« (Marx o. J., 204) verliert. Dieser Verlust, i. e. die Verwandlung der literarischen Arbeitskraft in einen entwickelten Warencharakter, enthüllt sich als Entzug der genuin künstlerischen Innervation immaterieller Produktion unter gegebenen historischen Bedingungen der in letzter Instanz durch die Arbeitsteilung determinierten tendenziellen Konzentration bzw. eingeschränkten Verteilung künstlerischen Vermögens. So zeigt sich, daß die Arbeitsteilung, zumal in ihrer kapitalistischen Ausgestaltung, Bedingung der institutionell abgedeckten Freisetzung literarischer Produktion als spezifischer ist; umgekehrt ist die konzentrische Freisetzung spezialisierter literarischer Produktion ihrerseits Ursache derjenigen Schranken, die dem Prozeß kapitalistischer Verwertung der literarischen Arbeitskraft in Form ihrer Verwandlung in einen Warencharakter entgegenstehen. Deshalb kann es weder als schlechte kultur-kritisch-moralische Klage noch als anachronistisches Kleben an der »bürgerlichen Werthierarchie«, wie es im *Autorenreport* (1972) heißt, abqualifiziert werden, wenn literarische Produzenten gegen die Degradation ihrer Arbeit und Deformation ihres *Arbeitsvermögens* sich sperren. Vielmehr drückt sich in der Tendenz gegen die Verwandlung der Arbeitskraft in einen entwickelten, fungiblen Warencharakter, unterhalb aller tatsächlich anachronistischen Verwerfung neuer literarischer Produktivkräfte und Produktionsformen, ein in der Struktur literarischer Produktion objektiv verankertes Interesse aus [26]. Dieses objektive Interesse konstituiert von der qualitativ-stofflichen Seite her literarische Intelligenz als genuine soziale Kategorie im Gesamtzusammenhang verschiedener Strukturtypen der Intelligenz.

Vom Bezugsrahmen der gesellschaftlichen Stellung und der stofflichen Spezifik her läßt sich literarische Intelligenz als Sozialstrukturkategorie bestimmen. Zunächst stellt sie sich als »randgelagerte« Schicht dar, was das Verhältnis literarischer zur gesamtgesellschaftlich herrschenden Produktionsweise betrifft. Projiziert auf den Zusammenhang gesamtgesellschaftlicher Reproduktion, ist literarische Intelligenz zu bestimmen als Teil sozialer Zwischenschichten. Aufgrund der objektiven Tendenz, daß Teile der Literaturproduzenten zunehmend dem Lager der gesellschaftlichen Arbeit sich annähern, gliedert sich die soziale Kategorie der literarischen Intelligenz einerseits in den Teil, der zu den traditionellen Schichten der Kleinproduktion (»Kleinbürgertum«, »Alter Mittelstand«) zu rechnen ist, und andererseits in den Teil, der zu den lohnabhängigen Zwischenschichten zu zählen ist. Zu berücksichtigen sind dabei die vielfältigen Übergangsformen und diejenigen Gruppen literarischer Intelligenz, die Rand- oder deklassierten Schichten sich annähern – aus welchen Gründen auch immer. Über die Differenzierungen in der Stellung hinweg stiften der spezifische Charakter literarischer Tätigkeit und das hieraus resultierende objektive Interesse an der Erhaltung ihres Arbeitsvermögens und entsprechender Arbeitsbedingungen einen konstitutiven Zusammenhang, der es notwendig macht, die literarische Intelligenz als genuine soziale Kategorie zu bestimmen.

Die Komplexität der verschiedenen Formen der gesellschaftlichen Stellung (Heterogenität) und der abdifferenzierten Modi der stofflichen Spezifik (Homogenität) ist weder mit Strukturlosigkeit zu verwechseln, noch definitionistisch aufzulösen in die nur quantitativ und nach Berufs-, Tätigkeits- und Gesellschaftsbildmerkmalen differenzierte »Menge« von »Wortproduzenten«, wenn eine soziologische Kategorie gewonnen werden soll. Von der sozial-strukturellen Bestimmung her erweist sich die in einschlägigen Untersuchungen gerne zur Prämisse zugespitzte These von der »sozialen Standortlosigkeit« als zu undifferenziert und deshalb als Ausgangspunkt haltlos. Mögen im Bewußtsein literarischer Intelligenz und ihrer wissenschaftlichen Interpreten noch so sehr die reich nuancierten Vorstellungen vom »Grenzgängertum«, von der »Standort-, Heimat- und Wurzellosigkeit« zu Hause sein, objektiv-strukturell ist die literarische wie die literarisch-politische Intelligenz (»Intellektuelle«) in den konkreten Gesellschaftszusammenhang verflochten. Hieraus ergibt sich, daß subjektives Selbstverständnis, individuelles Meinen, Distanz- und Einsamkeitsgefühle, d. h. subjektive Daten, nicht zum unvermittelten theoretischen Ausgangspunkt genommen werden können. Gleichsam in Gegenwendung zum traditionslastigen Ideologem von der »sozial freischwebenden Intelligenz« (A. Weber) ist von der Einsicht in die tatsächliche sozial-strukturelle *Verankerung* der literarischen Intelligenz auszugehen, d. h. von ihrer objektiven Gesamtlage.

Der sozial-strukturelle Grundriß reicht jedoch nicht aus. Die soziale Stituation der literarischen Intelligenz ist nicht allein durch die sozial-materielle Lage bestimmt, sondern ist wesentlich auch charakterisiert durch einen eigentümlich strukturierten und konturierten Handlungs- und Kommunikationsrahmen, den es zu konkretisieren gilt.

Traditionell bescheint literarisch-intellektuelle Gruppierungen, je nach erreichtem Prominenzgrad unterschiedlich, durch öffentliche Medien erzeugtes Licht, zumeist in Wechselwirkung mit der geleisteten Eigenbeleuchtung. Die Erzeugung von öffentlicher Aufmerksamkeit für literarisch-intellektuelle Vereinigungen ist grundlegend gebunden an den Charakter literarischer Produktion und Zirkulation. Einesteils ungeachtet dessen,

»Was das Schreiben für den Schreiber selbst auch sein mag ... – ist es eine Tätigkeit, der durch ihr Ziel, die Hervorbringung des Werkes, eine auf die Herstellung einer kommunikativen Beziehung gerichtete Struktur vermittelt ist.« (Naumann u. a. 1975, 56)

Anderenteils, ungeachtet dessen, wie die dialogisch-kommunikative Struktur des Werkes im einzelnen beschaffen ist, wohnt der Zirkulation eine in sich abdifferenzierte Öffentlichkeitstendenz inne aufgrund der Vervielfältigung der Manuskripte durch Verlage oder Medien. Strukturell ist daher literarische Produktion unmittelbar und in besonderer Weise in die Prozesse gesellschaftlicher Kommunikation einbezogen, indem sie – mit je differenten Relevanzstrukturen – diese mitstiftet und in Gang hält. Literarische Kommunikation ist zunächst durchweg nicht angesiedelt in den Sphären der Alltagskommunikation. Determiniert durch klassen- und schichtbedingte Rezeptionsstrukturen auf der einen und durch die dem Werk immanente Angebotsstruktur des Dialogs auf der anderen Seite kann literarische Kommunikation in die Prozesse der Konstitution des Alltagsbewußtseins einwandern. Eine Möglichkeit, an die z. B. Siegfried Lenz seine recht bekannte Hoffnung der bewußtseinskritischen »Unterwanderung« knüpft.

Für den thematischen Zusammenhang dieser Untersuchung, welche *nicht* die Verbreitungs- und Rezeptionsstrukturen, d. h. nicht wirkungsästhetische Probleme der Autor-Leser-Beziehung zum Gegenstand hat, grenzt sich das Interesse ein auf die Mechanismen der Ausbreitung publizistischen Lichtes, welche konstitutiv für Gruppenbildung und -prozeß sind. Vor diesem Hintergrund profiliert sich die zwischen Autor und Leser dazwischen geschaltete, in die Strukturmechanismen des literarischen Marktes eingelassene Sphäre literarischer Öffentlichkeit, welche durch verschiedenste gesellschaftliche Institutionen erzeugt und in Bewegung gehalten wird. Es sind dies primär die an Auswahl, Bewertung, Kommentierung und Reklame beteiligten Instanzen innerhalb des literarischen Marktes, welche, motiviert durch Eigeninteresse an der Illumination literarischer Produktion, d. h. des *Produzenten* und seiner *Werke*, beteiligt sind. Sind auch die Sphären literarischer Publizität und demonstrativer Öffentlichkeit unterbaut durch sozial-strukturell bestimmte Systeme der Rezeption, so sind jene doch von den letzteren abgehoben. Die Öffentlichkeit inhärierende Eigendynamik verstärkt den Schein von Strukturlosigkeit und Diffusität des anonymen Publikums, indem dessen reale soziale Strukturierungen von der veröffentlichten literarischen Kommunikation zugedeckt werden.

»Die unentrinnbare Partnerschaft mit der Öffentlichkeit« (Frisch 1970, 63) umreißt einen relevanten Erfahrungs- und Handlungsrahmen literarischer wie literarisch-politischer Intelligenz. Die Besonderheit der Einschaltung in eine veröffentlichte Sphäre gesellschaftlicher Kommunikation liegt im *zentripetalen Sog* der Mechanismen literarischer Öffentlichkeit im engeren wie der politisch-intellektuellen im weiteren begründet. Dieser Sog hat sowohl für das Selbstbild literarischer Intelligenz als auch für die Vorstellungen, die innerhalb der Gesellschaft von ihr existieren, eine eigentümliche Wirkung. Das produktions- und zirkulationsstrukturell bedingte *Einrücken* der Resultate literarischer Produktion in eine einschlägige öffentliche Sphäre setzt den Schein sozial-struktureller *Entrückung* frei und sorgt für dessen Stabilisierung. Aufgrund der publizistischen Identifikation von Produkt *und* Produzent – mithin Spiegelung der Besonderheit literarischer Arbeit als nicht arbeitsteilig zerlegter Individualproduktion – ist nicht bloß das Werk (bzw. die Werke), sondern auch der Autor in den zentripetalen Sog literarischer Öffentlichkeit einbezogen. So wie die literarische Öffentlichkeit die sozial-strukturelle Differenziertheit des Lesepublikums verwischt [27], verdunkeln ihre Mechanismen die sozial-strukturelle Lokalisation des literarischen Produzenten.

Literarische Publizität war es, die die Entfaltung bürgerlicher Öffentlichkeit vorbereitete (Habermas 1971, 69 ff.), und sie ist es, trotz inzwischen konstatierbarer Deformationen hin zu einer publizitätsverneinenden demonstrativen Öffentlichkeit, die das Erbe kritischer bürgerlicher Publizität allenthalben bewahrt. Trotz ihrer manifesten Entkräftung besitzt literarische Publizität Züge, die an die klassische Form bürgerlicher Öffentlichkeit gemahnen. Ihre historische Hartnäckigkeit verdankt literarische Publizität der lange Zeit hindurch noch aufrechterhaltenen Struktur eines literarischen Marktes als einem – gesamtgesellschaftlich betrachtet – Teilsystem »einer mittelständischen Gesellschaft von kleinen Warenproduzenten« [28]. Fungierende literarische Publizität als Rest-Variante der Idee bürgerlicher Öffentlichkeit – ist gebunden an die Erhaltung eines einigermaßen intakten Systems eines von kleinen und mittleren Verlagen getragenen literarischen Marktes. Unter der Voraussetzung, die allerdings historisch nie verwirklicht war, was ihre materielle Seite betrifft, daß gemäß dem Modell bürgerlicher Vertragsfreiheit gleiche und freie Wirtschaftssubjekte am literarischen Markt untereinander Beziehungen eingehen, gewinnt literarische Öffentlichkeit als Handlungsrahmen bewußtseinsformativen Einfluß auf die literarische Intelligenz. Auf dieser Grundlage baut die Struktur literarisch-intellektueller Kommunikation als selbsttätig hergestelltes kritisches Räsonment auf. Bürgerliche Öffentlichkeit beruht ihrem Grundriß nach darauf, daß sie ihre Konstitutionsprämissen nicht nur problemlos voraussetzt, sondern sie tendenziell ausblendet. Öffentlichkeit als konzeptualisierte Form der Selbstvermittlung einer Gesellschaft, die »in Wirklichkeit, obwohl politisch nicht ausgedrückt, (durch) die auf die Warenproduktion gegründete Wertabstraktion« (Negt/Kluge 1972, 13) zusammengezwungen wird, fungiert, indem sie die »Aufhebung des Besonderen im Allgemeinen« (Luhmann 1971, 21) zu besorgen vorgibt. D. h., Öffentlichkeit bezieht ihre Wirkung aus der Abstraktion von den realen Klassen- und Schichtgliederungen, welche der Struktur der dominanten Produktionsweise entspringen. Dem tradierten Konstruktionsprinzip literarischer Öffentlichkeit ist gleichfalls eigen, daß sie aus ihrem diskursiven Zusammenhang tendenziell die Thematik der sozio-ökonomischen Produktionsbedingungen und Zirkulationsstrukturen ausgrenzt. Bis heute noch gilt die Verknüpfung literarischer Diskussion mit Fragen der Produktionsbedingungen und -prozesse von Literatur mancherorten als Sakrileg, oder dieser Zusammenhang wird als bloß äußerlicher konstatiert. Jene die Sphäre literarischer Publizität bedingenden Abstraktionsmechanismen definieren den Rahmen literarisch-intellektueller Kommunikation, indem Aufmerksamkeits- und Themenstruktur negativ gegen die politisch-ökonomischen Grundlagen von Literatur abgegrenzt werden. Es trifft auch für die literarische Öffentlichkeit als einer Formvariante bürgerlicher zu, auf dem Widerspruch, »daß bürgerliche Öffentlichkeit substantielle Lebensinteressen ausgrenzt, gleichwohl aber das Ganze zu repräsentieren beansprucht« (Negt/Kluge 1972, 11), zu basieren. Dementsprechend besteht sozial normierter Vorweg-Konsens darüber, daß es zu den Regeln literarischer Verhandlungen gehört, Literatur und Kunst als einen gleichsam universellen Zusammenhangg aufzufassen, in welchen sozio-ökonomische Konkretion allenfalls als wissenssoziologische Zurechnung eingespielt wird. In dieser Zurechnung erscheint aber der Zusammenhang von Literatur und sozio-ökonomischer Struktur als ein bloß äußerlicher, nicht aber als konstitutive Beziehung. Der Hinweis auf den gängigen geisteswissenschaftlichen Begriff von »Weltliteratur«, in welchem der Bezug zu den materiellen Voraussetzungen des Weltmarktes getilgt ist, mag hier genügen.

Der Abstraktion von den Produktionsbedingungen innerhalb der Sphäre literarischer Öffentlichkeit in ihrer überkommenen Gestalt wohnt eine zweite Seite grundlegend inne: die der legitimatorischen Abhebung von der Sphäre materieller Praxis. Öffentlichkeit stellt sich her als spezifisch intellektuell-kommunikativer Zusammenhang, der von der Welt materieller Produktion und ihren Zwängen abgehoben und zugleich als gegen sie verselbständigte Sphäre erscheint. Literarische Öffentlichkeit konstituiert sich im herrschenden Bewußtsein nicht als Moment ökonomischer Zirkulation, sondern als Ausdruck ideellen Verkehrs. Klassischem bürgerlichen Gesellschaftsdenken gemäß kommt der Sphäre der ideellen Vermittlung, in der die Perspektive des »Kontors« aufscheint, das Primat im Blick auf die Stiftung gesellschaftlicher Zusammenhänge zu (Stiehler 1968; Krahl 1970). Aufhebung des Besonderen ins Abstrakt-Allgemeine heißt für die literarische Öffentlichkeit, daß die Sphäre literarisch-intellektuellen Räsonnements den Sinn- und Lebenszusammenhang stiftenden archimedischen Punkt darstellt. Die Mechanismen der Öffentlichkeit haben nicht bloß die Struktur kleiner und mittlerer Warenproduzenten, die in Verkehr miteinander treten, zur Voraussetzung; jene Abstraktionsmechanismen stabilisieren zugleich den an diese Voraussetzung gebundenen Schein der Sonderideologie. Diese ist – wie eingangs skizziert – nicht bloßes Trugbild, reflektiert doch Sonderideologie reale Momente eines literarischen Marktes, der noch nicht oligopolistisch umgeformt ist. Sonderideologie gehört in dieser Hinsicht der Vorgeschichte der großen Kulturkonzerne an. In ihr erscheint die Prioritätsstruktur allerdings verkehrt. Zum einen ist fingiert, daß die monadische Subjektivität der Gesellschaft vorausgehe und sie erst im nachhinein (scheinbar in selbstgewählten Akten) gesellschaftliche Beziehungen eingehe. Zum anderen ist prätendiert, daß der sekundär erzeugte gesellschaftliche Zusammenhang im wesentlichen Resultat ideeller Verknüpfung sei.

Die genannten Abstraktions- und Verkehrungsprozesse grenzen real die Sphäre literarischer Öffentlichkeit als Ort literarisch-intellektueller Kommunikation und sozialen Verkehrs aus. Der negativ definierte Rahmen literarisch-intellektueller Interaktion, deren ideologisch-institutionelles Gerüst von der »Literaturwelt« gebildet wird, fundiert den Grundriß des sozialen Plafonds literarischer Gruppierungen. Innerhalb der Sphäre literarischer Öffentlichkeit finden sich spezifizierte Regulative mit generalisierten Geltungsansprüchen. Diese Regulative erweisen

sich als Destillate der Sonderideologie, denen die Konstitutions- und Reproduk-
tionsmechanismen der Öffentlichkeit handlungsformative Wirkung verleihen. Die
»gewöhnlichen Mechanismen ideeller Warenproduktion – mit Originalitäts- und
Differenzierungszwang« (Haug 1974, 542) äußern sich als »Konkurrenz um kulturelle Legitimität« (Bourdieu 1970, 83). Diese kann – abgesehen von anderen
Kriterien – nur erworben werden in der typisierten Gestalt literarischer (Einzel-)
Subjektivität; d. h., zu den Regulativen literarisch-intellektueller Interaktion und
Kommunikation zählt die Norm, daß Schriftsteller als *exemplarische* Subjektivitäten aufeinander sich zu beziehen haben. Diese Form der *individuellen Selbstdokumentation* innerhalb der Sphäre der Öffentlichkeit, die ihre entsprechenden sozio-ökonomischen Wurzeln hat, verselbständigt sich zum intellektuellen Streit. Als
Modell der »Fehde der intellektuellen Seismographen« prägt er einen verhaltens-
und interaktionsmethodischen Stil. Der in die Sphäre der Öffentlichkeit generell
eingebaute Zwang, Aufmerksamkeit zu erringen (Luhmann 1971), treibt die per-
manente Herstellung literarisch-intellektueller *Neuheit* und *Überraschung* hervor.
Es wird der literarischen Subjektivität dauernd der Ausweis abverlangt, einmal
geronnenen Standards nicht zu gehorchen (Wellershoff 1971, 85 ff.). Das Regula-
tiv diskursiven Räsonments exemplarischer Subjektivitäten gilt sowohl für die literarische wie für die politische Öffentlichkeit. Es ist gebildet an der zentralen Idee
bürgerlicher Öffentlichkeit, im Medium kritisch-differenzierender Diskussion vernünftigen Konsens über thematische Gegenstände herzustellen. Zur Geltung
kommt diese Vorstellung als Idee der Wahrheit, welche den zentralen Bezugspunkt des Räsonnements ausmacht. So verknüpft die Struktur literarischer Öffentlichkeit den Zwang zur individuellen Selbstdokumentation mit dem ideell übergreifenden Zielpunkt diskursiv ermittelter »Wahrheit«.

»Wir haben nicht positiv, wir haben ehrlich zu sein« (Dürrenmatt 1962, 102).
In dieser Wendung steckt das strategische Konstitutionsprinzip von Öffentlichkeit. Die Realisierung von Wahrheit als kommunikativem Ausdruck wird gekoppelt an ein spezifisch nuanciertes und gewichtetes Prinzip Kritik. »Wahrheit«
kann demnach nur erreicht werden im negativen Bezug auf die bestehende »Welt
der Institutionen«. Öffentlichkeit, ursprünglich konstruiert als kritische Kontroll-
instanz gegenüber dem Staat und dessen Tendenz zur Arkanpraxis, wird später
zur Gegeninstanz von gesellschaftlichen und politischen Machtinstitutionen überhaupt. In dieser ausgedehnten Reichweite stellt *Publizität* das macht- und institu-
tionenkritische Instrument schlechthin dar; Publizität ist nur als kritische intakt.

Literarische Subjektivitäten verwandeln sich okkasionell oder auf Dauer in
literarisch-politische Intelligenz, bedienen sie sich des Instrumentes der Erzeugung von Publizität in *direktem* Bezug zu politischen Themenstrukturen. Publizität als Gegenstruktur verschränkt sich mit der Organisationsphobie als
sonderideologischer Komponente, indem die Struktur konkurrenzdurchsetzter
Beziehung individueller Selbstdokumentation mit der monadologischen Komponente sich verbindet. Die am Bezugspunkt der »Wahrheit« orientierte Maxime institutionskritischer Distanz impliziert in der Perspektive politischer Publizität das Konzept prinzipialisierter »Freiheit«. Freiheit als Kommunikations-

bedingung und Verkehrsform kritischen Räsonnements gehört konzeptuell zur Ausstattung einer *Souveränität,* die sowohl gegen die Institution als unabhängig sich behaupten möchte, als auch von störenden Einflüssen der Fixation aufs partikulare Eigeninteresse abstrahieren zu können glaubt. Die normierenden Mechanismen klassischer Öffentlichkeit scheinen das zu leisten, indem die Vorstellung des zur kritischen Publizität sich entfaltenden Räsonnements zum einen an der gegeninstitutionellen, locker verfaßten intellektuellen Beziehungsstruktur, die den eigentümlichen »Schein der Strukturlosigkeit« erzeugt (Lepsius 1964), festgemacht ist, und zum anderen an der unterstellten Ausklammerung partikularer Interessen. Gleichsam als Anti-Welt zu den Schwerefeldern kollektiv-organisierter Macht sucht kritische Publizität einen machtentzogenen Raum zur diskursiven Ermittlung von »Wahrheit« vorzustellen. Dies soll zustande gebracht und verbürgt werden einerseits durch strikte Distanz zu direktem, organisiertem Praxisinvolvement und andererseits durch die Prätention, daß ein Allgemeininteresse, das von störenden Partialinteressen frei ist, vertreten wird. Just hier hat das Bewußtseinsprofil des »abstrakten Universalismus« seine Heimstatt, scheint doch diese Sphäre die Chance individueller Selbstmächtigkeit, die in einen grundsätzlich kritischen Bezug zur politischen Machtsphäre sich setzt, zu garantieren, ohne die Grundvorstellung vorausgesetzter Subjektivität antasten zu müssen.

Der spezifische Zusammenhang der Prinzipien machtkritischer »Wahrheit« und voraussetzungsloser »Freiheit«, welche als Resultat ebenso wie als Bedingung diskursiver Vermittlung zwischen den individuellen Selbstdokumentationen unbedingte Geltung beanspruchen, erfährt innerhalb der literarischen Öffentlichkeit eine pointierte Begründung. »Wahrheit« als Ziel und »Freiheit« als Bedingung werden zum »absoluten Kanon der Kunst« (Andersch 1962, 124) erklärt. Hierdurch wird dem institutions- und machtkritischen Handlungsmodell öffentlich-intellektueller Kommunikation durch eine ideologie-kritische Konzeption von Kunst Sachlegitimation verliehen. Je mehr mit dem Verfall kritischer Publizität als Form der Selbstvermittlung der *Gesamt*gesellschaft, worin in letzter Instanz sozio-ökonomische Veränderungen sich ausdrücken, die Realstruktur von »Freiheit« schrumpft, desto eindringlicher wird die Partialsphäre literarisch-intellektueller Kommunikation beschworen. Sie fungiert gleichsam als Zufluchtsort kritischer Vernunft und Freiheit.

»Ich glaube, daß der Schriftsteller, der sogenannte freie Schriftsteller, eine der letzten Positionen der Freiheit ist.« (Böll 1962, 148)

Enthalten ist, trotz des skeptischen Vorbehalts »sogenannt« – ein Vorbehalt, der Jahre später in Bölls Rede auf dem 1. VS-Kongreß zur Gewißheit des Endes des »freien Schriftstellers« sich transformiert –, der implizite Rekurs auf eine noch erhaltene Funktionsfähigkeit *literarisch*-kritischer Publizität, in der sich die strukturelle Zurückgebliebenheit des literarischen Marktes im Gesamtsystem der Gesellschaft widerspiegelt. Literarisch-intellektuelle Publizität erscheint so als Bedingung wie Chance zur »Freiheit«, die der »Wahrheit« sich verschwistert weiß. Jene Publizität bezieht ihre legitimatorische Selbstgewißheit aus ihrer Zuspitzung gegen die Welt der Macht, ihrer institutionalisierten Apparate und manipulativen Strahlungen. Als letzte Appellationsinstanz der literarisch-intellektuellen Subjektivität, die in einer prekären Situation gegenüber der organisierten Macht sich findet, nämlich distanzierend und eingriffintendierend, selbstmächtig und ohnmächtig zugleich, wird nicht der meßbare Erfolg von Eingriffen, sondern das »Gewissen« aufgerufen. Das »Gewissen« als nicht mehr hintergehbare Instanz ist wiederum zurückgebunden an die Prinzipien von »Freiheit« und »Wahrheit« (vgl. Kesten 1962, 158).

Es darf jedoch nicht übersehen werden, daß der durch die intellektuelle Kommunikation gestiftete Zusammenhang kritischer Publizität von einem prinzipiellen Vorbehalt gekennzeichnet ist. Als unumstößliche Grundregel gilt das Prinzip der Freiwilligkeit. D. h., es darf weder der Verzicht auf »Engagement« sozial negativ sanktioniert werden; die Entscheidung, gesellschaftskritisch zu operieren, muß der literarisch-künstlerischen Subjektivität überlassen bleiben. Eine Pflicht zum »Engagement« kann nicht geltend gemacht werden. Noch darf im »Engagement« der Status des »notorischen Einzelgängers« verloren gehen; organisatorische Bindung an kollektive Macht hat den Geruch des Illegitimen.

Öffentlichkeit sei, so Max Frisch, »Einsamkeit nach außen« (Frisch 1970, 56). D. h., trotz der Veröffentlichung von Werk, Produzent und seines möglichen Engagements gesellschaftspolitischer Natur gilt als Orientierungsmarke, daß die literarische Subjektivität als Figur rollendistanzierter, personaler Autonomie unangetastet bleibt. Ihre Grundlage hat diese Figur real in den Differenzierungs- und Monadisierungszwängen, welche die Konkurrenz um kulturelle Legitimität den Subjekten auferlegt. Sie erscheinen entweder in Gestalt »veräußerlichender Anpassung an den Markt« oder als sichtbarer »quietistischer Rückzug in die Innerlichkeit« (Wellershoff 1971, 89). Beide habituellen Varianten, die »introvertierte Extroversion« oder die »extrovertierte Introversion«, die auftreten, als seien sie einzig Resultat individueller Entscheidung der jeweiligen Subjektivität, haben real den literarischen Markt und dessen Öffentlichkeitssystem zur Bedingung.

Der über die Mechanismen der Öffentlichkeit erzeugte und petrifizierte Schein sozial-struktureller Entrücktheit gehört zu den prägenden Momenten literarischer Gruppierungen. Sie partizipieren an der Herstellung literarisch-kritischer oder demonstrativ-feudaler Öffentlichkeit aktiv oder als passiver Themenanlaß. Gruppierungsimpulse und -realisation haben die Strukturen je herrschender literarisch-intellektueller Kommunikation zur Grundlage. Auf die Entwicklung literarischer Gruppierungen wirken die oben erwähnten Regulative strukturierend wie destrukturierend ein. Literarische Gruppierungen informeller Natur leisten unter den Bedingungen der Differenzierungs-, Monadisierungs- und Originalitätszwänge ein Doppeltes: sie fungieren als Modi *sozialer* Selbstdokumentation, ohne die Möglichkeit *individueller* Selbstdokumentation institutionell zu verbauen. Erst im Kontext von Axiomen und Ausprägungen der Sonderideologie und ihrer institutionellen Verfestigungen, die den Regelungen der Sphäre literarischer Öffentlichkeit normierende Kraft verleihen, erschließen sich die gruppenstrukturierenden Triebkräfte literarischer Vereinigungen. Deren gesellschaftliche Relevanz, Leistungen und soziale Effekte sind wiederum bestimmt durch die Produktions- und Zirkulationsbedingungen literarisch-intellektueller Tätigkeit als *multiplizierter* Produktion von gesellschaftlichen Denkformen (Lämmert 1973, 59). Literarische Produzenten und Vermittler sind unmittelbar involviert in die Vorgänge und Einzelakte der Systematisierung, Einfärbung, Problematisierung und Gegenmodellierung gesellschaftlich herrschenden Bewußtseins.

»Sie produzieren nicht nur Literatur, sondern auch gesellschaftliche Geschehnisse, Meinungen und Gesten.« (Wellershoff 1971, 85)

Literarische Intelligenz stellt unter quantitativen Gesichtspunkten der Struktur der Erwerbspersonen eine Minorität dar; unterm Aspekt der Stellung der literarischen Produktionsweise im Gesamtsystem gesellschaftlicher Produktion und Reproduktion ein Randmoment. Aufgrund der stofflichen Spezifik von Literatur und der z. T. massenhaften Reproduktion kommt ihr aber ein besonderes Gewicht zu im Prozeß der ideellen bzw. ideologischen Selbstvermittlung der Gesellschaft. Dies betrifft sowohl legitimatorische wie legitimationskritische Funktionen. Insofern birgt der Schein sozial-struktureller Entrückung, erzeugt und verfestigt durch das Einrücken in die Sphäre literarischer (und z. T. politischer Öffentlichkeit), gleichwohl ein Moment realitätsadäquaten Widerscheins. Deshalb kann die Bestimmung der gesamtgesellschaftlichen Situation literarischer und literarischpolitischer Intelligenz nicht auf den sozial-strukturellen Ort sich reduzieren. Aufgrund der komplexen Bestimmung der Produktions- und Zirkulationsbedingungen und der daraus hervorgehenden Rolle literarisch-intellektueller Kommunikation im gesamten Legitimationssystem der Gesellschaft fügen sich disparate Momente zu einem begrifflich-theoretischen Konzept literarischer Intelligenz zusammen. In der Perspektive des gesellschaftlichen Gesamtzusammenhangs, unter Berücksichtigung der Öffentlichkeit als Strukturmoment gesamtgesellschaftlicher Reproduktion, ist sie zu bestimmen als *zentripetale* Zwischenschicht mit tendenzieller, aber durch den spezifischen Charakter der Arbeit gehemmter Annäherung an das Lager gesellschaftlicher Arbeit.

Ihre Entwicklungsbedingungen hat die »Gruppe 47« in den aufgerissenen sozial-strukturellen, literarisch-institutionellen und ideologischen Bestimmungsmomenten, welche die soziale Gesamtlage literarischer Intelligenz in der Bundesrepublik konstituieren. Am sozialtheoretischen Bezugsrahmen gesellschaftsstruktureller Bestimmung der literarischen Intelligenz als »zentripetaler Zwischenschicht« ist die Untersuchungsthematik orientiert: Analyse der sozialen Lage und des gesellschaftlichen Bewußtseins literarischer Intelligenz, wie sie im konkreten Gang der »Gruppe 47« als Modus sozialer Selbstdokumentation in ausschnitthafter, zugleich kondensierter Form sich ausdrücken [29]. Anknüpfend an die Erscheinungsform, daß die »Gruppe 47« Kontinuität entwickelt, ohne in Formalisierung überzugehen, soll einerseits der komplexe Prozeß sozialer Anverwandlung der Gruppe an den Bedingungszusammenhang des literarischen Marktes freigelegt werden; und andererseits ihre strukturelle Anpassung an die Interessenlage der am Gruppenprozeß beteiligten literarischen Intelligenz aufgezeigt werden. Im Me-

dium der Rekonstruktion des komplizierten, z. T. widersprüchlichen sozialen An-
verwandlungsprozesses der Gruppe als prozessierendes Resultat von handlungs-
steuernden Interessen- und Erwartungsstrukturen soll das gruppenkonstitutive
Bewußtseinsprofil in seiner Typik resp. Spezifik, projiziert auf Muster der Sonderideologie wie gesamtgesellschaftlich herrschender Ideologie analysiert werden. Die tatsächliche Ausprägung dieses Bewußtseinsprofils wirkt bestimmend
auf den konkreten Modus sozialer Selbstdokumentation ein, insofern als über die
prismatische Brechung des Bewußtseins die aus der sozialen Gesamtlage resultierenden Interessen in handlungsformende Motivationsmuster sich umbilden. Die
Untersuchung geht dabei von der These aus, daß (a) die »Gruppe 47« einen Ausdruck spezifischer sonderideologischer Ausprägung gesellschaftlichen Bewußtseins
literarischer Intelligenz darstellt; daß (b) das im Prozeß der »Gruppe 47« sich
manifestierende, handlungsbestimmende Bewußtsein literarischer Intelligenz als
zentripetaler Zwischenschicht die Signatur eines tendenziell subjektivistisch verkürzten, belletristisch eingefärbten gesellschaftlichen Bewußtseins trägt; und daß
(c) eine historisch-spezifische Variante abstrakt-universalistischen Bewußtseins
vorliegt.

Zum einen ist die »Gruppe 47« zu rekonstruieren als ein ideologisch und institutionell gebrochener sozialer Reflex eines literarischen Marktes, der noch
nicht durch sozio-ökonomische Konzentrationsprozesse oligopolistisch umgeformt
ist. Zum anderen ist sie zu rekonstruieren als das in soziales Handeln umgesetzte
Bewußtsein von Teilen der literarischen Intelligenz, in welchem ein monadisch-
differenzieller Bezug zu den ihre soziale Gesamtlage konstituierenden Bedingungen gesellschaftlicher Reproduktion statt hat.

1.3. Zum Untersuchungsverlauf und zur Darstellungsform: Strukturell-prozessuale Analyse vor dem Hintergrund von Rekonstruktions-Interviews

Der Forschungsprozeß zur »Gruppe 47« gliederte sich in vier größere Abschnitte: 1. Vorarbeiten zur Sozialtheorie literarischer und literarisch-politischer Intelligenz, 2. Sichtung und Auswertung dokumentarischen Materials, 3. Konzeption und Durchführung von Leitfaden-Interviews mit restriktiv-thematischem Bezug »Gruppe 47«, 4. Auswertung der Interview-Ergebnisse und abschließende Reformulierung des sozialtheoretischen Bezugsrahmens.

Die Vorarbeiten zur Sozialtheorie mündeten ein in die gegentraditionale, von den Annahmen der geisteswissenschaftlich orientierten Wissenssoziologie sich abhebende These der sozial-strukturellen Verankerung literarischer Intelligenz. Als Bezugsrahmen für die Analyse der »Gruppe 47« wurde ein erstes Gerüst sozialtheoretischer Dimensionen, die für die Konstitution gesellschaftlichen Bewußtseins literarischer Intelligenz Relevanz besitzen, ausdifferenziert. Im Lichte dieses Rahmenkonzepts konzentrierte sich der zweite Abschnitt auf die Analyse dokumentarischen Materials zur »Gruppe 47«, um den Untersuchungsgegenstand genauer auszuleuchten [1]. Einbezogen waren in diese Phase Vorgespräche mit Hans Werner Richter, »Mentor« der »Gruppe 47«, in der Absicht, den Informationsstand zur »Gruppe 47«, zumal was ihre Verfahrensmodalitäten anging, zu verbessern. Zu Beginn des anschließenden Forschungsabschnittes wurde ein Interview-Leitfaden entwickelt für die nachfolgende Befragung von Personen, die am Gruppengeschehen beteiligt waren. Die Konzeptualisierung stützte sich zum einen auf die Ergebnisse der dokumentarischen Analyse, zum anderen leitete sie sich ab aus dem – nach der Dokumentenauswertung – erneut spezifizierten sozialtheoretischen Bezugsrahmen. Da aufgrund des informell-diffusen Charakters der »Gruppe 47« Umrisse und Struktur der zu untersuchenden Gesamtheit nicht bekannt waren, die dokumentarische Auswertung zwar erste Anhaltspunkte, aber noch keine hinreichend verbürgte Auskunft über die soziale Struktur der Gruppe erbrachte, wurde das Vorgehen fortschreitender Auswahl aus dem Feld möglicher Interviewpartner gewählt: Experten-Interviews in Gestalt von gezielten »Ermittlungsgesprächen«, um sukzessive die sozial-positionale Verwebung der Gruppe aufzuhellen. Die einzelnen Interviews selbst lieferten Hinweise auf die nachfolgende Auswahl von Interviewpartnern, fungierten als Instrumente soziologischer Gegenstandskonstitution. Die als »rekonstruktive Dialoge« angelegten Interviews waren so konzipiert, daß in der Fragestruktur weder die sozialtheoretischen Rahmenbestimmungen der Untersuchung direkt präsentiert, noch aber diese allzu konkretistisch transformiert und standardisiert wurden [2]. Die einzelnen durchgeführten Interviews pendelten recht unterschiedlich zwischen den Polen »sozialtheoretischer Konzeptualisierung« und »relativ großer Übersetzung«. Im Interviewprozeß erwies es sich letztlich als zweckmäßig, über einen relativ differenziert strukturierten, standardisierten und transformierten Interview-Leitfaden zu verfügen, der in concreto genügend situative Flexibilität ermöglichte. Elastisch geformt war die Fragestruktur auch im Blick auf die unterschiedlich vermutete und/oder vorgewußte Stellung der Befragten im Gruppenprozeß; z. B. waren für Personen, die zum »Gründerkreis« gehörten, zusätzliche thematische Komplexe eingebaut [3]. Die Interviews zielten darauf ab, im Medium des Bewußtseins, welches am thematischen Gegenstand sich »entäußerte«, Inhalt und Struktur gesellschaftlichen Bewußtseins als Integrat von Kognition und Involvement zu ermitteln [4]. Auf der »technischen«, besser: praktischen Ebene der Interviews drückte sich diese Zielorientierung darin aus, daß die Interviews – gerade im kritischen Rekurs auf das »Dilemma des Forschungsinterviews« als sozialer Situation und Interaktion, nämlich Rollenkonflikt zwischen engagierter Sozialbeziehung und distanziert-neutraler Beobachtung – angelegt wurden als thematisch strukturierte Gespräche, in welchen bewußt »Information« und »Interpretation« als konstitutiver Zusammenhang begriffen wurden. Weil es weder um »Wissensprüfung«, um den Test von Erinnerungsleistungen, noch um die Konstatierung von »Meinungsbildern« ging, sondern um reflexionsdurchsetzte *analytische Dialoge,* war es selbstverständlich, daß in Umrissen durchschien, was sozialtheoretisches Interesse der Untersuchung war und in welchem Kontext die Untersuchung sich interpretierte: nämlich ein Moment im Prozeß gegenwärtiger Selbstverständigung innerhalb der literarischen Intelligenz über ihre soziale Gesamtlage und die ihr angemessenen Aktionsorientierungen [5]. Im Widerspruch zum objektivistischen Interview-Ideal, das nach wie vor an der sozialen Realität der Interview-Situation scheitert, indem durch Überpointierung der Rolle des objektiv-sachlich-neutralen Interviewers erst recht die soziale Situation der Interviewss zum Schaden der analytischen Qualität verzerrt wird [6], wurde einem sachengagierten Befragerverhalten, welches wissenschaftliches Interesse mit dem externen praxisbezogenen Diskussionszusammenhang verknüpft, der Vorzug gegeben, um so im Prozeß fortschreitender Gegenstandsaufhellung Bewußtsein als sozialen Prozeß auszuloten. Dem gewählten Situations- und Interaktionskonzept für die Interviews kam in der Perspektive der analytischen Qualität entgegen, daß die Befragten über eine »soziologische Grundausrüstung« verfügten; d. h., sie besaßen – mithin Ausdruck ihrer Tätigkeit – einen sozial*theoretischen* Hintergrund, der freilich individuell variierte, was die begrifflich-theoretische Differenziertheit betraf [7]. Auf der erkenntnistheoretisch-soziologischen Ebene wurde das Integrat von Kognition, Involvement und aktueller Handlungsorientierung nicht in der Weise zerlegt, daß die einzelnen Elemente gegeneinander als isoliert und verselbständigt begriffen wurden. In der theoretischen Konzeption des Begriffs gesellschaftliches Bewußtsein wurde der Rahmen für jenen Modus der Interviews vorab gesteckt: gesellschaftliches Bewußtsein einmal als Ausdruck für die gesellschaftliche Bedingtheit von Bewußtsein, zum anderen als spezifisch strukturierter, inhaltlicher Ausdruck der in kognitive, wertende und dezisive, d. h. handlungsorientierende Komponenten sich gliedernden Beziehung literarischer Intelligenz zur gesellschaftlichen Wirklichkeit. Für die erste Seite galt die methodologische Prämisse, daß in dem während der rekonstruktiven Dialoge am thematischen Bezug sich ausdrükkenden individuellen Bewußtsein der Befragten Momente und Züge lagetypischen gesellschaftlichen Bewußtseins, worin das Individualbewußtsein eingewoben ist, durchscheinen [8]. Für die zweite Seite war bestimmend, daß im thematischen Bezug zur »Gruppe 47« als historisch-praktischem Niederschlag gesellschaftlichen Bewußtseins literarischer Intelligenz aktuelle kognitive, emotive wie dezisive Komponenten in ihrem Kontext aufscheinen; oder anders: daß im thematisch eingegrenzten Bewußtsein Struktur und Inhalte gesellschaftlichen Bewußtseins sich *aktualisieren*. Problematisch blieb freilich, und dem Ermessen der Auswertung aufgebürdet, der Sachverhalt, daß die Aussagen zum historischen Komplex »Gruppe 47« gefiltert waren durch die aktuelle Entwicklungsstufe des Bewußtseins der am Gruppenprozeß beteiligten Personen. D. h., es war zu erwarten, daß der thematische Bezug zur »Gruppe 47« in einem gegenüber dem früheren, zeitgenössischen Kontext – in welchem Ausmaß auch immer – veränderten Bewußtseinszusammenhang stand. Weil in den Interviews nicht nur rückprojektiv die Gruppe ausgeleuchtet wurde, sondern zugleich gegenwärtiges Bewußtsein sich aktualisierte, galt es, im gesamten Forschungszusammenhang die Interviews differenziert zu instrumentieren. Einerseits hatte die Auswertung fortwährend des sozialtheoretischen Rahmens, von dem die Fragestruktur abgeleitet wurde, inne zu werden. Die Interviewergebnisse als Resultate rekonstruktiver Dialoge besaßen nicht einfach den methodologischen Status »falsifikatorischen« oder erhärtenden Materials, sondern waren Momente der Reformulierung des sozialtheoretischen Bezugsrahmens selbst, der ja darauf abgestellt war, Konstitutionseckpunkte gesellschaftlichen Bewußtseins literarischer Intelligenz für die Analyse der »Gruppe 47« als Erscheinungsform des Zusammenhangs von Lage- und Bewußtseinsstrukturen zu entfalten (vgl. Kap. 1.1.). Der empirische Teil der Forschung, dessen nicht einziges, aber zentrales Element der Interviewprozeß war, wurde begriffen als Stadium innerhalb des gesamten Forschungsprozesses, der laufend zurückzubinden war an die theoretische Analyse. Andererseits war die Auswertung der Interviews kritisch zu beziehen auf die Resultate der dokumentarischen Analyse, die zeitgenössisches Bewußtsein literarischer Intelligenz, soweit sie im Gruppenprozeß involviert war, rekonstruierte. Durch diesen Rückbezug konnten Invarianten bzw. Veränderungen innerhalb des in den Individualbewußtseinen sich sedimentierenden gesellschaftlichen Bewußtseins in historisch-vergleichender Methode bestimmt werden. Insofern war die Gesamtanalyse gehalten, die Interviews als Forschungsbestandteil nicht überzustrapazieren, sie weder zu isolieren von den Ergebnissen der dokumentarischen Analyse, noch gar zu verselbständigen gegen die sozialtheoretisch gewonnenen Bezugsdimensionen der Untersuchung, vor deren Hintergrund erst Dokumenten- und Interview-Auswertung ihren Stellenwert erhielten. An dieser Stelle ist hervorzuheben, daß vorliegende empirische Materialien zu Einstellungsmustern literarischer Intelligenz, zumal die Ergebnisse des Autorenreports (1972), sekundäranalytisch aufgearbeitet an theoretischen Bezugspunkten dieser Untersuchung, in Konzeptualisierung und Auswertung der Interviews eingearbeitet wurden. Der enge Zusammenhang zwischen den Grundbestandteilen des Untersuchungsprozesses wurde nicht zuletzt dadurch gewahrt, daß – auf der Basis der Methodik fortschreitender Auswahl der Interviewpartner –

in den gesamten Interviewprozeß immer schon sozialtheoretische Zwischenreflexionen eingeschaltet wurden. Sie konkretisierten zum einen rückprojektiv den bisherigen Stand der theoretischen Rahmenkonzeption, zum anderen wirkten sie projektiv auf die Nuancierung der nachfolgenden Interviews ein. Gerade das Verfahren des rekonstruktiv-analytischen Dialogs eignete sich, zwischen Empirie und Sozialtheorie zu vermitteln, weil die Antworten der Befragten zu einzelnen thematischen Komplexen oft den Charakter von gegenstandsbezogenen Selbstreflexionen über die eigene Lage und Bewußtseinsentwicklung als literarische Intelligenz im gesellschaftlichen Zusammenhang enthielten. Die Interviews selbst, in ihren analytisch-reflexiven Momenten, enthüllten sich fortschreitend als ein Stück des Weges *begrifflich-theoretischer* Reproduktion der »Gruppe 47« im Umkreis des Problemzusammenhangs der Untersuchung.

Erst auf der Basis wechselseitiger Bezogenheit von theoretischer Analyse zu Lage und Bewußtseinskonstitution literarischer Intelligenz, (ihrerseits empirisch innerviert durch Sekundäranalysen einschlägiger neuerer Untersuchungen), historisch orientierter dokumentarischer Analyse und sukzessiver Auswertung der vom sozialtheoretischen Bezugsrahmen her abgeleiteten und durch die dokumentarischen Vorarbeiten spezifizierten Interviews schränkte sich der zunächst relativ große Ermessensspielraum der Interpretation der Interviews als Bewußtseinsdaten ein, indem die begrifflich-theoretischen Bezugspunkte der Gesamtanalyse sich spezifizierten und differenzierten. Die Interviews waren nicht die künstlich erzeugte Falsifikationsprobe auf ein nomologisches Hypothesengerippe, sondern ein theoretisch durchsetztes Durchgangsstadium der Rekonstruktion der »Gruppe 47«; ein Stadium, in welchem die Befragten nicht als »Objekte«, sondern gezielt als instruierende und analysierende Subjekte einbezogen waren.

Der gesamte Interviewprozeß dauerte ca. 1½ Jahre; angeschrieben und um ein Interview gebeten wurden 34 Personen; durchgeführt werden konnten 27 Interviews [9]. Die Interviews dauerten zumeist etwas über 2 Stunden und wurden im Blick auf die Auswertung transskribiert.

Interviews wurden durchgeführt mit: Alfred Andersch, Wolfgang Bächler, Reinhard Baumgart, Hans Christoph Buch, Armin Eichholz, Heinz Friedrich, Günter Grass, Helmut Heißenbüttel, Günter Herburger, Walter Höllerer, Jürgen von Hollander, Joachim Kaiser, Barbara König, Walter Kolbenhoff, Siegfried Lenz, Hans Mayer, Adriaan Morrien, Franz Josef Mundt, Hans Werner Richter, Paul Schallück, Wolfdietrich Schnurre, Siegfried Unseld, Martin Walser, Dieter Wellershoff, Wolfgang Weyrauch, Roland H. Wiegenstein, Gabriele Wohmann.

Die Darstellungsform der Untersuchung ist ausgerichtet an einer strukturellen Gliederung des Sozialprozesses der »Gruppe 47«, der gegenüber einer historisch-phasiellen der Vorzug gegeben wurde, um sowohl typische strukturelle wie ideologische Momente in ihren Funktionszusammenhängen deutlicher zur Geltung zu bringen. Im ersten größeren Gliederungsabschnitt wird der innere Kernmechanismus verhandelt (2.1.); daran schließt sich die Analyse der sozial-strukturellen Konstitution der Gruppe in Reziprozität zu ihrer gesellschaftlichen Integration an, entwickelt aus den strukturellen und funktionalen Weichenstellungen des

Kernmechanismus (2.2.). Im Schlußabschnitt wird abgehoben auf die Struktur sozialer Kohärenz und das Profil ideologischer Verstrebungen der »Gruppe 47« in ihrer *entfalteten* Gestalt (2.3.). Innerhalb der einzelnen strukturanalytisch aufgegliederten thematischen Bereiche wiederum wird abgehoben auf Prozeßaspekte, wodurch die Entwicklungsseite der Gruppe in der Darstellungsform zur Geltung kommt.

Ausgehend von dem Untersuchungsinteresse, nicht Einzelprofile des Bewußtseins von Schriftstellern zu thematisieren, sondern typische Muster, welche im konkreten Gang der »Gruppe 47« sich ausdrücken, wurde der anonymen, verschlüsselten Zitierweise, was die Interviews anlangt, der Vorzug gegeben [10]. Dies schien gerade auch deshalb geboten, weil innerhalb der literarischen Öffentlichkeit je schon eine ausgeprägte Personalisierungstendenz (z. T. mit Prominenzeffekten) vorwaltet. Diese Wirkung sollte vom analytisch-soziologischen Interesse der Untersuchung her vermieden werden. Die den Interviews entnommenen Aussagenausschnitte wurden in ihrer Sprachform unverändert in die Darstellung eingearbeitet, da es nicht um Präsentation stilistischer Fabrikate ging, sondern um Bewußtseinsmomente. Erhalten blieb also das Attribut von Interview-»Unmittelbarkeit«. Kenntlich ist an den ausgeschnittenen Interview-Passagen durchweg das Moment der interpretatorischen Rückblende auf den geschichtlichen Gruppenprozeß; daran ist in der Rezeption des Gesamtzusammenhangs der Untersuchung mithin rekonstruierbar, daß Bewußtsein ein *sozialer Prozeß* ist und sedimentierte Bewußtseinsgeschichte in Gestalt der »Gruppe 47« in einem genetischen Zusammenhang zum aktuellen Bewußtseinsstand literarischer Intelligenz steht. Nicht um Geschichte als tote Ablagerung, sondern um analytische Strukturgeschichte gesellschaftlichen Bewußtseins als Gegenwart und zukünftige Entwicklung mitkonstituierendes Moment bemüht sich denn die Untersuchung.

»Seltsamer Vorfall«, »seltenes Stück«, so erläutert das dtv-Lexikon (1973) den Begriff »Kuriosum«. Als »ein literarisch-publizistisches Kuriosum unserer Zeit« stellt Hans Werner Richter die »Gruppe 47« vor (Almanach 1964). Die Soziologie hätte an der »Gruppe 47« wohl kaum einen Gegenstand, wäre sie bloß ein kurioses Ereignis. Es ist der Sachverhalt des »Kuriosums« als sozialer Institution, der den soziologischen Zugang eröffnet.

In unzähligen Kommentaren zur »Gruppe 47« wird hervorgehoben, daß sie in keinem Vereinsregister verzeichnet sei, daß sie keine Satzung, Kasse und Vorstand habe (Lettau 1967). Tatsächlich besitzt sie keine formal-juristische Existenzbescheinigung; doch daraus abzuleiten, sie sei eine »Gruppe, die keine Gruppe ist« (Groll 1948, 31), scheint abwegig. Dennoch, die paradoxe Rede von der Gruppe, die keine ist, – dieses augenzwinkernde Dementi gehört zum festen operativen Bestand der Eigeninterpretation und -werbung der »Gruppe 47« –, enthält – wie Mythisierungen überhaupt – ein richtiges Moment, tritt doch die »Gruppe 47« nur in halb- bzw. jährlichem Turnus kurzfristig für einige Tage in resonante Erscheinung, um alsbald wieder sich zu verflüchtigen. Der Modus ihrer sozialen Dokumentation, temporär gestiftete Assoziation mit eingebauten Mechanismen monadischer Dissoziation, erzeugt den gesellschaftlich wirksamen Schein eines fortwährenden Wechsels zwischen Kurz- und Nicht-Existenz:

»An 362 Tagen des Jahres ist die Gruppe 47 nur virtuell vorhanden, als ein Gespenst, ...« (Enzensberger 1964, 23)

Zunächst, soziale Gruppen dauern auch dann fort, wenn ihre Mitglieder zwischenzeitlich keine Primärkontakte in Form gemeinsamer Treffen haben. In der Geltung von sozialen Wertprämissen und Normstrukturen, die das Verhalten während der Treffen regeln als auch zwischen den periodischen Zusammenkünften beeinflussen, hat kontinuierliche Gruppenrealität statt; ganz abgesehen davon, daß der Glaube an Gespenster durchaus bewußtseinsformativ und handlungssteuernd wirken kann. Insofern als handlungsnormierende Strukturen auszumachen, ein intersubjektiv zugänglicher und geteilter Sinnzusammenhang und ein gruppenspezifisches Zielverständnis feststellbar sind, handelt es sich bei der »Gruppe 47« um eine soziologisch bestimmbare Gruppe. Sie ist, wie zuletzt die Befragungen bezeugen, nicht einfach ein »Konglomerat von Individuen« (Ferber 1967), sondern enthüllt sich als strukturiertes, funktionendurchzogenes prozessierendes Beziehungsgefüge in der sozialen Zeit. Als »institutionalisiertes Kuriosum« reduziert sich die Gruppe 47 nicht auf ihre turnusmäßigen temporären Zusam-

menkünfte und die dort herrschenden »Gewohnheiten«, sondern Konstitutions-,
Entwicklungs- und Wirkungsweise verwandeln das »Kuriosum« in eine dauerhaf-
te Institution innerhalb der westdeutschen Gesellschaft.

2.1. Institution Kritik:
Kernstruktur sozial-literarischer Sortierung

Kritik als Verfahren setzt nicht nur die prinzipielle Anerkennung der Möglichkeit von Dissens über die je thematisierten Gegenstände voraus, sondern auch deren institutionelle Verankerung. Dem trägt der normierte Grundkonsens, die Gruppentagungen als »Diskussionsbühne« (Richter 1964, 12) zu deuten, Rechnung. Kritik als Verfahren ist des weiteren geknüpft an funktionale Bezüge. Als literaturbezogenes Verfahren leitet sich Kritik – unterhalb gruppenspezifischer Ausprägungen und phasieller Modifikationen – ab aus ihrer Stellung innerhalb des Gesamtsystems des literarischen Marktes bzw. der Sphäre literarischer Öffentlichkeit. Hier übt sie zwischen Produktions- und Zirkulationsseite vermittelnde Funktionen aus. Zum einen ist Kritik funktional bezogen auf die literarischen Produktionsakte, sei es als Interventionsoption auf noch nicht abgeschlossene Werke, sei es als Eingriffsanspruch auf zukünftige Produktionsprozesse [1]. Zum anderen ist Kritik als Organ der Information, interpretativen Bewertung und Selektion funktional bezogen auf Prozesse der Zirkulation und Rezeption [2]. Im Strukturwandel der Voraussetzungen, Implikationen und Folgen der Kritik als Vermittlungsvollzug des »ambivalenten Anspruchs, die Künstler zu beeinflussen wie das Werk der Künstler dem Publikum nahezubringen« (J. Weber 1975, 57), manifestiert sich der reale Gang der Institution Tagung, die wiederum den Schlüsselmechanismus der Gruppe 47 als sozialer Selbstdokumentation literarischer Intelligenz darstellt.

Die Institution Kritik profiliert – wie zu entfalten sein wird – die Erscheinungsweise der Gruppe 47 in Form von (Arbeits-)Tagungen; sie fungiert als Schaltpunkt der Prozesse sozialer Vernetzung der Gruppe in das sozial-literarische Kräftefeld und durchzieht als Impuls, Regler und Schranke die Bewußtseinskonstitution der in den Gruppenprozeß Involvierten, denn

»die Kritik war immer diejenige, die die Gruppe ... im literarischen Bewußtsein auch der Einzelnen natürlich gehalten hat.« (16/42)

2.1.1. Formwandel der Kritik: Tendenz zum Oligolog

Auf den Weg kommt Kritik als dezidiertes Gegenmodell zur Tradition auratischer Kultivierung literarischer Werke und ihrer Produzenten. Die Institutionalisierung des kritischen Verfahrens, Lesung von Manuskripten und anschließende mündliche Sofortkritik, geht einher mit der erzwungenen Lösung der Zusammenkünfte aus dem redaktionsstrukturellen Rahmen einer projektierten literar-kritischen Zeitschrift – Der Skorpion (Lattmann 1973, 86 ff.). Dieses Projekt ist der Versuch der Wiederaufnahme literarisch-organisatorischen Engagements einer Reihe von Schriftstellern, denen die Lizenz für ihre Zeitschrift Der Ruf entzogen und ihr literar-publizistisches Einflußmittel genommen wurde (Schwab-Felisch 1962, Lattmann 1973, 84 ff.). Was gemeinhin als erste Tagung der Gruppe 47 gilt, die Zusammenkunft von 15 Personen in Bannwaldsee (1947), steht noch ganz im Zeichen einer locker verfaßten Redaktionssitzung. Es versammeln sich jene Freunde und Mitarbeiter, die mit den vom *Ruf* ausgesperrten Richter und Andersch sich solidarisieren, ihre weitere *Ruf*-Mitarbeit aufkündigen und gleichsam den Stab des projektierten *Skorpion* umfassen unter editorischer Leitung Richters.

»Der Richter hat dann die Initiative ergriffen und hat an den Bannwaldsee zusammengerufen, eigentlich mit der Maßgabe, dort zu diskutieren, wie man eine neue Publikation ins Leben rufen könne. Er hat dann gebeten, die einzelnen, die er (!) eingeladen hatte, sie möchten doch Arbeiten mitbringen und vorlesen, weil man da dann vielleicht so eine Art Manuskriptgrundlage schon bekommen könnte für eine solche Zeitschrift.« (7/2)

Doch statt erneuter Ausgangspunkt zu werden, erweist sich Bannwaldsee als Schlußakt der *direkt* literarisch-organisatorischen Zeitschriften- resp. Redaktionsepoche derer, die als politisch-publizistische und literarische Wortführer der »Jungen Generation« sich verstehen und handeln. Die nächste Zusammenkunft, gleichfalls noch 1947, markiert bereits den Wendepunkt, da sich abzeichnet, daß der *Skorpion* ein totgeborenes Kind sein wird. Die Lizenz kann von den Besatzungsbehörden nicht erworben werden. Zwar wird die gedruckt vorliegende Null-Nummer nochmals thematisiert, doch das Zeitschriftenprojekt tritt in den Hintergrund; es beginnt die »Evolution über die Ursprungslage hinaus« (Mayer 1964, 31). Das noch im Rahmen der lockeren Redaktionssitzung eingespielte Verfahren der Kritik löst sich vom Bezugsrahmen des gescheiterten Zeitschriftenprojektes ab, konsolidiert die nachfolgenden Treffen auch *ohne* diesen funktionalen Bezug. Hieraus entlassen entfalten sich die Tagungen allmählich zur Institution einer »gesprochenen Halbjahres-Zeitschrift« (Brenner 1952, 73); unvorhergesehene Form der Anknüpfung an die redaktionellen Modi literarisch-organisatorischen Engagements. So wird denn die Gruppe 47 nicht per Stiftungsakt gegründet. Sie ist nicht das Ergebnis eines zweckrationalen Kalküls, sondern ihre Konstitution schält sich heraus aus den Vorarbeiten an einem (dann zum Scheitern gebrachten) Zeitschriftenprojekt. Als unvorhergesehene Folge gründet die Entstehung der Gruppe 47 ein in der fest gebliebenen Absicht des frühen Kreises, der »Jungen Literatur« Zugang zur Öffentlichkeit zu verschaffen, entsprechend der von Richter im Probeexemplar des *Skorpion* formulierten Maxime:

»›Wo steckt unsere junge Literatur?‹ Nun, sie wird kommen. Sie steht schon diesseits der Grenzpfähle. Wir werden sie *sammeln* und *fördern*, wir werden sie *zusammenhalten* und *vorwärtstragen* (Herv. – F. K.) ...«. (zit. nach Wehdeking 1971, 134)

Diese unmißverständliche, selbstbewußte Absichtserklärung darf denn getrost auch als Wegzehrung der Gruppe 47 gelten; unter diesen Vorzeichen gewinnt das kritische Verfahren während der Tagungen seinen funktionalen Bezugsrahmen.

Eingefahren ist der Kritik-Modus bereits in Herrlingen (1947), wo als Ergebnis des am Zeitschriftenprojekt noch orientierten Räsonments aufkeimt,

»daß wir dort überhaupt nicht mehr über die Zeitschrift gesprochen haben, sondern nur noch über die Sachen, die vorgelesen worden sind, daß sich spontan eine Art kritische

Aussprache über das Vorgelesene ergab – und das war eigentlich, . . ., die Geburtsstunde dessen, was sich dann durch zwei Jahrzehnte hindurch in der Gruppe 47 ereignet hat, . . .«. (7/2)

Lesungen sind nun allerdings kein literaturgeschichtliches Novum (Westerfrölke 1924; Reinhold 1958); auch kritische Diskussion unveröffentlichter wie veröffentlicher Arbeiten hat in literarischen Cafés, Salons u. ä. ihre Vorläufer. Das Spezifikum der 47–Tagung liegt jedoch darin, daß Kritik als Verfahren ins Zentrum rückt und institutionell festgeschrieben wird.

Der ersten Zusammenkunft in Bannwaldsee (1947) geht ein vom Stahlberg-Verlag initiiertes Treffen von Schriftstellern und Literaturinteressierten voraus. Dort werden traditionelle Lesungen abgehalten. Auch einige derer, die zum frühen Kreis der späteren Gruppe 47 gehören, beteiligen sich. Die unmittelbar gewonnenen, negativen Erfahrungen literaturgemeindlicher Aura und Kritikarmut gehen zum einen in die Anlage der Prozedur der 47-Treffen ein. Statt Literatur-Lesekultus verordnet sich der Kreis Kritik als entauratisiertes und entauratisierendes Verfahren. Zum anderen beeinflussen sie das Kooptationskonzept. Es sollen Literaten eingegliedert werden, die nicht der Tradition literarischer Weiheveranstaltungen verhaftet sind. Diese Grundorientierung wirkt gruppenstrukturierend, insofern als innerhalb der Gruppe 47 von Beginn an Grundkonsens über die zentrale Rolle von Kritik herrscht. Deren Instrumentierung als Tagungsablauf bestimmendes Verfahren geht freilich nicht allein zurück auf jene unmittelbar während des Stahlberg-Treffens gewonnenen Erfahrungen, sondern verdankt sich Einsichten in die unentbehrliche Funktion von Kritik innerhalb der sozialen und politischen Lebenswelt überhaupt. Die emphatische Betonung der Kritik als *Verhalten* resultiert aus Lernprozessen während der Faschismus-, Kriegs- und Kriegsgefangenenzeit. Diese Erfahrungen gehen schon in die Konzeption des *Ruf* ein (vgl. Redaktionelle Prinzipien des *Ruf*, Vaillant 1973, Anhang III). Kritik, ergänzt durch das Gruppenleitbild der Toleranz, ist in der Konstitutionsphase der Gruppentagungen keineswegs restriktiv als literar-kritische Verfahrenstechnik konzipiert, sondern aufgefaßt als inner- wie außer-literarische, prinzipielle Denkweise mit *gegen-traditionaler* Spitze (Richter 1964). Aus dieser Frontstellung heraus interpretiert sich Kritik als Interaktionsregulativ innerhalb der Tagungen: sie will gegen-auratisch, nichtakademisch, präzis und vor allem rückhaltlos sein. Der Tagungsleitfaden Kritik enthüllt sich letztlich als gesellschaftliches Erfahrungssubstrat des frühen 47-Kreises, in der *Ausgangslage* noch direkt zurückgebunden an soziale und politische Funktionsdefinitionen des Schriftstellers innerhalb der Gesellschaft. Kritik wird sogar höher eingestuft als das fertige Ergebnis, die »Leistung« (Minssen 1948).

Allerdings, in der nach-redaktionellen Phase erfährt Kritik als Verfahren eine folgenreiche Verschiebung, die Ausdruck einer sozialen Wende darstellt.

»Der Ursprung der Gruppe 47 ist politisch-publizistischer Natur. Nicht Literaten schufen sie, sondern politisch engagierte Publizisten mit literarischen Ambitionen.« (Richter 1964, 8)

Diese rückprojektive Einschätzung bedarf jedoch einer Korrektur; die Gruppe 47 nimmt ihren Ausgangspunkt nicht in der Perspektive politischer Publizistik. Umgekehrt, erfüllt der *Ruf* die Kriterien eines politisch-publizistischen Organs, so ist der Formationsprozeß der Gruppe 47 nachgerade das Resultat eines verwickelten Vorgangs, in welchem den intellektuellen Wortführern der Jungen Generation die politisch-publizistische Spitze abgebrochen wird. Hierbei wirken die Tendenzen, »in das Gebiet der Literatur verwiesen oder abgedrängt« zu werden, und, »sich selbst aus Ohnmacht und frühzeitiger Resignation freiwillig in dieses Gebiet zu begeben«, zusammen (Richter 1964, 11). Mit dem *Skorpion* will man noch »indirekt politisch wirken« (6/6), doch ist bereits bei diesem Projekt der Akzent verschoben. Der unmittelbar politisch-publizistische Anspruch ist gekappt. Endgültig wirksam wird diese Umakzentuierung in der sukzessiven Tilgung direkt politisch eingreifender Intentionen in der zur Institution sich entfaltenden Gruppe 47. Ablesbar ist die Wende an der zunehmend restriktiven Handhabung des literar-kritischen Gesprächs während der Tagungen: nicht nur politisch-gesellschaftliche, sondern auch literar-theoretische Grundsatz-Diskussionen werden herausgehalten. »Aus den Politikern des *Ruf* wurden literarische Vorkämpfer« (Friedrich 1964, 21), die *Kehre* ist der Ausgangspunkt der Gruppe 47.

Vor dem Horizont unfreiwillig-freiwilliger Ein- bzw. Verengung des literarisch-organisatorischen Engagements auf die Entwicklung und Förderung der Jungen Literatur schleift sich Kritik als eigenstrukturiertes Verfahren zum Schlüsselmechanismus der Gruppentagungen ein. Bestimmte Grund-Regulative bleiben bis zur Stillegung der Gruppentagungen verbindlich: Lesung aus unveröffentlichten Arbeiten, Ausschluß des Vorlesers aus dem seinen Text betreffenden Kritikvorgang, mündliche Sofortkritik und strikter Textbezug unter Ausklammerung von sog. Generaldebatten. Unter dem Dach dieser Grundregelungen vollzieht sich in chronologischer Akzentuierung Formwandel der Kritik, der dadurch erheblich begünstigt wird, daß das Minimum an Regulation breiten Spielraum für höchst unterschiedliche Konkretionen läßt.

Das durch die kritiklose Zeit im Faschismus gestaute Interesse an Kritik bestimmt die Radikalität des kritischen Verfahrens, das seine nur durch wenige Kontrollen gebremste Spontaneität und seine anti-bildungsbürgerliche, nicht-akklamative Ausrichtung sich gutschreibt. Erwartet werden durch kritisch-erläuternde Einwürfe seitens der »Zunftgenossen« produktionsfördernde Lernprozesse. Der retrospektive Verweis, »daß z. B. Richter und ich und Schnurre und eine ganze Menge dieser Leute nie eine Universität von innen gesehen haben« (8/20), erhellt die sozialisationsspezifischen Voraussetzungen, von denen aus die frühe Kritikform ihren Ausgang nimmt. Der frühe Kreis wird wesentlich geprägt von Schriftstellern, die Arbeiter- und kleinbürgerlichen Milieus entstammen, und/oder nicht-akademische berufliche Sozialisation durchlaufen haben, sowie von Literaten, denen, selbst wenn sie eine universitäre Ausbildung hinter sich haben, akademische Bildungsattitüden durch den Faschismus derart kompromittiert erscheinen, daß deren Tradierung einer Verletzung ihres politisch-moralischen Grundkonsens gleichkäme (Mayer 1964). Die Sozialisationsvorgaben wirken tief auf die

Auffassung von Kritik ein, innerhalb der »es nicht in Frage (kam), daß irgendwelche intellektuellen Formulierungen, die nicht verstanden wurden, akzeptiert wurden«. (8/20) Auf dieser Basis wird Kritik nicht als technifiziertes Verfahren eingesetzt, das durch eine (Über-)Fülle literarhistorischer Wissensbestände und durch expertifizierte Verfügung über ein reich abdifferenziertes Arsenal von Kategorien und Instrumenten überfrachtet ist, sondern ist spontan-unmittelbarer Ausdruck von Eindrücken des gehörten Manuskriptes. Diese oft als »grobschlächtig« (1/7) oder »ruppig« (20/2) bezeichnete Kritik ist nicht instrumentiert aus der räsonierenden Reserve des professionellen, literarhistorisch gebildeten Kritikers heraus. Zwanglose Spontan-Urteile werden gefällt [1]. Bedingung für die schonungslose, zugleich aber anteilnehmende Kritik ist die Intimität einer kleinen Öffentlichkeit, wie dies die frühen Zusammenkünfte auszeichnet. Die viel zitierte »Hemdsärmeligkeit« der frühen Kritik ist das Symptom eines »Arbeitskreises von Leuten«, die primär »über ihre Arbeiten diskutieren wollten« (8/32) und erst sekundär an der Herstellung einer auf sie zugeformten literarischen Öffentlichkeit interessiert sind. *Kollegenkritik* als Ursprungsstruktur der Tagungen kennt noch nicht institutionalisierte Rollenverteilung von Lesung und Kritik, sondern ein hohes Maß an Mitwirkung aller Anwesenden am Kritik-Prozeß, obgleich auch schon in der frühen Phase Nur-Kritiker beteiligt sind.

So wie Kritik als subtil sezessierende Technik nach dem Muster kritischen Berufskennertums noch nicht ausdifferenziert ist, Kritik als Gruppenleistung noch nicht funktionsteilig institutionalisiert, Kritik als Verfahren noch nicht zur Routinehandlung erstarrt ist, so ist auch die Trennschärfe zwischen »Inhalt« und »handwerklich-formalen Qualitäten« noch nicht normiert. Von Anfang an regiert die am »Handwerk« des Schreibens einsetzende Kritik. Mit der Problematisierung der Schreib*weise* als Grundmotiv möchte man gegen die »kalligraphischen« Verzerrungen innerhalb der Sprache zu Felde ziehen (Friedrich 1964), doch ist die strikte Ausblendung der von Autoren gewählten Sujets als Kritikgegenstand noch nicht zur Richtschnur erhoben [2]. Norm aber ist schon zu Anfang, »daß man bei dem Text zu bleiben haben und nicht also ins Allgemeine gehen dürfe« (12/29); eine Norm, die durch die zunehmende restriktive Enthaltsamkeit gegenüber Urteilen über Stoffwahl und Thematik ihre pointierende Einfärbung erfährt, da – wie ein Autor präzisiert – »wir nicht vorhatten, Gesinnung zu honorieren« (14/4).

»Die ursprüngliche Gruppierung, 47 also bis 49, also vielleicht bis 50 sogar, war ja ganz anders als das, was nachher kam« (9/15),

diese These einer historischen Zäsur hat gerade unterm Aspekt des Formwandels ihren analytischen Wert, markieren doch die Tagungen von 1949 und 1950 eine folgenreiche Wende. Sie hat ihre wesentlichen Triebkräfte in der systematischen Öffnung der Tagungen für bestehende, wenn auch schwach ausgebildete Formen literarischer Öffentlichkeit, in der gezielten und forcierten Mitwirkung an ihrem Ausbau und ihrer Kräftigung (Minssen 1949), und in der Einführung eines gruppeneigenen Preises, der das Signal für den Anspruch auf Anerkennung als informelles Legitimationsorgan in Sachen Literatur innerhalb des Systems der Konkurrenz um kulturelle Legitimität setzt. Mit dem gewünschten Einzug von medialen Vermittlern, Lektoren und Verlegern, Ausdruck *modifizierender Konkretion* hin zu einem Publikationsorgan (ohne Zeitschriften-Mediatisierung) und zu einer literarischen Chancen-Institution, wandelt sich sukzessive die Rolle des Kritik-Verfahrens. In den Vordergrund tritt der Bezug zur Zirkulationsseite, während Kritik als *interkollegiales,* produktionseingreifendes Verfahren von Auszehrung befallen wird. Insofern handelt es sich bei dieser Wende nicht um die Folge einer Neu- oder Zusatzdefinition der Funktion der Tagungen; denn von Anfang an ist Kritik als Tagungskern nicht nur festgemacht an der Produktionsseite, sondern immer auch bezogen, wenngleich in der Frühphase latent, auf Funktionen der Veröffentlichung und Einweisung von Manuskripten und Schriftstellern in das literarische Marktgeschehen (Richter, vgl. S. 41, Mitte). Funktionale Spezifikation und Akzentverschiebung verwandeln schrittweise das Erscheinungsbild des kritischen Verfahrens. Von einer primär interkollegialen, in die eingelassen sind Elemente der professionellen, formt sich Kritik um in eine dominant professionelle, in die Autorenkritik, gleichsam vom »Schreibtischstandpunkt« (16/42), eingestreut ist. Die Tagungen von 1949/1950 markieren allerdings keinen radikalen Bruch, sondern enthüllen sich als Stationen einer Metamorphose. »Das ist ja nicht plötzlich umgeschlagen, es waren von Anfang an Reinkritiker dabei, ...« (16/42). Dieser Verweis verdeutlicht, daß der Prozeß allmählich vonstatten geht und daß bereits in der Ausgangssituation Keime für die nachfolgende Umstrukturierung enthalten sind, knüpft doch die Entwicklung hin zu seiner profilierten *Institution* Kritik zunächst an denjenigen Personenkreis der frühen Gruppierung an, der immer schon in der Rolle des Nur-Kritikers und nicht zugleich auch in der des Vorlesers auftritt. Dieser Kreis, ergänzt durch Kooptation von »Nachwuchs«-Kritikern, bildet die personelle Trägerschaft jenes Typs von Kritik, der die interkollegial bestimmte ablöst und der gruppenrepräsentativen Hochform der Block-Kritik vorausgeht. Diese Zwischenform der *Gruppenkritik,* bestimmend für die Tagungen der 50er Jahre, besitzt noch deutliche Spuren der vorangegangenen Form und zeigt schon Züge der nachfolgenden. Die Verankerung einer gruppeneigenen Kritik in Form der Etablierung von »Haus-Kritikern« ist gebunden an tagungsstrukturelle innere Differenzierungen, in welchen – auf der Basis stetig fortschreitenden quantitativen Wachstums der Treffen [3] – jene Funktionsverdichtung zu einem literarischen Legitimationsorgan ihren sozialen Niederschlag findet.

»Differenzierung aber ist – jedenfalls, wenn es sich um eine Gruppe handelt – zugleich Spezialisierung. Auf dem Wege der Spezialisierung trennten sich zunächst Autorschaft, Zuhörerschaft und Kritik. Während sich ursprünglich jeder am kritischen Gespräch beteiligen konnte (und es auch tat), ist die Kritik heute ein Privileg einer Kritiker-Elite.« (Hilsbecher 1965)

Im Verlaufe der Verwandlung der Tagungen von internen, nach außen relativ geschützten Arbeitsöffentlichkeiten in Szenarien demonstrativer Publizität bahnt sich die Herausbildung einer eigenprofilierten Kritiker-Assoziation und Kritik-Institution an, deren Entwicklungsendpunkt Hilsbecher als Verharschung einer

Kritiker-Elite diagnostiziert. Zur Bedingung hat dieser Differenzierungsprozeß die Rezession interkollegialer Kritik im Zusammenhang der *Entintimisierung* der Tagung (Friedrich 1952, 78). Die Entkräftung interkollegial gestreuter Kritik zugunsten der Konzentration der kritischen Interventionen auf einen ausgegrenzten Trägerkreis ist nicht Ergebnis formaler Delegation der Kritikfunktionen an spezialisierte »Hauskritiker«; umgekehrt, gerade von der Tagungsleitung her wird stetig versucht, durch aufmunternde Impulse die Kritik wieder zu sozialisieren, das Spektrum der Kritiker zu verbreitern. Daß dennoch feste Funktionsgliederungen sich herausbilden, gründet in der Eigendynamik der Transformation der 47-Tagungen in eine sozial-kulturelle Institution.

»Es kam dann auch recht bald so eine Öffentlichkeitsatmosphäre hinein, dadurch, daß dann die Kritiker nicht mehr zur Sache, sondern zum Saal sprachen. Die Kritiker fingen dann an, sich selber darzustellen in ihren kritischen Beiträgen, ...« (7/5)

Die tendenzielle Verwandlung in eine öffentliche Legitimationsinstanz erzeugt sozialen Druck, der nach innen in Dokumentations- resp. Selbstdarstellungszwängen sich äußert. Aufgrund der genannten zunehmenden Verschränkung von tagungsinterner und externer Öffentlichkeit auf der einen und der faktischen Routinisierung und Eingewöhnung in die Modi des Verfahrens auf der anderen Seite beginnen die Tagungen Rollen auszudifferenzieren und *bereitzustellen*. Diese Rollen repräsentieren nach innen wie nach außen die Gruppe 47 als spezifisches Verfahren literarischer Kritik, nämlich als Modus ästhetischer ad hoc-Gutachten. Zu diesen sich ausprägenden *dokumentativen Rollen* zählt die des Gruppen-Kritikers (Ulrich 1951, 6). Inhaltlich definiert ist diese Rolle nach Maßgabe der Zentralfunktion der Tagungen, Literatur zu fördern durch kritische Sortierung. Für die Übernahme dieser Rolle sind bestimmte Ausstattungen eingefordert, die sich herleiten aus den Ursprungsintentionen der Gruppe und den neu sich einstellenden Zwängen als Legitimationsorgan: Engagement und Mut zur mündlichen Sofort-Kritik einerseits sowie Fähigkeit zum schnellen, kritischen Epigramm andererseits. Diese zweite Seite der Rollenanforderung wiederum trägt dazu bei, die Kritik zu spezialisieren und personell zu konzentrieren. Das literaturfrohe Engagement genügt nicht mehr allein, um an der Kritik sich zu beteiligen. Literar-historisches Wissen, Verfügung über abdifferenzierte Instrumente und insbesondere Fähigkeit zur flüssigen Rede (»Eloquenz«) nach äußerst kurz bemessener Reflexionszeit sind gefordert.

Die allmählich sich festigende Erwartungsstruktur, die Tagung als Ort kritisch-prämiierenden wie sortierenden Verfahrens, verfügt nach innen spezifische Anforderungen. Einvernehmen herrscht von Anfang an darüber, daß Literatur und Kritik zusammengehören. Dennoch wird für diese funktionelle Einheit Rollenverteilung nicht ausgeschlossen. Die Aushöhlung interkollegial gefugter Kritik, die weder formell suspendiert wird, noch je gänzlich außer Kurs gerät, manifestiert sich in der Stabilisierung von Erwartungserwartungen. Normiert werden Rollen des kritischen Geschäfts, deren Übernahme von einem ausgegrenzten Kreis geleistet wird: der überwiegende Teil der Tagungsteilnehmer erwartet von den Kritikern, die dies ihrerseits erwarten, deren Epigramm. Die faktisch-gelungene Ausübung der Rolle als Kritiker baut ein Erwartungsniveau auf, das viele literarische Produzenten nicht erfüllen zu können vermeinen. Prototypisch die retrospektive Aussage:

»Ich hab' mich auch nicht an der Diskussion beteiligt, weil ich kein guter Sprecher bin, so spontan (nicht) einsteigen kann ...; wenn ich so Leute sehe wie Kaiser, die sofort aus dem Handgelenk eine perfekt spruchreife Kritik geben, da dachte ich, der kann's besser.« (16/15)

Nicht allein das Muster der Eloquenz verhärtet das spontan-kritische Verfahren jener »hemdsärmeligen« Phase zum *Stil*, sondern die Tendenz, Wissensbestände und Instrumente literar-historischer Natur in den kritischen Diskurs einzufrachten.

»Und je länger die (Kritiker – F. K.) kamen, und je mehr die kamen, desto mehr rückten diese Raunzer, Schreier in den Hintergrund, die Dichter und Schriftsteller, und es wurde akademisch.« (2/18)

Stabilisierung von Rollenstrukturen einer »gebildeten Kritik« nimmt das Ego-Involvement, das in der ungezügelten Spontaneität der frühen Kritik sich äußert, zurück, legt Distanz zwischen Person und Rolle. Kritik wird tendenziell zum Rollenverhalten, allemal ablesbar an den zeitgenössischen Reaktionen in der Presse, wo aufgespürt wird, daß das »Rollenspiel« der Kritiker bis hin zur Standardisierung von Begriffen (»Signalwörter«) führe. Die zu Rollen sedimentierten Funktionsdifferenzierungen bewirken, daß Tagungsteilnehmer an sich selbst strikt Rollensegmentierungen vornehmen. »Ich bin da als Autor hingegangen und wollte bewußt nicht als Kritiker auftreten« (9/27), diese Einstellung wirft Licht darauf, daß das Konzept der Ursprungslage, die interkollegiale Kritik, zur Tradition zurücksinkt, die allenthalben als abrufbare Gruppenideologie fortlebt.

Der weder gradlinige noch vollständige Prozeß der Unterminierung des Ursprungscharakters des kritischen Verfahrens zu einer Restform, zumal in den 60er Jahren, kann abgelesen werden an den emphatischen retrospektiven Hinweisen, daß *einzelne* Autoren zäh am interkollegialen Prinzip festhalten, die eingeschliffene Rollenverteilung zwar nicht beseitigen können, wohl aber individuell überschreiten. Die Ursprungsidee überwintert bei wenigen, die die Restposition interkollegialer Kritik verteidigen gegen die *objektive* Tendenz der Verkrustung des kritischen Verfahrens zur *repräsentativen Blockkritik* [4].

Der Formwandel zur Blockkritik tagungsrepräsentativer Natur ist grundlegend determiniert durch die Änderung des Außenverhältnisses der Tagungen, deren Genese hier vorausgesetzt wird. Daß die Tagungen zu Orten eines temporär hergestellten »Literaturblattes ... in life« (7/22) von strategischer Bedeutung innerhalb des westdeutschen literarisch-kulturellen Kräftefeldes aufsteigen, die Gruppe 47 als gewichtiges informelles literarisches Informationsorgan gesellschaftliche Geltung erlangt, ist ebenso Bedingung wie Folge der tagungsinternen Konstitution dessen, was als repräsentative Groß- oder Block-Kritik freigelegt werden kann.

»Und in der vorderen Reihe, buchstäblich wie in einer Schnur aufgereiht, die deutschen Starkritiker ... Der Schriftsteller las und dann sagte jeder von den Kritikern zu jeder Lesung der Reihe nach sein Sprüchlein und die gesamte übrige Versammlung schwieg.« (19/7) [5]

Diese pointierende Skizze, die keineswegs allein steht, erhellt den Formwandel nicht nur als Prozeß der Fixierung einer professionellen Kritiker-Gruppe, sondern zugleich der *Ritualisierung* des kritischen Verfahrens selbst. Partiell durchsetzt mit »Auch-Kritikern«, (»Hin und wieder Stimmen aus dem Auditorium« – Wagenbach 1959, 152), kristallisiert sich eine Funktionsgruppe innerhalb des Tagungs-»Personals« heraus, die nicht bloß *de facto* die kritischen Kommentierungen der Lesungen bei sich häuft, sondern hierfür auch Legitimation erringt; dies nicht kraft formaler Zuweisung oder Usurpation, sondern aufgrund *tatsächlicher* Ausübung. Selbsteinweisung in die Rolle des Kritikers durch Brauch und Legitimation via Verfahren, auf diesem Wege nehmen spezifische Tagungsrollen – abstrahiert man zunächst von den gruppenexternen sozialen Bedingungen, unter denen erfolgreiche Rollenübernahme der Kritik von den »Berufskritikern« begünstigt wird – Gestalt an. Die Ritualisierung des Verfahrens besteht zum einen in der zur Selbstverständlichkeit geronnenen »Vorahmung« des Tagungs-Verlaufs im Medium vor- und zuhandener Rollen-Gehäuse und zum anderen in der Kritikimmunen Zeremonialisierung der Kritik-Handlung [6]. Die »Starkritiker ...«, die dann die Rollen eingenommen (haben)« (16/17), legen die auf sie zugeschnittenen Erwartungen nicht einfach fest, sondern der Bildungsprozeß tagungsintegrierender und -stabilisierender Kritikerrollen ist gekoppelt an die Entstehung und Ausbreitung der *Zuschauerperspektive* [7]. Erst in ihr bekommt die Kristallisation von repräsentativen Kritikerrollen funktionalen Sinn, wobei das Forum der Zuschauer konstituiert wird sowohl durch unmittelbare tagungsinterne wie mittelbar externe Öffentlichkeit. Die Konstitution einer spezifischen Kritiker-Rolle ist des weiteren gebunden an die Institutionalisierung der Lesung, an der erst das Kritik-Verfahren seinen Sinn gewinnt: die Vorlesesituation gerinnt zum »literarischen Prüfstand« für »literarische Kandidaturen«. Prüfstand, Kritik und Zuschauerraum (Gustafsson 1964, 193/94) bilden zusammen mit der Institution der Tagungsleitung die institutionellen Elemente eines offiziösen Tagungsverfahrens, das zwar nach dem instrumentellen Zweck-Mittel-Schema konstruiert ist, (Verleihung oder Aberkennung literarischer Legitimität für einzelne Werke oder Autoren), das aber tendenziell gegen die Instrumentalität sich verselbständigt und in Ritualisierung übergeht.

»Gelegentlich hatte man den Eindruck: diese Kritik würde auch dann noch funktionieren, wenn man ihr jeglichen Gegenstand entzöge.« (Friedrich 1960)

Rollen erhalten sich durch die »sinnhafte« Selbstverständlichkeit ihrer Ausübung; auch dann noch bleiben sie stabil, wenn heraufdämmert, daß es auch anders gehen könnte, aber diese Einsicht nicht zum verändernden Handeln führt oder führen kann (Furth 1971, 496). Die Möglichkeit, daß es anders gehen *könnte*, hält die Tagungstradition interkollegialer Kritik bereit, an die gelegentlich angeknüpft wird, um die Verkrustung des Kritik-Verfahrens zum zeremonialen Rollen-Spiel aufzubrechen. Daß es auch anders gehen kann, davon zeugen die praktizierten Reste interkollegialer Intervention.

»Der (Grass – F. K.) konnte dann so nette Sätze sagen, die wir früher alle gesagt haben, die er dann aber zum Schluß noch als einziger sagte.« (2/27, 28)

Die unaufhaltsame Entwicklung zur repräsentativen Block-Kritik gründet in der Suggestivkraft, die stilisierten Rollen innewohnt. In letzter Instanz – was noch zu untersuchen sein wird – hat die Entwicklung bestimmte materielle Interessendispositionen der Tagungsteilnehmer zur Bedingung. Nicht einfach, »weil die Kerle das so ritualisiert hatten« (3/26), faßt eine der Ursprungssituation wieder sich annähernde kritikstrukturelle Alternative nicht Fuß, sondern weil die institutionellen und legitimatorischen Voraussetzungen vorhanden sind, stabilisiert sich Block-Kritik.

»... je mehr die Gruppe sich institutionalisierte als sozusagen auch eine literarische Großmacht, was sie sicher eine Zeitlang in Deutschland war, desto mehr haben sich die Autoren zwar nicht von der Lesung, aber von der Kritik zurückgezogen.« (15/25)

Dieser Zusammenhang erscheint nach innen als »Verstummen der Kollegen, das Einschränken allen Sagens auf diese paar Rede-Profis da, ...« (3/25). In der Tendenz zur Prädominaz weniger Dauer-Kritiker, (»Die Leute hatten ja immer was zu sagen« – 24/17), ist die kontinuierliche Anerkennung der Rolle des Kritikerblocks innerhalb des gesamten Forums mitgesetzt (vgl. Kap. 2.1.6.). D. h., die Duldung der manieristischen Versteifung der »Großkritik« reduziert sich nicht auf antizipatorische Anpassung an die tatsächliche oder subjektiv vermeinte, externe Macht der Kritiker-Repräsentanten, welche sich speist aus der Stellung innerhalb der veröffentlichten Literaturkritik; vielmehr beruht der unangefochtene Status immer auch auf sozialer Anerkennung der Kompetenz. Im Verfahren *demonstrieren* die Kritiker eine Skala von Attributen, die die Rolle eines »Gruppe 47-Kritikers«, markengleich, erzeugen (Schroers 1965, 387): die Kritiker setzen per Verfahren Normen, welche das »Interpretationsfest« (Kaiser 1966, 221) strukturieren. In der Prozedur richten die Großkritiker ein Erwartungsniveau für kritische Eingriffe auf, das das Konzept der Ursprungslage der Tagungen mithin verkehrt. Die unbeschwerte »Hemdsärmeligkeit« spontaner Einwürfe wird von der Norm »brillianter Improvisation« überformt. Extern abgesichert wird jenes Erwartungsniveau durch Selbst- und Fremdkommentierungen der Institution Kritik in den Massenmedien (Lettau 1967).

Mit der Errichtung eines Erwartungsniveaus für die Darstellung der Kritiker-Rolle verändert sich die Beziehung der Mehrzahl der Tagungsteilnehmer, zumal derer, die das Potential der Vorlesenden bilden, zur Institution Kritik. Diese wird nun als festgefügte Einrichtung mit spezifischen Rollenanforderungen angesehen. Diesen Anforderungen glaubt der überwiegende Teil der Anwesenden nicht nachkommen zu können. Noch in der Retrospektive wird ein Inferioritätsgefühl gegenüber den normativen Ansprüchen, die durch die institutionalisierte Kritik der

»ständigen Melder« (11/11,18) gesetzt werden, deutlich. Auf der Oberfläche erscheint diese Inferiorität, welche die Zurückhaltung vieler in der Kritik bewirkt, als Echo auf die Selbstmächtigkeit ausstrahlende Eloquenz, gleichsam der »Phosphor« einer geistreichen, »gebildeten Kritik« (Kaiser 1962).

»..., es war bereits ein, zumindest hatte man gelegentlich den Eindruck, definitives Tribunal, insofern als der kollegiale Einwurf fehlte oder mehr und mehr abgenommen wurde durch die Anwesenheit der etablierten Kritik, die sich in einer anderen Weise äußerte, als Schriftsteller sich äußern würden, ... Insofern hat sich dieser feste Block der Kritik (gebildet), ..., einfach weil auch das kritische Besteck in einer anderen, virtuoseren Weise gehandhabt wurde und in einer ganz anderen Promptheit, vielleicht auch mit einer ganz anderen Geläufigkeit, angelegt wurde. Vielleicht hat sich diese Tatsache, zumindest auf einen Teil meiner Kollegen, ein bißchen lähmend ausgewirkt, hat ihm zumindest Lust genommen, hat sie mutlos gemacht. Denn es ist natürlich etwas anderes, ob man sich den Kollegen stellt oder der etablierten Kritik, jetzt per Institution angesprochen, weil hier auch einfach die Vorbedeutung zu groß ist.« (20/24)

Die Entstehung und subjektive Beglaubigung eines »Artikulationsgefälles« zwischen professionellen, in den Tagungsprozeß fest eingegliederten Kritikern und »Gelegenheitskritikern«, und noch mehr zwischen jenen und den nahezu gänzlich Verstummten, erzeugen *Autorität,* der gegenüber die meisten Schriftsteller ein ambivalentes Verhältnis entwickeln. Die Beziehung »zwischen hauptamtlichen Nur-Kritikern und hauptamtlichen Nur-Autoren« verwandelt sich in eine *latente* »Dauerkollision« (4/14). Abgesehen von einer Reihe institutioneller Vorkehrungen, so u. a. Tabuisierung der Kritik der Kritik, die als Befriedungsmechanismen fungieren, wirkt sich vor allem ein eigentümlicher Bezug der Mehrzahl der Autoren zu dem Kritik-Verfahren der Hoch- und Spätphase konfliktdämmend aus. Es handelt sich um einen sozial-integrativen Bezug, der eine Erscheinungsform dessen darstellt, was Schücking als »Bewunderungsschule« analysiert (Schücking 1961, 35).

»Die Kollegen wahrscheinlich überließen es gern den Profis, den Profi-Kritikern, denn die waren ja ausgesprochen brilliant. Es war eine tolle Garde von Kritikern, so was kann man ja suchen. Sie waren witzig, sie waren schnell, ungeheuer geistesgegenwärtig, schlagfertig, geistreich. Also es war ein Vergnügen, denen zuzuhören. Oft war das natürlich schon fast Selbstzweck.« (24/16)

Nicht bloß Bewunderung und Respekt werden gezollt, sondern es entwickeln sich spezifische Zuschauer-Einstellungen gegenüber einem »eleganten Sport« (24/17) und »intellektuellen Spaß« (16/33); mithin Bedingung theatralischen Rollenspiels.

»Und das ganze hat man wie ein großes Schauspiel genossen, ... so ein großes Spiel mit verteilten Rollen ...« (6/47)

Die sprichwörtlich »gemischten Gefühle« innerhalb des Tagungsforums, die nicht bloß Einsicht versperren, sondern auch Eingriffe blockieren, sind die sozialpsychische Grundlage der Durchsetzung repräsentativer Block-Kritik.

Nun tritt freilich die Kritik nicht als festgefügter Block in der Weise auf, daß es Meinungs- und Darstellungs-Uniformität zum je Gelesenen gibt. Umgekehrt, als homogene, für das gruppeninterne wie -externe Publikum anschauliche Einheit dokumentieren sich die Rollen-Kritiker durch Repräsentation als personale Institutionen bzw. institutionale Personen, die im *konkurrierenden* Miteinander wechselseitig per Verfahren wiederum ihre gelungene Rollendarstellung sich bescheinigen; (»diese 5 oder 6 Leute [führten] ihre Spontaneität da spazieren« – 3/37). Getreu spiegelt sich dies in den Pressekommentierungen wider:

»Von Hans Mayers massivem Begriffsapparat über Joachim Kaisers vitalen Impressionismus und Höllerers überaus intelligente Prüfung des Details bis hin zu Enzensbergers Kugelblitzen waren im großen und ganzen alle Nuancen der kritischen Methode vertreten.« (Gustafsson 1964, 196)

Nicht mehr das Ego-Involvement der frühen Jahre herrscht vor, in welchem Kritik gleichsam als »existenzielles« Grundbedürfnis des schriftstellerischen Handwerks gesetzt ist, sondern die repräsentativ nach außen gekehrte Rolle erscheint als soziales Existenzial. Die innerhalb des gesamten literarisch-kulturellen Kräftefeldes regierende Grundnorm, als selbstständige Monaden aufzutreten und in dieser Gestalt geistige Fehden einzugehen, wird erfüllt, indem die Kritiker dem Sozialbild selbstgewisser Souveränität nachkommen. Als Block erscheint Kritik, indem die Rollenkritiker als monadisierte Institutionen auftreten und »funktionieren«. So heißt es zu Sigtuna:

»Wäre es möglich gewesen, dann hätte die versammelte Kritik belohnt werden sollen. Noch selten in der Geschichte der Gruppe hat das Zusammenwirken der fünf Großen – Walter Jens, Hans Mayer, Marcel Reich-Ranicki, Walter Höllerer, Joachim Kaiser – so vollendet funktioniert (!) wie hier.« (Vegesack 1964, 193)

Das Zerbröckeln der Gestalt interkollegialer Kritik und der unaufhaltsame Übergang in die riegenartige Ritualisierung, (»das waren Solitäre unter sich« – 22/11), vollziehen sich unter dem Dach der weiterhin geltenden Grundregeln des Tagungsverfahrens. Es handelt sich einerseits um einen Prozeß der Entmündigung, weil die Abnahme des »kritischen Epigramms« auf seiten der Mehrzahl der Anwesenden (Kaiser 1964, 49) Resultat tendenzieller Etablierung eines *Oligologs* im Wege der Formierung des kritischen Verfahrens zu Rollenintegraten ist; und andererseits um einen komplementären Vorgang der Selbstentmündigung der Tagungsmehrheit; denn, wie ein befragter Autor, der die »Kritik nicht den Kritikern überlassen« wollte (14/5), vermerkt:

»Je mehr Autoren sich zur Kritik meldeten, um so mehr hatten die Berufskritiker diese Konkurrenz zu fürchten, sie mußten sich dann auch darauf einstellen.« (14/28) [8]

Die soziale Differenzierung und »Arbeitsteilung« innerhalb des Tagungssystems gestalten sich am Leitfaden des Kritikverfahrens in der Hoch- und Spätphase der Gruppe 47 zu einem getreuen, mikroformatigen Abbild des sozial-kulturellen Systems, in das die Gruppe sich einordnet. In Verkehrung der Ausgangsform ist die Realisation von Kritik gekoppelt an erworbene und zugewiesene Privilegien, deren Basis »Bildung«, die dem frühen Kreis in ihrer auratischen, respekteinflößenden Art verpönt galt, ausmacht.

Unterhalb der durch Status- und Rollendistribution gekennzeichneten Tendenz zur Institutionalisierung von Kritik entwickelt sich eine gleichsam nicht- resp. gegeninstitutionelle Sphäre heraus. Hierhin zieht sich das interkollegiale Räsonnement zurück. Die Sphäre nicht-offiziöser Kommunikation, die konkret statthat an den Abenden, während der Lesungspausen usf., erfüllt Funktionen und befriedigt Bedürfnisse, die im offiziösen Gefüge zu kurz kommen. Je mehr die interkollegiale Kritik in der offiziösen Sphäre verkümmert, wandert sie ab in diese Subsphäre. Diese Verlagerung ermöglicht Frustrationsminderung. Denn, bevor man etwas habe sagen können,

»hatten sich die Kritiker schon formiert und da war es, auch wenn mir was einfiel, was ich hätte dazu sagen können, war immer noch Zeit, es in der Pause zu sagen oder nachher.« (24/21)

Aus der »Nachkritik« als Fortsetzung und Reflex auf die offiziöse Kritik wird eine eigenständige Sphäre, in der offiziöse Urteile z. T. revidiert, korrigiert und abgemildert werden. Es festigt sich eine Sphäre, in der produktionseingreifende Selbstverständigung in Form informellen, nicht kontrollierten, mithin sanktionsfreien Austauschs zwischen literarischen Produzenten stattfindet. Diese lockere, unstrukturierte Subsphäre ist ihrerseits Bestandteil eines umfassenderen Feldes, der »Privatgruppensphäre« (vgl. Kap. 2.2.1.). In der Dimension produktionsbezogener Kritik wird die Nachkritik gleichsam als Zwischenbereich von offiziöser und Privatgruppensphäre in ihrem spezifischen Stellenwert erkannt und instrumentiert. Bezogen auf das Problem des Verstummens der spontan-kollegialen Einwürfe erläutert ein Befragter:

»Und was die ›Feigheit‹ betrifft, ich meine, es ist die Frage, ob man sich offen da herumstreiten will und ob man eine Funktion (!) ausüben will als Kritiker ..., ich hab' nie ein Blatt vor den Mund genommen, ich hab' am Abend (!) immer gesagt, was ich meine, und insofern ist das auch herumgekommen.« (9/28)

Nicht zuletzt die Existenz dieser dem Öffentlichen weithin entzogene Subsphäre ist es, welche die latent konfliktäre Beziehung zwischen institutionalisierter und interkollegial interessierter Kritik neutralisiert.

Der Formwandel der Kritik enthüllt sich als Prozeß einer umfassenden Differenzierung und Umstrukturierung der Institution Tagung, folgenreich einerseits für Entwicklung resp. Verfall von Lesebereitschaft und Teilnahmemotivation, und andererseits bedeutsam für die Einschiebung der Tagungen in den Erwartungs- und Ereignisfahrplan des westdeutschen literarisch-kulturellen Gefüges. Was vorderhand als Deformationsprozeß der Ursprungsgestalt der Kritik erscheint, stellt sich in der Perspektive der gesellschaftlichen Integration der Gruppe 47, ihres Aufstiegs zu einem zentralen literarischen Legitimationsorgan, als erfolgreicher Formationsprozeß dar.

2.1.2 Funktionswandel der Kritik: Verfestigung sortierender Taxation

»Aus dem kritiklosen Zustand im Dritten Reich war die Sehnsucht nach härtester Kritik entstanden. Der ›Kunst- und Buchbesprechungs-Politik‹ der immer noch fortwuchernden zwölf Jahre wollte man wieder die wirkliche Kritik entgegensetzen.« (Richter 1964, 13)

In funktionaler Perspektive kommt Kritik als Prinzip und Methode *politischer Sozialisation* auf den gruppenerzeugenden Weg. Vom Leitbild politischer Sozialisation wiederum leitet sich der Status der Kritik innerhalb der *literarischen Sozialisation* ab. Der politisch-pädagogische Orientierungsrahmen der als Repräsentanten der Jungen Generation sich verstehenden politischen Publizisten, die den *Ruf*-Kreis umfassen und in den Konstitutionsprozeß der Gruppe 47 danach involviert sind, setzt sich im Kern zusammen aus den »demokratischen Tugenden« der Kritik, der Toleranz und des Kompromisses (Wehdeking 1971). Diese hiervon abgeleiteten Handlungs-Maximen fungieren gleichsam als Treibriemen des beabsichtigten demokratischen Wiederaufbaus in Deutschland: politische Sozialisation als Voraussetzung und Vehikel gesellschaftlicher Umgestaltung hin zu einem »demokratischen Sozialismus« (Schwab-Felisch 1962). Die Idee der Kritik als »Gärstoff« politisch-sozialer Erziehungsstrategie erhält den Status eines nicht mehr hintergehbaren Prinzips; ihr wird für das menschliche Zusammenleben existentielle Bedeutung zugeschrieben. Was immer auch aus Vergangenheit und Gegenwart den Anspruch erhebt, mit in die zukünftige geistige, soziale und ökonomische Entwicklung einbezogen zu werden, hat durchs Nadelöhr »kritischer Rücksichtslosigkeit« (Richter 1964, 13) sich zu zwängen.

In der halb spontanen, halb verordneten Renaissance klassischer Öffentlichkeit nach dem Ende des Faschismus, freilich unter den einschränkenden Bedingungen der »Retorte« (Andersch 1947 a; ders o. J.), findet die Tugend der Kritik als Verhaltensmaxime das ihr angemessene Aktionsfeld. Das publizistische Gefüge der kleineren und mittleren Zeitungen und Zeitschriften (King 1974) stellt die Basis institutionell garantierter, durch Eingriffe der Besatzungsmächte allerdings limitierter Möglichkeiten öffentlicher Artikulation und Kontroverse dar: kommunikationspolitischer Ort einer literarisch-intellektuellen Kritik, die politisch eingreifen möchte, ohne daß die Träger der Kritik Partei- oder Organisationskontrollen sich zu unterwerfen haben (Vaillant 1973). Die Renaissance klassischer Öffentlichkeit erzeugt den Schein einer operativen Kritik, die praktische Wirksamkeit zu erlangen verspricht, indem sie vorbehaltlos und organisationsungebunden operiert. Die Sphäre institutionskritischer Publizität, verbürgt durch institutionale, politische Garantien, ist dem *Ruf*-Kreis die Realisationsform des Prinzips Kritik: Einlösungsvoraussetzung des Leitbildes politischer Sozialisation.

»Die Kritik wieder herzustellen« (23/5) als Voraussetzung demokratischer Entwicklung in Deutschland, bedarf für die *Ruf*-Gruppe jedoch nicht bloß institutioneller Vorhaben, sondern der Entwicklung eines kritikinteressierten, -bereiten und -bewußten deutschen Sozialcharakters. D. h., ohne Einübung der Kritik als Leitbild und Methode, ist eine »Demokratie ohne Demokraten« zum Scheitern verurteilt. Wiederbelebung der Kritik ist denn zugleich ein sozialcharaktereologisches

Problem, dem mit politischer Sozialisation beizukommen man sich zu bemühen hat. Der politisch-publizistischen, organisations- und partei-distanzierten Intelligenz (»heimatlose Linke«) fällt dabei eine besondere Rolle zu: die der Anleitung und Kontrolle der Einübung von Kritik, Toleranz und des schöpferisch-demokratischen Kompromisses. Im Konzept der »demokratischen Elite« (Richter 1964, 10 ff.) umreißen die Repräsentanten der Jungen Generation ihr politisches Aktionsprogramm: literarisch-publizistische Intelligenz als Vorhut des demokratischen Wiederaufbaus, die der politischen Sozialisation Impulse und Richtung verleiht und ihre Entwicklung kritischer Publizität aussetzt. Daß gerade der Jungen Generation und ihren intellektuellen Repräsentanten diese Aufgabe zukommt, leitet sich erstens ab aus dem durch Faschismus und Kriegserfahrungen geschärften Bewußtsein(»nüchterne Generation«), zweitens aus der tendenziellen historischen Entlastung (»verratene Generation«) und drittens aus dem Sachverhalt, daß die Problematik der Hinterlassenschaft des Faschismus gerade in *Wort* und *Schrift*, – Kristallisationsformen gesellschaftlichen Bewußtseins –, sich manifestiert (vgl. Borchert 1961, 159 f.). Da politische Sozialisation zum Ausgangspunkt der demokratischen Neugestaltung definiert wird und sie ihren Kern in der Beseitigung der den Faschismus vormals befestigenden und die demokratische Nachkriegsentwicklung hemmenden »Kalligraphie« auf allen Stufen des Bewußtseins hat (vgl. Kap. 2.3.3.1.), geht der demokratische Auftrag an die literarisch-publizistische Intelligenz der Jungen Generation: über den Weg der »demokratischen Elitenbildung« den Keim einer gesamtgesellschaftlich durchgreifenden politischen Sozialisation zu legen. Begonnen werden soll die intendierte Entrümpelung des Bewußtseins dort, wo die Keimzellen der »demokratischen Elite« zu bilden sind; denn die Intention, als Vorhut und Vorbild gesellschaftlich einzugreifen, ist gebunden an deren Fähigkeit, Kritik als Prinzip zu verankern und als Methode zur demokratischen Waffe zu schärfen. D. h., Kritik ist zunächst innerhalb derjenigen Gruppe zu erproben, die unmittelbar an der Systematisierung gesellschaftlicher Denkformen mitarbeitet: die literarisch-publizistische Intelligenz. Folgerichtig wendet der frühe 47-Kreis die Methode der Kritik intentional rückhaltlos gegen sich selbst, um in der Sprache faschistische oder faschistoide Sedimente aufzustöbern. In der Metapher des »Kahlschlags« (Weyrauch 1949) ist untergründig die Absicht einer Strategie der »Selbsterziehung« enthalten. Im Redaktionsstab des projektierten *Skorpion* ist der soziale Ort gegeben, »handwerkliche Kritik« (23/21) zum Zentrum der Bemühungen für eine literarisch-politische Sozialisation zu machen, nachdem der Ruf für diese frühe Gruppe als Plattform nicht mehr in Frage kommt. Unter diesen übergreifenden Vorzeichen erhält Kritik ihre Instrumentierung innerhalb der *literarischen Sozialisation:* sie wird zum Schlüssel einer demokratischen Bewußtseinsentwicklung, da Sprache, nicht nur die literarische, Instrument faschistischer Verhüllungspolitik war. Bis in die ersten 47-Tagungen hinein ist der stringente funktionale Zusammenhang von politischer und literarischer Sozialisation gewahrt.

»Die Kritik, vor allem stetige, unvoreingenommene, rückhaltlose Kritik der Schreibenden an sich selbst und aneinander, ist das moralische Gewissen, das den Schriftsteller an seine Aufgabe, die eine gesellschaftliche und eine politische Aufgabe ist, erinnert.« (Minssen 1948, 30)

Kritik der frühen Phase der Gruppe 47 will nicht überkommene Literaturkritik sein, sondern elementarer Bestandteil literarischer Sozialisation. Es geht nicht primär um rezeptionssteuernde literarische Meinungsbildung innerhalb der literarischen Öffentlichkeit, sondern um literarische Urteilsbildung zum Zwecke der Entfaltung einer genuin Jungen Literatur, ist es ihnen doch »eine Selbstverständlichkeit, sich zunächst einmal von dem allgemeinen und endlosen Geschwätz zu distanzieren ...« (Groll 1948, 32), wie ein zeitgenössischer Beobachter seinen Eindruck zusammenfaßt. An Wendungen wie, »die Arbeit zu überprüfen und die neuen Worte zu erproben« (ebd., 32), »Praktische Arbeit am praktischen Beispiel« (ebd., 33) usf., kommt die Absicht literarischer Sozialisation im Medium einer temporär gestifteten, locker gefügten und Spontaneität sichernden »Improvisations-Akademie« (ebd., 31) zum Vorschein. Am Leitfaden einer für den Schreibprozeß als wirksam intendierten Kritik realisiert sich »der Sinn dieser Gruppentagungen ..., (daß) junge Autoren sagten, hört mal, das hab' ich geschrieben, vielleicht könnt' ihr mir was dazu sagen« (13/8). Da die zur Gruppe 47 versammelten Autoren zumeist am Anfang ihrer literarischen Entwicklung stehen (D. Weber 1968) und überkommenen Schreibkanons mißtrauisch oder ablehnend gegenüberstehen, »werten« sie ihre erste Wegstrecke »eher als Aufbruch zum Werk, als Versuch und Experiment« (Friedrich 1947, 25): literarische Selbst-Sozialisation mit den Mitteln intersubjektiver Kontrolle im Rahmen der Tagungen [1]. »Es war so unglaublich schwer, kurz nach 1945 auch nur eine halbe Seite Prosa zu schreiben« (Böll); »Manchmal bin ich erschüttert über meine Unfähigkeit, gutes Deutsch zu schreiben, ich brauche immer jemanden mit roter Tinte« (Borchert, zit. n. Lettau 1967, 334). Vor dem Horizont tief sitzender, zeithistorisch bedingter Unsicherheit hat die Kritik der frühen Jahre die *manifeste* Funktion, Lernen durch praktische Erfahrungen am praktischen Beispiel mit praktischem Gewinn (Groll 1948) in Gang zu bringen und den gesamten Lernprozeß wiederum zu überprüfen. Als produktionseingreifender, Selbstverständigung bewirkender Modus leistet Kritik *Orientierungs*hilfe in einer Phase, in der es an Bezugs- und Anhaltspunkten zu mangeln scheint (Stomps 1965). Da aber die Kritik ihrerseits nicht orientierungsstabil vorgegeben ist, interpretiert sie sich selbst als im Prozeß der Konstitution befindlich (Hollander 1950, 278). Indem Kritik konkret eingreifend sich versucht an den vorgelegten Schreibresultaten und -zwischenresultaten, filtert sie Gesichtspunkte und Kriterien aus. Schreiben und Kritik stehen in einem reziprok aufeinanderbezogenen Lern- und Erfahrungsverhältnis, das die vielzitierte »Lebendigkeit« der frühen Zusammenkünfte begründet.

Indem Kritik in dieser Phase zugeschnitten ist auf »durchaus mögliche und notwendige Hilfe« (Hensel 1948, 37), besorgt sie zwangsläufig zugleich »Grobsortierung« (ebd., 37). Insofern die Tagungen angelegt sind als Zwischenstationen der Selbstverständigung innerhalb des ansonsten primär individuell fortschreitenden literarischen Sozialisationsprozesses, fungiert Kritik als »notwendiges Mittel zur

Förderung und Vervollkommung der schöpferischen Arbeit« (Friedrich 1948, 264). Kritik, als Förderungs-Medium operativ eingebaut, *wirkt* als qualitätsorientiertes Filter-Instrument.

Mit den Tagungen von Marktbreit (1949), Utting (1949) und endlich Inzigkofen (1950) verändert sich das innere Verhältnis zwischen Produktionsförderung als Moment der Selbstsozialisation und Verwerfung von Arbeiten durch das kritische Urteil, nachdem es schon von der Jugenheimer Tagung 1948 heißt:

»Das Schweigen, in dem die Gruppe 47 verharrte, ist gebrochen. Sie hat sich zum ersten Mal der Öffentlichkeit gestellt und wird in Zukunft aus den öffentlichen und privaten Diskussionen um die junge Gegenwartsliteratur nicht mehr wegzudenken sein.« (Groll 1948, 35)

Jene Tagungen können in bezug auf die literarische Sozialisation des frühen Kreises als Prozeß fortschreitender Selbstsicherheit und Selbstgewißheit interpretiert werden, der seinen ersten Kulminationspunkt in der Vergabe des Preises der Gruppe 47 an Günter Eich hat; dokumentiert doch die Gruppe sich selbst und der literarischen Öffentlichkeit, daß sie erstens in ihren Reihen preis*würdige* Literaturproduktion vorzuweisen hat, und zweitens, daß ihre Kritik die Kompetenz erlangt hat, Preiswürdiges treffsicher auszuwählen.

Der in den 50er Jahren sich herauskristallisierende Vorrang der gutachtlich-*selektiven* Funktion der Kritik stützt sich nicht allein auf zugewonnenes Selbstvertrauen, sondern hat sozio-strukturelle Voraussetzungen: einen wenn auch zunächst nur zögernd für genuin westdeutsche Literatur sich öffnenden literarischen Markt als Bezugsrahmen der tagungsinternen Kritik-Operationen und einen kontinuierlichen Zufluß literarischer Novizen, die gleichsam als Angebot der Kritik sich stellen. Die Betonung der selektiven Funktion ist Bedingung wie Folge des Heraustretens aus der Insider-Publizität der frühen Jahre und des Überwechselns in die breitere Öffentlichkeit des allmählich sich ausdifferenzierenden Systems der westdeutschen sozial-literarischen Verhältnisse.

»Auf jeder Tagung erscheinen neue noch unbekannte Autoren, die auf dem ›elektrischen Stuhl‹ ihr erstes Debüt geben und sich der Kritik stellen. Dieser Vorgang ähnelt dem Vorgang auf einem Prüfstand, das heißt, in diesem Augenblick ist die Gruppe 47 so etwas wie ein Prüfstand der deutschen Gegenwartsliteratur ... Auf einer solchen Tagung lesen oft bis zu 24 Autoren. Sie entscheidet in diesem internen Rahmen über Erfolg und Mißerfolg, über Aufstieg und Niederlage ... Diesen Vorgang nennt man ›Gruppe 47‹.« (Richter 1963)

Aus der »Gelegenheitsstruktur« der frühen Jahre formt sich eine *Struktur* der *Gelegenheiten* heraus, ein Chancen-Institut mit eingebauten sozialen Risiken, der inneren Dialektik der Chance entsprechend.

»... die Gefahr, daß etwas, das noch völlig unbekannt war, so sehr verrissen wurde, daß sich keiner mehr dafür interessiert, war lange Jahre genauso groß wie die Chance, daß ein Verleger darauf anspringt und das annimmt.« (9/33)

Das legitimationsfunktionale Ziel der Sortierung realisiert sich über die eingespielte Methodik des Schnell-Gutachtens. Nicht der Modus der Stegreif-Kritik wandelt sich, sondern die Implikate und Folgen; und zwar in dem Maße wie die funktionale Beziehung von interner und externer Öffentlichkeit sich verschraubt, das Spektrum literarischer Angebote sich erweitert und der Leistungsdruck aufgrund wachsender Leseinteressenten sich verstärkt. Die Vorschrift, restriktiv textbezogen sich zu artikulieren und Kritik der Kriterien wie Methoden der Kritik zu unterlassen, begünstigt die Einhaltung der Technik des Schnell-Verfahrens trotz erhöhter Anforderungen zeitlicher und sachlicher Natur, da die Möglichkeit zeitraubender Kontroversen vorweg ausgeschaltet ist. Umgekehrt aber bewirken die gestiegenen Anforderungen an die Kritik bei konstant gehaltener gesamter Tagungszeit zwangsläufig eine Vernachlässigung der unmittelbaren produktionsfördernden Selbstverständigung (Raddatz 1955, 111).

In den bestimmenden Vordergrund rückt die eingeengte Funktion, über den Vorlesenden zu notieren, »was er wert ist« (16/46). Die sozio-ästhetischen Wertbestimmungen, deren Imponderabilien letztlich in der Struktur literarischer Produktion und Zirkulation verankert und deshalb um so mehr sozial-ökonomischen und sozio-kulturellen Konditionen und Schwankungen unterworfen sind, lassen sich – der fließenden Übergänge eingedenk – in vier grobe Taxationsdimensionen einteilen: 1. die nahezu einhellige Anerkennung ästhetischer Wertigkeit einer gelieferten Textprobe, 2. die geteilte Anerkennung, 3. die vereinzelte Anerkennung und 4. die gänzliche Aberkennung von Wertigkeit. Allein schon von den gruppenübergreifenden Originalitäts- und Differenzierungszwängen her, Gruppe 47 als literarisch-kulturelles Legitimationsorgan und ihre Kritik als Vollzugsinstanz, gehört die Einhelligkeit des positiven Urteils zu den seltenen Fällen, (mithin Ausdruck der Reduktion der Gefahr selbsterzeugender, sozial-literarischer Inflationierung unabhängig von tatsächlicher Seltenheit und Wertigkeit der Proben). Das positiv und negativ vermischte Urteil (2., 3.) beherrscht zusammen mit den »Durchfällen«, d. h. der strikten Verweigerung der Qualitäts-Bescheinigung (2), durchweg die Szene, verleiht doch erst letztere der Kritik und damit den Tagungen ihren seriösen Status als Legitimationsorgan, das nun seine »vornehmste Aufgabe nicht in der Förderung, sondern in der Verhinderung literarischen Unfugs sieht« (Enzensberger 1964, 25). So stärkt sich das Selbstbewußtsein der Kritik und der Gruppe als ganzes nicht nur über die nachfolgende externe soziale Anerkennung der Treffsicherheit der Gruppe bei ihren Preisverleihungen, sondern auch und gerade über den Vorweis qualitätsorientierter unerbittlicher Verwerfung von »Unfug«. Die Gruppe dünkt sich »bedeutend, weil sie mehr verhindert als gefördert hat« (23/34).

»Wieviel schlechte Novellen, Romane, Gedichte, Dramen sie dem Publikum (sic!) erspart hat, kann nur der ermessen, der ihre hartnäckigen Bemühungen in dieser Sache beobachtet oder gar am eigenen Leib erfahren hat.« (Enzensberger 1964, 25)

Enzensberger weiß, wovon er redet, wird ihm doch selbst ein die Seriosität und Integrität der Kritik nach außen demonstrierender, spektakulärer »Durchfall« beschert.

»Klassisches Beispiel Enzensberger, las in Aschaffenburg einmal einen dramatischen Text vor, wurde fürchterlich zusammengeschlagen ...« (25/8)

Zwar reiht sich Enzensberger in die »ganze Masse von Fällen ..., wo Leute ungeheuer eins auf die Nase bekommen« (5/9) haben, ein, doch ist er nicht zu den »Autoren, die zerstört waren und weinten« (18/6), zu rechnen. Sein Durchfall ist keine »Katastrophe« [3], weil die Verwerfung nicht einmündet in generalisierte sozial-literarische Verurteilung. Der »Fall« Enzensberger verdeutlicht, daß die Tagungen zwei Grundtypen des Scheiterns bzw des »Durchfalls« kennen: den partiellen und den *prinzipialisierten*. Der partielle »Durchfall« differenziert sich wiederum in zwei Varianten. Einerseits gibt es die singuläre Ablehnung eines ganz bestimmten Manuskriptes und andererseits das negative Urteil, daß ein Autor »unfähig« für eine bestimmte literarische Gattung sei. Das einhellig negative Urteil über einen vorgelesenen Produktionsausschnitt transformiert sich in einen prinzipialisierten »Durchfall«, wenn mit dem Testat »literarischer Unfug« zugleich *generalisierter Begabungszweifel* geäußert wird. Im Falle Enzensberger wird ein solcher nicht laut, sondern nur ein partieller, gattungsspezifischer Zweifel (Drama). Es erfolgt kein Entzug der sozialen Anerkennung als literarische »Begabung« [4]. Wo aber gleichsam ein Rund-um-Zweifel angemeldet wird, verwandelt sich die manuskriptbezogene Verwerfung tendenziell in soziale Selektion. Es wird nicht bloß ein Manuskript zurückgewiesen, sondern eine Person mit literarischen Identitätsansprüchen wird ins sozial-literarische Abseits verwiesen – Dialektik der Chance. Für literarische Novizen transformiert sich das Auswahlverfahren in soziale Selektion, indem in einem *frühen* Stadium sozial-literarischer Identitätsbildung negative Urteile, die mit sozialer Geltung ausgestattet sind, ausgesprochen werden. Dies hat zur Folge, daß der noch verhältnismäßig *unbekannte* Anfänger zunächst jedenfalls in der Anonymität resp. in der Öffentlichkeitsnische verbleibt.

»Es war ein hohes Risiko«, so ein befragter Autor, der einen konkreten Fall herausgreift, »ich hab' es auf dieser Tagung in Berlin (1962) erlebt, da war ein junger Autor, der las da einige Dinge. Ich fand sie gar nicht so schlecht. Er wurde so fertiggemacht. Er war damit ausgeschieden.« (19/11)

Anders jedoch der Vorgang bei bekannteren Autoren, die bereits eine »Begabungs-Quittung« besitzen.

»... bei einem bekannten Manne, ..., der schon begabte Dinge vorgelesen hatte in der Gruppe 47, war ein Durchfall nicht so schlimm ... Man kannte ja seine Begabung, ...« (23/34)

In diesen Fällen folgt dem Durchfall nicht automatisch soziale Selektion in Form der Nicht-Wieder-Einladung. Gleichwohl beschränkt sich das Folgeproblem des »traditionellen Dichterschießens« (Richters Richtfest 1962, 309) nicht auf Novizen; tangiert werden auch »Gruppeneingesessene«, dann nämlich, wenn die Kritik sich tendenziell ummünzt in Bescheinigung von »Begabungsverfall« (»Versiegen des Talents«). Gerade daran, daß die taxative Kritik bei ihrem Selektionsverfahren auch solche Schriftsteller nicht verschont mit prinzipialisiertem Zweifel an der Fortdauer des »Talents«, die in der frühen Phase bereits ihre Legitimität als literarische Subjektivitäten besitzen, läßt sich der Einfluß der durch die Verwandlung in ein öffentliches Legitimationsorgan freigesetzten Zwänge ablesen. Gilt innerhalb des frühen Kreises die wechselseitige Anerkennung als literarische und literar-kritische »Begabungen« als vorausgesetzt, so wird die Selbstverständlichkeit dieser Voraussetzung später notwendigerweise außer Kraft gesetzt, weil die 47-Kritik unter dem Druck steht, ständig vorzuweisen, daß sie intakt ist, d. h. erfolgreich sozial-literarisch selektiert. Die Legitimität der Kritik stürzte in sich zusammen, ließe sie gruppenintern »sentimentale« Rücksichten walten.

Die innere Entwicklung zur Sortierungs-Funktion einer literarischen »ad-hoc-Jury« enthüllt sich als Prozeß der *Angleichung* an Rollenanforderungen, welche der Kritik innerhalb des konkurrenzgesteuerten literarischen Marktes durchweg vorgeschrieben sind. Die Besonderheit der 47-Tagung besteht nun darin, daß die Kritik nicht nach-, sondern *vor*-bewertet, weil es zu den Imperativen gehört, aus Unveröffentlichtem vorzulesen, gleich ob Neuling oder nicht. Dies versetzt die 47-Kritik in die Vorzugslage, sozusagen im Vorhof der Zirkulation in die Prozesse literarischer Meinungsbildung eingreifen zu können (Richter 1964; Lattmann 1967). Diese strategische Eigentümlichkeit erhöht den sozialen Wert der Gruppe als »Vermittlungsposition zwischen den Literaturverwertungsbetrieben, . . ., also den Verlagen und Rundfunkstationen und der Presse und den Schriftstellern« (12/24). Als *privat* gestiftete, *öffentlich* wirksame »Vor-Station des Marktes« (12/5), als »freiwillige Clearing-Stelle, aber eine sehr entscheidende Clearing-Stelle für literarische Bewegungen innerhalb des deutschen Sprachraums« (15/11), besorgt sie die Funktion, »die Unübersichtlichkeit des Marktes sozusagen etwas aufzufangen und Vorentscheidungen zu treffen, damit man also schon wußte, was wird die Literatur der nächsten Saison« (12/5). Dabei wird von einer konkurrenz-funktionalistischen Prämisse ausgegangen, die erst der Kritik ihren Sinn verleiht: ». . . da gibt es unendlich viel Schreiber und es gibt nur wenige, die wirklich etwas können« (23/50).

Die soziale Spezifik des Sortierungsverfahrens, »bei dem es Sieger und Besiegte, Verletzte und Tote gibt« (Kaiser 1962), liegt darin, »aus einem *unverbindlichen* Gespräch einen *verbindlicheren* literarischen Test (Herv. – F. K.)« (Kaiser 1967) zu machen. Wie Kaiser (1962 a) unmißverständlich klarstellt, wird »unbarmherziger eine Rangordnung (!) fixiert, als die scheinbare Hemdsärmeligkeit der jeweiligen Text-Diskussion es vermuten läßt« (175). Zwar handelt es sich bei den sozial-literarischen Wertbestimmungen um »natürlich umstürzbare . . . Vorentscheidungen« (25/20), aber weder Beteiligte noch Außenstehende zweifeln daran, zumal angesichts der unmittelbaren und mittelbaren publizistischen Echos, die die 47-Tagungen mehr und mehr auslösen, daß jeweils eine »gewisse Vorwegnahme des Urteils« (12/23) vonstatten geht. Dies nicht zuletzt deshalb, weil zum einen die Werturteil-Designs der Kritik transparenter, d. h. zugleich öffentlich zugänglicher sind; weil zum anderen die informell mitstrukturierte literarische Meinungsbildung tendenziell definitorischen Charakter hat. Die Gruppe selbst kann einmal gefällte Urteile »schwer widerrufen« (12/39), da sie übers Jahr außerhalb ihrer

Tagungen als geschlossenes Selektionsorgan nicht sich dokumentiert und Revisionen auf der nachfolgenden Tagung nicht vorgenommen werden. Gleichwohl, weder auf der Ebene sozio-ästhetischer Trendbestimmungen noch auf derjenigen der Fixierung sozial-kultureller Ranggefüge unter Schriftstellern und Kritikern sind die Wegweisungen der selektiven Tagungskritik gleichbedeutend mit irreversiblen, durch keine anderen Einflüsse tangierten Präjudikationen. Gruppenexterne Einflüsse beschleunigen, korrigieren oder blockieren gar die dort getroffene Vorentscheide. Allerdings ist nicht zu übersehen, daß die Selektionsprozesse in dem Maße an externer Wirkungskraft gewinnen, wie die Gruppe 47 als ganzes in eine strategische Position innerhalb des sozial-literarischen Systems hineindrängt bzw. einsozialisiert wird. Trotz dieser Tendenzen sozialen Aufstiegs verlieren die Tagungen nie ihren Charakter als *Chancen-Institut*. Zwar wächst die Stringenz des Kausalnexus zwischen tagungsinternem erfolgreichen Lese-Auftritt und Kritik-Selbstdarstellung auf der einen und externen positiven sozialen Folgen auf der anderen Seite – vice versa gilt das für Mißerfolge –, doch verwandelt sich die Chancenstruktur nicht in ein *Versicherungs*-Institut. Es gibt weder Garantie auf gruppenexternen Erfolg noch Mißerfolg. Erhalten bleiben durchgängig die dem literarischen Marktgeschehen inhärenten Unwägbarkeiten [5]. Vorderhand besitzt die These, »die Autoren, die dort mit Erfolg lasen, kamen ja weiter« (23/11), Plausibilität, doch ist sie aufgrund der genannten Rahmenbedingungen zu relativieren und zu differenzieren. Für literarische Novizen hat eine Taxation im Medium selektiver Kritik, sofern sie nicht als prinzipielle Verweigerung des mit der Lesung implizit vorgebrachten Anspruchs auf Legitimität als literarische Subjektivität ausfällt, »startpositiven Einfluß« (11/19). Das Folgegewicht eines positiven Befundes bemißt sich zum einen nach dem Grad der Zustimmung innerhalb des Kritikforums; zum anderen hängt es ab vom Ereignis- (»Sensation«) und Neuigkeits-Charakter (»Seltenheit«) des Gelesenen. Beeinflußt durch situative tagungsinterne und externe Faktoren enthüllt sich die literar-kritische Präjudikation als Vor- und Mitstrukturierung gruppeninterner wie -externer *sozialer Profilierung* [6]. Der Prozeß des »Sich-nach-vorne-Schreibens« (Kaiser 1957, 123) kann sich vollziehen über mehrmaliges, kontinuierliches Lesen im Zusammenwirken mit externer Präsenz in Form von Publikationen (akkumuliertes Profil), oder aber sich »ereignen in Form eines katalysatorischen Effektes einer »einmaligen« Lesung.

»... wer innerhalb der Gruppe als guter Schriftsteller befunden wurde oder sogar den Preis bekam, ..., der gehörte natürlich zur Spitze der deutschen Literatur.« (19/36)

Die Interdependenz von gruppeninterner und -externer Profilierung, die in einigen Fällen in Prominenz einmündet, hat erst in jener Phase Geltung, in der die Gruppe Anschluß an die internationale literarische Öffentlichkeit findet, (Preisvergabe an Grass 1958 als Markierungspunkt). Allerdings zu berücksichtigen ist, daß das Einrücken in die literarische Prominenz, vor allem aber die Absicherung des einmal eingenommenen und zuerkannten Status, flankiert und unterbaut wird von mehr oder minder gruppenexternen Begleit- und Folgeprozessen [7]. In der

Hoch- und Spätphase verkürzt sich die Wegstrecke zwischen positiver gruppeninterner Selektion und Ein- bzw. Aufstieg in die literarische Prominenz erheblich; und zwar in dem Maße wie die Gruppe 47 selbst als ganzes erfolgreich sozial sich profiliert.

Neben den weitreichenden, im Einzelfall abdifferenzierten Folgen sozialer Profilierung sind die für die sozial-materielle Situation der Einzelnen nicht weniger relevanten *unmittelbaren* Wirkungen in Rechnung zu stellen, die aus der Struktur der selektiven Kritik resultieren und mit den mittelbaren verknüpft sind [8].

Allein, genausowenig wie soziale Profilierung programmiert, sozial-literarische Karrieren »gemacht« werden können durch die positive soziale Selektion innerhalb der Gruppentagungen, genausowenig – wie oben schon angedeutet – programmiert die negative Selektion externen sozial-literarischen Mißerfolg. Fraglos aber wirkt sich mehrmaliger Lesungs-Mißerfolg als Moment der *Deprofilierung* literarischer Subjektivitäten aus. »Natürlich konnte man sich aufbrauchen« (21/31). Vor der Aufzehrung einmal erworbenen Prestiges sind weder Autoren, die eine gewisse Prominenz erreicht haben, gefeit, noch sind Preisträger der Gruppe 47 dagegen immun. Je repräsentativer die Tagungen sich ausnehmen, desto schärfer und beschleunigter treten die Folgen sortierender Kritik auf. Novizen verbleiben in den Vorhöfen literarischer Öffentlichkeit, »Eingesessene« müssen ihre Positionen räumen, sinken zurück in die Anonymität der Randbezirke der Öffentlichkeit.

Die sozialen und psychischen Folgeprobleme des Druck erzeugenden Verfahrens sind den Beteiligten bekannt, ohne daß diese Kenntnis zur handlungswirksamen Einsicht in strukturelle Veränderungen findet. Es kommt allenfalls zu Ansätzen von Irritation oder Problematisierung. Zudem wirken einige Momente mildernd; hierzu gehören zeitweilige Interventionen Richters im Rahmen der öffentlichen Kritik [9] und Korrekturen, z. T. Entschärfungen durch die Nachkritik. Die Kraft des Faktischen erweist sich dem gegenüber jedoch als stärker, nicht zuletzt deshalb, weil die Kritik selber im Interesse ihrer Eigenprofilierung gegen soziale Härten des gesamten Modus indifferent sich zeigen muß. Der Statuserwerb des Kritikers hat zur Bedingung den »Mut zum kritischen Mord« (Kaiser 1958, 139). Kritiker profilieren sich als »Institution in einer Person«, als exemplarische gruppeninterne wie -externe *Figuren* [10], indem sie ihre Filter-Funktion demonstrativ erfüllen [11]. Zuwiderhandeln gegen die vom Markt verordneten Zwänge wird mit Status- bishin zu möglichem Legitimitätsverlust als Kritiker geahndet. Insofern stehen auch sie unter »Bewährungsdruck« und Rollenzwang [12]. Tendenziell erfährt einzig die *monadisch* sich setzende, autoritativ auftretende Kritiker-Subjektivität sozio-kulturelle Profilierung vor dem Bezugshorizont der literarischen Marktöffentlichkeit und den prominent gewordenen literarischen Subjektivitäten. Eine schmale Gruppe von Kritikern verwandelt sich in »sozusagen Deutschland-berühmte Figur(en)« (5/6), wie ein befragtes Gruppenmitglied z. B. den zur repräsentativen Tagungskritik zählenden Kritiker Walter Jens apostrophiert.

Psychologistisch fehlanalysiert wäre es, die Folgeprobleme des Sortierungsverfahrens den »Böswilligkeiten« der Kritiker zuzuschreiben. Was auf der Oberfläche als Resultat der Allüren von »Großkritikern« erscheint, enthüllt sich als Reflex eines konkurrenzgesteuerten, status- und rollendistributiven, sozial-literarischen Systems. Je mehr die Tagungen den übergreifenden Normen des Marktes sich anschmiegen, desto mehr werden sie objektiv zu einem »idealen Tummelplatz für Kritiker« (24/29).

»... das war eine Rampe, vor allen Dingen für die Kritiker, ..., eine Theaterrampe praktisch, und da konnten sie auftreten und tanzen und spielen wie Schauspieler.« (23/31)

Die Dramaturgie ist letztlich determiniert durch das, was Bourdieu (1970) sozialtheoretisch als Struktur der Konkurrenz um kulturelle, literarische wie literar-kritische Legitimität rekonstruiert. So ist mitgesetzt in der selektiven Wirkung des Kritikvorgangs die Selbstauswahl bzw. -dezimierung innerhalb der professionellen Kritik.

»Andere Kritiker hat es gegeben, ich will jetzt hier keine Namen nennen, weil es ganz gleichgültig ist, die einfach als Kritiker durchgefallen (!) sind und nicht wieder eingeladen wurden.« (25/6, 7)

Die Eigenprofilierung der Kritiker geht jedoch unter vergleichsweise günstigeren Vorzeichen vonstatten, »zumal ja auch die Zahl der Kritiker viel kleiner war als die Zahl der Autoren, die vorlasen« (13/33, 34). Sozial relevant wird die quantitative Differenz dadurch, daß die Gruppen-Figuren der Kritik erstens während der Tagungsfrist dauernd in ihrer Rolle sinnlich präsent sind, zweitens das kontinuierliche, sozial sichtbare Band der gesamten Tagungsperiode der Hoch- und Spätphase nach außen hin bilden, und drittens *zwischen* den Tagungen innerhalb der literarischen Öffentlichkeit nahezu täglich in Erscheinung treten. Analog zu den Mechanismen der Aufmerksamkeitskonzentration auf sozial profilierte literarische Subjektivitäten, die zwangsläufig begleitet sind vom Aufmerksamkeitsabzug von den vielen anderen, reduziert und konzentriert sich das gruppeninterne wie -externe Interesse sukzessive auf wenige, dauerhaft signifikante Rolleninhaber der Kritik [13].

Indem es den temporär hergestellten Zusammenkünften der Gruppe 47 gelingt, über die extern folgenreichen Mechanismen sozialer Profilierung den Modus ihrer selektiven Kritik als Gelegenheits-Struktur *sozial* zu *dokumentieren,* öffnet sich ihr der umgreifende literarische Markt. Zugleich wirken dessen objektive Zwänge zurück auf die innere Strukturverfassung der Gruppe: die Tendenz zur selektiven Kritik mit ihrer eingebauten Profilierungsdynamik wird sozial festgeschrieben. Auf der Strecke bleibt die intimitätsfermentierte, produktionshelfende Selbstverständigung innerhalb der offiziösen Sphäre der Tagungen. In der Hoch- und Spätphase obsiegt die Seite der Zirkulation über die der Produktion.

»Die Gruppe 47 ist tot und sie ist tot durch den Preis, durch die Kritiker und das alles.« (8/29)

Diese merkwürdig-bemerkenswerte Einschätzung, in der eigentlich die Todesur-
kunde der Gruppe schon für das Jahr 1950 ausgestellt wird, hebt just auf jene
Grundtendenz ab. Nur, in der Perspektive der sozialen Erfolgsgeschichte ist jenes
»Todesdatum« die Geburtsstunde der Gruppe als strategisches Legitimationsorgan.

2.1.3 Entwicklung der Motivation zur Lesung: Individuelle Selbstdokumentation

Die Tagungsgeschichte weist aus, daß es an Lesewilligen nicht mangelt; es ist
durchweg ein Überangebot vorhanden, aus dem ausgewählt werden kann.

»Warum weiß der Teufel«, daß Autoren »diese ganze Unnachprüfbarkeit des
zusammenkommenden Zufälligkeitsurteils auf sich genommen (haben)« (3/43),
räsoniert ein befragter Autor, der nach dem Zuspruch des Preises »aus Prinzip«
nicht mehr gelesen hat, gleichwohl aber weiter zu den Tagungen fährt, »weil die
Abende und die Nächte ... eben wirklich schön und unersetzbar (waren)« (3/8).
Psychologisch operierende Deutungen wie, »vielleicht ist es ein ganz bißchen was
Exhibitionistisches, was ja das Schreiben immer an sich hat« (16/18), mögen ihre
Triftigkeit haben, bedürfen aber ihrerseits soziologischer Konkretion. In soziologischer Sicht gewinnt der Deutungsansatz, daß die Lesebereitschaft Ausfluß einer
durchweg relativ isolierten Schreib-Situation ist, Relevanz. Die tagungsbezogene
Lesebereitschaft reduziert sich bei genauerem Hinsehen weder auf Neugierde
noch auf eine unilineare instrumentelle Zweckorientierung, (etwa: sozialer Erfolg
in Gestalt des Preiserwerbs) [1]. Das Interesse an der Lesung enthüllt sich als ein
Bündel von Motiven.

»Das ist wie in jedem anderen Beruf eigentlich: wissen (zu wollen), was sagen die (anderen) dazu, wenn Du das jetzt machst.« (23/31)

Bedürfnis nach kritischer und zugleich bestätigender *Rückmeldung* in Form kol-
legialer Intersubjektivität inhäriert zwar generell beruflichen Sozialisations- und
Karriereprozessen, doch stellt es sich im Bereich literarischer Produktionsweise
als Form qualifizierter geistiger Arbeit mit hohen Innovations- und folglich Unsi-
cherheitsmomenten in besonderer Schärfe. Erstens weil es um individualisierte
Privatproduktion sich handelt, die kaum arbeitsteilige Zerlegung kennt und zumeist in räumlicher, wiederum individualisierende Abgeschiedenheit sich vollzieht [2]; zweitens weil in der Regel die Arbeitsplätze geographisch verstreut sind
und drittens weil die literarisch-berufliche Sozialisation kaum formal-geregelte
Ausbildungsgänge kennt. Vor diesem Hintergrund erhellt sich die Motivstruktur
von Autoren, einer primären Fachöffentlichkeit sich zu stellen.

In der Ursprungslage der Gruppe ist die skizzierte sozialberufliche Grundsituation noch verschärft durch die sozialgeistige Gesamtverfassung, die in der Sicht
der literarischen Repräsentanten der Jungen Generation die Signatur »Ohne Leitbild« (Adorno) trägt.

»Der work-shop war etwas, was uns gerade in diesen Jahren nach dem Krieg sehr lag
und die ganze Atmosphäre war dazu angetan, daß man nicht sich isolieren wollte, ...

ich war von vornherein daran interessiert, ... mit Leuten, die auch schrieben, zusammen zu diskutieren, weil sie ja die ähnlichen Schwierigkeiten hatten.« (21/5)

Von daher erklärt sich, daß in »diesen ersten heroischen Zeiten« (7/6) das Motiv der interkollegial realisierten Produktionshilfe vorwaltet, insofern als es über die typischen Schreibprobleme zu Anfang einer jeden literarischen Sozialisation hinaus sowohl an Orientierungsmarken für die eigene Ortsbestimmung im *Literaturprozeß* (Bild des historischen Null-Punktes 1945) als auch an Bezugspunkten für die Einordnung in die wenig gefestigten sozial-literarischen Nachkriegsverhältnisse mangelt. Mit der Gewinnung einer sozial-literarischen Identität als junge deutsche Nachkriegsliteratur und der Stabilisierung einer Ich-Identität der einzelnen Autoren schließt die erste Phase der Lesemotivation ab.

Der Faden tagungsbezogener Lesemotivation reißt jedoch nicht ab. Einerseits, weil sozial-literarische Identität nicht als fertiges Resultat, sondern als *Prozeß* verstanden wird, dauert die Lesemotivation auch bei denen noch fort, die den Anfängen ihrer literarischen Biographie schon entschlüpft sind [3]. In der literarischen Dimension ergibt sich diese Kontinuität aus der Problemstruktur literarischer Produktion, die je mit einem neu begonnenen Arbeitsabschnitt durch die Ambivalenz von Rückbildungsgefahr bzw. Möglichkeit von Entwicklungsschüben gekennzeichnet ist. In der sozialen Dimension ergibt sie sich aus dem Wunsch nach temporärer identitätssichernder Lokalisation innerhalb des fortschreitenden Literaturprozesses in Einheit mit dem nach Positionsbestimmung innerhalb der sozial-literarischen Verhältnisse [4]. Andererseits sorgt die der literarischen Produktionsweise geschuldete Konstanz des Bedürfnisses nach literarischer und sozialer Einordnung derer, die jeweils am Anfang ihrer Schriftstellerbiographie stehen, für die Fortdauer tagungsbezogener Lesemotivation.

»Orakel für poetische Anfänger« als Orte der Aufmunterung für die »poetische Laufbahn« (Keller 1969, 30) füllen seit jeher unter den Vorzeichen der Ambivalenz von Ermutigung und Entmutigung soziale Defizite aus, die in der Gesamtsituation des Schriftstellers begründet liegen. Just als Orakel fungieren die 47-Tagungen. Sie sind mobile Foren der Erstbestimmung, Modifikation oder Neufestlegung des Status innerhalb der Literaturwelt [5]. Diese Funktionen ergeben sich, weil erstens das Lesepublikum als Instanz der Erstverleihung, Auf- oder Abwertung literarischer Legitimität in diffuse Ferne versinkt; weil zweitens geregelte Kanäle der Meinungs- und Willensbildung, über welche das Publikum als Instanz sozial-literarischer Bewertung auftreten kann, fehlen, (Kritiker sind *nicht*-delegierte »Treuhänder des Publikums«), und weil drittens den literarischen Produzenten durchweg die Abstimmung, wie sie in der Verkaufsziffer sich äußert, nicht als »eigentliche«, authentische Quittung für literarische Legitimität resp. Identität gilt. Aufgrund der Strukturbedingungen des literarischen Marktes gewinnen solche vorgeschalteten Foren primärer Veröffentlichung identitätsfunktionalen Stellenwert.

Die 47-Tagungen sind freilich nicht das einzige Medium literarischer Ortsbestimmung und Rollenprägung. Sie sind Teil eines identitätsbildenden Ensembles, das zum einen sich zusammensetzt aus privaten, z. B. intimen Primär-Öffentlichkeiten wie Ehe, Familie, kleine Freundeskreise oder Lektor-Beziehungen [6]; zum anderen umrissen ist durch das gesamte Bezugssystem des literarischen Marktes, zu welchem die Ziffern der Auflage und des Verkaufs gehören. Knotenpunkte sozial-literarischer Identitätsbildung sind die Drucklegungen, mit denen die »Entäußerungen« des Schriftstellers öffentlich zugänglich werden: an ihnen endlich macht sich die sozial wirksame Definition eines Schriftstellers fest.

»Und erst, als es gedruckt war und rezensiert wurde, begriff ich, daß ich für einen Schriftsteller gehalten wurde.« (Johnson 1962, 97)

So erscheint in der sozialen Optik der Vorlesenden die 47-Tagung als eine allerdings sich wandelnde Zwischenform. Sie ist zum einen unterschieden von den sozial erheblich geschützten Primäröffentlichkeiten im engeren Sinn; zum anderen stärker unterschieden von anonymisierten Formen, welche die literarische Subjektivität eher der entblößenden Wirkung von Sekundäröffentlichkeit unterwerfen. Entwicklungsgeschichtlich nähern sich die Tagungen fortschreitend dem Charakter von Sekundäröffentlichkeit an.

Grundsätzlich vorausgesetzt ist in der Lesebereitschaft die Intention, die eigene Person und das Werk zu veröffentlichen.

»Ein Schriftsteller, der nicht bekannt werden will, der würde gleich den Beichtstuhl vorziehen.« (3/3)

Speziell vorausgesetzt sind ein (Vor-)Wissen über mögliche Folgen und Folgeprobleme der Tagungen resp. Lesungen für Person und Arbeit und eine implizite Anerkennung ihrer Relevanz. Im Vorlesen selbst wird diese Anerkennung geliefert, gleich ob sie Ausdruck einer kognitiven Bejahung der Sachkompetenz, einer diffusen, emotiven Akzeptierung der autoritativen Aura der Tagungen oder bloß Reflex einer äußeren, instrumentellen Anpassung an das soziale und kulturelle Gewicht der Tagungskritik ist. So decken die faktischen Lesevollzüge nicht nur die soziale Kontinuität der Gruppe ab, sondern bestätigen de facto der obwaltenden Kritik ihre Rolle als verbindliches Bewertungsorgan.

»Im Grunde wollten sie alle gelobt werden, um weitermachen zu können, um nicht allein ständig zu sitzen.« (22/10)

Durchs Nadelöhr der ambivalenten selektiven Kritik hindurch wird identitätssichernder Zuspruch erhofft.

»Ich hab' halt gewußt, wie jeder wußte, daß die Gruppe 47 eine für das literarische Fortkommen eines Autors nicht unwichtige Erscheinung ... war.« (11/2)

Das mehr oder minder kenntnisreiche Bild der Tagungen bei den Neulingen und die konkreten Erfahrungen der länger Zugehörigen überformen jeweils den letztlich der literarischen Produktionsweise entspringenden Motivbezug zur Kritik.

Die *modalen* Besonderheiten der Tagungen erhöhen, abgesehen von den sozialen Chancen, vorweg deren Anziehungskraft: erstens die sinnliche Nähe zur kriti-

schen Reaktion, zweitens die im Lautsprechen gegebenen Selbstprüfungsmöglich-
keiten und drittens die Möglichkeit, Sofortkritik auf ein Werkstück zu erhalten,
das, weil noch im Vorhof der sekundären Öffentlichkeit, wieder zurückgenommen werden kann.

Vor diesem Gesamthintergrund lassen sich zwei motivationale Grundelemente
abfiltern, in deren gruppenhistorischer Akzentverschiebung Einstellungsänderung
zur Institution Kritik sich spiegelt. Es hält sich durchgängig bei einer Reihe von
Lesenden, zumal bei den »Eingesessenen«, das Produktionshilfe-Motiv, das allerdings primär gebunden ist an den Rest interkollegialer Kritik. Häufig mündet gerade diese Orientierung in Enttäuschungen ein, die zum temporären oder endgül-
tigen Leseverzicht führen [7]. Bei den Autoren, die in der Hochphase der Gruppe
ihr Debüt geben, dominiert eine der realen Entwicklung der Kritik angemessene-
re Einstellung: die Vorstellung produktionshelfender Selbstverständigung stößt
auf Unverständnis.

»Ich kann mir nicht vorstellen, daß jemand da hingegangen ist in der Vorstellung, er
würde dort also in seinen schriftstellerischen Fähigkeiten gefördert. ... Denn die Art,
wie dort kritisiert wurde, die kann einen Schriftsteller im Grunde also nur hemmen bzw.
ängstigen.« (12/22)

Indem das Produktionshilfe-Motiv bei den »Alteingesessenen« zurücktritt bzw.
durch Enttäuschungen ausgelöscht wird und die neu Hinzukommenden solche
Erwartungen zumeist gar nicht mehr hegen, wird der Prozeß der Verfestigung der
Groß-Kritik befördert. Das Ego-Involvement wird ausgedünnt, Vorsicht greift
Platz, soziale Abstände werden gewahrt. Eine *instrumentelle* Orientierung gegenüber der Kritik schiebt sich als zweite Grundkomponente nach vorne. Diese äußert sich wiederum in zwei Motiv-Varianten. In der einen wird Kritik als »*Quer-
schnittstest*« instrumentiert. Gleichsam in Form eines antizipatorischen Testes
werden Kritik-Reaktionen auf Texte erprobt, Reaktionen, von denen angenommen wird, daß sie später, nach Publikation der gesamten Arbeit, ähnlich in der
sekundären, externen Öffentlichkeit wiederkehren [8].

»... die Kritik war für mich eine normale Kritik, die ich in der Zeitung hätte lesen können, wenn jemand in der Zeitung über mich geschrieben hätte ... für mich war das einfach so der Ersatz für die Zeitungskritik ... Konzentrat der Kritik ...« (9/26)

Orientiert sich das Test-Motiv noch primär am Produktionsprozeß, so profiliert
sich zunehmend eine Motivvariante heraus, die vorrangig am Gesichtspunkt erfolgreicher, individueller Selbstdokumentation ausgerichtet ist.

»Da kamen dann plötzlich einige junge Leute, die es dann sehr schnell heraus hatten,
das als Start zu nehmen.« (2/6)

Dem entspricht das Bild, das in der Hoch- und besonders in der Spätphase die
debütierenden Autoren von den Tagungen haben: ein nahezu unumgängliches
Medium, ein gewichtiges Publikationsinstrument, dem gegenüber man sich nicht
indifferent verhalten kann, will man aus dem Warteraum literarischer Anonymität heraus.

»Das war das einzige Forum, wo Literatur eine größere Publizität erreichen konnte und wo auch Einzelne sich sozusagen im Blitzstart durchsetzen konnten.« (26/7)

Nicht abstrakte Exponiersucht, nicht »eingeborene« Eitelkeit, wenngleich beide Komponenten eingemischt sein mögen in den letztlich *gesellschaftlich* vermittelten Ehrgeiz, zwingen die Schriftsteller zur Konzentration der Lesemotivation auf die intentional-pragmatische Motivkomponente der *Präsentation* der Person und der *Ausstellung* ihrer Arbeiten bzw. Arbeitsmuster. Es sind *soziale* Erfordernisse, die aus der Konkurrenz um literarisch-kulturelle Legitimität resultieren. Die motivationalen Verschiebungen spiegeln das vorgeordnete Strukturgesetz des literarischen Marktes, sei es auch noch so individuell gebrochen. Die *subjektiv vermeinte* wie die *tatsächliche* Relevanz der Tagungen als Schleusen, welche den Einzug in den literarischen Markt erleichtern, besorgen eine *pragmatische* Einstellung zum literarischen Prüfstand, in welcher das Wissen um die eingelagerten Risiken eines »Durchfalls« überdeckt wird von der Option auf Erfolg. In der *individuellen* Akkomodation an die geronnenen Strukturen der Sortierung ist die prozessierende Bedingung gegeben, daß die von den Autoren unangenehm empfundene Tendenz zur gutachtlich-taxativen Blockkritik ungehindert fortschreitet, wie umgekehrt diese Tendenz jene Motivkonzentration steuert. In dieser *Spirale* besitzt die Gruppe 47 ihre Triebfeder zur institutionellen Akzentuierung der Zirkulationsseite literarischer Subjektivität und Literatur. Was als dem literarischen Marktprinzip geschuldeter, naturwüchsiger Sachzwang erscheint, enthüllt sich als pragmatisches Einpassen in die sozio-kulturelle Normstruktur des literarischen Marktes, der den Schriftsteller als sozial profilierte Subjektiviät, die individuell ihre Chancen wahrnimmt, wünscht:

»Die ihre Individualität feilhalten, machen als ihr eigener Richter freiwillig den Urteilsspruch sich zu eigen, den die Gesellschaft über sie verhängt hat.« (Adorno 1969, 177)

2.1.4 Habitualisierung der Lesung: Maxime innovativer Überraschung

Die habituellen Formen des Vorlesens reflektieren den inneren Zusammenhang von Form- und Funktionswandel der Kritik, in ihnen brechen sich die motivationalen Horizonte. Für die Lesung gilt als selbstverständlich, daß ein befristeter Zeitraum und eine bestimmte Artikulationsweise eingehalten werden [1].

». . . es gab einen Gruppenton, in dem man gefälligst vorzulesen hat – hat kein Mensch gesagt – aber so monoton wie möglich.« (16/21)

Verletzung dieser unausgesprochenen Regel, die gleichsam ein geronnenes Derivat der »Kahlschlag«-Ideologie noch ist (»Pathos der Nüchternheit«), wird geahndet; exemplarisch der »Durchfall« Paul Celans, dessen Vortrag dem Auditorium zu sehr an literaturgemeindliche Aura gemahnt [2]. In gleicher Schärfe ist das Verhalten während der sich anschließenden Kritik nach dem Muster der Sachlichkeit geregelt: schweigende Hinnahme der kritischen Urteile. Dieser Imperativ einer asketischen »Haltung« ist ausgedehnt über die Phase der unmittelbaren offiziösen

Kritik hinaus. Den Erinnerungen zufolge scheint es, als ob dieser Stil sogar sich ausweitet auf Gestik und Mimik; so etwa berichtet ein Autor, daß er auf negative Reaktionen gestoßen sei, weil er den »Anschein erweckt haben muß, daß (er) beleidigt gewesen wäre« (2/9). Vor dem Horizont ritueller Sachlichkeit werden gegen-expressive, tendenziell asketische Rollen für die Selbstdarstellung auf dem literarischen Prüfstand ausgeprägt. Verpönt sind während der gesamten Tagungsgeschichte für die Kandidaten auf dem Prüfstand expressive Attitüden, die das Bild einer *Arbeits*-Tagung zu überdecken drohen. Innerhalb des grob gespannten Netzes der Vollzugsnormen sind implizite »Qualitätsnormen« [3] eingewoben. In den Qualitätsnormen für die inhaltliche Rollenbewältigung drückt sich erstens die strukturierte Lesung-Kritik-Situation aus. Der notwendig befristete Zeitraum zwingt die Schriftsteller, *Ausschnitte* aus Arbeiten bzw. aus Arbeitsperioden zu Gehör zu bringen. Dieser Zwang birgt gattungsspezifische Vorstrukturierung; so »gibt es Prosa, die sich sehr gut zum Vorlesen eignet, . . .« (1/6). Lyrik hat zwar den Vorteil, in der Regel nicht aus einem Werk extrahieren zu müssen, doch inhärieren ihr spezielle Probleme, die mit dem mündlichen Vortrag und mit der der Lyrik eigenen Dichte verknüpft sind. Generell paßt sich das kurze, abgeschlossene Prosa-Stück der Lesung-Kritik-Situation *funktional* am ehesten ein. Zweitens sind in die für die konkrete Rollenbewältigung relevanten Qualitätsnormen die realen Funktions- und Strukturveränderungen der Tagung eingesickert. Das Problem des Ausschnitts verschärft sich im Angesicht der Ausbildung der Gruppe als strategisches selektives Legitimationsorgan mit öffentlichen Strahlungsradien. Sukzessive nimmt das Verfahren der Extraktion den Charakter *modell*-hafter Auswahl aus Werk resp. Werkprozeß an. Modellorientierte Probe in der Weise, daß normativ (aufgrund von Erfolgszwängen) sich einschleift, Werkstücke auszulesen, die eine »Schreibweise« *typisch* signalisieren und die zugleich dem Autor persontypische Signifikanz verleihen (»Erkennungsmelodie«). Der Aspekt des profilinteressierten, exemplarischen Ausschnitts ist freilich zu differenzieren. Für Debütanten, die um Erstverleihung sozial-literarischer Legitimität bemüht sind, gilt primär die Maxime der *Innovation* [4]. Für Autoren, die wiederholt auf den Prüfstand sich begeben, ist die Innovationsmaxime spezifisch nuanciert; der Autor hat »Entwicklung« anzuzeigen. Er darf nicht den Eindruck erwecken »stehen geblieben zu sein«, ohne aber das einmal erworbene Bild einer eigenen sozial-literarischen Identität zu zerstören – eine Gratwanderung zwischen identifizierbarem, innovativem Signal und Seriosität ausweisender Kontinuität [5]. Drittens transformieren Situations-, Forums- und Strukturwandlungsmomente die Norm des exemplarischen Musters in den Zwang zur *Wirkung*. Das Verfahren der Werk-Extraktion gelingt erst, wenn es sich transferiert auf das Auditorium, zumal auf die dominanten Kritiker. Die Lese-Strategie muß so angelegt sein, daß sie unter Einhaltung der Vollzugs- und Qualitätsnormen »ankommt«, erst dann verwandelt sich Chance in gewünschtes Ergebnis. Für die Kritik als situationsspezifische Beziehung gilt: »je später ein Text sitzt . . ., desto weniger Chancen hat der gehabt, . . .« (22/3). Die Antizipation des Effektes bestimmt jedoch schon früh das Verhalten von Vorlesenden.

»Ich weiß nur noch, wie Anfänger natürlich gern von Günter Eich vorgelesen werden
wollten, . . .« (10/36)

Die Berücksichtigung des Gesichtspunkts forumsspezifischer Wirkung nuanciert
sich in der Hoch- und Spätphase der Gruppe: die Maxime der Innovation ver-
färbt sich in die Qualitätsnorm der »Überraschung«. Mehr und mehr gehört zur
Ausstattung der Prüfstand-Rolle, »einen überraschend guten Text« (22/20) zu
präsentieren.

Das Netz der Vollzugs- und Qualitätsnormen wiederum ist soweit gespannt,
daß genügend Raum für die Ausfüllung von Gestaltungs-Normen frei bleibt. Im
Prozeß der Herausbildung von Gestaltungsnormen vollzieht sich die Stabilisation
der Grundnormen des Vollzugs und der Qualität. Letztere verhärten sich zu ver-
haltenswirksamen Regulativen, die nicht in Einzelakten durchbrechbar oder um-
gehbar sind. Die konkreten Ausprägungen der Gestaltungsnormen orientieren
sich trotz individueller Abschattierungen am Leitfaden innovativer Überraschung.
Das Individualitätsmuster innovativer Überraschung gerinnt zur standardisierten
Gestaltungsweise der »Prüfstandrolle«.

Die normative Verfestigung des Lese-Habitus trifft die Einzelnen unterschiedlich. Diejenigen, die zum Kreis der frühen Jahre gehören, müssen sich *umstellen*.
Wer noch im Bann der »heroischen« Frühzeit verhaftet bleibt, wird von der objektiven Tagungstendenz und eben nicht von der Willkür einzelner Kritiker überholt.

»Ich war noch immer der altmodischen Meinung«, resümiert ein Betroffener seine Erfahrung, »daß man zusammenkommt, um über etwas, was man geschrieben hat . . ., zu diskutieren, und ich bin auch plump hereingefallen.« (8/33)

Die erste Entwicklungsetappe des Vorlese-Verhaltens, an der dieser Autor zu lange noch sich orientiert, kann als die der *Offenlegung* bezeichnet werden; insofern
als innerhalb der intimitätsfermentierten interkollegialen Kritik das vom Selbst-
verständigungs-Motiv gesteuerte Verhalten, die »verwundbare Seite« freizulegen,
vorwiegt.

». . . ich hab' immer«, so ein Autor, der von Anfang an dabei war, »meine verwundbare
Seite gezeigt . . . ich war einer der längsten, die immer ihre schwächste Seite gezeigt haben, bis ich rausgekriegt habe, da freuen sich die anderen darüber und hauen natürlich
drauf. Und die anderen hatten ihre stärkste Seite gezeigt. Meine stärkste Seite brauche
ich ja nicht zu zeigen, da bin ich ja sicher. Also immer die Seite genommen, wo ich un-
sicher war. Nicht, so war es eigentlich geplant.« (16/39)

Mit der Strukturveränderung innerhalb der Gruppe wird die Form der Offenlegung zur Rezession gezwungen [6]. Stattdessen greift die Strategie der *Immunisierung* Platz, der dann noch das Attribut der *Demonstration* beigemischt ist [7].
Die neu Hinzukommenden, ausgestattet mit Vor-Wissen über die Tagungen, *stellen* sich *ein*. Länger Zugehörige registrieren die Entwicklung zu einem ritualisier-
ten Lese-Habitus, der ihnen erscheint als »Spektrum von Selbstdarstellungen«
(20/2), mit Verwunderung [8]. Sie sind z.T. enttäuscht, beginnen sich zurückzu-
halten in der Lesung; zumindest aber lassen sie kalkulatorische Vorsicht walten

gegenüber einer Kritik, die ob ihrer Rollenzwänge keine Nachsicht zeigen darf. Die Wende zur Immunisierung und Demonstration spiegelt sich symptomatisch in der Äußerung eines Repräsentanten der institutionalisierten Kritik, motiviert von der Sorge, die Kritik drohe »ihre Funktion zu verlieren«.

»Gewiß, immer wieder werden – und das ist der Sinn solcher Tagungen – junge Schriftsteller der Öffentlichkeit vorgestellt, aber allzu häufig lesen gerade die prominenten aus bereits Gedrucktem vor. Die Kritik kann sich nicht mehr darauf berufen, Hilfestellung zu sein ... Man hilft nicht mehr, wenn man über Siefried Lenz' neuen Roman oder über Ilse Aichingers Dialoge diskutiert, sondern man kritisiert etwas, was nicht mehr zu ändern ist.« (Kaiser 1957, 124/25)

Nach der Schrumpfung der Offenlegung als selbstverständlichem Verhalten werden systematisch Vorkehrungen getroffen, der neuen Gesamtlage Rechnung zu tragen: der Lese-Gesamthabitus wird rationalisiert und vorkalkuliert. Die Skala antizipatorischen Handelns reicht von freundschaftlichen Ratschlägen über systematische Beratungen bis hin zu Ansätzen tagungsbezogenen, einübenden Probehandelns [9].

»... da man die Reaktion, wenn man ein paar Jahre lang teilgenommen hatte, ... kannte, wurde natürlich über die Texte, die zu lesen wären oder welche besser nicht, gesprochen und es wurde beraten ...; das hat ... noch ganz stark zugenommen in den 60er Jahren.« (4/6)

Reduktion folgenreicher Unwägbarkeiten bestimmt die Vorüberlegungen zur Lese-Strategie in mehrfacher Hinsicht, wobei in der Hoch- und Spätphase als selbstverständlich gilt, daß

»immer mehr die Neigung dazu bestand, nur noch Paradestücke vorzulesen, von denen sie gewiß waren, daß die gut ankommen werden, wo man es sich kaum noch erlauben konnte, vor allen diesen Zuschauern, vor Kritikern und Rundfunkredakteuren und Verlagslektoren und Verlegern durchzufallen ...«. (6/34)

Einmal wird die Modalität des Laut-Lesens antizipiert, indem man sich selbst befragt, »was ist *vorlesbar* und was ist eigentlich nur *lesbar;* denn das laute Vorlesen ist für manche Texte geeigneter« (21/38). Des weiteren geht ein der Gesichtspunkt der Gattung.

»Ich hatte nie vor, Gedichte vor der Gruppe 47 vorzulesen und hätte das auch nie getan. Ich fand es kein Vorbild, schwer verständliche Gedichte da vorzulesen.« (21/36)

Und schließlich werden kursorisch oder systematisch genuin forumsspezifische Wirkungsfragen im Kontext von Gattungseigentümlichkeiten ins Kalkül einbezogen. Exemplarisch der Orientierungsleitfaden,

»etwas vorzulesen, was geeignet ist, von dem Gesamtprosavorhaben, einen Eindruck zu geben. Also ein Kapitel zu lesen, das nicht einer endlosen Einführung bedarf, das sich selbst vorstellt und so zum Vorlesen eignet«. (14/7)

Die Orientierungsmarke innovativer Überraschung wird ergänzt durch die Berücksichtigung des inneren Zusammenhangs von Werk und Person. Das Wissen um die Verschränkung von Individual-Produktion und der Rolle als literarisch-exemplarischer Subjektivität macht sich geltend (Schroers 1953, 90) [10]. Der Sachverhalt, daß literarische Subjektivität innerhalb des literarischen Marktes immer in der Hülle sozialer Profilierung erscheint, färbt auf den forumszugeschnittenen *Auftritt* ab. Allerdings, der Selbst-Stilisierung sind sozio-kulturell definierte Grenzen gesetzt. Sie sind gezogen durch die Gruppen-Tradition, welche temperierte, nicht-exaltierte Vorführung des Individualitätsmusters vorschreibt. Für die interne Tagungsgeschichte sind noch nicht jene von Martin Walser später beschriebenen Züge über das Verhältnis von Autor-Werk ausgereift, dessen Formel lautet:

»Der Autor ist die Botschaft und die wird durch die Massenmedien zu einer andauernden Folge von Nachrichten.« (Walser 1970, 23)

Wenngleich auch innerhalb der Tagungen expressive Rollengestaltung tabuisiert ist, greifen gleichwohl Rollenzwänge, die auf bestimmte Muster der Selbstdarstellung abheben. Eingefordert ist sozialer Abstand zwischen Ich und Prüfstand-Rolle resp. Tagungs-Rolle. Dies hinterläßt bei manchen Autoren den Eindruck, »quasi erpreßt« zu sein, »irgendeine Rolle zu spielen« (11/5). Daß freilich trotz der geltenden Maxime der gegenexpressiven Zurückhaltung auch innerhalb der Gruppe »die Erfolgreichen von Mal zu Mal ihr Ausdrucksdenkmal auf dem Markt (plazieren)« (Walser 1970, 40), konkret: zugleich plaziert werden, ist dem gelungenen Einzug der 47-Tagungen in eine strategische Position der Literaturwelt geschuldet. Wirkung, d. h. erfolgreich bestandene Prüfung durch die Kritik, verheißt ein Verhalten, das, flexibel in der Ausgestaltung, an den Gruppennormen des Vollzugs und der Qualität sich anpaßt, indem es auf *temperierte Demonstration* hin angelegt ist. Im Prozeß dieser Anpassung schält sich ein gemeinsamer, Gruppenkontinuität verbürgender Nenner unterhalb individueller Verhaltensabdifferenzierungen heraus: ein in den Attitüden wohl dosiertes Individualitätsprofil. Dieses an den Differenzierungs- und Individualisierungszwängen des literarischen Marktes abgeschliffene Rollenbild prägt die soziale Erscheinungsform der Gruppe 47 insgesamt. Sie liefert den Eindruck eines locker verfaßten Kreises Uniformität sich verweigernder Individualitäten par excellence [11].

2.1.5. Soziale Strukturierung der offiziösen Tagungssphäre: Monadisch-differenzielle Beziehungsform

Der Weg zu einer *sozial definierten* Situation verändert den Stellenwert der Lesung, verwandelt die relativ druckfreie Spontaneität des frühen, intimitätsgeschützten kritischen Verfahrens in eine imponderabilienschwangere und von eingreifenden Improvisationen durchsetzte *Struktur*. Der zwieschlächtige Charakter von freundschaftlichem Arbeitstreffen und öffentlichem Forum sozialliterarischer Wertung, der die Tagungen bis zur Stillegung kennzeichnet, tritt hervor. Die Entwicklung der Tagungen zur *voraussehbaren* sozialen Gesamtsituation gehorcht

dem Wirkungsensemble von Außeneinflüssen, Motivkonkretionen, habituellen
Versteifungen und dem Funktionswandel der Kritik im Kontext quantitativer
Veränderungen, die ihrerseits in qualitative sich umsetzen.

In der Nachbetrachtung zu Elmau (1959) findet sich zum ersten Mal in Schärfe
eine Reflexion auf die Wachstumsproblematik.

»Die Gruppe 47 hat ganz andere Sorgen (als die literarische Entdeckung – F. K.): sie
wird zu groß. Weniger durch den Andrang der Bewerber um ein Talentzertifikat oder
durch die allerdings wachsende potente Kulisse der Verleger (nach einer privaten Zäh-
lung: fünfzehn) und Kritiker, als besonders auch durch die zahlreichen Mitläufer man-
cherlei Schattierung. Hier – und weniger bei den Verlegern, die immerhin ein gewisses
Teilnahmerecht besitzen (!) – sollte der von Hans Werner Richter angedrohte *numerus
clausus* wirksam werden.« (Wagenbach 1959, 151)

Im Blick auf die Lesesituation ist nicht die absolute Steigerung der Teilnehmerzahl für sich genommen von Belang, sondern die Veränderung in der Relation
von Teilnehmerzahl (Auditorium) und Anzahl der Vorleser. Zunächst ist festzu-
halten, daß die Zahl der dominanten Kritiker auf eine konstante Kleingruppe sich
einpendelt; des weiteren, daß der Anteil derjenigen wächst, die unmittelbar am
Zirkulationsprozeß von Literatur beteiligt sind. Bis in die frühen 50er Jahre kann
ein Verhältnis von 2:1 zwischen Teilnehmern und Vorlesern angenommen werden. Diese Relation verändert sich kontinuierlich zuungunsten der Vorleser; in
Aschaffenburg (1960) und Princeton (1966) ist ein Verhältnis von 6:1 anzunehmen. In den quantitativen Veränderungen drücken sich qualitative aus: die institutionalen Elemente Lesung, Kritik und Auditorium verfestigen sich zu sozialen
Aggregaten, die die Gesamtsituation (vor-)strukturieren. Symbolisch und von der
Spielregeleinhaltung her sind die genannten Elemente bezogen auf die Institution
der Tagungsleitung, repräsentiert durch Hans Werner Richter. Durch die Ein-
blendung der externen Öffentlichkeit in Form von Mitschnitten des Rundfunks
erhöht sich vollends die Relevanz des passiv-rezeptiven Momentes innerhalb der
Gesamtsituation [1]. Das insgesamt veränderte soziale Kräftefeld der Tagung konstituiert eine Beeinflussungssituation, die einwirkt auf Varianten wie Invarianten
der Urteilsbildung der Kritik und auf die rollenkonforme Verhaltensprägung der
Tagungsgruppe.

Gleich, ob subjektiv bewußt, eingestanden oder nicht, hat zunehmend statt,
daß

»die Schriftsteller ..., sozusagen vor den Augen dieser Öffentlichkeit sich gegenseitig
ihre Wertigkeiten festlegten«. (12/6)

Diese Werttaxationen sind vermittelt über die vorgetragenen literarischen Werk-
resultate. In der Perspektive derer, die schon literarische Legitimität sich erworben haben, benennt Joachim Kaiser präzis das System eines konkurrenzgesteuerten Bezugs von Personen und Produkten untereinander, die auf ihre Wertsignifi-
kation warten.

»Es liest vielmehr Herr A., also die Summe aus erfolgreichen Romanen, Übersetzungen
und Nachtstudios. Und dazu äußert sich nicht mehr Herr Z., sondern hinter den Im-

promptus stehen publizistische Positionen. Drumherum aber stehen Verleger, die sich über den Marktwert eines Autoren Gedanken machen. So kommt es, daß nicht mehr bloß geschriebene und gesprochene Texte sich *messen,* sondern *Größen* (Herv. F. K.).« (Kaiser 1964, 47)

Im Verhältnis der literarischen Privatproduzenten zueinander am Markt ist Konkurrenz gesetzt. Da die Tagungen ein spezifisches Segment des literarischen Marktes darstellen, werden sie zwangsläufig in dem Maße vom Äther der Konkurrenz erfaßt, wie der literarischen Öffentlichkeit die Einfallstore aufgemacht werden. Die Einführung des Preises der Gruppe 47 ist nicht Ursache dieser Entwicklung, wohl aber Symptom. An ihm kommt die veränderte Beziehungsstruktur, in der frühen Phase zart noch, zum Vorschein: die Verhältnisse werden »sachlich«; Wertgrößen werden notiert.

»Die Preise waren etwas völlig Handfestes ..., an denen wurde so etwas sichtbar.« (21/18)

Die im Sog des fortlaufend sozio-kulturell sich wertsteigernden Preises (Chancen-Zeichen) auftretende atmosphärische Verkrampfung innerhalb der offiziösen Sphäre wird registriert. Es wird versucht, dem entgegenzuwirken durch Verzicht auf Vorankündigungen, ob es einen Preis geben wird oder nicht, »damit nicht schon während der Lesungen begreiflicher Ehrgeiz die Gesichter der Lesenden verzerre« (Kaiser 1958, 137). Durch jenen Verzicht wird aber nur wieder die spannungsbeträchtige Ungewißheit gesteigert. Was im unmittelbaren Kontext der Preisvergabe konzentriert sich zeigt, gilt in abgeschwächter Form für die sozial strukturierte Situation der Tagungen insgesamt. Sie tendiert zu einer Stätte von »Ausstellern literarischer Waren« (Walser 1964, 369), die an der Verhaltensoberfläche als »Jahrmarkt der Eitelkeiten« (11/10) erscheint. Mitgesetzt sind Rivalitäten, die der Leistungsschau und -konkurrenz entspringen, mithin tiefsitzende Erfahrungen, die im gruppenexternen Feld je schon zur Alltagswirklichkeit literarischer Subjektivitäten gehören.

»Jeder ist ganz für sich, jeder hat nichts als sich, jeder ist des anderen Antagonist, Konkurrent, Feind; das sind ihre ersten Erfahrungen.« (Walser 1970, 24) [2]

Es kündigt sich die Gegenstruktur dessen an, was eigentlich ursprünglich Konzept gewesen ist.

»... das war das Gegenteil einer Freundschaft, eines Freundschaftstreffens ...; wenn (ein Autor) durchfiel, ... gründlich durchgefallen (war), der hatte keine Freunde mehr.« (19/9)

Gegenüber den Versuchen, durch geeignete Interventionen soziale Erleichterung zu schaffen, zeigt sich die reale Tendenz der Tagungen in ihrer offiziösen Gestalt mächtiger [3]. In der typisierten Tagungssituation macht sich die Inthronisation des Konkurrenzprinzips geltend, für das Zufälligkeiten Strukturkomponenten bilden [4]. Die Konkurrenzstruktur wirkt sich unmittelbar aus auf die Lesesituation, in der Form, daß von einer Dialektik steigenden Erwartungsdrucks und wachsenden Ehrgeizes gesprochen werden kann. Der nach innen gewendete Anspruchsdruck steigt, situationsspezifisch verschärft,

»sobald man merkt, es wird etwas von einem erwartet, ... also du mußt dem Anspruch, der jetzt an dich gestellt wird, gewachsen sein«. (6/10) [5]

Die situationsbedingte Anhebung des Anspruchs über das gängige Maß hinaus, das sonst bei Leseveranstaltungen üblich ist, zeigt Unterschiede, je nachdem, ob es sich um literarische Novizen oder um »Eingesessene« handelt. Im Unterschied zu neu sich Vorstellenden, die je nach Persönlichkeitsstruktur den Situationsdruck stärker oder schwächer empfinden, tritt für den zweiten Personenkreis der in vorangegangenen Lesungen hinterlassene Eindruck belastend hinzu; Ambivalenz des Lobes als Alp.

»... Autoren, die mit ihrem Erstling eine ungewöhnliche Aufmerksamkeit auf sich versammeln ... und sich jetzt natürlich entsprechend verhalten möchten«, erlebten oft »Enttäuschungen«, weil »ganz bestimmte Verkrampfungen auftreten«, so daß hier »die Erwartungsschraube stärker angezogen ..., sehr schmerzhaft angezogen« wurde. (20/32, 33)

Die Dynamik des subjektiv empfundenen Erwartungsdrucks korreliert dabei direkt mit den Erfahrungen, der subjektiven Einschätzung und dem Erfahrungswissen um die soziale Relevanz des Vorgangs, d. h. seiner möglichen Folgen [6]. Die Antizipation der Situation als Chance verstärkt wiederum die erfolgsbezogene Motivation bei gleichzeitiger Erhöhung subjektiver Unsicherheit im Blick auf die antizipierte Chance.

»... je mehr man in diesen Betrieb ›reinkam und je mehr man wußte (!), was dort läuft, desto ehrgeiziger wurde man dann und auch unsicherer.« (26/4)

In der wachsenden Bedeutung des Tagungsaufbaus, der »Programmstruktur«, äußert sich die konkurrenzhaltige Situation: »Was sehr wichtig ist, die Zusammenstellung des Leseprogramms, wer liest wann« (3/12); erscheint es doch keineswegs vom situativen Einflußkontext her irrelevant, ob einer nach einem Prominenten, nach einem »Durchfall«, vor dem Mittagessen, an welchem Tagungstag usf. liest. Durch alle Improvisationen hindurch lassen sich Kriterien des Tagungsaufbaus erkennen. So erinnert sich ein Befragter, »daß Hans Werner Richter, der die Tagung ja etwas baute, daß also er für die Abendveranstaltung (!), ..., immer die wichtigeren Autoren sich dort reserviert hatte« (18/5). Daß Plazierungsgesichtspunkte strukturierend einwirken, (»prominente Autoren bekamen sicher einen guten Platz« – 12/19), erhellt die exemplarische Notiz eines Betroffenen, der »lyrischen Sauerteig« liefert [7].

»Ich hab' mich mehrfach über ihn (Richter – F. K.) geärgert, weil er mich aus günstigen Positionen an den Schluß versetzt hat und ich also wahnsinnig nervös war dann, als ich dran kam.« (9/38)

Wie gewichtig die Anordnung angesehen wird, läßt daran sich ablesen, daß »auf Richter der Versuch gemacht wurde, Einfluß zu nehmen auf Plazierungen« (18/5); gleichwohl wirkt auch hier Improvisation der Verharschung des Veranstaltungsaufbaus entgegen, die allzu sicheren Kalkulationen den Boden entzieht:

».. . aber Richter hatte manchmal ein perverses Vergnügen daran, das zu blockieren.«
(9/37)

Endlich daran, daß Regeln für die offiziöse Tagungssphäre in *Neuralgien* sich
verwandeln, wird Strukturwandel der institutionalisierten Grundsituation manifest. So wird berichtet, daß Kritik und Auditorium von einer Lesung Johannes
Bobrowskis sich beeindruckt zeigen und aufs Schweigen sich zurückzuziehen ge-
neigt sind, da diese »literarische Leistung . . . im Schnellverfahren (sich) nicht
meistern ließ«. Aber, Ironie der Vollzugsnorm, »man sagte dies und das, weil
ganz zu schweigen noch mißverständlicher gewesen wäre« (Nolte 1963, 184), gilt
doch das Rund-um-Schweigen als »Durchfall«-Bescheinigung. Zur neuralgischen
Struktur denaturiert die Situation aufgrund der sachlich bedingten Tendenz der
Überforderung der Kritik, (wachsende Fülle der sich vorstellenden literarischen
Muster und damit steigender Angebotskomplexität) (Raddatz 1961, 164), und
aufgrund der unmittelbar situationseigenen Imponderabilien, die einer sozial
nicht vollständig definierten Situation typischerweise zukommen. Die Unwägbarkeiten sind Ausfluß von normalen Aufmerksamkeits- und Ermüdungskurven,
(»ich war als letzter dran und da war im Grunde schon nichts mehr zu retten . . .
die Leute waren übermüdet« – 22/2), von unvorhersehbaren, spontanen Reaktionsbildungen [8], und sind Resultate wie immer auch motivierter, improvisato-
rischer Interventionen Richters. Es sind Einflußfaktoren, die im Zusammenwirken
»mißglückter« Textauswahl über Erfolg oder Mißerfolg mit entscheiden. Vor diesem Situationshorizont gerät das Vorlesen in der Tat zum »Härte-Test« (Bauke
1966, 240) [9].

Die Implikate und Folgen der Institutionalisierung der Gesamtsituation zu einem
fragil strukturierten System von Gewißheiten, Halbgewißheiten und Unvorherseh-
barkeiten werden durchaus empfunden, (»Konkurrenz-Gefühle? Ja, sicher, ja
sicher gab es die« – 14/9). Unterm Blickwinkel innerer Strukturprozesse werden
die Tagungsverläufe aber kaum analytischer Betrachtung unterzogen. Erst in der
Spätphase mehren sich Anzeichen für *artikuliertes* Unbehagen. Daß die Grundtendenz ungebrochen fortwaltet, hat seine Ursache vorgängig in dem instrumentelle Rationalität verratenden Modus der Selbstanpassung: das System, in welchem man sich befindet und operiert, wird chancen- und nutzleistungsorientiert
akzeptiert. Versponnen in das ritualisierte Verfahren bleibt durchweg der innere
Mechanismus unbegriffen; selbst dort, wo Einsichten sich bahnen, finden sie
nicht zum verändernden, *sozialen* Handeln. Dies nicht einfach, weil das Denken
nicht subjektiv heranreichte an die Dialektik der Selbstangleichung der Tagung
an den literarischen Markt, sondern weil die Wirksamkeit der Sonderideologie,
d. h. die bewußtseinsformative Idee der Selbstmächtigkeit, die »Simplizität« von
Konkurrenz nicht wahrhaben will und darf [10]. »Offen gestanden«, rekonstruiert ein Autor, der allemal gegen Vorwürfe des Ressentiments eines »Zukurzge-
kommenen« aufgrund seines gruppeninternen wie -externen Erfolges gefeit
ist [11], »Konkurrenz war da . . .«, doch gezeigt wird (werden muß) »zähneknir-
schende Kollegialität« (14/10). Die Tabuisierung des Konkurrenz-Themas als
nicht schicklich für literarische Subjektivitäten verdeckt den pragma-

tisch-interessegesteuerten Modus *individueller* Chancenwahrnehmung. Die individuelle Chancenwahrnehmung wie deren Verdrängung richten soziale und ideologische Schranken auf, welche verhindern, daß die Kritik an der konkurrenzbestimmten Gesamtsituation der offiziösen Tagungssphäre in strukturveränderndes Handeln sich umsetzt. Erschwerend kommt der bewußtseinslähmende Erlebniszauber hinzu, der von der Situation selbst ausgeht, (»was daran gefährlich war, war auch gleichzeitig der Prickel« – 11/15). Eingepaßt ist jener Verdrängungsvorgang in den Prozeß der Internalisierung der gesamten Konkurrenzstruktur des literarischen Marktes. Als scheinbar naturwüchsige Erscheinung bemächtigt sich die spezifisch eingefärbte Marktsituation des Bewußtseins (vgl. Kap. 2.3.3.3.). Findet Unbehagen zur Einsicht und zum Handeln, dann nimmt es *individualisierte* Form an: privater und somit sozial folgenloser Vorlese- oder auch Teilnahme-Verzicht [12]. Selbst dort, wo Kritik aus der Tagungsversammlung über das von den Befragten vielfach notierte »Gemotze« hinausgeht, verläuft sie in rollenkonformen Bahnen: zum einen wird sie nicht im offiziösen Tagungskontext vorgebracht, dort sind sog. Grundsatzdebatten verboten; zum anderen, dem sozialen Muster literarischer und literarisch-politischer Subjektivität (»Intellektueller«) adjustiert, wird sie vorgebracht in Gestalt kursorischer Artikulation von »Einzelnen«.

Erst in der Schlußphase der Tagungsgeschichte kommt es zu Prozessen, in denen in Einsicht umgemünzter Unmut handlungspraktisch sich zu *sozialisieren* beginnt; im Kontext der »Einübung des öffentlichen Ungehorsams« (Sonnemann 1968) werden die Grundlagen der institutionalisierten Tagungssituation erschüttert. Das Modell der *monadisch-differenziellen* Beziehungsstruktur (vgl. Kap. 1.1.), welche den sozialen Ausdruck der literarischen Marktbeziehungen darstellt, beginnt zu bröckeln, weil die Idee der monadisch sich setzenden literarischen Subjektivität (»der freie Autor«) selbst ins Wanken gerät. Damit rückt die innere strukturelle Verfassung der offiziösen Tagungssphäre als geregeltes System mit eingebauten Imponderabilien und Improvisationen in die Problemzone des Gruppenbewußtseins. Die Chance der Restitution des »Charakters einer Arbeitsgruppe« (6/34) unter Ausschaltung derjenigen Strukturmomente, welche festgemacht sind an der Zirkulationsseite, erscheint Hans Werner Richter jedoch nicht mehr gegeben: die »gerufenen Geister«, die objektiven Zwänge, denen die 47-Tagungen im literarischen Marktzusammenhang unterworfen sind, können durch Restauration der Ursprungsstruktur nicht mehr gebannt werden. Die Gruppe entrinnt den Zwängen durch ihren »sozialen Freitod«.

2.1.6. Prozeß und Schichten der Legitimation der Kritik: Fetisch ostentativer Persönlichkeit

Über die Funktion der Institution Kritik als Stätte *individueller* Interessenwahrnehmung hinaus verbürgen die legitimatorischen Stützkonzepte Kontinuität der Tagungen, indem den »pragmatischen Imperativen die Würde des Normativen«

(Berger/Luckmann 1969, 98 ff.) verliehen wird. Von der *Geltung* der Kritik als (Tagungs-)Kern mit ihren vor- wie problematischen Implikationen und Folgen (Ambivalenz der Chancenstruktur) hängt neben der Binnenintegration zugleich die für die Einfädelung ins sozial-literarische System unabdingbare soziale Identität der Gruppierung ab. Um nach außen als weichenstellendes »Orakel« sozial ersichtlich zu sein und glaubhaft zu erscheinen, muß das institutionalisierte Kritikverfahren als leistungsfunktionaler Kernmechanismus zunächst grundlegend intern legitimiert sein.

In der Frühphase – vor der Einführung des Preises – legitimiert sich Kritik als interkollegial verfaßtes Verfahren und als interpersonale Beziehung durch weitergeltende, sinnverleihende Residuen, welche aus der vormals inneren Verknüpfung von politischer und literarischer Sozialisation herrühren. Erst mit dem nach außen gekehrten Anspruch der Tagungen, innerhalb des sozia-literarischen Feldes via qualitätsorientierter Sortierung als Legitimationsinstanz von Literatur zu fungieren, stellt sich das Rechtfertigungsproblem neu. Als informelle, d. h. nicht durch formale öffentliche Instanzen legitimierte Legitimierungsinstanz erwerben sich die Tagungen ihren angestrebten Status, indem sie *praktisch* als Orte der Legitimation auftreten und operieren mit der Folge sukzessiver externer sozialer Anerkennung.

Für die Hoch- und Spätphase stellt sich das Legitimationsproblem in der Weise, daß nicht bloß Kritik als erfolgreiche Sortierung überhaupt ersichtlich wird und sich rechtfertigt, sondern daß der *Formwandel* zur Block-Kritik nicht zur Desintegration der Gruppe führt. Dem Legitimationsprozeß ist aufgebürdet, das Unbehagen der »verstummten Kollegen« (19/33 – vgl. Kap. 2.1.1.) aufzufangen und in eine sinnhafte, kohäsionssichernde Ordnung einzuschmelzen. Die soziale Anerkennung der taxativen Kritik, soweit sie nicht auf pragmatisch-instrumentelle, rein interessengesteuerte Hinnahme reduziert ist, läuft in den Bahnen nach innen verlagerter Respektierung. Unterm Aspekt interiorisierter Legitimität des Kritik-Verfahrens und der Anerkennung der Personen, die das Verfahren okkupativ »verwalten«, enthüllt sich der sinnverleihende Begründungsprozeß als Schlüsselmoment der internen (und extern beeinflußten) sozialen Beziehung zwischen sog. Nur-Autoren und Nur-Kritikern. Diese Beziehung ist definiert durch die Ambivalenz von Bewunderung und distanzierender Ablehnung. Durchweg wird von einer (in der Spätphase sich verschärfenden)

»Front, . . ., zwischen den Schriftstellern selbst und den Kritikern, nicht den Kritikern überhaupt, sondern diesen sog. Groß-Kritikern, die so tonangebend waren und die von den Autoren immer irgendwie verachtet wurden«, (26/4)

berichtet. Daß es trotz Spannungen nicht zum gruppensprengenden Bruch kommt, hat, unabhängig von institutionellen Mechanismen der Milderung (Privatgruppen-Sphäre) und pragmatischer Interessenorientierung, seine Wurzel in der konkurrierenden Gegenseitigkeit als *Anerkennungs*-Verhältnis. Vor-problematische Grundlage des ambivalenten Loyalitätsverhältnisses ist die gemeinsam geteilte Vorstellung über den konstitutiven Zusammenhang von Literatur und Kritik, mithin sozial abgestützt durch die tagungsintern zwar schwindende, extern aber gängige Erfahrung der Personalunion von Autor und Kritiker. Auf der Grundlage dieser Übereinstimmung ist der tagungsinterne dialektische Prozeß von *Entmündigung* und Pontifikalisierung, d. h. die ungebrochene, privilegunterbaute Departementalisierung von Kritik, in der Perspektive der Legitimation als innerem Band der Tagungskontinuität zu rekonstruieren. Zu leisten hat der Legitimationsprozeß erstens die Reduktion der Problematik mündlicher Sofortkritik (vgl. Kaiser 1964, 46); zweitens die Versicherung, daß die zusammenkommenden kritischen Einzelurteile mehr sind als sachlich unverbindliche Privatmeinungen, und daß, wenn schon nicht jedes Einzelurteil, so doch deren Zusammenspiel sachliche Gültigkeit besitzt.

»Natürlich war man dumm genug, dies Darüber-Reden-Können für einen wirklichen Vorzug von denen zu halten, anstatt sich zu fragen, ob man wenigstens fragen dürfe, warum man selber sich nicht imstande fühlte, jetzt genauso lang und klug darüber reden zu können wie die (Kritiker); ob das unbedingt ein Vorteil sei, daß einer spontan so reagieren könne und gleich mit so einer Urteilsperfektion sich ausrüsten könne für etwas, was er gerade halbwegs zur Kenntnis genommen hatte. *Man hat sofort sich unrecht und denen recht gegeben* (Herv. F. K.).« (3/37)

»Die grimmige Entschiedenheit, mit der wir Autorität annehmen«, wie Günter Eich 1959 in bezug auf Kritik verallgemeinernd anmerkt (Eich 1972, 75), bildet die zentrale Komponente des Legitimationszusammenhangs der Institution Kritik; eine Komponente, die bis heute, wie die Interviews zeigen, in denen die Legitimationsbasis der Institution Kritik zumeist nur partialisiertem Zweifel überantwortet wird, transindividuelle Geltungskraft besitzt. Die Legitimationsstruktur spiegelt sich in der Reziprozität der Bilder, die die Autoren von den Block-Kritikern und diese von sich selbst haben.

Weder durchgängig widerspruchsfrei noch gegen Zweifel immun, Widerschein der konstatierten Ambivalenz, setzen sich die keineswegs statischen Bilder aus einer Reihe in sich abdifferenzierter Grundelemente zusammen, welche von gruppenexternen Einwirkungen mitgeprägt sind. Gleichsam als Entschädigung für fortschreitend zugemutete Entmündigung greift vortheoretisch legitimierend die *faktisch* gelungene, standardsetzende Rollenausübung der Block-Kritik (»Sprachvirtuosität«), die – wie es noch 1967 heißt – »heute die wirkliche Arbeit während der Tagungen (leistet)« (Hollander 1967, 110). In Wendungen wie, »Sie (die Kritiker – F. K.) geben sich so viel Mühe, daß sie nach drei Tagen nur noch in ihren Anzügen hängen« (ebd., 119), oder, »was man ja wirklich bewundernswert feststellen konnte bei Leuten wie Joachim Kaiser, ... Redetalent ohnegleichen; es ist ja, als läse er einen Text ab aus seinem Gehirn« (11/11, 12), klingt durch, was Max Weber als »gefühlsmäßige Hingabe« (M. Weber 1964, 24), vorrationales Ferment der Legitimität einer Ordnung, katalogisiert. Hierüber sind mehr oder minder theoretisch durchgebildete Legitimationsebenen gelagert. So gilt Sach-Kompetenz als ausgemacht [1]: einesteils mit dem Verweis auf den Status als quasi-kompetente Kritiker [2]. Nicht an der Sach-Legitimation wird gezweifelt, sondern nur an den Attitüden Anstoß genommen (»diese zunächst mal sachlich vorhandene, aber dann auch von den Berufskritikern hypertrophisch ausgeübte Überlegenheit, ...« – 17/26). Andernteils wird die Kompetenz begründet mit Berufung auf die akademische Profession, allerdings mit einer besonderen Nuancierung: die zu den Gruppentagungen versammelten Professoren gelten den anwesenden Autoren als progressiver Flügel des akademischen Lehrbetriebs [3]. Im Kontext der Zuerkennung von Kompetenz ist es vor allem die »imponierende Bildung«, (»waren alles ganz belesene Leute« – 11/16), welche das Begründungsrückgrat für die Kritik bildet. Es ist just der Aspekt der Bildung, welcher den nicht problematisierten Zuspruch einer gleichsam »pluralistischen Universalzuständigkeit« (Schroers 1965, 385) legitimiert [4]. Der Aspekt von Kompetenz wird ergänzt durch den der sozialen Gewißheit über die *Seriosität* der Kritik. Ihr wird Ernst, Klugheit, (»solche Großkritiker (sind) eben sehr kluge Männer« – 2/22), Verantwortungsgefühl und vor allem Unbestechlichkeit zuerkannt [5]. Aufschlußreich die retrospektive Bemerkung;

»daß die Kritik eigentlich, obwohl (!) ich eine Spontan-Kritik für nicht ganz seriös halte, doch auch wieder serios war, weil es eben nicht irgendwer war, der gesagt hat, Mensch, das ist Mist. Sondern er hat es begründen können«. (11/6)

Das Bild der Seriosität (»nicht irgendwer«) wird abgedeckt und erhärtet durch den wachsenden tagungsexternen sozialen Status der Kritiker. Die Hervorhebung, »es sind ja keine Kritiker von irgendwelchen Winkelblättchen da aufgetreten« (15/32), rückt die Verzahnung des internen und externen Legitimationsprozesses in den Vordergrund, der seinen Kern in der dem Zweifel entzogenen Suggestivkraft des *Erfolges* hat [6]. Gekoppelt sind die legitimatorischen Elemente der Kompetenz, Bildung, Seriosität und des externen sozialen Status, die im Erfolg ihre Bescheinigung ausgestellt bekommen, an die selbst nicht mehr hintergehbare Legitimations-Wand der »Begabung« resp. des »Talents«.

»Kritische Qualität, die wir da erlebten, war eine hohe Virtuosität, also Jens, Höllerer, Kaiser, Reich-Ranicki und ich haben das *einfach gekonnt* (Herv. F. K.).« (25/6)

Als Ensemble zementieren die Legitimationselemente soziale Respektierung der instituionalisierten Kritik, fungieren sie als Mechanismen des *Vertrauens* in die Zuverlässigkeit und Gültigkeit der Kritik [7].

»Man konnte sich auf solche Leute wie Jens und Höllerer und Kaiser und Reich-Ranicki verlassen, daß sie sich auch was dachten dabei, bevor sie das Feuerwerk« entfachten. (24/17)

In umgekehrter Perspektive akkordiert das Selbstbild der Kritiker mit dem Stereotyp, das die Autoren von ihnen besitzen. An apodiktischen Setzungen wie: »Man ist Literaturhistoriker oder man ist es nicht« (Mayer 1964, 28, 36), oder, »entweder man versteht etwas von Literatur oder man versteht nicht viel davon« (5/6) kommt eine Selbstgewißheit zum Vorschein, die gruppenintern deshalb so gemütlich sich einrichten kann, weil die Legitimationskissen schon ausgelegt sind [8]. Wie stark in gegenläufiger Entwicklung zur Ursprungslage, die angereicherte, akademisch auratisierte Bildung zum Rückgrat der Legitimation avanciert,

d. h. der »gebildete und abgefeilte und ausgepichte Kritiker« (25/24) sich inthronisiert, hellt die Wiedergabe eines Gesprächsausschnitts während der Princeton-Tagung auf, in welchem das Problem der Gültigkeit der Kritik thematisiert ist.

»Und dann versuchte ich zu sagen, ja entschuldigen Sie mal, vergessen wir nicht, daß eine Reihe der Spitzenpositionen in der Gruppe 47 durch Leute mit dem Dr. phil. bestimmt sind. Das ist sehr entscheidend, der Dr. phil. Kaiser und der Professor Jens, der Professor Mayer, der Professor Höllerer, ... und der Dr. Baumgart und der Dr. Enzensberger und der Dr. Walser und der Dr. Raddatz und der Diplom-Germanist Johnson und und und, ...« (25/24)

Die Komplementarität der Perspektiven, die den Legitimationsprozeß konstituieren, ist Bedingung ebenso wie integrierendes Resultat der (Selbst-)Entmündigung bzw. (Selbst-)Enteignung auf der einen der Stabilisierung und Akkumulation von Selbstgewißheit und Selbstsicherheit auf der anderen Seite. Zusätzlich unterstützt wird die Verfestigung des Legitimationssystems durch sekundäre Mechanismen sozialer Immunisierung der Block-Kritik. Das »Selbstvertrauen der unentwegt Meinenden« (Adorno 1964, 155) wird zum einen abgesichert durch Strategien gruppenexterner Selbstkommentierung der Kritiker und zum anderen durch Zurückweisung von Zweifeln an ihrer Legitimität in Form der schon erwähnten gängigen Vorweg-Unterstellung von Ressentiments auf seiten derer, die Zweifel anmelden. Was Adorno als gesamtgesellschaftliche Tendenz im »Lande der unbegrenzten Zumutbarkeiten« rekonstruiert, hält Einkehr in den Gruppentagungen, allemal Indiz für deren tendenzielle Angleichung an die gesellschaftliche Umgebung.

»Die unausdrückliche Aberkennung des kritischen Rechts denen gegenüber, die keine Position inne haben, macht das Bildungsprivileg, zumal die durch Examina eingehegte Karriere zur Instanz dafür, wer kritisieren darf, während diese Instanz allein der Wahrheitsgehalt der Kritik sein dürfte.« (Adorno 1971, 15)

Pontifikale Kritik, in welcher die von Karl Mannheim zum ahistorischen soziologischen Gesetz hypostasierte Erscheinung, »daß der soziale Wert des Geistes sich nach der sozialen Geltung derer richtet, die ihn produzieren« (zit. nach Adorno 1969 a, 37), triumphiert. Entschieden begünstigt wird diese Erscheinung durch die durchweg geübte Zurückhaltung der Inhaber verlegerischer Positionen und Funktionen innerhalb der offiziösen Sphäre – (»Die waren ruhig, die haben ja nicht kritisiert« – 16/41). Weil diese sozio-ökonomisch gewichtige Gruppe des literarischen Marktes im publizistisch erleuchteten Raum der Tagungen sich nicht in den Vordergrund schiebt, eignet er sich vorzüglich für eine demonstristische Rollenausübung durch die Kritiker. Die Tagungssituation begünstigt bei den »Treuhändern« des Publikums die Erzeugung von Selbstmächtigkeitsbildern. Vor diesem forumsspezifischen Hintergrund formiert sich die latent konfliktäre Beziehung zwischen »Nur-Kritikern« und »Nur-Autoren«, die als dominante Konfliktstruktur schlechthin erscheint.

Daß die pontifikale, Konfliktlatenz erzeugende Kritik sich ausbreiten kann, hat gruppenexterne Strukturdeterminanten. Bis Mitte der 60er Jahre zeigt der literari-

sche Markt der kleinen und mittleren Verleger das Anlitz eines »literarisch-belle-
tristischen Zeitalters«. Diese Epoche ist nicht nur die Periode der klassischen
»Verleger-Persönlichkeiten«« [9], sondern auch die der Restitution von »Kritiker-
Persönlichkeiten« nach dem kulturkonservativen Muster, »eine Persönlichkeit:
das ist eine Institution in *einem* Fall« (Gehlen 1957, 118). Es ist das restaurative
soziale, kulturelle und gerade auch politische Gesamtklima der westdeutschen Re-
konstruktionsperiode, das der antiquierten Erscheinungsform der »Persönlichkeit
als Institution« zur Entfaltung verhilft.

Selbst dann noch, wenn Kritik an der Institution Kritik geübt wird, reproduziert sich deren Legitimität; denn sie wird zum einen angemeldet in Form varia-
tionsreichen Gezänks, was keineswegs entauratisierend wirkt, gilt doch die Fehde
als konstitutives Zubehör des sozialen Verkehrs literarisch-intellektueller Subjektivitäten; zum anderen klammert sie sich an *Personen,* wodurch wiederum nur
das institutionalisierte System der Persönlichkeit als Kritikinstitution bestätigt
wird. In der Personalisierung der Kritik der Kritik steckt zugleich Verdinglichung,
solange als nicht der Systemkontext, in welchem pontifikale Gebilde sich aufrich-
ten können, Legitimation unterminierendem Zweifel anheimfällt. Es ist der Perso-
nalismus, der das System verdeckt, aus welchem die Erscheinungsform der Institution Kritik als Modus spezifischer Persönlichkeitsdarstellung hervorgeht.

Wird der Block-Kritik in Sigtuna (1964), Wendemarke von der Hoch- zur
Spätphase, noch einmal in einem bis dato nicht erreichten Maß ihre Selbstmächtigkeit sozial vergewissert, (Sigtuna darf füglich als Kulminationspunkt repräsen-
tativ-demonstrativer Kritik-Institution angesehen werden), so bezeichnet dieser
Höhepunkt zugleich die Kehre, indem in der Folge intern Unmut zur Resistenz
sich zu formieren anschickt und sozial eingreifende Konturen annimmt. Die Anzeichen des internen Niedergangs fallen wiederum zusammen mit dem Herauf-
dämmern generalisierter Kritik am Institutionismus. Die Institution taxativ-selek-
tiver Kritik ereilt der prinzipialisierte Legitimationszweifel, der 1967 in der Pulvermühle zur Legitimationskrise sich verschärft, weil die Erscheinungsform der
institutionalisierten Block-Kritik ein Geprä(n)ge aufweist, welches dem verwandt
ist, das die gesellschaftlichen Institutionen generell zeigen: nicht kritische, sondern repräsentativ-demonstrative Öffentlichkeit (Sonnemann 1968, 9). Die im
Zuge der Studentenbewegung grundsätzlich angemeldete Kritik gegen das durch
nichts als sich selbst rechtfertigende »Prinzip von Beeindruckung« einer »Druck-
und Gravitationshierarchie« (Sonnemann 1968, 17), das repräsentativ-demonstra-
tiven Institutionsöffentlichkeiten innewohnt, wird nun auch – spezifiziert und im
Zusammenspiel von gruppeninterner und externer Bewußtseins- und Willensbildung verstärkt – gegen die pontifikale Kritik-Institution der Gruppe 47 selbst
gewendet.

Die Problematisierung des unbefragten Status der autoritativen Kritik-Institution in der Spätphase hat zwei Quellen: einmal die Krise der öffentlichen Institutionen auf der ideologischen und zum anderen reale Strukturveränderungen im literarischen Markt auf der sozio-ökonomischen Ebene. Im Zuge des Verfalls der

tradierten Form literarischer Öffentlichkeit geht eine tiefgreifende Entkräftung der überkommenen Regulierungsfunktionen literarischer Kritik einher, eine allmähliche Schwächung der Position des klassischen »Amtes« der Kritik als informeller »Aufsichtsbehörde« (Schücking 1961, 67). Dahinter verbergen sich oligopolistische Umformungen des literarischen Marktes [10]. Ökonomische und technisch-organisatorische Veränderungen aufgrund von Konzentrationsbewegungen reduzieren die Vielfalt von Möglichkeiten »geistigen Verkehrs«, indem das Verlags- und Pressegefüge sich entdifferenziert, wodurch wiederum die materiellen Chancen kultureller Komplexität sich verringern. In dem Maße, wie die Kritik an der Kritik sich *entpersonalisiert*, Strukturzusammenhänge von Markt und Macht bzw. intellektueller Ohnmacht thematisch ins Licht rücken, zerbröckelt die verdinglichte Gestalt der Institution der Kritiker-Persönlichkeit, in welcher Rollenattribute der Kritik zum Springpunkt der die Literaturwelt konstituierenden Verhältnisse hypostasiert werden. Mit der Transformation attitüden- resp. personenorientierter Kritik in analytische Struktur-Kritik wird dem sekundären Mechanismus der Bezichtigung derer, die Kritik üben, als ressentimentgeladen, die Basis entzogen. Die Kritik der Kritik wird eingreifend (Fried 1967, Karasek 1967) [11]. Tagungsintern gehen dem Prozeß des prinzipialisierten Legitimationszweifels individuelle Lernprozesse voraus.

»Und später, . . ., bekam ich dann eine gewisse Distanz zu einigen Kritikern, die wirklich nur über Literatur reden können, . . .« (13/38)

Bis zur Endphase jedoch bleiben die Lernprozesse sozial folgenlos für den gesamten Gang des Kritik-Verfahrens, indem die Reaktionen privat bleiben; entweder als individualisiertes Ironisieren [12] oder als zunehmende Indifferenz.

»Diese Gläubigkeit hab' ich ja eben einfach nicht geteilt . . . Eine Art von innerer (!) Überheblichkeit vielleicht auch; so daß ich gedacht habe, ich kann das schon doch besser beurteilen.« (11/16)

Noch Handkes spektakuläre Kritik der Kritik (Princeton 1966), inzwischen zum literaturhistorischen »Ereignis« sedimentiert, greift integrationistisch, da sie sich selbst als »umarmende Kritik« instrumentiert (Piwitt 1973, 18) und deshalb ihrerseits umarmt werden kann.

»Aber wer glaubte«, referiert ein Beobachter des Handkeschen Szenariums, »jetzt würde sich irgendwer getroffen fühlen und zur Wehr setzen, sah sich getäuscht. Der Aufstand wurde willkommen geheißen, die Rebellion vereinnahmt, freudestrahlend kamen die Angegriffenen dem Revolutionär entgegen und drückten ihm den Bruderkuß auf die Wange – . . .« (Zimmer 1966, 233)

Sozial wirksame Ansätze zeigen sich erst dort, wo versucht wird, die Kritik zu resozialisieren [13], statt sie zur Inszenierung von Auftritten zu handhaben.

»Und wir haben uns ja an den Diskussionen beteiligt, . . ., haben sozusagen im Bündnis mit den Autoren, mit Grass und Enzensberger, immer wieder auch gegen diese Kritiker da fast agitiert.« (26/13)

Im Teilnahmeverzicht einiger Kritiker an der Tagung von 1967 deutet sich an, daß das autoritative Legitimationsgebäude brüchig wird. Zwar wird versucht, den Weg zur interkollegialen Kritik zurückzufinden, er wird jedoch durch die Stillegung der Tagungen alsbald abgebrochen. Eine Wiederherstellung einer in den Kontext politischer und literarischer Sozialisation eingebauten interkollegialen Kritik hat keine Chance.

Im Zuge der Legitimationskrise, die vor der 47-Kritik nicht haltmacht, beginnen nicht nur die Sockel pontifikaler Kritik zu bröckeln, sondern das Ensemble legitimatorischer Grundelemente des Systems der Literaturwelt insgesamt bekommt Risse. Im Prozeß der Problematisierung von Literatur und des institutionellen Gefüges der Literaturwelt, der in den »Todeserklärungen« für die Literatur überhaupt (Kursbuch 15/1968) zum Ausdruck kommt, gerät zugleich die tradierte Gestalt der »literarischen Persönlichkeit«, die exemplarische Subjektivität als soziale Institution, in die Problemzone. Schriftsteller beginnen ihren gesellschaftlichen Ort und ihr überkommenes Rollengehäuse in Zweifel zu ziehen. Vor diesem Horizont wird die Vorstellung einer naturwüchsigen Frontstellung zwischen Kritiker und Autor relativiert, wie der Gründungskongreß des Verbandes deutscher Schriftsteller offenlegt. Die Hypostasierung dieses Konfliktes zum sozial relevanten *Grund*konflikt, die dem Legitimationssystem der 47-Tagungen eigen ist, zehrt von der Abstraktion von den literarischen *Produktionsverhältnissen*. Indem in diesem Bereich die Reflexionsdürre, die Attitüden- und Personenkritik, ökonomisch orientierten strukturellen Analysen weicht, zeichnen sich die Umrisse einer neu definierten Relevanzstruktur ab: nicht mehr der Konflikt Kritiker-Autor wird als der für den literarischen Markt primäre begriffen, sondern das ökonomisch bestimmte Abhängigkeits- und Ausbeutungs-Verhältnis zwischen literarischen und literar-kritischen Produzenten auf der einen und den sozio-ökonomisch mächtigen medialen und verlegerischen Positionen auf der anderen Seite [14]. Ein Verhältnis, das in der konkreten Gestalt der Tagungen nahezu konfliktfrei eingebunden ist, setzt sich nun als Thema und Handlungsansatz (Gewerkschaft) durch [15].

2.2. Eigenstrukturierung und gesellschaftliche Integration: Verankerung der Gruppe in die Sozialwelt des literarischen Marktes

Zur Grundlage hat der Institutionalisierungsprozeß der Tagungen der Gruppe 47 die Restitution von gesellschaftlichen Verhältnissen, die die Bedingungen zur Rekonstruktion tradierter Strukturen des literarischen Marktes (Winckler 1973) vorweisen, ist doch die Genese eines literarischen Marktes Voraussetzung für die Ausbildung der überkommenen Grundform literarischer Öffentlichkeit und eines entsprechenden institutionellen sozial-literarischen Gefüges. Just die Wiederherstellung einer spätbürgerlichen Gesellschaftsstruktur, die im besonderen Gewande der politischen Restauration in der Bundesrepublik vonstatten geht (Pross 1965, Narr 1966, Huster u. a. 1972, Schmidt 1972), welche zunächst die Realisationschancen der gesellschaftspolitischen Zielprojektionen des Ruf-Kreises um Andersch und Richter zunichte macht, zumindest auf eine unbestimmte Fernzeit zu vertagen anbefiehlt, wird zur Basis der Entfaltung der 47-Tagungen. Die historisch erzwungene Umwandlung der »Politiker des *Ruf*« in »literarische Vorkämpfer« (Friedrich 1964, 21), allemal das Scheitern ist es, das eine neue Perspektive eröffnet. Schon mit dem entpolitisierten *Skorpion*-Projekt wird dem Enkulturationsprozeß in die sich formierende spätkapitalistische Sozialstruktur Vorschub geleistet; vom Profil her zeigen sich die frühen 47-Tagungen vorbereitet auf den Einzug in ein zukünftiges westdeutsches sozial-literarisches Subsystem [1]. Die günstigen Vorbedingungen der Entfaltung zu einer *strategischen* literarischen Institution sollen hier, da keine Sozialgeschichte intendiert ist, knapp zusammengefaßt werden. Erstens kommt der literarischen Öffentlichkeit perspektivisch ein besonderer Stellenwert zu, als nämlich sukzessive sich herausstellt, daß die politische Öffentlichkeit aufgrund von Restriktionen über eine Kümmerform, gemessen etwa an liberalen Demokratien angelsächsischer Provenienz, nicht hinausgelangen wird (A. u. M. Mitscherlich 1969, Schäfer/Nedelmann 1972), kritische Publizität ausweicht in die sanktionsverdünntere literarische Öffentlichkeit und hier Quartier zu beziehen versucht (Piwitt 1973, 18). Hinzu kommt zweitens, daß die literarische Öffentlichkeit, der als oppositive Struktur innerhalb des Restaurationsklimas eine trächtige Zukunft beschert ist, zu dem Zeitpunkt, als die 47-Tagungen sich konsolidieren, auf ihre Inszenierung und Ausgestaltung erst wartet. Sie ist chancenträchtig, nachdem mit der Währungsreform 1948 der kurzlebigen Renaissance der postfaschistischen literarischen Öffentlichkeit das Mark entzogen wird (King 1974). Vor diesem Hintergrund erweist sich die Fortsetzung der Zusammenkünfte als »gesprochene Halbjahres-Zeitschrift« *ohne* Abhängigkeit von einem Zeitschriftenrahmen, nach erzwungenem Verzicht auf den *Skorpion,* als unvorhergesehene Immunisierung gegen zu gewärtigende Folgen, welche durchweg die Währungsreform für literarische Zeitschriften mit sich bringt. Drittens wird die Ausgangslage der Institutionalisierung charakterisiert durch das »Fehlen von Urbanität« (Mitscherlich 1969, 20); der Wegfall Berlins als integrierende kulturell-intellektuelle Metropole, die Provinzialisierungsperspektive einer zukünftigen Literaturwelt, reißt ein strukturelles Defizit auf, das ein entsprechend ausgestattetes »Wander-Provisorium« Gruppe 47 ausfüllen kann. Viertens stellt sich sukzessive das, was zunächst als sozialer Nachteil erscheint, nämlich das Schwergewicht westdeutscher Verleger auf Importe ausländischer Literatur aufgrund des durch die vom Faschismus aufgerichteten Schranken entstandenen Nachholbedarfs, in mittlerer Reichweite als struktureller Vorteil heraus. Zu dem Zeitpunkt, als westdeutsche Verleger verstärkt für genuin westdeutsche Literatur sich interessieren, Mitte bis Ende der 50er Jahre, kann die Gruppe 47 von ihr sortierte junge deutsche Gegenwartsliteratur vorweisen. Es sind ihre Tagungen, auf denen über aktuelle literarische Tendenzen informiert wird und auf denen Nachkriegsschriftsteller vorgestellt werden, die von verlegerischem Interesse sind. Die Gruppe 47 streicht gleichsam eine soziale Pionier-Prämie ein. Den Start optimieren fünftens der publizistische Vorschuß und die Verfügung über soziale Beziehungen innerhalb der, wenn auch zunächst noch spärlich existenten Literaturwelt, – Resultante der Sozialbiographien des frühen 47-Kreises und der *Ruf*-Phase. Die Tagungen beginnen nicht an einem institutionell-publizistischen Null-Punkt [2]. Und endlich trifft das offiziell sanktionierte, herrschende Ideologem vom »Ende der Ideologien« (Lenk 1971) auf eine Gruppe, deren Vorstellungswelt, wenn auch anders denkmotiviert, im Resultat sich einfügt in den herrschenden ideologischen Trend. Von dieser Seite her bleibt Selbst- oder Fremdeinweisung ins kontra-kulturelle Abseits aus.

Die Gruppe 47 tritt in ihren Tagungen nicht als kompensatorisches Asyl *gesellschaftlich* obdachlos gewordener, marginalisierter Intelligenz auf, wenngleich sie auch in intellektueller Distanz resp. Opposition zur *politischen* Restauration sich definiert. Schließlich, nicht in kontra-kultureller Marginaliät, sondern im Zentrum des sozial-literarischen Systems möchte sie sich einrichten.

2.2.1. Institution Tagung: Soziale Selbstdokumentation als institutionalisierte Ereignis-Chance

»Aber sehen Sie, Doktor, etwas Wichtiges entsteht regelmäßig gerade daraus, daß man es wichtig nimmt!« (Musil 1952, 351)

Über die Ursprungslage hinaus gelingt es den Tagungen *sozial dokumentative* Wirkung zu erreichen, indem sie durch innere Strukturveränderungen in funktionaler Perspektive, d. h. durch entsprechende Regelung der Kooptation und angemessene soziale Erscheinungsweise, begleitet von Mechanismen der Selbstkommentierung, sich so organisieren, daß der Eingliederungsprozeß in den westdeutschen literarischen *Erwartungs-* und *Ereignis-Fahrplan* Realisationschancen hat. Die schrittweise Eingliederung gelingt, indem aufgrund der genannten Strukturierungen die Basis für eine Außeninstitutionalisierung, d. h. für eine soziale Anerkennung durch die relevanten Bezugsinstanzen, geschaffen wird, wobei die Prozesse der von außen greifenden Institutionalisierung ihrerseits zurückwirken auf die Vorgänge der Eigenstrukturierung.

Den Kern der systemfunktionalen Eigenstrukturierung macht die Institutionalisierung der Kritik als *selektives* Verfahren aus. Ergänzt, als Folge wie Bedingung, wird der Kernmechanismus durch die flexible Erweiterung der Bandbreite literarischer Strömungen über die Einschränkungen der mit »Trümmer-Literatur« assoziativ »belasteten« Jungen Literatur hinaus. Schon im Kommentar zum *Skorpion*-Programm wird die Möglichkeit einer solchen Flexibilisierung vorkalkuliert, wenn Richter zwar konstatiert, daß »alle Anzeichen« dafür sprechen, »daß die neue Sprache realistisch sein wird«, gleichwohl aber den Vorbehalt möglicher Erweiterung geltend macht, »es wird jedoch genügend Spielraum vorhanden sein, allen wirklichen Talenten das Wort zu erteilen« (zit. nach SH. 1947, 25).

Für einen erfolgreichen Institutionalisierungsprozeß ist entscheidend, den Tagungen zur Erfüllung ihres Leistungsanspruchs als Legitimations- und Informations-Organ informeller Natur, Anzeiger (»wieviel Uhr Kunst es immer ist«), und als Kristallisationsort vielfältiger literarischer Bewegung zur *sozialen Kenntlichkeit* zu verhelfen. Erst so ist die Voraussetzung gegeben, daß *zentripetale* Effekte freigesetzt werden, daß sozialer Magnetismus sich einstellt, der auf die Bezugsgruppen und -instanzen der Vermittler und Verleger und vorab auf das notwendige Rekrutierungspotential literarischer Novizen anziehend wirkt. Institutionalisierung hat statt, indem Zusammenhänge oder Geschehnisse zu vorproblematischer Selbstverständlichkeit derart gerinnen, daß der Herausgeber des Handbuches zur Gruppe 47 einleiten kann:

»Was die Gruppe 47 ist, braucht anläßlich ihres 20jährigen Bestehens nicht erklärt zu werden. Wir nehmen an, daß es bekannt ist.« (Lettau 1967, 7)

Die soziale Erscheinungsform der Gruppe 47, die Tagungen, gestattet nach innen für die dauerhaft Beteiligten Eigenidentifizierung als Gruppierung und nach außen Einrasten ins öffentliche Bewußtsein. »Sie war im Bewußtsein, sie war im Bewußtsein ständig« (24/12), diese Erinnerung pointiert den eigentümlichen Sachverhalt, daß die Gruppe 47 gleichsam als latentes Phänomen bereitliegt, das zu bestimmten Zeiten zur Bewußtseinspräsenz gebracht werden kann. Der »so seltsam flatterhaften Erscheinungsform des objektiven Geistes« (Kaiser 1964, 49) ist das Konstruktionsprinzip einer *privaten* Zusammenkunft eigen; die Privatperson Hans Werner Richter lädt ein, allerdings nicht zu einer »Party« in seine Privatwohnung, sondern in offizielle Räume, Gasthäuser, Gewerkschaftseinrichtungen etc. Schon darin deutet sich an, daß das Moment der Privatheit relativiert ist. Den inneren Funktionsintentionen und -entwicklungen angemessen verschränkt sich das private Stiftungsprinzip mit der Ebene der *Veröffentlichung*, ohne freilich formell den Status des Privaten aufzuheben. Der Doppelcharakter von Privatheit und ineinander verzahnter primärer und sekundärer Öffentlichkeit durchherrscht den gesamten Institutionalisierungsprozeß bis zu dem Punkt, an dem die Privatheit fast reduziert erscheint auf den Modus der Einladung (Böll 1965, 392).

»Die Tagungen der Gruppe 47 waren immer Arbeitstagungen.« (Richter 1964, 13)

In der Definition der privat-postalisch gestifteten Zusammenkünfte als *Tagung*, (schon der Begriff weckt die Assoziation des Momentes der Institutionalisierung von sozial definierten Tagen), kommt zum einen der Anspruch auf *transpersona-*

len Sachbezug und zum anderen eine *transprivate,* institutionell-funktionale Option zum Vorschein. In der privaten Dimension erscheinen die Treffen zwar als temporär hergestellter, sozial-kommunikativer Verkehr literarisch interessierter Privatpersonen, denn tatsächlich kann und wird niemand formal als Vertreter einer Organisation gebeten. Nur in dieser Hinsicht allerdings ist es »alles in allem eine rein private Angelegenheit« (Richter 1963), kann doch Richter dem Grundriß nach einladen, wen er will. In der öffentlichen Dimension, die den 47-Tagungen notwendig inhäriert, fungieren sie als Orte spezifisch geregelten, sach-, d. h. literaturbezogenen kritischen Räsonnements, darin durchaus tradierten Formen literarischer Geselligkeit verwandt, die »nie ganz privat« waren (Böll 1965, 391). Das besondere Merkmal einer Arbeitstagung, in der die Entprivatisierung sich Bahn bricht, besteht in der *Selektivität* des Sach- und Publikumsbezuges. Aus der Komplexität möglicher Themen ist »Literatur« spezifisch ausgewählt, nämlich restriktive Bescheidung aufs sog. *Wie* des Schreibens mit einer deutlichen Tendenz zur Entsoziologisierung und Entpolitisierung. Aus der Fülle eines möglichen Publikums wird aus dem »Fach«-Personal der Literaturwelt extrahiert.

Insidern, randgegliederten Beobachtern und Außenstehenden vermittelt sich ein Bild der Zusammenkünfte, das auf eine Affinität der frühen Tagungen zu einer lose verknüpften Vereinigung »künstlerischer Temperamente« (Hensel 1948, 39) schließen läßt); (»also das Ganze hatte für mich mehr den Eindruck einer privaten Zusammenkunft« – 10/4) [1]. Als Gegenform zu Organisationsgebilden formalisierter Natur wird an den Tagungen der Charakter des Nicht-Reglementierten, die *Unverbindlichkeit,* gerühmt; d. h. jene Eigenschaften, derenwegen traditionell das Kaffeehaus der literarischen Intelligenz als sozialem Aufenthaltsort so sehr zusagt (Kesten 1959). Das Außenbild »einer Versammlung von Individualisten« (26/18) ist es, das ins öffentliche Bewußtsein relevanter Bezugsgruppen derart tief sich einprägt, daß es selbst dann seine Anziehungskraft kaum einbüßt, als der dem Individualitätsmuster freundlich gesonnene Strukturmodus der Privatheit längst geschrumpft ist. Das Moment der Privatheit erfährt nach der Frühphase eine für den Tagungsprozeß folgenreiche Nuancierung, als nämlich der *private* Modus der Herstellung der Treffen zu einem *sozial* wirksamen Verfahren wird, Grenzen der Gruppe zu bestimmen. Dem Verfahren sind trotz Richterscher individueller Handhabung »Pauschal-Abweisungen« (Luhmann 1971 a, 75) zwangsläufig immanent. Des weiteren sorgen symbolische Immunisierungen für nie ganz eindeutige Grenzziehungen, mithin Ausdruck des nicht-formalen Konstruktionsprinzips. Der Mechanismus symbolischer Immunisierung, Zugehörigkeit als »Rätsel« bzw. »Geheimnis« (HP. Krüger 1963) in der Unbestimmtheit zu belassen, ist seinerseits ein Mittel, die spezifische Identität der Gruppe hervorzukehren [2]. Trotz der Neuartiges und Eigentümliches signalisierenden Stilisierung des Zugehörigkeits-Geheimnisses sind Grenzmarkierungen kenntlich. Zum einen gleichsam nach rückwärts, d. h. gegenüber dem vorangegangenen Literaturprozeß, zum anderen aktuell gegen schon etablierte, formalisierte Vereine und Verbände (Lettau 1967, 14; Fußn. 9) weisen sich die Tagungen als genuin Anderes, als eben Ort der Jungen und später deutschen Nachkriegsliteratur in den Erwartungsfahrplan

des sich restituierenden literarischen Systems ein. Da aber die Tagungen just hieran interessiert sind [3], muß die Exklusivität der Privatheit, Nachfahre des Elite-
bildungs-Gedankens des *Ruf*-Kreises, nun allerdings ohne politische Innervation,
tendenziell ausgeglichen werden durch breitere Zugänglichkeit, will man nicht in
der Arkanpraxis esoterischer Bünde enden. Die Interdependenz von Zugänglich-
keitserschwerung und Öffnungserleichterung, der Zusammenhang zwischen Exklusivität und Veröffentlichung, schreibt der Zuwahl die Grundorientierungen
vor (Kap. 2.2.2.).

Vor dem Horizont der in das sozial-literarische Gefüge eingelagerten Indivi-
dualisierungs- und Differenzierungszwänge sichert die soziale Stabilisierung von
Ereignis-Erzeugung den 47-Tagungen Kontinuität und resonante Identität. Diesem Grundmechanismus wohnt ein Widerspruch inne, dessen Bewegung den erfolgreichen Institutionalisierungsprozeß der Tagungen bestimmt. Auf der einen
Seite ist Kontinuität gebunden an Gleichförmigkeit, welche die Tagungen für Beteiligte und Außenstehende *erwartbar* macht. In Analogie zur Erscheinungsweise
von Zeitschriften (Koszyk/Pruys 1969, 391 f.) treten die Tagungen *regelmäßig*
und in etwa gleichen Zeitabständen ins öffentliche Licht. Die Periodizität knüpft
»ein nicht sichtbares Band ... durch all die Jahre hindurch« (18/16), hilft das Erscheinen der Tagungen zur Selbstverständlichkeit zu verfestigen; dermaßen, daß
sie in einem Atemzug genannt werden mit den periodischen Buchmessen im
Herbst.

»Dies sind die beiden großen Ereignisse (!) im alljährlichen Literaturbetrieb der Bundesrepublik: Die Messe der Bücher in Frankfurt und die Tagung der Gruppe 47 an jeweils
wechselnden Orten. ›Große Ereignisse‹: denn die Literatur lebt davon, daß Leute darüber reden, darum streiten, leidenschaftlich Partei nehmen, sich in Extreme verrennen,
Mittelwege und Maßstäbe suchen; Ereignisse des Literatur-*Betriebes* ...« (Leonhardt
1959; vgl. Arnold 1971, 9)

In der zweiten Hälfte der 50er Jahre, in der Hochphase also, werden die Tagungen zum festen Bestandteil des Erwartungshorizontes des belletristischen Allge-
meinbewußtseins, so daß ihre Schwingungen sich sogar internationalisieren:

»Man *erwartet* (Herv. F. K.) das jährliche Treffen der Gruppe 47 wie man das Mittagessen des *Goncourt*-Preises erwartet ...« (Bermbach 1960, 289 – Combat)

Gleichförmigkeit, Grundzug jeder Institutionalisierung, inhärieren »Routinebil-
dung und Trivialisierung« (Berger/Luckmann 1969, 74). Dies aber sind Tendenzen, die an den Nerv eines sozialen Gebildes gehen, dem geboten ist, an der Novitätenspirale zu drehen, d. h. die Erzeugung von Besonderem, von innovativen
Überraschungen und hin und wieder Sensationen zu leisten. Deshalb haftet der
Institutionalisierung der Gruppe 47 der vielfach konstatierte Dynamismus an, immer neue Stufen der sozialen Ereignis-Reproduktion zu erklimmen, die dann in
Princeton (1966) gleichsam zum Groß-Ereignis kulminiert, mit dem die Besucher
informierenden Eingangstransparent, »Welcome Gruppe 47« (Wohmann 1966).
In dieser Formel kommt symptomatisch zum Ausdruck, daß eine Stufe erreicht
ist, über die hinaus kaum noch die Schraube von Ereignis-Produktion als Gegen-

reflex zur Erwartungstrivialisierung weiterzudrehen ist: der Schatten kulturindustrieller Wiederholungszwänge fällt auf die Tagungen.

Hervorstechendstes Instrument zur Ereigniserzeugung ist der Preis der Gruppe 47; in ihm sind Ereignisse als Markierungspunkte gesetzt. Allerdings wohnt auch dem Preis, wie jeder sozialen Institution eigen, das Moment der Trivialisierung durch Wiederholung inne. Hinzu kommt, daß mit dem Preis als sozial-literarischem Identitätssymbol die beabsichtigte Distanz zu traditionellen literarischen Institutionen überhaupt schon sich verkürzt [4]. Der Routinisierungsgefahr wird versucht entgegenzuwirken durch improvisatorische Instrumentierung des Preises:

»Dann, als ich sah, es ging doch in eine Akademie, in eine Institution hinein, durch den Preis, hab' ich dann folgendes gemacht: ich hab' mir das vorbehalten zu entscheiden nach den Lesungen, ob der Preis vergeben wird oder nicht. Und damit hatte ich's dann in der Hand. Sonst wäre der Preis genauso entwertet worden wie alles andere.« (23/22, 23)

Was in der Handhabung des Preises durchscheint, Routinisierung und Erwartungsselbstverständlichkeiten gegenzusteuern, hat in der Methodik des Auswahl- und Ergänzungsprozesses seine wichtgste Schubkraft, denn

»dank der erhöhten Fluktuation, die es verhindert, daß aus der Gruppe 47 ein Verein oder eine Korporation von Alten Herren wird, sind die Tagungen zentrale Ereignisse des literarischen Lebens der deutschsprachigen Welt geblieben«. (Reich-Ranicki 1965, 211)

Zusätzlich wirkt Erstarrungstendenzen entgegen ein Moment, das aufs erste belanglos erscheint und auf völlig andere Ursachen denn auf kalkulierte Ereignis-Strategien zurückzuführen ist: der *Wechsel* des Tagungsortes. Es stellt sich kein fixes, traditionslastiges Bild à la »Oberhausener, Bayreuther etc. Tage oder Wochen« ein. So ist denn der erfolgreiche Aufstieg der Tagungen zum strategischen Legitimationsorgan eng gekoppelt an die soziale Erscheinungsweise. Sie institutionalisieren sich als mobile, fluktuierende Szenarien, die selten nur, aber periodisch gestiftet werden. In ihnen ist vorgesorgt, daß die Erwartung vorstrukturiert ist durch die kontinuierliche Chance des Unerwarteten, des Ereignisses, denn »das Neue hat eine Vermutung der Wichtigkeit für sich« (Luhmann 1971, 17). Voraussehbar sind die Tagungen als institutionalisierte *Ereignis-Wiederkehr,* als veröffentlichte *Ereignis-Chance.* Es ist die Dialektik von »Ereignis« und »Regel«, welche die Metapher des *Kuriosums* in Umlauf bringt.

Brauchten die Tagungen in ihrer Entfaltungsphase nicht erst mühsam in noch freigebliebene Räume des später viel enger gewobenen sozial-literarischen Ereignis- und Erwartungszusammenhangs sich hineinzuzwängen aufgrund der vorherrschenden »literarischen Öde«, so unterliegen sie später doch, nach Etablierung als strategische literarische Institution, den von ihr selbst mitgesetzten Ereigniszwängen. Wenn Lettau ein temporäres Nachlassen öffentlicher Aufmerksamkeit an den Tagungen zwischen 1952 und 1957 »unbegreiflich« erscheint (Lettau 1967, 9), so ist zur Aufhellung, die zugleich den Gesamtprozeß kenntlich macht, nur auf seine eigene Tabellierung der Preise als »Markierungspunkte in der Entwicklung der Gruppe 47« hinzuweisen:

»Inzigkofen (1950), Bad Dürkheim (1951), Niendorf (1952) und Großholzleute (1958).«
(Lettau 1967, 13) [5]

Gelingt den Tagungen mit ihren Preis-Signalen zwischen 1950 und 1952 der
Durchbruch in die Öffentlichkeit (Aufstiegsphase), so erscheinen in *institutionaler*
Hinsicht die nachfolgenden Preisvergaben (1953, 1954, 1955) als Stabilisierung,
denen schon die Gefahr von Routinisierung innewohnt. Gleich, ob kalkuliert
oder nicht, die zwischenzeitliche Stillegung der Preis-Verleihung (1956, 1957)
wirkt dem entgegen, ist es nun nicht mehr selbstverständlich, daß Preise kontinuierlich, jährlich, vergeben werden [6]. 1958, nach einem für Ereignis-Erzeugung
positiven Erwartungsstau, wird wieder ein Preis (Grass, Kapitel aus der *Blechtrommel*) vergeben. Einem impliziten Timing gleich ist der Dialektik von Routine
und Ereignis Rechnung getragen, was sich spiegelt in einem Kommentartitel zur
Tagung von 1958: »Die Gruppe 47 lebt auf.« (Kaiser 1958, 137)

Erleichtert notiert ein Beobachter der Sigtuna-Tagung (1964), die bereits ins
Großformatige gediehen ist, – Resultat der Schraube der Ereignis-Wiederkehr –,

»wie eine Reindividualisierung auch bei ›Veranstaltungen‹ mit Gruppencharakter sich
vollziehen kann; besser: wie eine Entindividualisierung ausgeschlossen bleibt, wenn Individualitäten anwesend sind ...«. (Schwab-Felisch 1964)

Im Kontext des Merkmals der Unverbindlichkeit (»freiwillig-formlose Zusammenkunft«) prägt der *Verflüchtigung*smechanismus, der das Bild monadischer
Zerstäubung des Personenaggregats nach den Tagungen vermittelt, die Erscheinungsweise der Tagungen, getreu dem zum Fetisch ausgewachsenen Muster exemplarischer Individualität, das dem Rollenbild literarischer und literar-kritischer
Subjektivität eingegossen ist. Vor diesem invarianten Bildhintergrund, in welchem
innere sozial-strukturelle Verfestigungen und die Tagungsfristen übergreifende
gesellschaftliche Verwebungen verdunkelt sind – unzählig die kommentierenden
Beschwörungsformeln des Flüchtigen, Losen, des Nicht-Normativen –, geht real
die strukturbestimmende soziale Trennung von offiziöser Sphäre (»Arbeitstagung«) und »Privatgruppensphäre«, einem dem öffentlichen Zugriff weitgehend
entzogenen, durch implizite Regeln der Selbstkommentierung geschützten Bereich
des privaten Verkehrs, vor sich.

Für den Prozeß der Positionsgewinnung innerhalb des literarischen Erwartungszusammenhangs ist von Vorrang das Sozial- und Leistungsbild der *offiziösen* Tagungssphäre. Deren soziale Wertsteigerung leitet sich ab aus der sozialen
Kenntlichkeit des »Wer war schon dort und wer wird dort sein« und »Was ereignet sich dort«; anders: die Spirale sozialer Wertsteigerung hat ihre Bemessungsgrundlage in der Kurve des Tagungsprestiges, zusammengesetzt aus Person-
und Sach-Prestige. Die fortschreitend sich anhäufende Prestige-Ausstattung sorgt
für den vielfach zitierten »sozialen Magnetismus« der Gruppe 47, der wiederum
garantiert, daß das Prestige sich mehren kann im Wege selektiver Kooptation, der
Zufuhr »vielversprechender Talente«. Das sachgebundene Prestige macht sich fest
an den Resultaten der Kritik-Institution, die den Ruf stärken, in den 47-Tagun-
gen werden literarische »Talente« entdeckt, aussortiert und frühzeitig gefördert:

literarisch-kulturelles Gütesiegel. Das Sachprestige figuriert im Gewande des an Einzelpersonen gebundenen Prestiges, steigert über diesen Weg den sozialen Ruf der Tagungen als ganzes. Einesteils vergegenwärtigen die Tagungen ihren sozialen Wert in den repräsentativen Rollen der dominanten Kritiker (Schwelien 1966), anderenteils in den repräsentativen Rollen prominenter Schriftsteller (Bermbach 1960). Die sozial-literarische Relevanzstruktur des »Was dort« in der Gestalt des »Wer dort« bzw. die repräsentativen *Einzelprofile* von Autoren und Kritikern (einschließlich von sozial kenntlichen Verlegern, Lektoren und Vermittlern) fungieren gleichsam als Mühlräder, über welche das angehäufte und gespeicherte Einzelprestige, an dessen Grundsteinlegung die Tagungen ihrerseits zuvor mitgewirkt haben, sozial wertsteigernd wieder zu den Tagungen zurückfließt. Umgekehrt wirken die Tagungen selbst wiederum als Mühlräder, (»einfach, weil zu viele bemerkenswerte Schriftsteller dieser Gruppe angehörten« – 20/4), welche den in der Kritik positiv signierten literarischen Debütanten Prestige-Vorschüsse zufließen lassen; Vorschüsse, die in der Spätphase aus dem sozial verbreiteten Bild einer »nationalen Repräsentanz« (31,143) sich speisen; mithin eine nicht formal organisierte »Dienstleistung am Literaten« (11/8).

»Ich kannte nur diesen Begriff Gruppe 47 ... Das war für mich so die Versammlung der deutschen Autoren und der Literaten.« (26/1)

Über die vermittelnden Zwischenglieder sekundärer Öffentlichkeit werden *zentripetale* Effekte freigesetzt. Darin drückt sich der innere Bewegungszusammenhang zwischen der Prominenz einzelner Mitglieder und dem Prestige der Tagungen aus, wodurch diese früh schon zum »Begriff« (Ferber 1953, 87) signifiziert werden [7]. »Nach relativ kurzer Zeit war also praktisch jede Tagung ... begleitet von einem unerhörten publizistischen Getöse« (19/6), so daß die in den Tagungsprozeß vorab eingebrachte publizistische Prämie, erworben in der *Ruf*-Phase, sich vervielfacht. Hinzu kommt, daß die Gruppe schon zum Startzeitpunkt über ein, wenn auch gegenüber der späteren Phase unvergleichlich geringeres Vermögen an eingespieltem Einzelprestige verfügt, gilt doch z. B. – was allzu leicht vergessen wird – der *Ruf*-Preisträger Walter Kolbenhoff in den frühen Jahren als »namhaft« (Gy. 1949, 45) [8]. Der Akkumulationsprozeß von Prestige bzw. der Faden sozialer Wertsteigerung erreicht in der zweiten Hälfte der 50er Jahre eine *institutionale* Eigenqualität, so daß »die Frage, ob dieser oder jener prominente Autor noch mitmacht, inzwischen jegliche Bedeutung eingebüßt (hat)« (Reich-Ranicki 1965, 210/11) [9]. Da keine dezidierten Distanzierungen einzelner Prominenter öffentlich bekundet werden, sind es »nicht zuletzt die Abwesenden, denen die Gruppe 47 ihren Glanz verdankt« (Enzensberger 1964, 27). Sie gehören zum fest institutionalisierten, verfügbaren Prestige-Haushalt.

So wie für die »Wahl zum Stammlokal die literarisch-politische Tradition eines Cafés ausschlaggebend sein (kann)« (Kreuzer 1971, 203), so gilt auch für die Gruppe 47, daß die Tradition der Tagungen selbst zu einem Faktor des sozialen Magnetismus wird. Der in Repräsentativität auswuchernden Tradition [10] – manifest in informellen Jubiläen und Jubiläumsschriften, in der Stiftung des letzten Preises (1967) durch vormalige Preisträger – wohnt der Umschlag von Anziehung in Alpdruck inne, zumal unter dem besonderen Vorzeichen des sozial standardisierten Bildes literarischer Subjektivität, das autonomistische Selbstautorisation einfordert. Traditionslastigkeit und -befangenheit wecken den Verdacht sozial-kulturellen Konformismus, den weder die literarische noch die literar-politische Subjektivität gesellschaftlich wahrhaben darf. Wird im Kontext der radikalisierten Kritik des Institutionismus (Kap. 2.1.6.) dieser Distanzierungszwang von der zur Repräsentativität aufgestiegenen Gruppe durch politische Einfärbung noch motivational verschärft, nimmt es weder wunder, »daß manche der längst arrivierten, zumal älteren Schriftsteller nur noch selten kommen« (Reich Ranicki 1965, 211), noch, daß die in der Schlußphase neu Hinzukommenden Distanzierungsoptionen sich offenhalten. Die »marmorierte« Tradition einer zur »mobilen literarischen Hauptstadt« aufgestiegenen Institution (Richters Richtfest 1962), die die Grenzen literarischer Themenbildung mit der Tagung 1962 in Berlin endgültig überschreitet und zum repräsentativen Faktor politisch-intellektueller Themenbildung auswächst [11], wendet sich gegen die Institution selbst als Alp, der die Legitimationskrise beschleunigt. Der soziale Integrationsprozeß, der die 47-Tagungen deutlich von kontra- oder subkulturellen Außenseiter-Gruppen (Kreuzer 1971) abhebt, verwandelt sich aufgrund des erreichten Grades von gesellschaftlicher »Überintegration« in gruppenerosierende »Desintegration«. Dieser Dissoziierungsvorgang kann in der Spätphase nicht einmal mehr durch die ausgleichs- und kohäsionsfunktionale Struktur der Privatgruppensphäre aufgegangen werden.

Die Privatgruppensphäre, konstitutiver Bestandteil der Institution Tagung, leistet neben den an den offiziösen Teil angeschlossenen Funktionen der *Nachkritik* [12] eine Reihe weiterer sozial-integrativer Aufgaben. Gleichsam als Sphäre sozio-psychischer Selbstversorgung nimmt sie erstens Funktionen der Aussteuerung von Nachwirkungen des offiziösen Tagungsverlaufs wahr. Hier greifen »Versöhnungsmechanismen« in der Weise, daß »Frau Richter und Richter selber ... eine familiäre Atmosphäre dann (nach der Phase des »Härtetests« – F. K.) wieder herzustellen« versuchen (12/20). Da eine »Niederlage selbsttätig isoliert« (14/30), gibt es »ein sehr kollegiales Verhalten gerade aus der Gruppe heraus Autoren gegenüber ..., die gerade einen Verriß hinter sich hatten, damit sie sich nicht vereinzelten« (14/30) [13]. Zweitens entschädigt diese Subsphäre für die über den offiziösen Teil verhängte literaturtheoretische Abstinenz.

»... natürlich hat es dann Krach gegeben abends ..., da hat man richtig gestritten miteinander ... Literaturauffassungen, die haben sich dann eben mehr abends verglichen.« (3/35)

Drittens entlädt sich in dieser Sphäre das gestaute Bedürfnis nach politischer Diskussion, nachdem die Entpolitisierungs-Doktrin sozial verbindlich anerkannt ist.

»Man konnte besonders an den Abenden, und man hatte den Wunsch dazu, Literatur ausklammern ... Und dann galt halt der private Austausch, der soziale Austausch, der politische Austausch noch mehr.« (20/27)

Auf diesem Weg wird das Konfliktpotential, das der normativen Rigidität innerhalb der offiziösen Sphäre entspringt, integrativ entschärft [14]. Die Rigidität kann unschwer als ein praktiziertes Muster des positivistisch gelösten Werurteilstreites, in dem Politik verwiesen ist an die Rolle des privat räsonierenden Schriftstellers als Bürger, gedeutet werden.

Außer den ausgleichenden Funktionen als Ort zwangloser literarischer Meinungs- und Willensbildung [15] erfüllt die Privatgruppensphäre Aufgaben, die traditionell literarischen Kaffees zukommen (Kreuzer 1971). Den stabilen Kern dieser Sub-Sphäre als »sozialer Wärmehalle« bilden die traditionellen Gruppenfeste, welche sich als sozio-emotive Bänder erweisen.

Die Privatgruppensphäre differenziert sich einerseits in einen mehr sozial überwachten Bereich, in dem seinerseits soziale Verkehrskreise sich abdrücken just nach dem Muster, das Kreuzer (1971) an literarischen Kaffees historisch-analytisch aufhellt.

»Die Besucherschaft ist teils bunt durchmischt, teils nach Stammtischen locker gesondert (so daß der Neuankömmling sich über die einzelnen ›Lager‹ zu orientieren und seine Affinitäten zu erproben vermag.« (20/2) [16]

Zum anderen differenziert sie sich in eine hoch intimisierte Teilsphäre, (»es war sehr viel Erotik drin« – 24/2); eine Erscheinung, welche Kreuzer gleichfalls als typisch für Orte literarischer Geselligkeit nachweisen kann [17].

Da die offiziöse Sphäre nahezu ausschließlich dem sozialen Prozeß der selektiven Kritik vorbehalten ist, übernimmt die Privatgruppensphäre noch die Funktion informeller Kontakt- und Kontraktaufnahme in ökonomisch-beruflicher Absicht (vgl. Kap. 2.2.5.).

Die Gesamtstruktur der Institution Tagung, integrierte Einheit von offiziöser und Privatgruppensphäre, enthüllt sich als eine nicht organisationsprogrammatisch entwickelte *Synthetisierung* arbeitsbezogener Primäröffentlichkeit, informeller Mikro-Messe, kurzfristig hergestellter Mikro-Börse und überkommener Formelemente des literarischen Kaffeehauses. Eine soziale Synthese, die im Kontext der Leistungsfunktionen selektiver Kritik und des Tagungsprestiges eine Form literarischer Gruppierung ausprägt, die die Tagungen der Gruppe 47 einerseits in die Tradition literarischer Vereinigungen stellt (Mayer 1964); und die andererseits aber, unter den Gesichtspunkten fehlender symbolischer Ortsbezogenheit, exemplarischer intensiver wie extensiver Medienbezogenheit, spezifischer Strukturmechanismen der Ereigniserzeugung und – noch zu analysierender – dezidierter »Programmlosigkeit« ihre historische Eigenart bestimmt.

2.2.2 Einladungsverfahren: Richtwerte der Tagungsqualität und Gruppenkontinuität

Das Schlüsselinstrument zur Steuerung der Gruppenentwicklung bildet die Einladung. Mit ihr rückt die Position Hans Werner Richters in den Mittelpunkt, da

ihm aufgrund des privaten Konstruktionsprinzips informell das Entscheidungs-
monopol über soziale Ergänzung, Wieder-Einladung und Nicht-Wieder-Einladung zukommt. Obwohl Richter nicht als Gründer mit entsprechendem Programm auftritt, fällt ihm die Rolle des Wahrers der »Spielregeln« und der Inkar-
nation der Gruppenkontinuität zu (symbolische Personbezogenheit). Diese Rolle ist genetisch ein Transfer seiner editorischen Funktionen innerhalb des *Ruf*
und des *Skorpion;* sie nimmt feste Gestalt an aufgrund der Zustimmung der Beteiligten, die implizit die Legitimation für die Leitungsrolle erteilen; Richters Führungsstil, Mentalität und Denkweise dürfen gleichsam als Konzentrat zumal des
frühen Gruppenbewußtseins interpretiert werden. Zusätzlich stabilisierend wirkt
die Selbstneutralisierung Richters, indem er durch den Verzicht auf Teilnahme an
der Lese- und Preis-Konkurrenz früh schon sich »exterritorialisiert«. Endlich ist
es der privat-unverbindliche Einladungsmodus selbst, der – dem monadologisch
und organisationsphobisch geprägten Bewußtsein zugeschnitten – Richters Legi-
timitätsgrundlage fundiert. Dem Modell nach trifft es zu, daß Richter »einladen
(konnte), wen er wollte« (10/18), doch selbst in der frühen Phase schon, die noch
nicht so deutlich Umrisse einer systematisierten Zuwahl erkennen läßt, liegen
Rahmenorientierungen für die Einladungspraxis vor, freilich »ohne, daß ein
strenger Plan zugrunde gelegen hätte« (10/18). Je weiter die Tagungen als Legitimationsorgan mit Chancencharakter in den literarischen Erwartungs- und Ereignisfahrplan sich einfädeln, desto deutlicher zeichnet sich ein Prozeß der Entsub-
jektivierung und Rationalisierung des Entscheidungsverfahrens ab; Rückwirkung
von Zwängen, die von außen gesetzt einfließen. Vermutete und gewußte Erwartungen auf seiten der sozialen Umgebung gehen folglich zunehmend als struktu-
rierende Antizipation in das Einladungsverfahren ein. Vorbereitet wird dieser
Prozeß durch die frühe Zuladung von Verlegern und medialen Vermittlern (Hensel 1948, 38 f.). Er beschleunigt sich, nachdem mit der Einführung des Preises der
Anspruch auf Anerkennung des Status als Legitimationsorgan in Sachen Literatur
nach 1950 energisch angemeldet wird. In der ersten Zeit jedoch wirken die sozialen Kontrollen noch nicht durch- und umgreifend, denn, wie ein Befragter sich
erinnert, »sonst wäre es mir unmöglich gewesen, zwei unsägliche Nichtskönner
da hineinzuschmuggeln« (2/17).

Die Prämissen des Einladungsverfahrens leiten sich ab aus dem Konstruktionsprinzip der Tagung. Es besteht weder ein formell einklagbarer Anspruch auf
»Kooptation«, da es keine Satzung für eine Aufnahmeprozedur gibt, noch können Ansprüche auf Wiedereinladung formell geltend gemacht werden. Von daher
inhärieren dem Verfahren starke voluntaristische und dezisionistische Elemente.
Die voluntaristische Dimension, das Moment subjektiver Beliebigkeit, ist gleichwohl beschnitten durch die sozialen Zwänge der Erfolg verbürgenden Dialektik
von Regel und Ereignis und durch Erfordernisse der sozialen Kontinuität der Tagungen. Hieraus resultiert die grundsätzliche Instrumentierung des Einladungsverfahrens. Es ist zum einen orientiert am Bezugspunkt der Anpassungsflexibilität an
die Struktur und Bewegung des externen sozial-literarischen Gefüges, und zum
anderen an den der Erhaltung relativer Autonomie, d. h. der Wahrung von di-

stanzierender, identitätsschützender Manövrierfähigkeit. Zwischen diesen Eck-
punkten entwickelt sich die Einladungsstrategie als Grat-Wanderung, die allerdings in dem Maße erleichtert wird, wie die Institution Tagung in eine strategische Position einrückt, weil die Identität und Eigenständigkeit garantierende
Macht der Gruppe (und mithin Richters) sich vermehrt.

Obgleich kein ausformuliertes Programm handlungsdefinierend die Handhabung vorschreibt, entlasten doch einige Grundorientierungen die Einladungsent-
scheidung. In der Ursprungslage wird die Zuladung erstens gehandhabt unter einem *sozial-generativen* Gesichtspunkt. Hier gilt die generelle, selten durchbroche-
ne Maxime der Nicht-Aufnahme von Schriftstellern, die aus der Emigration zu-
rückkehren, da sie einer anderen Generation mit anderen Erfahrungen zugehören
und schon vor 1933 einen »literarischen Namen« sich erworben haben [1].

»Und wir wollten auch keine Vermengung, wir wollten die Neuanfänger, also die, die
nach dem Krieg anfingen zu schreiben, und die anderen (die Emigranten – F. K.) waren
für sich; das war nicht gegen sie direkt, aber sie paßten da nicht hin.« (23/10)

Just in der Perspektive der *Identität*sproblematik der Gruppenbildung ist die
Konkretion hinzu zu lesen: »weil ich wußte, es kann nichts Neues entstehen,
wenn wir es sofort mit dem Alten vermengen« (23/12) [2].

Während gegenüber den Emigranten nicht politisch motivierte Vorbehalte gegen eine Einbeziehung geltend gemacht werden, trifft dies auf eine zweite Gruppe
von Schriftstellern jedoch zu. Der frühe Kreis dichtet sich weitaus strikter gegen
all jene ab, die im Verdacht stehen, durch den Faschismus belastet zu sein *und*
aktuell mit der Adenauerschen Restauration konform zu gehen; d. h., es wird im
Einladungsverfahren schon Distanz zum Kulturkonservatismus des »Sieburg-Zeitalters« gelegt. Diese zweite Maxime ist ergänzt durch die der Abdichtung gegen
sog. linke Orthodoxie bzw. gegen Schriftsteller, die im Verdacht einer »Stalinis-
mus«-Neigung stehen (»hart gesottene Kommunisten«). Positiv gewendet, Einhelligkeit innerhalb der frühen Gruppe besteht über die Option für die Zuwahl von
Angehörigen der Jungen Generation, für Schreibanfänger mit bestimmtem historischen, sozialbiographischen Hintergrund. Diese Roh-Kriterien bleiben bis zum
Schluß in Kraft, sie werden erst problematisiert im Kontext der oben analysierten
gruppenübergreifenden Legitimationskrise.

Über diese Grundorientierungen baut sich im Zuge der gesellschaftlichen Integration ein Bündel neuer, spezifizierter Einladungsorientierungen auf. Um dem eigenen Legitimationsanspruch gerecht zu werden, die Nachkriegsliteratur zu sammeln und zu fördern (Richter) und die »Lebendigkeit« der Tagungen zu garantieren, ist die fortlaufende Zuwahl von literarischen Novizen vonnöten. Nicht allein
durch die Zuladung von Debütanten wird das Tagungspersonal erweitert, sondern auch durch die Einladung von Verlegern, Lektoren und Vermittlern, wenngleich diese nicht in ihrer Eigenschaft als Positionsvertreter eingeladen werden
(können), sondern als literarisch interessierte Privatpersonen. Und, für die innere
entwicklung folgenreich sind neu hinzukommende, professionelle Kritiker und
Kritiker-»Talente«.

Für den Kreis der literarischen Novizen gilt als generelle, unausgesprochene Vorbedingung, eine »Talentprobe« schon vorgewiesen, sich ansatzweise sozial-literarisch kenntlich gemacht zu haben. Zwar soll damit nicht das Überraschungsmoment gekappt werden, im Gegenteil, es muß erhalten bleiben, aber Vorkehrungen gegen allzu durchgreifende Tendenzen des Verfalls des »Anspruchsniveaus« sind zu treffen. (Das Interesse an sachdimensionierter Vorbeugung gegen »Niveau«-Senkung besteht gleichfalls bei der Zuwahl von Kritikern). Mit der permanenten Rekrutierung literarischer Novizen ist gesetzt, daß der engere Rahmen Junge Literatur entfällt, der Streubereich literarischer Muster beschleunigt sich ausbreitet. Dabei zeigt die Einladungsorientierung noch deutlich Spuren des Europa-Deutschland-Konzepts des *Ruf*-Kreises: so werden nicht bloß westdeutsche Autoren und Kritiker eingeladen [3].

Unterm Bestandsproblem-Aspekt gewinnt die *Wieder*-Einladung, da Erst-Einladung keinen Daueranspruch nach sich zieht, besondere Bedeutung. Doppelorientierung an Bestand und Fluktuation charakterisiert die Wieder- resp. Dauer-Einladung. Es wird weder ein Übermaß an Neulingen, eine Reduktion auf Talent-Proben, noch eine Dominanz alteingesessener und/oder prominenter Vorleser gewünscht, sondern eine Kombination, welche den Status der Tagungen als Ort des vielversprechenden Nachwuchses wie als Versammlung sozial-literarisch schon abgesegneter Autoren offen legt. Es handelt sich durchaus um eine reflektierte Dosierung: »ich hab's dosiert, ich mußte es ja dosieren« (23/33). Für die Wiedereinladung läßt sich so etwas wie ein Orientierungsrahmen rekonstruieren, der einem Amalgam von Leistungs- und Anpassungsnormen gleicht, wobei letztere in ihrer Geltung nicht auf die Tagungszeit beschränkt sind. Unbestrittene Priorität hat der erfolgreich bestandene Test aufs »Talent« [4].

»Da war ein Unterschied in der Art des Durchfalls, . . . Es konnte aber so sein, daß man sofort den Mangel an Begabung merkte beim ersten Text, den hab' ich dann nicht wieder eingeladen.« (23/8)

Notwendige, aber nicht hinreichende Bedingung für die Wiedereinladung: »entscheidend war die handwerkliche Begabung« (23/9). Abgesehen von subjektiven Präferenzen Richters, nachfassenden Beeinflussungen u. ä., kommt als weitere wichtige Bedingung dauerhafter Zuladung soziale An- und Einpassung ins Spiel.

»Aber es spielte immer da mit, wenn jemand sehr begabt war und zerstörte den Kreis sozusagen, oder seine Ambitionen waren zerstörerisch für den Kreis, dann konnte ich ihn ebenso gut nicht wiedereinladen, . . .« (23/9) [5]

Die Wertung der Integrationsbereitschaft, (»Reibungen auf kollegialem Level; was da rausfiel, das wurde nicht wieder eingeladen« – 15/14), wird ergänzt durch den Eindruck der Einpassung, d. h., »wie sich ein Autor zurechtgefunden hatte in der Gruppe 47« (13/9). Damit wird nicht nur die Anpassung innerhalb der offiziösen, sondern auch in der zwangloseren Privatgruppensphäre berücksichtigt. Weder ist »Begabungs«-nachweis für sich eine Wiedereinladungsgarantie, noch An- und Einpassung allein ein Fahrschein für weitere Zuladung. Allerdings, alle diese orientierenden Gesichtspunkte sind Kann-Maximen, keine Muß-Regeln.

Modifiziert sind die Orientierungen der Wiedereinladung für die Zugehörigen des frühen Kreises. Hier ist der Gesichtspunkt der Leistungsnormativität abgeschwächt, da die Startgruppe die historische Identität und Kontinuität der Tagungen darstellt.

Für die Gruppe der Vermittler haben, wie die Liste der Gäste zeigt (vgl. Almanach 1964, Lettau 1967), Gesichtspunkte der institutionellen Relevanz, d. h. des externen sozialen und ökonomischen Einflusses, Vorrang. Allerdings, zum Kriterium der Schlüsselposition gesellen sich die der Normbefolgung und des Eindrucks der Eingewöhnung.

Die gleichsam hauseigene, intern und extern anerkannte Prominenz genießt wie der frühe Kreis unausgesprochene Einladungsvorgaben, kann doch bei ihnen zudem (außer dem Erfolg) noch von der Internalisierung der Tagungsnormen ausgegangen werden.

Trotz der herauskristallisierbaren Orientierungen bleibt innerhalb des gesamten Einladungsverfahrens ein gewisses Maß an Unwägbarkeiten erhalten, das mit dem informellen Einladungsmonopol Richters und dem hieraus sich ergebenden Einfluß-»Gestrüpp«, welches die endgültige Einladungsrealisation überwuchert, zusammenhängt [6].

Komplettiert wird das Amalgam der Orientierungen durch die Notwendigkeit der Berücksichtigung der Anzahl der Tagungsteilnehmer im Verhältnis zur Leistungsfunktion der Tagungen und zur Einhaltung der Gruppeneigenständigkeit sichernden Grenzen. Zeigt schon das Vorhandensein eines Orientierungsgrundrisses, daß eine »Instinkttheorie«, die Richter selbst noch in den Interviews angedichtet wird, unbrauchbar ist zur Erklärung der Gruppenentwicklung, so wird vollends an den sozialen Vorschalt-Mechanismen der Erst- und der Wiedereinladung plastisch, daß es *soziale* Prozesse sind, die den Gang der Gruppe 47 determinieren, (wenngleich natürlich ein entsprechendes Korrelat in der Persönlichkeitsstruktur Richters nicht zu bestreiten ist – Kap. 2.3.1.).

Richter bedient sich Orientierungshilfen, umgekehrt werden ihm Entscheidungshilfen angeboten. Diese Einflußnahmen sind aber durchaus eingefaßt in den geltenden normativen Bezugsrahmen; insoweit stoßen sie denn auch nicht auf Richters Ablehnung. Je mehr die *soziale Komplexität* der Tagungsentwicklung steigt, die eine Erschwerung der Überschaubarkeit und ein Anwachsen der Folgelasten mit sich bringt, desto mehr werden für das Einladungsverfahren entscheidungsentlastende Orientierungshilfen erforderlich. Dies gilt insbesonders für die Erst-Einladung, soll das selbstgestellte und erreichte Anspruchsniveau erhalten und entwickelt werden. Richter – so geht aus den Interviews eindeutig hervor – hat sich

»später auch immer mehr beraten lassen, ..., er konnte ja nicht alles lesen ..., von Leuten wie Jens oder Höllerer, die dann wieder neu auftauchende Talente vorschlugen ...«. (6/36)

Es bilden sich, mit z. T. wechselnder personeller Zusammensetzung, informelle Beratungsgremien heraus, die in Vorgesprächen über mögliche Anwärter räsonieren.

»Also ich erinnere mich an solche ... vorbereitenden Gespräche durchaus, wo also Namen auf einem Zettel standen, wo er (Richter – F. K.) sagte, kennst Du den, kennst Du den.« (21/12)

In den Fällen also, in denen Richter die Betreffenden oder deren Arbeitsproben nicht kennt, – bei zunehmender Bewerberzahl häufen sich die Fälle zwangsläufig –, liegt Rat-Einholen nahe. Umgekehrt laufen natürlich Einflußströme auf Richter zu, Ausdruck der Interventionsversuche interessierter Freunde, Kollegen und Vermittler, die einen »Kandidaten« eingeladen haben möchten. Ein vibrierendes, in fortwährender Veränderung befindliches Einflußgefüge reguliert so den Zufluß von neu Hinzukommenden. Es handelt sich jedoch nicht um systematisierte Entscheidungsprozesse von eindeutig definierten Empfehlungsstationen. Gleichwohl sind diese Positionen der Mitwirkung am Verfahren *unmittelbare* Gelenke, über welche die Tagungen personell und institutionell nach außen verbunden sind. Über die beratenden »gate-keepers« verläuft direkt der Prozeß der Außeninstitutionalisierung.

Die Mitwirkung an der Vor-Auswahl, die der Sortierung durch die Tagungskritik vorausgeht und der daher unter dem chanceninstitutionalen Gesichtspunkt ein zentraler Stellenwert zukommt [7], kennt zwei Grundtypen von Empfehlern: die sporadischen und die regelmäßigen. Je mehr der externe Erwartungsdruck auf den Tagungen lastet, desto mehr legt Richter an die Befürworter von Bewerbern bestimmte Maßstäbe, so daß die Empfehler sich in *Gewährs*leute verwandeln.

Der Einfluß auf Richter bei der Einladungsrealisation bemißt sich nach dem Status des Befürworters und der Erfahrung mit der Zuverlässigkeit seines Urteils, die an den Resultaten der Tagungskritik ablesbar ist. Insofern stehen die Empfehler unter Bewährungsdruck; erwiesene Zuverlässigkeit transformiert sich ins Empfehlungs-Privileg. Umgekehrt evozieren Empfehlungs-Mißgriffe Mißtrauen. Richter hat also

»auf Erfahrungen aufgebaut; wenn ihm der eine oder der andere Autoren empfohlen hatte, die sich dann später als unbegründetes Versprechen erwiesen, dann hat er sicher weitere Empfehlungen mehr mit Skepsis betrachtet. Aber wenn er einigermaßen sicher sein konnte, (daß die) gewisse Erfahrungen haben, auch selbst ihr Prestige in die Waagschale schmeißen, weil sie jemanden empfehlen, so hat er sich natürlich darauf verlassen«. (14/15)

Generalisierte Vorsicht läßt Richter bei Empfehlungen walten, die von Verlegern kommen; die kritisch-skeptische Antizipation verlegerischen Interesses geht in sein Entscheidungskalkül ein:

»Bei Empfehlungen von Verlegern war er sehr viel vorsichtiger, da hat er sich erkundigt und oft auch versucht, was zu lesen.« (15/12)

Die Relevanzstruktur des Einflusses auf Richter läßt sich grob so klassifizieren: Voraussetzung für Zugänglichkeit ist ein wie immer auch vordefinierter Experten-Status zur Sicherung der Tagungsqualität [8]. Hinzu kommt die externe sozial-institutionelle Relevanz des Empfehlers [9]. Soziale Relevanz kann dabei heißen verlegerische oder lektorale Position, Medien-Stellung, z. B. Funk-Redakteur,

Herausgeber oder Mitarbeiter an literarischen Zeitschriften; denn dieser Kranz von Positionen und Institutionen ist je schon mit Literatur befaßt. Es kann nicht nur einschlägiges Wissen und Erfahrung vorausgesetzt werden. Diese Instanzen besorgen außerdem eine erleichterte Zu- und Einschaltung der 47-Tagungen in den sozial-literarischen Erwartungs- und Ereignisfahrplan. Zu diesem institutionell unterbauten Kreis gesellt sich schließlich eine Gruppe von nicht betrieblich-institutionell verankerten Schriftsteller-Kollegen, denen Richter aus Wissen und Erfahrung um deren literarische Kenntnisse Vertrauen schenkt und Einfluß auf den Entscheidungsprozeß einräumt [10].

Die Struktur des informellen Beratungsgefüges, basierend auf »bewährten Gewährsleuten« (eine Art Patensystem) [11], enthält einen insgeheimen Prozeß der Verantwortungsdelegation. Zwar trägt Richter als privater Einlader die Gesamtverantwortung, gleichwohl verteilt sie sich um auf jenen Kern von Personen mit Empfehler-Status. Auch sie sind in informelle Verantwortung genommen für den Bestand der Gruppe als ganzes. Wenn auch überpointiert, so doch triftig der interpretative Schluß:

»Er war ja auch froh, wenn er Gewährsleute hatte, auf die er sich berufen konnte, falls das ganz schlecht lief ... So ist das bei showmanship, daß man dann gerne die Verantwortung ein bißchen delegiert, verteilt.« (3/14)

Auf der Basis der Abgestimmtheit des gesamten Verfahrens auf Richter als Koordinator und letzte Entscheidungsinstanz wirkt die Verteilung von Verantwortung und informelle Rechenschaftspflicht zugleich sozial integrierend, werden doch die Gewährsleute de facto zu einem in das Legitimationssystem und die Interessen der Gruppenentwicklung eingebundenen Kern verknüpft. Mitwirkung wird zur Mitverantwortung. Allein, durch alle Strukturierungs- und Rationalisierungstendenzen hindurch wohnt dem Gesamtprozeß des Einladungsverfahrens ein gleichsam irrationalistisch-naturwüchsiger Zug inne; manifest darin, daß erst in der Spätphase prinzipielle Problematisierung einsetzt. Für das Gruppendurchschnittsbewußtsein scheint ansonsten eine vorreflexive Selbstverständlichkeit typisch zu sein, die aufscheint in der lakonischen Wendung, »bis zum 15., 16. Jahr hat man das einfach hingenommen und gedacht, naja, der Hans, der macht das schon« (7/12) [12].

Vor dem Horizont der durch Außenerwartungen restringierten Ermessensspielräume und der durchgängigen Form individueller Chancenwahrnehmung erhellen sich die Kriterien derer, die bereit sind, an sie herangetragene Wünsche von Personen, die an einer Einladung interessiert sind, an Richter zu Empfehlungen umzuformen und weiterzuleiten. Dabei sticht hervor, wie strikt die geltenden Rahmenorientierungen eingehalten werden. Dies wirkt sich stabilitätsfördernd aus. Primat kommt dem Gesichtspunkt des »Begabungsverdachts« (24/11) bei dem an einer Zuladung interessierten literarischen Anwärter zu. »Weil mir in diesen Fällen das Talent außerordentlich erschien« (20/7), diese Begründung drückt die Regel-Orientierung aus. Zugleich spielt eine gewisse Antizipation des An- und Einpassungsvermögens des Bewerbers herein; »wie wird er sich da ausnehmen, wird er sich da wohlfühlen und wird die Gruppe mit ihm etwas anfangen können« (15/12). Die Bereitschaft zur Empfehlung ist vorwiegend festgemacht an der Funktion der Gruppe als Chancen-Institut; es dem Bewerber zugänglich zu machen, wird als kollegiales »Versprechen« (20/8) empfunden. In Betracht gezogen wird gleichermaßen die Entwicklungsperspektive der Tagungen, der man sich verpflichtet fühlt [13]. Die co-reflexive Orientierung der Empfehler und ihre Konformität mit der ungeschriebenen Tagungs-Verfassung bewirken soziale Homogenisierung; ein Prozeß, der gerade auch von denen implizit mitvollzogen wird, die angesichts der konkurrenzverschärften Gesamtsituation der Tagungen in Einzelfällen oder grundsätzlich Bewerbern von einer Teilnahme abraten [14]. Indem selbst von denen, die der Kritik-Institution distanziert oder gar ablehnend gegenüberstehen, nicht der Versuch strukturellen Wandels der Situation unternommen wird, sondern literarische Novizen, die aufgrund ihrer Persönlichkeitsstruktur als ungeeignet für den Kritikmodus empfunden werden, verschont werden durch Nicht-Empfehlung, reproduzieren sich die Gruppentagungen über das Einladungsverfahren bewußtlos fort.

Wo es keine Statuten gibt, von denen Ansprüche auf Einladung abgeleitet werden können, ist die Ablehnung ein dezisionistisch zu handhabendes Steuerungsinstrument zur gewünschten sozialen Zusammensetzung, freilich immer im Rahmen der von außen einwirkenden sozialen Kontrollen. Der Ablehnungsvorgang erfolgt nach dem Muster des dargestellten Einladungsverfahrens; auch hier reguliert ein Einfluß- und Entscheidungsgewebe, das an die Bezugspunkte der »Verhinderung literarischen Unfugs« und der Wahrung sozialer Kohäsion geknüpft ist, die Abweisung.

Insgesamt zeigt das Einladungsverfahren deutlich Züge der Funktion sozialkultureller Profilierung der Gruppe. Das *Ruf*-Konzept der »demokratischen Elite-Bildung« ist eingewandert in das Ausleseverfahren. Wen man nicht wünscht,

»brauchte man ja nicht wieder einzuladen, ... Insofern ist es das Prinzip einer Elite. Es war im Grunde genommen eine Elite«. (23/47)

Das Elite-Konzept, das eher an das integrations-funktionalistische Konzept Karl Mannheims denn an die machiavellistische Variante Vilfredo Paretos gemahnt, wird auf die Sphäre der Literaturwelt übersetzt [15]. Die Ausflüsse des Elitegedankens sind in der Besonderung verbürgenden Erscheinungsform einer »geschlossenen Gesellschaft« (14/2) spürbar:

»Eine schwere Zugänglichkeit (der Gruppe – F. K.), weil sie formal mit irgendeinem Berechtigungsausweis nicht zu durchbrechen war, diese Sperre.« (4/3)

An der Einschätzung, daß »gerade die Enttäuschungen (von Erwartungen an literarische Novizen – F. K.) das Prinzip der Einladung« rechtfertigen (20/11), und an der die Gruppenkohärenz stärkenden Vorstellung, eine über Mechanismen der Qualitätsauslese ermittelte und begründete »Leistungselite« darzustellen, enthüllen sich die durch die Sonderideologie überwölbten Schranken eines Literaturwelt-Bewußtseins, in welchem der Elite-Begriff sich heimisch weiß. Spät, im Kontext der gesamtgesellschaftlich greifenden Legitimationskrise, die auch Karl Mannheims zumal in den 50er Jahren einflußreich gewordene Option für eine nach Sachabteilungen gegliederte, funktional-integrative Leistungselite, (»wo integriert wird, (sind) auch die Eliten nicht weit« – Adorno 1969 a, 34), in Mitleidenschaft zieht, spät erst, kommt zu praktischem Bewußtsein, daß die »Unwahrhaftigkeit« des Elite-Begriffs darin besteht,

»daß die Privilegien bestimmter Gruppen teleologisch für das Resultat eines wie immer auch gearteten objektiven Ausleseprozesses ausgegeben werden, während niemand die Eliten ausgelesen hat als etwa diese sich selber«. (ebd., 34)

Die Entwicklung der über das Einladungsverfahren regulierten sozialen Zusammensetzung der Tagungen offenbart sich letztlich als ein gesellschaftlicher Anpassungsprozeß, dessen Resultat eine getreue Spiegelung eines relevanten Ausschnittes des sozial-literarischen Kräftefeldes zurückwirft. Nicht restriktiv als eine Autoren-Vereinigung reproduziert sich die Gruppe 47 über das Einladungsverfahren in ihren Tagungen, sondern als ein mikroformatiges Abbild (und Zerrbild zugleich) der durch den literarischen Markt festgelegten sozialen Strukturdynamik einer Konkurrenz um literarisch-kulturelle Legitimität. Abbild, was die Diversifizierung sozial-beruflicher Gliederung angeht; Zerrbild, was den Durchschnitt des sozialen Status der zur Gruppe 47 versammelten literarischen Intelligenz angeht, insofern als die Tagungen in hochgradiger Dichte literarische Prominenz, d. h. eine spezifische Auswahl aus dem gesamten Feld der literarischen Intelligenz, speichern (vgl. Kap. 2.3.3.3.).

2.3.3. Selbstkommentierung: Erscheinungsbild exemplarischer Individualitäten

»Es wurde unendlich viel geschrieben über die Tagungen der Gruppe 47.« (21/28)

Mechanismen der Selbstkommentierung und Kommentierung sind genuine Bestandteile sozialer Selbstdokumentation literarischer Intelligenz, da diese vorweg in die Öffentlichkeit eingetaucht ist. Literaturwelt als *kategoriales* Kommunikationssystem [1] wird in Gang gesetzt und in Bewegung gehalten von einem unaufhörlichen Fluß sedimentbildender Artikulationsströme, der grundlegend durch die jeweils gegebene distributive Struktur der Massenkommunikation determiniert ist (Dröge 1972, Diederichs 1973). Die über Literatur, Produzenten wie Erzeugnisse, sich türmenden Meinungs-Ablagerungen lösen ihrerseits wieder neue sedimentbildende Artikulationsprozesse aus. Die dem literarischen Erwartungs- und Ereignisfahrplan innewohnende Dialektik von Regel und Ereignis ist vorgängig durchwirkt von einem kommunikationsstrukturell vermittelten Gewirr von Einhüllungen, denen die Ambivalenz von Ent- und Verhüllung eigen ist [2]. Von daher sind die 47-Tagungen als Modi sozialer Selbstdokumentation gleichsam mit einer Haut publizistischer Grob- und Sublim-Brechungen überzogen, die als Momente des Gruppenbewußtseins mit dem konkreten Gruppenprozeß sich verschmelzen. Die »Primärwelt« der Tagungen ist je schon durchbrochen von einer »sekundären Wirklichkeit« (Lippmann 1964, 17), die durch externe Kommunikationsvorgänge erzeugt wird. Konkret statt hat jener Verschmelzungsprozeß in der Positionsunion einer Reihe von Personen, die den Tagungen beiwohnen. Es handelt sich um Personen, die zugleich, sei es nur temporär oder aber dauerhaft, in den gruppenexternen Konstitutionsprozeß der Literaturwelt einbezogen sind. Demzufolge scheint das Gruppenbewußtsein unmittelbar im publizistisch vervielfältigten Außenbild von der Gruppe auf. Der Selbstkommentierung ist dabei eigentümlich, daß die Tagungssubjekte im Wege der Berichterstattung in den diversen Medien fortwährend sich selbst zum Objekt öffentlicher Themenbildung ummünzen; oder anders: sie verhalten sich in den externen Kommunikationsprozesse laufend zu sich selbst als Objekte, was wiederum spezifische Kontrollmechanismen zum Einklinken bringt. In diesen primären Verobjektivierungsvorgang greifen nun die Kommentierungen derer, die nicht (oder noch nicht) zum Tagungskreis gehören, ein, wodurch die Tagungen vollends in die einschlägigen Themenstrukturierungs-Prozesse eingeschleust werden [3]. Aus der Symbiose von Selbstkommentierung und Kommentierung innerhalb der kategorialen Meinungszirkulation gehen die Tagungen als *publizistisch eingehüllte* sozial-literarische Geschehnisse hervor.

»Nichts tun sie lieber, als über Leute zu reden, die über Leute reden, die über Bücher schreiben, die von Büchern handeln.« (Wieland)

Aufgrund der gesellschaftlich definierten Aufgaben (Information und Meinungsbildung) der in die Literaturwelt eingeschalteten und diese mitkonstituierenden Medien besteht eine, freilich durch die jeweilige politische Rigidität und Repressivität restringierte, prinzipielle Aufnahmebereitschaft für Ansätze und Entwicklungen, die regelmäßige Stoffzulieferung garantieren. Diese Aufnahmebereitschaft korrespondiert mit den individuellen Reproduktionsinteressen derer, die die Medien mit »Stoff« versorgen [4]. So überrascht nicht, daß gegen Ende der Entwicklung der Gruppe 47, die eine ausgeformte soziale Ereignisgestalt als Knotenpunkt der Literaturwelt hervorbringt, jene, die von den n-ten Sedimentbildungen leben, um ein wichtiges »Lebenselexier« sich sorgen. Unter der Überschrift »Bloß keine Sozialisierung der Gruppe 47« wittert z. B. Gerhard Zwerenz, selbst Schulfall eines Erzeugers n-ter Hüllen, Defizit-Gefahren, wenn er (vielleicht ein wenig selbstironisch) in einer Replik auf eine entsprechende Forderung Walsers anmahnt:

»Widerstehe den Anfängen! Gäbe es keine Gruppe 47, müßte man sie erfinden. Die Gruppe und ihre Gegner haben sich wechselseitig nötig; und dieses kunstvolle Gewebe literarischer Marktwirtschaft soll nun derb zerrissen und zur groben Sackleinwand sozialistisch-kollektivistischer Provenienz umstrukturiert werden?« [5]

Die Tagungen verweben sich ins literarische Kommunikationssystem über die Transmissionsriemen von Vorankündigung und Echo, die die Institution Tagung über die Tagungsfrist hinaus publizistisch fest vernetzen. Von Anfang an operiert dabei die Selbstkommentierung als Vehikel der Wegbereitung und -betonierung: nicht kontra- oder subkulturelle Abschirmung bestimmt deren Mechanismen, sondern die Einleitung und Förderung sozial-kultureller Anerkennung mit der Folge gesellschaftlicher Integration. Der retrospektive »Eindruck, daß die Gruppe ja eben die Anerkennung sucht, ... die Affirmation, und nicht und gar nicht den

Zusammenstoß« (19/27), beleuchtet den funktionalen Kontext der Selbstkommentierung. Sie ist an die Aufgabe gebunden, ein entwicklungsadäquates Bild von den Tagungen zu zeichnen und für eine stabilitäts- und identitätsangemessene Regulierung des Ein- resp. Ausschlusses externer Öffentlichkeit zu sorgen. Für die soziale Kenntlichkeit der Tagungen ist grundsätzlich geboten, deren *Sinn*, d. h. Notwendigkeit und Nützlichkeit, bekanntzumachen und glaubhaft darzustellen. Bis in die Spätphase hinein, die schon vom Legitimitätszweifel angefressen ist, wird dies, nun freilich weniger selbstsicher, geleistet:

»Manches spricht in der Tat gegen, vieles wiederum für die Tagungen. Fragwürdige Veranstaltungen sind es auf jeden Fall. Nur daß sie es immer schon waren. Und mag auch ihre Notwendigkeit heute weniger einleuchten als in den fünfziger Jahren, so erfüllen sie doch noch eine wichtige Funktion. Richter, der die Auflösung der Gruppe für geradezu absurd hält, hat das wieder einmal bewiesen.« (Reich-Ranicki 1967)

Die den Sinn erläuternden Informations- und Interpretationsarbeiten laufen über ein Netz von kategorialen Kommunikationsinstanzen, in denen Tagungsteilnehmer auch übers Jahr mit ihren literarischen und literar-kritischen Arbeiten vertreten sind. Diese Instanzen sind vor allem Feuilletons der kleinen, mittleren und großen Tageszeitungen, Abteilungen von Funkstationen, seltener Fernsehstationen, und natürlich literarisch-kulturelle Zeitschriften.

Die Träger der quasi-authentischen Selbstkommentierung lassen sich in drei Gruppen einteilen: erstens die inkarnierte Legitimationsinstanz Richter zusammen mit einem Kranz von informell für die Gruppe mitverantwortlichen Personen, den Gewährsleuten; zweitens, zumal in der ersten Zeit, die Gruppe derjenigen, »die als Autoren teilnahmen und die Möglichkeit hatten, in Provinzzeitungen und auch vielleicht in größeren Zeitungen ... zusätzlich was zu verdienen ...« (21/28); und drittens die Gruppe der berufsmäßigen Berichterstatter, Journalisten und Redakteure.

Die zunehmend ein dichteres und reichhaltigeres Interpretationsnetz über die Gruppe werfenden Prozesse der Selbstkommentierung sind nicht durch eine kalkulierte Strategie aufeinander abgestimmt nach dem Muster neofeudaler Verbandsöffentlichkeiten. Just deshalb erhärtet die Art der Selbstkommentierung in Übereinstimmung mit dem in ihr vermittelten und verbreiteten Bild der Tagungen als losem Gefüge eines Individualitäten-Konglomerats mit eingebautem Verflüchtigungseffekt den Schein von Struktur- und Normlosigkeit. Obwohl keine konzeptive Strategie ausgearbeitet ist, schälen sich Normen heraus, welche die Selbstkommentierung regeln. Diese spiegeln vorgängig die Absicht der Reduktion des Rollenkonflikts, welcher durch die genannte Positionsunion gegeben ist. Es wird versucht, die Loyalität zum Tagungskreis und zur Institution der Gruppe 47 als ganzes auf der einen [6] und die Glaubwürdigkeit der Berichte auf der anderen Seite auszubalancieren:

»Teilnehmer und Akteure sind oft zugleich auch Berichterstatter, aber mühelos meistern sie diese Spaltung. Mit einer Volte wird aus dem Kritiker auf der Tagung ein Kritiker an der Tagung.« (F. R. 1966)

Um dem rufsschädigenden Vorwurf der »Hofberichterstattung« eines »akkreditierten Korrespondenten« zu entgehen (Gerhard 1968), wird zum einen die Zugehörigkeit offengelegt, zum anderen aber der Gestus eines kritischen Verhältnisses zur Gruppe bemüht. Zwar wird Wohlwollen nicht verhehlt, aber objektivierende Distanz betont.

»Um keine Zweifel aufkommen zu lassen: ich gehöre, als Autor und Kritiker, der Gruppe 47 seit zwölf Jahren an. Diese Besprechung wurde also nicht *pro,* wohl aber *ex domo* geschrieben.« (Jens 1962)

Obwohl auftragsgebundene Auflagen nicht nicht bindend formuliert sind, sind Grundregeln in Kraft, deren erste den genannten Gestus der Kritik sogleich zurücknimmt.

»Die (Berichterstatter – F. K.) brauchten nicht positiv berichten, darum ging's auch gar nicht. Man konnte ja sagen, diese Tagung war schlecht. Das war ja keine Kritik an Richter. Sie mußten nur sozusagen zur Gruppe oder zur Institution ein positives Verhältnis haben.« (26/22)

Der selbstauferlegte Verzicht auf radikalisierte Gruppenlagenkritik hat präventive Schutz- und Homogenisierungseffekte, indem er nach innen integriert und soziale Grenzen nach außen zieht. Spezifiziert sind zwei weitere Orientierungen. Einmal ist es Brauch, »Gruppeninterna . . . nicht zum Gegenstand öffentlicher Erörterungen (zu) machen« (15/40). Ungeschrieben vorgeschrieben ist eine behutsame Behandlung der Privatgruppensphäre durch Ausklammerung von Geschehnissen, deren Veröffentlichung individueller Verletzung gleichkommen würde. Es kann hier von integrativen Schutznormen gesprochen werden. Zu diesen zählt auch die Vorschrift, prinzipialisierte Durchfälle zu anonymisieren.

»Und da war ein einfaches Gesetz: wer dort durchgefallen war, also ein Anfänger, . . ., dann hat man ihn nicht besonders erwähnt, den Durchfall . . . Denn die hatten ja keine Chance mehr. Wir konnten uns ja irren (!).« (23/39)

Der Modus der Selbstkommentierung fungiert hier als Schonungsmechanismus, der nicht nur literarischen Novizen, sondern allen zugute kommt, denen der prinzipialisierte Verriß widerfährt [7]. Anders ist das Kommentierungsverhalten bei Prominenten, denen Partial-»Durchfälle« beschert werden, (»Bei Prominenten hat man's . . . gemacht, wurde . . . davon geschrieben« – 23/29). Die Schonungsnorm wird streng beachtet, Verletzung durch soziale Mißbilligung geahndet [8].

»Es wurde ausführlich und es sollte ausführlich berichtet werden über literarischen Ertrag und politischen Ertrag.« (15/41)

Die Gepflogenheit, über Partial-»Durchfälle«, zumal spektakuläre à la Enzensberger, ungeschminkt zu berichten (Schnurre 1961, 160), bewahrt die Tagungsberichterstattung vor dem sozial schädigenden Ruf loyalitätshöriger Schönfärberei; hierdurch wird die soziale Glaubwürdigkeit der Selbstkommentierung dokumentiert.

　　Diese Normen der Selbstkommentierung sind durchaus sanktionsgestützt; zunächst recht wirksam durch das Einladungsverfahren.

»... muß man wohl auch gerechterweise sagen, ... (daß) Redakteure bei der schwierigen Zugänglichkeit der Gruppe z. T. unter dem Druck standen, durch Freundlichkeit gegenüber wichtigen Gruppenmitgliedern sich den Zugang zur Gruppe zu erhalten oder zu schaffen.« (4/16)

Des weiteren sind die Normen durch internalisierte Gruppenloyalität hinterbaut.

»Und die, die eingeladen wurden, die fühlten sich dann auch schon so halb dazugehörig und die schrieben dann wohl auch etwa in dem Sinn.« (6/43)

Diese Loyalitätsbindung trifft nicht nur für die angeschlossenen Journalisten und Redakteure zu, sondern bestimmt das Selbstkommentierungs-Verhalten aller Gruppenzugehörigen. Letztlich ist es das Wissen um den sozialen Wert des Zugangs zu einer Tagung mit ständig steigendem Prestige, welches die Einhaltung der Berichterstattungsnormen bewirkt. Es ist allemal »eine Art Auszeichnung« (26/22), direkten Zugang zu den Tagungen zu haben. Das hat zur Folge, insbesondere für Journalisten und Redakteure, daß sie »ihre Stellungen bei den Zeitungen (stärkten), weil sie eben und die anderen nicht zur Gruppe 47 eingeladen waren« (21/28). Der Authentizitätsbonus für Augen- und Hörzeugen sichert normgerechtes Kommentierungsverhalten.

Die Normen der Selbstkommentierung zeigen in der Schlußphase, besonders ablesbar an der Berichterstattung über die Tagungen in Princeton und in der Pulvermühle, Risse. Erste Anzeichen radikaler Legitimitätskritik an der Institution als ganzer sind vernehmbar; die Veröffentlichung delikater literarischer und politischer Willensbildungsprozesse innerhalb der Privatgruppensphäre beginnt. In der Aufweichung des Normgefüges deutet sich der Legitimations- und institutionelle Verfall als Prozeß sozio-politischer Dissoziierung an. Die Selbstkommentierung verwandelt sich aus einem Mittel sekundärer Legitimierung in das primären Zweifels.

Die Struktur der Selbstkommentierung, Information und wertende Interpretation zugleich, ist – bis zu ihrer Verfallsperiode – so angelegt, daß sie nivellierenden Gruppenbildtendenzen vorbaut, indem sie auf der Ebene der »Erfolgsmeldungen« ereignisorientiert und *personalisierend* verfährt bis hin zur publizistischen Erzeugung individualisierter Prominenten-Profile. Zugleich aber verfährt die Selbstkommentierung stereotypisierend insoweit, daß ein identifizierbares, konsistentes Bild von den Tagungen ins öffentlich-belletristische Bewußtsein sich einprägt, das in seiner authentischen Gestalt immer dann besonders scharf konturiert ist, wenn die Selbstkommentierung gegen Außendruck und -angriffe operiert [9].

Der publizistische Gesamtprozeß gliedert sich, in Spiegelung der sozialen Wertsteigerung der Tagungen, in drei Phasen. Es kann eine erste Phase ausgemacht werden, während der die Tagungen aus der Enge der »literarischen Buschtrommel«, des Insider-Kommunikationssystems interessierter Gruppen, sich befreien; sie schließt ab mit dem »Pressejahr 1951« (Ferber 1964). In der zweiten Phase weitet sich das Kommunikationsfeld auf das sozial-kategoriale System der Literaturwelt aus; dieser Verankerungsvorgang erreicht eine neue Stufe mit der Internationalisierung der Resonanz; symptomatisch hierfür der »Welterfolg« der *Blechtrommel* (1958/1959). Auf dieser neu erreichten Stufe wird die Basis einer entscheidenden Transformation des Kommunikationsgehäuses, in welchem die Tagungen sich bewegen, gelegt. Der Einzug in das allgemeine, disperse System der Massenkommunikation, der zugleich ein Einrücken in die Sphäre *politischer* Öffentlichkeit bedeutet, leitet die dritte Phase ein. In den Auseinandersetzungen um die Spiegel-Affäre (1962), in die die meisten der Tagungsteilnehmer (Berlin 1962) mit einem Manifest eingreifen, wird endgültig eine Reihe der zur Gruppe gehörenden literarischen Subjektivitäten zu literarisch-politischen *gesellschaftlich* definiert; d. h., sie verwandeln sich in »Intellektuelle«. Dieser Prozeß setzt sich fort über Ludwig Erhards »Pinscher«-Ausfälle (1965) und mündet ein in die politisch-intellektuelle Publizität, wie sie im Zuge der Studentenbewegung neu inszeniert und reaktiviert wird (vgl. Helbig 1967, Lettau 1967, Anhang). In dieser letzten Etappe reift die Metamorphose von Teilen der literarischen Intelligenz, soweit sie im Feld der Gruppe 47 angesiedelt sind, in die Gestalt einer literarisch-politischen Intelligenz aus. Es kristallisieren sich Rollen *repräsentativer* Intellektueller heraus, deren soziale Erscheinungsform erst nach der Stillegung der 47-Tagungen ihrerseits prinzipialisiertem Zweifel anheimfällt (Walser 1972). Die Prägung repräsentativer Intellektuellen-Rollen (»Kritik als Beruf«) im Kontext des Aufstiegs der Gruppe 47 zu einem gesellschaftlich repräsentativen Institut verdankt sich dem Angleichungsprozeß der Modi der Berichterstattung über die Gruppe 47 an die Formen neofeudaler Öffentlichkeitsherstellung [10]. Diesem Wandel der Kommunikationshülle gegenüber zeigt sich das in der Selbstkommentierung erzeugte und reproduzierte Bild von den Gruppentagungen äußerst widerstandsfähig. Die invariante Bildstruktur setzt sich zusammen aus den Grundelementen eines demonstrativ-integrativen Nonkonformismus, eines emphatischen Bekenntnisses zur Literatur als Eigenwelt und einer strikten Distanz zur Organisationswelt [11]. Getreu spiegelt das Gruppenbild, obgleich nicht erzeugt durch rationale Strategien der Öffentlichkeitsarbeit, ein kohärentes Gruppenbewußtsein, das aufs Legitimationssystem sich verpflichtet weiß. Dieses Bild wird auch dann noch weitervermittelt, als die darin eingezeichnete legitimatorische Figur von der »Gruppe, die keine ist«, durch die reale Entwicklung längst überholt ist. Die Darstellung eines losen Konglomerats von »Einzelgängern« wird endgültig zum Zerrspiegel in der Spätphase, weil einerseits die 47-Tagungen in eine »kompakte« repräsentative sozial-kulturelle Institution sich verwandeln, andererseits den zur Gruppe 47 zugehörigen Einzelnen gesellschaftlich repräsentative Rollen als exemplarische literarisch-politische Subjektivitäten (Intellektuelle) gezimmert werden.

2.2.4. Konstitution sachlicher und sozial-kultureller Identität: Schübe und Schranken pluraler Absorption

»Die Richtung? Die Art? Der Ismus?
Das ist nicht so wichtig bei der Gruppe 47; wichtig ist, daß einer für uns und in seiner Art gut schreibt.« (Walser 1952, 278) [1]

Der skeptizistischen Mentalität konform herrscht von Anfang innerhalb des 47-Kreises Abneigung gegenüber literarisch-programmatischer Schulen-Bildung (Richter 1948). Der skeptischen Distanz ismenerzeugender und -bezogener sozialer Selbstdokumentation gegenüber entspricht zum einen die unablässig betonte Zurücknahme politischer Urteile und Stellungnahmen in die gruppenentzogene private Verbindlichkeit und zum anderen die Neutralität gegenüber literar-theoretischen Konzeptualisierungen. Die skeptizistische Richtschnur der »Enthaltung vom Urteil« als Gruppenensemble und der skeptizistische Gestus der »Mäßigung« (Horkheimer o. J., 209/15) begünstigen eine soziale und literarische Flexibilität während der Tagungsgeschichte. Sie ist die Bedingung für eine ungebrochene Entfaltung einer über selektiv-prämiierende Kritik vermittelte Chanceninstitution. Die wohlwollende Offenheit gegenüber vielfältigen literarischen Strömungen verschwindet nur dann, wenn literarische Positionen auftreten, die für sich sog. Absolutheitsansprüche reklamieren. Solche Ambitionen, die gegen einen pluralistisch zerbröselten Wahrheitsbegriff gewendet sind, werden mit dem Rekurs auf die gruppenverbindliche ideologische Axiomatik, (»Die Ablehnung aller Wertsysteme, die sich selbst als absolut begreifen« – Andersch 1948, 28), zurückgewiesen. Die Maximen der Enthaltsamkeit und Mäßigung werden ihrerseits mit dogmatisierender Strenge zur Geltung gebracht. Jene Offenheit hat noch eine pragmatische Seite, da sie die Absorptionsfähigkeit der Tagungen garantiert. Früh schon formt sich soziale und literarische Flexibilität als tagungsstrukturelle Eigenschaft aus, zumal nach vorangegangener entpolitisierender Häutung der Weg für einen literarischen Pluralismus bereitet ist (Schwab-Felisch 1962 a, 68). Mitte der 50er Jahre ist das Prinzip der Koexistenz unterschiedlicher literarischer Richtungen fest installiert:

»Aus dem seinerzeit überwiegend homogenen Zusammenschluß realistischer Prosa-Schriftsteller ist eine Gruppe sehr unterschiedlicher Stilrichtungen geworden, ...« (Schwab-Felisch 1956, 118/19)

Zwar herrscht kein verpflichtender literar-theoretischer Konsens, doch weiß sich der 47-Kreis einig in der Grundvorstellung, daß »Literatur« ein Eigenproblem sei, dem man mit den unterschiedlichsten Ansätzen und Schreibweisen beikommen könne. Letztlich eint die Idee eines genuinen Literaturprozesses.

»Der Zusammenhalt der Gruppe«, so heißt es noch 1967, als dieses Literatur-Band schon überdehnt ist, »beruht auf der Voraussetzung, es gäbe ein gemeinsames Medium, das alle Gegensätze in sich aufhöbe oder gegenstandslos mache, das sei die Kunst.« (Wellershoff 1967, 1025/26)

Die der herrschenden Sonderideologie zugehörige Idee der Kunst (resp. der Literatur) als letzter Reduktionsbasis des literarischen Räsonments und der sortierenden Kritik »fingiert einen ideologiefreien Raum« (Wellershoff ebd., 1026) und neutralisiert somit gegenüber einer Gesellschaft, die epochal sich zurechnet dem »postideologischen Zeitalter«. Um so leichter kann die westdeutsche Gesellschaft sich die 47-Tagungen einverleiben, zumal der Modus der sozialen Selbstdokumentation auf einem selten durchbrochenen politischen Quietismus beruht.

»Ideologie war bei uns nie wichtig. Da hätte einer ruhig alles Mögliche sein können, er mußte nur schreiben können.« (2/38)

Diese geradezu gruppenklassische Formel legt eine skeptizistisch unterkellerte Flexibilität, deren Bestimmtheit in der Öffnung selbst fürs Inkompatible besteht, frei. Die ideologische Unterkellerung (»totaler Ideologieverdacht«) geht ein in den leistungsfunktionalen Zusammenhang, als nämlich für eine erfolgreiche Entwicklung zu einem strategischen Legitimationsorgan faktisch geboten ist,

»daß sie sich für jede neue Entwicklung offenhalten *mußte* und die Fähigkeit haben *mußte*, sie zu integrieren (Herv. – F. K.)«. (15/11)

Die Absicht, Neues zu absorbieren und via »Unfug« verhindernder Kritik »Qualität« zu integrieren, schließt denn unterm Gesichtspunkt kontinuierlicher Erweiterung der Gruppe literarische Schul-Bildung vorweg aus. Statt dessen eignet sich das integrative Sammlungskonzept eines literarischen melting pot, der durch Qualitätssondierung und -zentrifugierung zustande kommt. Wiederum, als hätte Karl Mannheims Elitenlehre von der Intelligenz als »sozial-geistiger Mitte«, der es obliege, Synthetisierungsakte zu vollbringen inmitten einer »pluralistisch-zentrifugalen Gesellschaft«, Pate gestanden (Lenk 1963), gerinnt das Konzept einer temperierten Vermittlung zum Generalnenner auf der literarischen Ebene.

»... man hatte nicht die Absicht, eine neue literarische Revolution mit der Gruppe 47 ins Leben zu rufen, also eine neue Schule zu machen, ..., sondern man wollte den Weg der Synthese.« (23/17, 18)

Eine Vereinigung, die auf skeptische Mäßigung eingestimmt ist, deren Zusammenhalt über absorptive Flexibilität gesteuert wird, ist gegen die für literarische und künstlerische Gruppierungen typische Erscheinung der *Sezessionierung* gefeit, sind doch Konflikte zwischen literarischen und dahinter stehenden erkenntnistheoretischen und politischen Konzepten vorab entschärft, wenn sie unterm Dach eines theoriedistanten, pluralen Literaturverständnisses zusammengehäuft sind [2]. »Ist es da nicht ein Vorteil«, so Montaigne, der Ziehvater des neueren Skeptizismus, im Angesicht der augenscheinlich alles Denken und alle Überzeugung in die Nacht des Relativismus senkenden Interessengebundenheit, »sein Urteil in der Schwebe zu lassen, als sich in all dieser Einbildung zu verstricken, nicht besser, unentschieden zu bleiben, als sich unter die turbulenten und streitsüchtigen Sekten zu mischen?« (zit. nach Horkheimer o. J., 205). Diese rhetorische Frage kennzeichnet den Gang der 47-Tagungen, die nach innen den Weg integrativer Amalgamierung, nach außen den der Absorption gehen.

»Und Richter hat immer sehr schnell, wenn dort irgendwelche Gruppierungen aufkamen, die ... auch der Gruppe hätten gefährlich werden können, aber jedenfalls außerhalb der Gruppe waren, hat er sie in den ersten 15 Jahren ganz systematisch an sich zu ziehen und hereinzunehmen versucht.« (1/3, 4)

Die gezielte Absorption entzieht aufkeimenden Alternativ- oder Gegengruppierungen die Konstitutionsgrundlagen, wie sie umgekehrt die sozial-kulturelle Stellung der 47-Tagungen stärkt. »Weil sie nicht fixiert war, bildeten sich keine Gegengruppierungen« (1/3, 4). Lose gefügten literarischen Kreisen und einzelnen Autoren ist die Einkehr in die Tagungen erleichtert, weil weder theoretische Begründungen und Rechtfertigungen der eigenen Schreibweise, noch gar Anpassungen an einen etwa gegebenen explizierten gruppendominanten Schreibstil abverlangt werden. Und je mehr die Tagungen soziale Wertsteigerung erfahren, desto bereitwilliger wird die schon vorhandene Chancen-Instiution als ein Angebot, das kein »Bekenntnis« abfordert, wahrgenommen. Dies erhöht wiederum den sozialen Wert der Tagungen, indem die Palette literarischer Tendenzen sich erweitert.

Mitgesetzt ist in der pluralen Amalgamierung literarischer Tendenzen erstens eine dem Konzept nach unbegrenzte Aufnahme-Kapazität der institutionalisierten Kritik, deren »Ritus des literarischen Abschmeckens« (Schwab-Felisch 1962 a, 167) nicht an eine oder einigen wenigen literarischen Tendenzen restriktiv sich binden darf –, jedenfalls der tagungsformativen Idee nach [3]. Zweitens ist gesetzt, daß keine programmatischen Präferenzsysteme sich explizieren und monopolitisch behaupten, sondern eine prinzipielle Plurivalenz, d. h. Gleichwertigkeit der Schreib-*Weisen,* anerkannt bleibt, gemäß dem allgemeinen pluralistischen Diktum: »Unter Pluralismus versteht man das gleichberechtigte ... Nebeneinanderexistieren« (Staat und Politik 1964, 254). So spiegelt denn die Tagungsgeschichte die Bewegung gruppenübergreifender literarischer Akzentuierungen und Tendenzen, ohne daß je über sie als Schreib-Modi explizite Verdikte verhängt oder offiziös verlautbarte Prioritätensetzungen vorgenommen werden aufgrund eines wie immer auch explizierten literaturtheoretisch-ideologischen Bezugssystems. Umgekehrt, auf kontinuierliches, freilich selektives Zueinanderfügen sind Einladungspraxis und Kritik geradezu eingestellt, deren Resultate in Tendenzen repräsentativer Querschnitts-Ausstellung einmünden, in welcher allenthalben signifikante »Außerdeme« fehlen [4]. Das der absorptiven Flexibilität innewohnende Prinzip literarischer Koexistenz zwingt einmal zum akkomodierten Austrag der Konkurrenz um literarisch-kulturelle Legitimität und erleichtert zum anderen just deshalb friktionsentlastende intergenerative Mobilität, indem nämlich die Institution neuen literarischen Generationsimpulsen offen gehalten wird. Im Unterschied zu literarisch-künstlerischen Vereinigungen, die traditionell als sozial definierte Generationsschübe sich interpretieren und integrieren (Mannheim 1964, 509 ff.), streift die Gruppe 47 die generationsspezifische Hülle Junge Generation/Junge Literatur alsbald ab und zeigt sich der sozial-literarischen Generationsproblematik gegenüber als äußerst elastisch, so daß es nicht verwundert, »daß dieser Generationswechsel sich relativ glatt vollzog« (26/17).

»Die hatte eine ungeheuer starke Absorptionskraft, diese Gruppe ... Was ein Wunder ist bei diesen ausgefallenen Typen.« (24/10)

Das Rätsel löst sich auf im Lichte der gruppenspezifischen *sozialen* Flexibilität. Diese ist eingehängt in den Bezugsrahmen eines temperierten Individualitätsmusters. Zulässig und gefordert ist der skeptizistisch getönte Habitus »intellektueller Unabhängigkeit«. Nicht erwünscht ist ein expansiver Gestus, der den Anschein erweckt, oktroyistisch verfahren zu wollen.

»Sie (die Gruppe – F. K.) konnte nicht ertragen, ..., absolute Rechthaberei, Superindividualisierung oder Ungefügigkeit.« (22/16)

Normiert ist eine Koexistenz von einpassungsfähigen Profilen literarischer Subjektivitäten [5], die die Werte der Kritik, Toleranz und des schöpferischen Kompromisses« zu ihrer intellektuellen Ausstattung rechnen. Vor dem Hintergrund des Konzepts literarischer Plurivalenz impliziert Abweichung, d. h. Standpunktevertretung, die den Anschein der »Rechthaberei« und des Hyperindividualismus erweckt, unterm Vorzeichen liberaler Gruppendoktrin tendenziell Selbstausschluß.

»... in der Gruppe 47 mußte jemand wissen, wenn er dazu gehörte, daß es die verschiedensten Modelle gab, ... und daß ein Ausschließungscharakter eigentlich den Selbstausschluß aus der Gruppe bedeutete.« (21/16)

Innerhalb der so definierten, weit gefaßten Bandbreite sind die unterschiedlichsten Subjektivitätsprofile lizensiert.

»... die individuelle Selbstbehauptung innerhalb der Gruppe war sehr groß, alle Möglichkeiten dazu bestanden ja.« (20/34)

Die am Leitfaden der Qualitätsauslese orientierte und durch rigoristische Pluralität abgesicherte Einsozialisierung je neuer literarischer Generationen treibt einen eigentümlichen *Zentralisations*prozeß hervor, in welchem das sozial-literarische Umfeld tendenziell entleert und gleichzeitig die sozial-literarische Komplexität *innerhalb* des Gruppenzusammenhangs hochgradig gesteigert wird. Dieser Tendenz wohnt eine Dialektik inne, die als *Überdehnung* der Flexibilität in Erscheinung tritt. Mit der Selbstdokumentation in Sigtuna 1964 wird eine Stufe absorptiver Flexibilität erreicht, die in ihrer spektralen Breite zur Repräsentativität neigt. Das treibende Motiv, seismographengleich die Fülle literarischer Tendenzen und sozio-kultureller Profile literarischer Subjektivität in sich aufzunehmen, bringt eine fortwährend sich akzelerierende Bewegung in Gang, von der die Tagungen zum Schluß überflutet werden. Die innere Dynamik,

»die Literatur eines Landes zu repräsentieren in einer Gruppe, ... ist selbstverständlich in the long run nicht mehr haltbar gewesen, weil die Literatur eben wiederum qua Konstitution usw. viel reicher und vielfältiger ist, ...«. (19/60)

D. h., auf die Tagungen senkt sich die Last der Selbstüberforderung, die aus der Diskrepanz zwischen gruppenexterner sozial-literarischer Komplexitätszunahme (Winckler 1973) und gruppenintern strukturell gegebenen Kapazitätsgrenzen ihrer selektiven Aufnahme resultiert [6]. Symptomatisch werden die Grenzen sichtbar an der Qualität sondierenden Kritik-Apparatur. Ihr gegenüber werden in der Spätphase, just nach Sigtuna, immer vernehmlicher Zweifel laut, ob sie den immer neu einfließenden und absorbierten Modi gegenüber noch sachangemessen sich verhalten könne. Der unaufhörliche Zufluß unterminiert das Bild seriöser Kritik, je mehr diese alles und jedes sich zumutet.

Die tendenzielle Verwandlung der Tagungen in Orte der Schnell-Kritik und ad hoc-Sortierung lädt unter diesen Umständen geradezu zu einem pragmatisch-instrumentellen Bezug derjenigen literarischen Generation ein, die in der Spätphase zur Gruppe stößt, weil als Integrationsferment nur noch eine zur Fungibilität deformierte Flexibilität sich darbietet.

»Und sie haben sich, glaube ich, auch zynisch gegenüber der Gruppe verhalten. Sie haben gesagt, was die da machen, politisch, literarisch, daran glauben wir nicht mal. Aber es ist nun mal der Umschlagplatz, an dem wir erscheinen müssen und dabei sein müssen (!). Als also das gesunde literarische Eigeninteresse nicht mehr zu verbinden war mit einer wie immer diffusen allumarmenden Ideologie, sondern die Ideologie nur noch zynisch benutzt wurde, da fing es an, eigentlich zu kriseln in der Gruppe.« (4/28)

Was als zynischer Bezug retrospektiv erscheint, ist nur Ausdruck konsequenter Anpassung an das Normsystem der Flexibilität, geradezu eine folgerichtige Entwicklung desjenigen skeptizistischen Grundsatzes, der der Gruppenentwicklung das legitimatorische Rückgrat sichert: »Rückzug aus jeder Art von Unbedingtheit auf ein gemäßigtes Selbstinteresse« (Horkheimer o. J., 205). Erst als das Konzept der Unverbindlichkeit und der quasi-naturwüchsigen Selbstauslese von »Qualität« sich enthüllt als vorproblematische ideologische Prämisse einer ganzen Gesellschaftsperiode, deren Ideologie in neoliberalem Aufguß darauf abgestellt ist, daß die List der Vernunft dafür sorge, daß aus dem Gegeneinander individueller Interessenwahrnehmung eine vernünftige Sozialordnung sich herstellt (Hayek 1952), erscheint der pragmatische Bezug auf das Chanceninstitut im Lichte des Zynismus. Tatsächlich konstituiert sich nicht erst in der Spätphase ein konkurrenzdurchsetzter Grundriß der Tagungen, er tritt nur in schärferen Konturen auf. Dieser Entwicklung schmiegt sich das kognitive und praktische Verhalten der zuletzt ankristallisierten literarischen Generation maßgerecht an. Verstärkt wird das pragmatische Verhalten dadurch, daß die für die vorangegangene Absorption literarischer Generationen geltende, den Mechanismus der Flexibilität legitimierende Triangel von Kritik, Toleranz und Kompromiß ihre Wirkkraft einbüßt. Die Basis der bisherigen Integrationsmöglichkeit beginnt sich zu lockern, um dann im Zuge der Rekonstruktion des politisch-ideologischen Streites innerhalb des Tagungsrahmens (Pulvermühle 1967) auseinanderzubrechen. Die Vorstufe dazu bildet der dem Selbstinteresse entspringende praktische Test auf die Möglichkeiten der 47-Tagungen als Ort demonstrativer Publizität. Handkes berühmt gewordener Auftritt in Princeton, weit entfernt von politischer Motivation, ist nichts anderes als die individuelle Instrumentierung einer Institution, die selbst zum fungiblen Publikationsinstrument sich zugerichtet hat. Die retrospektive Einschätzung, daß »eine Vielzahl von jungen Autoren, ..., aus einseitigem Interesse an der Tagung teilnahmen, also um dort einen ... Start zu haben, ...« (14/38), erhellt nicht bloß die Teilnahme-Motivation in der Spätphase, sondern den Charakter eines Organs, das für diese Motivation einen geeigneten Ansatzpunkt bildet. Handke, bei Licht betrachtet, spielt dem inneren Zustand der Tagungen deren eigene Melodie vernehmbar vor. Sein Auftritt in Gestalt von Grundlagenkritik an der Gruppe ist weit von wirklicher Kritik, die die innere Bewegung der Gruppe in verändernder Absicht präzis benennt, entfernt (Rühmkorf 1972, 135). Sein Auf-

tritt hat etwas vom Charakter der »Empörung«, der die Dialektik von Aufmuk-
ken und Emporkommen innewohnt. Zutreffend die rückblickende Einschätzung:

»Sie (die Gruppe 47 – F. K.) ist an sich widerstandslos von innen aufgerollt worden,
oder mit unzureichendem Widerstand. Denn der politische Anlaß hätte nicht ausgereicht
...« (14/38)

Es ist die dem Strukturmechanismus absorptiver Flexibilität innewohnende Tendenz zur Selbstentwaffnung, daß kein Widerstand sich formiert. In einer Periode,
in der zum einen die mehrseitige Instrumentalisierung der Tagungen ihren Höhepunkt erreicht und zum anderen fundamentaler Zweifel an der Legitimations-
grundlage ideologischer Abstinenz sich einstellt, reicht die vorher noch stützende
skeptizistische Unterkellerung für eine integrative Koexistenz literarischer Tendenzen und Subjektivitäten nicht mehr aus. Die programmatisch nicht gebundene
Flexibilität rächt sich, indem sie die Gruppe zur Handlungsunfähigkeit verurteilt.
Jeder Versuch geschlossener Abwehrhandlungen scheitert, weil es an einem literarischen wie politisch-theoretischen Konsensus fehlt, der eine konzentrierte soziale
Aktion orientieren könnte.

Was den Tagungen ihren Erfolgsweg ebnet, die saugfähige Elastizität, bahnt
ihr Ende an, als nämlich das gruppenspezifische Förderband der Amalgamierung
überstrapaziert wird und sukzessive die Grundlagen für gruppale Schutzmecha-
nismen abgebaut werden, weil statt co-reflexiver, handlungsbefähigender Orientierung ein handlungsunfähiges, sozial immobiles »unregelmäßiges Vieleck« (Böll
1965, 389) mit heterogenen Orientierungen, die freilich im Dunkeln des Nicht-
Explizierten lagern, erzeugt wird. Es ist die Erfolg verbürgende, über die Mechanik der innovativen Überraschung in Gang gehaltene literarische Pluralitäten-Spi-
rale, die ihre eigenen Funktionsbedingungen untergräbt.

2.2.5. Soziale Verwebung: Bewegungszusammenhang von Tagung und Gruppen-feld

Im Prozeß der Eingliederung der Tagungen in den literarischen Erwartungs-
und Ereigniszusammenhang formt sich die Gruppe 47 zu einem strukturierten,
funktionsteiligen *Sozialgebilde*, das *nicht* nach jeder Tagung in sich zerfällt, um
mit jeder neuen gleichsam wie ein Phönix aus der Asche sich zu re-formieren. Die
Institutionalisierung der Zusammenkünfte zu regelmäßigen Tagungen geht hervor
aus einem durch Freundschafts- und Bekanntschaftsbeziehungen zusammengefüg-
ten Kreis. Dieser frühe Kreis verfügt über institutionelle Ausrüstungen, die der Institutionalisierung der Tagungen zugute kommen. Die Ausrüstung besteht aus
vorausgehenden, noch nachwirkenden Beziehungen einer Reihe von Mitgliedern
des Pionierkreises zu *Segmenten* des insgesamt noch schwach ausgebildeten institutionellen Gefüges der Literaturwelt in der Übergangsphase von der Besatzungs-
periode zur Herausbildung der Bundesrepublik. Gerade aber der Mangel an institutioneller Durchbildung des literarischen Gesamtgefüges erhöht die Bedeutung
derjenigen literarisch-kulturellen Segmente, mit denen die frühen Treffen verbun-

den sind. In der ersten Phase sind es institutionelle Positionen primär im Münchenchener Raum, die das Rückgrat der Treffen bilden; angeschlossen sind oder werden alsbald überlokale und regionale Bezugspunkte, so daß sich das Beziehungsfeld schrittweise erweitert. 1948 schon wird von einer relativ kleinen, doch »weit verzweigten und relativ beziehungsreichen« Gruppierung gesprochen (Groll 1948, 36). In der ersten Zeit ist das Interaktions- und Kommunikationsgefüge noch recht eingeschränkt, doch im Ansatz schon ist die Tendenz zur *Überregionalisierung* erkennbar. Die periodischen Tagungstreffen fungieren, vermittelt über das Einladungsverfahren als Filter, nachgerade als Treibriemen gezielter Entprovinzialisierung des 47-Kreises. Nicht nur wird über die periodisch gestifteten Tagungen das Freundschafts- und Bekanntschaftsnetz ausgeweitet und verdichtet, das Beziehungsgeflecht zwischen den institutionellen Segmenten ausgedehnt, sondern die sinnliche Präsenz der Treffen selbst ruft den sich konstituierenden Kreis als spezifischen Gruppenzusammenhang in Erinnerung. Entscheidend für die Ausweitung des institutionellen Horizontes wird die Einbeziehung von Personen in den frühen Kreis, über welche die Kommunikationskanäle zu verschiedenen Funkstationen resp. -abteilungen laufen. Diesen medialen Segmenten kommt aufgrund ihrer potentiell massenkommunikativen Relevanzstruktur eine hervorragende Rolle in dem sich verknüpfenden Netzwerk institutioneller Kontaktpersonen zu (Lattmann 1973, 64) [1].

Die Genese der über die periodischen Tagungen erwirkten Ausweitung der die Gruppe 47 mitkonstituierenden Bezugsfelder ist gebunden an die besonderen Bedingungen der politischen und gesellschaftlichen Entwicklung der Bundesrepublik: Berlin eignet sich nicht mehr für eine bruchlose Fortsetzung nichtfaschistischer Tradition als literarisch-intellektuelle Metropole aufgrund der Implikationen und Folgen der deutschen Nachkriegsentwicklung; Bonn besitzt weder die strukturellen Eigenschaften für einen Knotenpunkt intellektueller Zirkulation, noch verfügt die Stadt über eine entsprechende sozio-kulturelle Tradition, um für eine Nachfolge in Frage zu kommen. So beginnt, in eigentümlicher Parallele zum »Provisorium« Bonn, die neu sich konstituierende literarische Intelligenz in einem temporär hergestellten, privat gestifteten literarisch-intellektuellen »Provisorium« sich einzurichten, den Treffen der Gruppe 47: eine Vereinigung ohne symbolische Ortsbezogenheit mit Vorläufigkeit auf Dauer. Entlastet vom Schatten einer traditionellen literarischen Metropole formiert sich eine *Wanderinstitution:* »Wanderwerkstatt« mit Tendenz zum »mobilen Orakel«. Der Verwebungsprozeß läuft an den legitimierten, formalen Instanzen der Literaturwelt vorbei. Nicht gegen sie, sondern zunächst eher indifferent zu den Sprach- und Literaturakademien füllt die Wanderinstitution das literarisch-kulturelle Kräftefeld auf [20]. Der Gruppenbildungsprozeß entfaltet sich so als angemessene Verarbeitung der historischen Gesamtsituation:

»Es fehlte ja das Zentrum. Es gab keine Stadt, und gibt's ja immer noch nicht, die eine Literatenstadt gewesen wäre. Und die Austauschmöglichkeit gab es nicht und dafür war die Gruppe ... eine (richtige) Lösung für einen *Bedarf* (Herv. – F. K.).« (24/27)

Als intellektuelle »Ersatzhauptstadt«, die »die zerstreuten Schriftsteller im ganzen Land« verknüpft an einem Punkt, an dem sie sich »treffen und messen können« (14/4), kassiert die Gruppe 47 ihre Bestandsgarantie ein.

In der Trennung von offiziöser und Privatgruppensphäre schlägt sich die fortschreitende soziale Verwebung konkret nieder, als damit den komplexer gewordenen Funktionsdifferenzierungen strukturell Rechnung getragen wird. Just über diese – hier zu analytischen Zwecken schärfer getrennten – Sphären bilden sich unterschiedliche Ebenen gesellschaftlicher Integration aus. Über die immer stärker ins öffentliche Licht rückende offiziöse Tagungssphäre verknüpft sich die Gruppe 47, vermittelt über die Transmissionsriemen einschlägiger Kommunikationsmedien, mit den die Literaturwelt durchziehenden Prozessen literarisch-kultureller Meinungsbildung. Als »Orakel« erwirken sich die Tagungen das informelle Recht auf einen Brennpunkt des literarischen Erwartungs- und Ereignisfahrplans. Die vermittelte Weise der Integration ist unterbaut und verstärkt durch die funktionalen Bezüge der Privatgruppensphäre als Ort der Primär-Einbindung der Gruppe in die übergreifende soziale Umgebung. In ihr hat Gruppenkonstitution sinnlich wahrnehmbar statt, als nämlich Beziehungsstrukturen konkret entwickelt, verfestigt und *erfahren* werden. Diese Strukturierungen lösen sich nach Ablauf einer Tagung *nicht* auf.

»Also dadurch, daß aber die Gruppe da war, war das natürlich ein Anknüpfungspunkt; es ging sicherlich schneller und die Kommunikation war leichter und es war ja auch der erklärte Zweck dieser Zusammenkünfte, daß man sich kennenlernt und Herr Soundso Gelegenheit hat, mal Leute kennenzulernen. Das war sicher eine Wirkung, die über das ganze Jahr hinaus anhielt.« (10/25)

Die Sozialsphäre, welche aufgrund persönlicher Anwesenheit eines zunehmend durchaus spiegelbildlichen Spektrums des literarisch-kulturellen Kräftefeldes Kommunikation und Kontaktaufnahme erheblich verbessert, gliedert sich in zwei ineinanderfließende Subsphären. Auf der einen Seite differenziert sich ein Bereich aus, der die Herstellung neuer und die Entwicklung schon bestehender vertraulicher Primärbeziehungen gestattet; eine Sphäre, die durch rollenreduzierte Interpersonalität charakterisiert ist. Auf der anderen Seite entsteht ein Bereich, der eine optimale Möglichkeit bietet, tagungsübergreifende, direkt-berufliche Beziehungen anzuknüpfen und zu entwickeln.

»Man lernte sich dort kennen und förderte sich natürlich übers Jahr hinweg, wenn man in einer Institution saß, gegenseitig, weil man diese Literatur richtig fand oder weil man überhaupt Literatur erst mal im Rundfunk und in den Verlagshäusern unterbringen wollte, . . .« (4/15) [3]

Die Zusammenkünfte wirken auf diese Weise als soziale Kondensatoren. Indem bereits entwickelte Beziehungsstrukturen eingebracht werden, die ihrerseits dann mit anderen Teilstrukturen sich verknüpfen, um nach Neu-, Zusatz- oder Umstrukturierung zurückzufließen in die Alltags-Verkehrsstrukturen zwischen den Tagungen, kommt ein Prozeß, insgesamt gesehen, sich erweiternder sozialer Reproduktion in Gang [4]. Über diese Spirale verknüpft sich die Gruppe 47 zu einem lockeren Verbund sozialer Beziehungsfelder, die in ihrer je aktuellen Gesamtverwebung während der Tagungen jeweils in Erscheinung treten.

Die einzelnen Felder besitzen ihrerseits Kerne personeller und institutioneller Natur, seien es mit Einflußmöglichkeiten ausgestattete Schlüsselpersonen und/oder Bezugspositionen in Medien, Lektoraten oder Redaktionen. Diese einzelnen Teilfelder, stationäre sozial-literarische *Sammelpunkte*, fungieren nebenher als Zubringer für literarische Novizen und sonstige am literarischen Geschehen beteiligte Personen, über die diese zu den Tagungen gelangen [5]. Diese zumeist institutionell abgesicherten Kristallisationspunkte sind nicht eigens konstruierte Vorhöfe der Gruppe 47, sondern generell Anlaufstellen für Schriftsteller, die als ihre eigenen Vertreter dort ihre Erzeugnisse anbieten – Reflex der Stellung des kleinen Warenproduzenten, der zugleich den Verkauf besorgen muß. Aus der Fülle solcher instituioneller, sozial-literarische Felder konstituierender Punkte entwickeln sich einige zu relevanten, untereinander kommunikativ verknüpften Schleusen und Verbindungsstücken für den Knotenpunkt, die 47-Tagungen:

»Es war wie eine Bruderschaft ganz früher, wie unter Wanderbrüdern so etwas, wo man sein Zeichen hingemacht hat: wenn Du dieses Kreuzchen am Koffer (47-Zugehörigkeit – F. K.) hast und kommst dahin, dann wirst Du gut aufgenommen.« (3/28) [6]

Der aus der Komplexität solcher institutionalen Segmente sich herausschälende, tagungsbezogene Kranz institutionell ausgerüsteter Schlüsselpersonen konstituiert einen mehrsektoralen Zusammenhang von Freundschafts- und Bekanntschaftskreisen. Diese Sektoren besitzen ein wirksames, wenngleich lose gefügtes Kommunikationsfeld lokaler und supralokaler Reichweite. Die Sektoren, »Quartiers«, mit ihrer räumlichen Nähe von Arbeits-, Wohn- und Stätten ökonomischen wie sozialen Verkehrs verknüpfen sich an bestimmten stationären Treffpunkten. In ihrer Zusammensetzung sind diese Sektoren wenig stabil, typisch ist ihnen eine personelle Dauermobilität. Die personellen und institutionellen »Ladungen« der einzelnen Felder entscheiden über deren Relevanz im gesamten Strukturgefüge der Gruppe 47, so daß mit Feld-Wanderung etwa von Schlüsselpersonen die Struktur, d. h. die soziale Kräfteverteilung des Schwerefeldes, sich verändert [7]. Diese in sich fluktuierenden Sektoren, die in ihrem Insgesamt die Einflußstruktur der Gruppe 47 determinieren, sind untereinander wiederum in Beziehung gesetzt durch ein lockeres, gleichwohl dauerhaftes Interaktions- und Kommunikationsgewebe von Fern- und Nahkontakten; »Kontakte, die auch dann noch halten, wenn jeder wieder (nach einer Tagung – F. K.) in seine Provinz nach Kiel, Köln, Hamburg, München, Frankfurt, zurückgekehrt ist« (Gruppe 47, 1955, 11). Dieses feingliedrige Gewebe vermittelt berufs- und gruppenfunktional zwischen den sozial und räumlich verstreuten Segmenten.

»Und dadurch entstand, – und daß es keine Kommunikation gab, das ist sehr wichtig, es gab keine, die war ja zerschlagen –, entstand eine neue Kommunikation zwischen all diesen Leuten; . . .« (23/11)

Das komplexe Gewebe wird zusammengehalten durch die Gruppe 47 als virtuellpräsenter Orientierungsmarke und durch ihre Tagungen als sinnlich-signifikanten

Knotenpunkten. Bestimmte Schlüsselpersonen üben eine besondere Funktion zur Aufrechterhaltung der tagungsübergreifenden Verbindungen aus; (»Und da gab es ja so die Intermediären, die ziemlich viel reisten . . .« – 15/20).

Aufgrund des Konstruktionsprinzips der Tagungen verdichtet sich das Gewebe um Richter herum. Allerdings sind weder alle Segmente unmittelbar bei ihm als gruppensignifikanter Institution zusammengeschlossen. Die Fäden verknoten sich vielmehr zu einem dauernd sich verändernden Gewirr von Zwischenstationen. Noch sind die Segmente systematisch über das Zentrum Richter untereinander zusammengeschaltet. Die Kommunikations- und Interaktionsvorgänge sind so nach dem Muster »sozialer Umwegehandlungen« (Mey 1965, 38), vielfach mediatisiert über Zwischenpositionen und Sackgassen, strukturiert. Allein schon von der Struktur der Kommunikation her hat die saloppe, landläufige These von der Gruppe 47 als »Mafia« keine analytische Triftigkeit [8]. Und endlich das Fehlen einer systematischen, durch eine eindeutige Einfluß- und Befehlshierarchie gegliederten Ordnung des komplexen, weil informell, deshalb so fragilen Gefüges sozialer Felder, widerlegt die These von der Mafia vollends. Die sozial-kommunikativen Bänder zwischen den Segmenten halten einzig nur deshalb, weil sie auf die Simultaneität ihrer Verfügbarkeit und auf ihre wechselseitige rationale Abgestimmtheit hin nie getestet werden. Richters »große pluralistische Virtuosität« (3/19) offenbart sich gerade darin –, damit den Charakter der Felder-Struktur freilegend –, daß er erst gar nicht das einer hierarchischen Kommunikation *nicht* zugängliche Gewebe instrumentalistisch zu dirigieren versucht, sondern ihm, so partiell und temporär steuernd, sich *einfügt*. Er selbst nimmt am komplexen Prozeß der Ent-, Neu- und Umladung innerhalb des Feldgefüges koordinierend teil.

»Es (das prozessuale Beziehungsgefüge – F. K.) überronn immer in eine Tagung. Das war der Höhepunkt, diese drei Tage. Es bestand aber auch während der Zeit.« (23/12)

Gruppenfeld und Tagung bedingen sich wechselseitig: ohne Tagung hätte das Gruppenfeld nicht seinen Projektionspunkt, nicht seine Triebkraft der Reproduktion, nicht seinen sozial-kenntlichen Ausdruck [9]. Umgekehrt, ohne das tagungsübergreifende Beziehungsgewebe fehlte es den Tagungen am sozialen Unterbau, der Stabilität und Kontinuität verleiht. Erst in der Reziprozität von Tagung und gruppenkonstitutivem Feldgefüge hat der Prozeß *gesellschaftlicher* Integration, der zugleich der der *Gruppenbildung* und -entfaltung ist, statt.

Über die Wechselwirkung von Tagung und Gruppenfeld als halbstrukturiertem Unterbau greift der Prozeß der *Außeninstitutionalisierung*, in welchem die Gruppe 47 von der sozialen Umgebung »angeeignet« wird. Im Aneignungsvorgang bilden sich gruppenprägende, von außen herangetragene Imperative heraus, die in ihrer einfachsten Form sich ergeben aus der informellen Zusammenarbeit mit dem Funk, der z. T. die Funktion informeller »Mitträgerschaft« übernimmt.

»... meist hatte eine Rundfunkanstalt miteingeladen, hatte das also finanziert. Und um dieses Finanzieren zu rechtfertigen, schnitt man dann das (Lese-Geschehen – F. K.) mit, ...« (5/21)

Aus der Konkordanz der Interessen, Eigeninteresse der Gruppe an Finanzierungs-hilfen wie öffentlicher Resonanz-Chance und Interesse der Mediensegmente, (»es mußten ja die Programme gefüllt werden« – 23/11), entwickelt sich gruppensta-bilisierende Außeninstitutionalisierung. Diese vollzieht sich auf drei Ebenen. Er-stens werden die Tagungen als literarische Ereignisse eingegliedert in das Haus-haltsinventar der westdeutschen Literaturwelt. Dies um so mehr, als zweitens die Außeninstitutionalisierung einzelne, mit der Gruppe 47 identifizierte Schriftsteller ergreift, indem sie als profilierte literarische Subjektivitäten sozial »gesegnet« und eingeordnet werden [10].

»... das ist doch nicht abhängig von dem, was einer will, sondern da spielen doch die Öffentlichkeitsmechanismen eine solche Rolle, daß sie sich gar nicht mehr wehren kön-nen, d. h., ein bestimmter Kreis von Personen ist also auch heute noch festgelegt auf den Begriff Mitglied der Gruppe 47.« (19/18)

Auf der dritten, soz. Alltagsebene, sorgt die dauernde Präsenz der – wie diffus auch immer – zu den Feldern der Gruppe 47 gerechneten Teile der literarischen Intelligenz für stetige, außeninstitutionale Einfriedung der Gruppe.

»D. h., das ging also im Laufe des Jahres: da waren Rundfunksendungen, da waren round-tables, da waren Fernseh-Open-End-Sendungen oder andere Veranstaltungen.« (25/17)

Über diese Modi medialer Dauerpräsenz wird das Feldgefüge zementiert, indem die Gruppe implizit oder explizit ständig in Erinnerung gerufen wird durch ihre Repräsentanten, zumal die signifikanten Gruppenfiguren, die öffentlich in Er-scheinung treten.

Der Erwerb einer strategischen, nahezu konkurrenzlosen Stellung, wie sie die Gruppe 47 erreicht, hat seine Wurzeln in der *aktiven* Anpassung an bestimmte gesellschaftsstrukturelle Bedingungen. Im Kern handelt es sich um eine angemes-sene Anpassung an die besondere Situation des westdeutschen literarischen Mark-tes, als dieser noch keine oligopolistische Verformungen aufweist. In jener tra-dierten Struktur des literarischen Marktes, wie sie bis in die 60er Jahre hinein existiert, stimmen das Interesse des relativ gestreuten verlegerischen Kapitals, die öffentlich-rechtlich definierten Aufgaben sowie das ökonomisch determinierte In-teresse des Funks an Auslastung der Kapazitäten mit den sozial-materiellen Inter-essen des freien Schriftstellers und denen des sich rekonstruierenden spätbürgerli-chen Lesepublikums noch weitgehend zuammen. Es kann durchaus von einer Übereinstimmung in mehrfacher Hinsicht gesprochen werden: (a) was die Steige-rung literarischer Produktion, (b) die Verfielfältigung literarischer Bedürfnisse, Techniken und Inhalte angeht; des weiteren, was (c) die Rekonstruktion einer ge-nuinen deutschen Gegenwartsliteratur betrifft, und nicht zuletzt, was (d) die Wie-derherstellung einer operativen Literaturkritik angeht, welche durch die Zeit des Faschismus ausgelaugt worden ist. Die genannten Faktoren für einen entwickel-ten bundesweiten belletristischen Büchermarkt werden zum einen ergänzt durch das Interesse der Schriftsteller an einer produktiven Disziplinierung ihrer literari-schen Arbeitskraft (vgl. Motive literarischer Selbstsozialisation – Kap. 2.1.2.).

Zum anderen stimmen die am literarischen Markt zusammenkommenden Interessen darin überein, daß generell ein freier literarischer Warenverkehr sich entfaltet, um den Anschluß an den Bezugsrahmen der »Weltliteratur« wieder herzustellen, der durch den Faschismus zerbrochen worden ist [11]. Dies setzte zunächst, in der Frühphase der Gruppe, auch einen Kampf gegen die Restzwänge und das Zensurwesen, entstanden durch die Kommunikationspolitik der Besatzungsmächte, voraus. Was Winckler (1973, 41) für die Genese des literarischen Marktes historisch analysiert, hat – in Abwandlungen freilich – im Grundriß noch einmal statt in der Periode der sozial-ökonomischen Rekonstruktion der Bundesrepublik. Es ist die Stabilisierung der westdeutschen Gesellschaftsstruktur, welche die Einnahme einer zentralen Position in letzter Instanz erleichtert, denn »Monopolsituationen dieser Art (sozio-kulturelle – F. K.) setzen einen hohen Grad von Stabilität der Gesellschaftsstruktur voraus und wirken selbst stabilisierend« (Berger/Luckmann 1969, 131). Die Gruppe hat nicht nur gesellschaftliche Stabilisierung der BRD zur Rahmenvoraussetzung, sie selbst setzt soziale Stabilisierungseffekte frei, indem sie zwar in Distanz zur Gestalt des politischen Überbaus (»Adenauer-Ära«) sich einschanzt, ohne jedoch in kritische Distanz zur herrschenden Grundstruktur der westdeutschen Sozialordnung zu gehen. Der Renaissance eines bürgerlichen literarischen Marktes verdankt sie ihre Existenzbedingung (vgl. Kap. 2.3.3.2.). Aufgrund des exzeptionellen Status als literarische Vereinigung und des angehäuften Prestiges einzelner Gruppenrepräsentanten fungiert die sozial-kulturelle Institution Gruppe 47 vor dem Hintergrund internationaler Reputation objektiv zum einen als Modus sozial-integrativer Anbindung literarischer Intelligenz ans bestehende gesellschaftliche System, zum anderen als Medium der Entwicklung sozial integrierenden kulturellen Selbstbewußtseins der westdeutschen Gesellschaft. Der demonstrative Nonkonformismus von intellektuellen »Bekanntheiten« (professional celebrities/C. W. Mills), d. h. »die Prominenz, wirkt gesellschaftlich integrierend, ohne zur Regelung gesellschaftlicher Konflikte direkt beizutragen« (Linz 1965, 33 f.) [12]. Daß der intellektuelle Nonkonformismus akkomodiert bleibt, dafür sorgt die Dialektik von Tagung und Gruppenfeld, die verhindert, daß das monadologische Profil der intellektuellen Subjektivitäten verrutscht, indem als

»britisch ungeschriebene Verfassung« gilt, »daß die Gruppe 47 eine von Richter eingeladene Party ist, . . ., denn auf diese Weise konnte man sich von jeder Verwechslung mit einem Verein, mit einer Akademie, mit irgendeiner festen öffentlichen Einrichtung distanzieren«. (19/14)

»Der schlaue Schachzug von Richter, (daß) die Gruppe als solche nicht existierte« (5/18), baut in der Sphäre literarischer Öffentlichkeit vor, als ein Gewebe verfilzter Interessen zu erscheinen; er sorgt umgekehrt für das autonomistische Bild literarischer resp. literar-kritischer Subjektivitäten, deren Profile nicht durch grobe Interessengebundenheit getrübt erscheinen.

»Denn die wollten ja gar nicht, daß man ihnen nachsagte, sie würden also Kollegen von der Gruppe 47 unterstützen . . . denn jeder, der als Kritiker (und auch als Schriftsteller

– F. K.) etwas auf sich hielt, setzte seinen Stolz darein, möglichst unabhängig zu sein.«
(21/19)

In der Sphäre politischer Öffentlichkeit erweist sich der Zusammenhang von Tagungs(-Verflüchtigung) und kontinuierlicher, in ihren Segmenten und Interdependenzen nach außen hin nicht kontrastscharf umrissenen Feldstruktur ebenfalls als Garant dafür, als selbstautorisierter, ungebundener Intellektueller auftreten zu können, dessen Profil nicht durch den Anschein einer Gruppenverfilzung verdunkelt ist. Insofern wirken die Strukturmechanismen der Gruppe 47 gesellschaftlich affirmativ, als sie dem pluralistisch aufgelockerten Spätbild bürgerlicher Sonderideologie literarischer Intelligenz zugeformt sind.

Als »greedy organization« (Coser 1967; Tjaden 1972, 246 f.), »die keinem Zugriff zugänglich war« (19/39), organisiert sich die Gruppe 47, indem sie ihre Aktionsbeziehungen (Tagungen und soziale Zusammensetzung des Feldgefüges), ihre Aktionsinhalte (selektive Kritik und fortschreitende literarische Flexibilität), die in informellen und *partikularen* Aktionsweisen sich manifestieren, mit den gegebenen Bedingungen des Sozialzusammenhangs, welcher ihr als adjustive und akkomodative vorausgesetzt sind, *verschränkt*. Als in sich *brüchige* Organisation strukturierter Aktions- und Kommunikationsfelder mit einem festen, operativen Handlungskern, den Tagungen, häuft die Gruppe »informelle Macht«. Sie übt sozial und literarisch Einfluß aus über den ihr zugehörigen Feld-Bereich *hinaus*. Dieser Einflußkonzentration wohnt eine eigentümliche Dialektik inne: – analog zur absorptiven Flexibilität: mit Vergrößerung des Gesamtvolumens der ihr zugehörigen sozialen Felder steigert die Gruppe 47 ihr *Einflußpotential;* zugleich aber verringert sich mit der Vergrößerung die konkrete *Verfügungsgewalt* über dieses informelle Machtpotential. Der Ermessensspielraum ihrer Disponibilität reduziert sich, weil mit der Diffusion der gruppenzugeschnittenen Felder die interferierenden, sozial-kommunikativen Bänder überbeansprucht werden. Die Einflußakkumulation verwandelt sich tendenziell in Ohnmacht, weil der Strukturmodus des *losen Verbundes,* dem das Einflußwachstum gerade sich verdankt, nicht geeignet ist für systematische Anwendung. Weil das immer komplexer und unübersichtlicher werdende Gesamtgefüge der Segmente Resultat gleichsam naturwüchsiger Sozialprozesse ist, erlaubt es keine rationale Feldkontrolle [13]. Weil jenes Gefüge eben »nicht« Ergebnis systematischer Strategie eines »Kerns (ist), der bewußt und planmäßig, systematisch jetzt versucht hätte . . ., das bundesdeutsche Kulturleben zu erobern . . .« (9/34), handelt es sich denn auch nicht um operative Macht einer Organisation.

Im Anschluß an die Tagung von Princeton 1966, auf dem Höhepunkt repräsentativer Außeninstitutionalisierung, mahnt Joachim Kaiser zur Vorbereitung auf das Ende an, »weil die Gruppe in Untergruppen auseinanderzufallen beginnt« (Kaiser 1966, 225). Der Hinweis zeigt an, daß die Schere zwischen der Ausdehnung des Feldgefüges und der Abnahme ihrer sozialen Binnenverknüpfung sich soweit geöffnet hat, daß einzelne segmentalisierte Felder ein *gegen* den Gesamtrahmen der Gruppe sich verselbständigendes Eigenleben entwickeln und zum Teil in politisch definierte Subgruppen sich transformieren. An der Schwelle größten informellen Einflusses in der Spätphase zeigt sich das Gruppengefüge im Innern derart geschwächt, daß es keine bestanderhaltenden sozialen Fermente mehr aus sich heraus ausfällen kann. Die überdimensionierte gesellschaftliche Verwebung fordert ihren Tribut – den durch die Dissoziierung bewirkten Zerfall. Über persönlich-freundschaftliche Loyalitätsbindungen hinaus stehen keine sekundären Mechanismen zur Verfügung, die konfligierenden Teilgruppen wieder einzubinden. Es fehlt ein Programmrahmen, auf den hin rückprojektiv ein inneres Gruppenband wieder hergestellt werden könnte. Die Dialektik der sozialen und kulturellen Verwebung legt die Gruppe 47 lahm. Das akkumulierte Einflußpotential eignet sich nicht einmal mehr zur Binnenintegration: ohnmächtige Erstarrung amalgamisch gehäufter Einflußpotenz, »was man eigentlich als einen tönernen Koloß bezeichnen könnte« (19/25).

2.2.6. Motivstruktur des Gruppenanschlusses: Eigengruppe als Identitätshof

In der Teilnahme an den Tagungen und der Anschlußmotivation an die Gruppe, die nicht aufgeht in der Lesemotivation, hat die Kontinuität der Gruppe ihr Substrat.

Das Bestreben, persönliche Identität nicht gegen die Dimension sozialer abzudichten, bestimmt in der Ursprungslage das gruppenerzeugende Antriebssyndrom. Dieses Motiv ist gebildet am Kontrastmodell zu einem künstlerischen Esoteriertum, in welchem die Ich-Identität in »zwei Biographien, die kaum miteinander etwas zu tun haben« [1], zerlegt ist. Aufgrund der reflexiven Verarbeitung der Tradition machtgeschützter Innerlichkeit und des Erlebnisses erzwungener Introversion während des Faschismus, (*Emigration aus der Geschichte* – Andersch 1962 a, 47), ist innerhalb des frühen 47-Kreises der Wunsch nach Vermittlung der persönlichen und sozialen zu einer entwickelten Ich-Identität ausgeprägt. »Wir sind glücklich, daß unsere Einsamkeit beendet ist« (Weyrauch 1949, zit. nach Richter 1964, 8), dieses Fazit drückt die Erleichterung aus, *verordnetes* Doppelleben aufheben zu können. Der Weg wird gewiesen für eine politische und literarische Sozialisation, deren Perspektive nicht strikte Sphären-Scheidung zwischen literarisch-künstlerisch definierter, hochindividualisierter Ich-Bildung und bloß als sekundär, ja peripher mißachteter sozialer und politischer Identität bildet. Nach Auffassung des frühen Kreises mündet eine solche Orientierung in eine »Weltferne« ein, die weder der literarischen Sozialisation noch der Gesellschaft bekommt. Denn einerseits kasteie eine privatistische Einstellung den Schriftsteller sozial und andererseits beraube sie gleichzeitig die Gesellschaft intellektuell-moralischer Innervationen, die ihr der Schriftsteller resp. die Literatur zu geben imstande ist. Verschärft wird der Impuls zur Überwindung eines sozio-politisch indifferenten Esoteriertums durch das tiefsitzende Bedürfnis nach *sozialer Identifikation;* d. h., nach vorsichtig-distanzierter, gruppenmäßiger Anlehnung aufgrund zertrümmerter und vielfach durch den Faschismus kompromittierter sozialer Einrichtungen, politischer Institutionen und ideologischer Systeme. Die innerhalb der frühen Gruppe verbreitete Vorstellung eines Mangels an politischen, sozialen und literarischen Identifikationsmöglichkeiten aufgrund fehlender, vernünftig sich begründender sozialer Regelungsstrukturen (Schwab-Felisch 1962) läßt auf alternative bzw. neue Möglichkeiten kritischen Vergleichs und interpersonalen sozio-politischen und literarischen Austauschs drängen. In einer gesellschaftlichen Gesamtsituation, die auf der Oberfläche nur die »Stabilität« des Schwarzmarktes und die politischen Verordnungen und Restriktionen der Besatzungsmächte zu bieten scheint, die eine in Bewegung geratene Sozialstruktur der sozialen Optik freigibt, rücken Formen stabiler, überschaubarer Primärbeziehungen in den Vordergrund, zumal in einer Schicht, in der je schon die Vorstellung sozialer Standortlosigkeit und sozio-politischer Identifikationsschwierigkeit zu Hause ist. Zu jenen Formen gehört die Freundschaft (Tenbruck 1964). Hieran schließt in der ersten Entwicklungsphase die Zusammenschlußmotivation und knüpfen später die Anschlußimpulse an. *Ohne* auf zielprogrammatische Verbindlichkeit revolutionärer Natur oder auf sozial-utopische Entwürfe, wie sie etwa in der literarisch-intellektuellen Szene nach 1919 vorwalten (Peter 1972), sich einzulassen, wird der Weg sozialer und literarischer Identitätsbildung eingeschlagen. Eingefärbt ist die ursprüngliche Motivation vom Bewußtsein einer »Generationsgestimmtheit« [2], die nicht auf Revolte und Umsturz sinnt, sondern ihre Entscheidungen aus der »skeptischen Untersuchung und Wertung unseres Daseins« (Friedrich 1947, 25) heraus entwickeln möchte (»Avantgarde des guten Willens« – Groll 1948, 31). Nachdem die Intention, als »Generationsgruppe« politisch unmittelbar einzugreifen, gekappt ist, festigen schließlich die Ideen der Entwicklung einer Jungen Literatur als sachlichem Band und die Entfaltung von Freundschaftsbeziehungen als angemessenem persönlich-sozialen Band die weitere Gruppenentwicklung. Trotz gesellschaftlicher Stabilisierung im Zuge ökonomischer und politischer Restauration bleiben diese motivierenden Kernvorstellungen erhalten, wenngleich auch die Spontaneität der frühen Zeit sich abschwächt – der »skeptische Enthusiasmus« (Glaser 1975) einer temperierten Skepsis weicht.

Das Grundbedürfnis nach lockerem Gruppenanschluß hat seine Quellen letztlich in den Implikationen literarischer Produktionsweise. Zusammengeführt werden literarische und literar-kritische Produzenten, sofern sie nicht rigoros dem autonomistischen Ideal des Esoteriertums huldigen, durch das Interesse an Kenntnisnahme und Aufarbeitung des jeweiligen Entwicklungsstandes literarischer Produktivkräfte.

»Literaten interessieren sich dafür, wie im Augenblick geschrieben wird, Literaten interessieren sich ganz heftig, . . ., für die Technik der Schriftstellerei.« (5/13)

Das Interesse an werkbezogenem temporären literarischen Austausch gründet ein in die Struktur der relativ isolierten Arbeitssituation des traditionellen Schriftstellertyps »handwerklicher« Prägung. Die Erfahrung dieser Situation setzt sich um in eine entsprechende Anschlußmotivation, nämlich »der entsetzlichen Schweigsamkeit, die jedem Schriftsteller aus der notwendigen Einsamkeit des Arbeitszimmers und der verstörenden Schweigsamkeit des weißen Papiers entgegendroht, für ein paar Tage zu entrinnen« (Kaiser 1962 a, 175) und die sinnliche Nähe von Fachgenossen zu suchen. Zugespitzt empfinden die um Zusammenschluß bemühten Literaten ihre Situation durch die »Bürde der Diaspora« (a. g. 1957, 283).

»Für mich war es sehr wichtig damals aus der Isolation herauszukommen ... Wir Schriftsteller setzen uns an einen Schreibtisch und (man) sitzt und sitzt und schreibt vor sich hin ... dazu (noch) in dieser Provinzsituation in Deutschland, wenig Leute, an die (man) sich wenden kann.« (21/7)

Unter diesen Vorzeichen erklärt sich die Kontinuität einer Anschlußmotivation, die nicht beschränkt ist auf das Vorlesen, sondern weitergreift.

Die verhältnismäßig invariante Anschlußmotivation, die nicht nur bei literarischen Produzenten, sondern auch bei Kritikern, Lektoren, Verlegern und medialen Vermittlern, freilich unter anderen Vorzeichen und innerer Gewichtung, gegeben ist [3], setzt sich aus einem Bündel ausgeprägter Faktoren zusammen.

Für literarische Produzenten insbesondere hat das Motiv Bedeutung, innerhalb der offiziösen Tagungssphäre als Zuhörer literarische Vergleiche anzustellen zwischen dem, was die lesenden Autoren aus der »Schublade« hervorziehen [4], und den eigenen Arbeitstendenzen, (»... es war interessant, wieder neue Autoren kennenzulernen, was die schreiben und wie das ankommt« – 6/47). Mithin Test, ohne selbst dem Prüfstand sich preisgeben zu müssen. Diese Absicht indirekten Vergleichs verschmilzt mit dem Bedürfnis nach unmittelbarem, nicht-offiziösem literarischen Austausch in der Privatgruppensphäre.

Das zweite hervorstechende Motiv, welches den Bereich literarischer Sozialisation übergreift, ist der soziale und politische Erfahrungsaustausch über die segmentalen Grenzen der sonstigen Bezugskreise hinaus. Es besteht der Wunsch nach interkollegial entwickelter sozialer Identität [5].

»Also wenn es einen Beruf gibt, den man weit voneinander ausübt ... und es sorgt nicht ein Verband für die ganz lebensnotwendige Kommunikation«, dann tritt »wirklich eine krank machende Isolation« ein. (3/24)

Sowohl jüngeren wie älteren Schriftstellern erfüllt der interkollegiale Raum die Funktion, durch »Fremd«-befragung »eine ganz neue Erkundigung über sich selbst« (20/5) einzuziehen, Ich-Identität im Umkreis eines sozial gewünschten Spiegels zu entwickeln. Das Interesse, die sozial prekäre Existenz bewußtseinsmäßig aufzuarbeiten und das in der Abgeschiedenheit literarischer Produktion »aufgeheizte«, z. T. »überheizte« Selbstbewußtsein abzuarbeiten [6], statt in die ambivalente, nämlich einerseits entlastende, andererseits aber auch durch Vereinsamung bedrückende Konstruktion des Doppelleben-Gehäuses sich zurückzuziehen, profiliert das Motiv nach Freundschaft, »Genossenschaft« und Kollegenschaft [7].

Diesen Kernmotiven, die vor allem literarischen Produzenten eigen sind, kristallisieren sich weitere an, die für das gesamte Gruppenfeld anschlußfördernd wirken. In Korrelation mit der zunehmenden Ergiebigkeit der Tagungen als Informationsquelle über literarische Entwicklungslinien verstärkt sich das Motiv teilzunehmen, um sich zu instruieren und zu orientieren.

»... in drei Tagen unterrichtete ich mich über das, was in der Literatur des Jahres geschah, etwa wie die Leute schrieben, die jungen Leute, was überhaupt war, ..., in drei Tagen wußte man Bescheid, sozusagen was liegt an.« (23/6)

Als literarische Meinungsbörse und informelle »Nachrichtenzentrale« sind die Tagungen eine »glänzende Orientierung« (18/10), die nicht zu nutzen gleichbedeutend ist mit freiwilligem Verzicht auf Informationsvorteile gerade für die literarischen Vermittler. Dieses an der Vermittlungsseite festgemachte Instruktionsmotiv ist verfilzt mit dem Interesse, direkte, berufsbezogene Kontakte zu knüpfen. Auch hier ist die Freiwilligkeit der Anschlußmotivation durch die zunehmende sozio-kulturelle Bedeutung der Tagungen und der Gruppe insgesamt relativiert; viele sehen es nicht nur als vorteilhaft, sondern als unumgänglich an, präsent zu sein und dazuzugehören.

»... ich habe den Verlag als meine ökonomische Basis gesehen und die Gruppe 47 als ein Gegenüber von Öffentlichkeit, um das ich nicht herumkonnte.« (12/14)

Von Autoren wird z. T., je nach individueller sozial-materieller Situation, der Ort benutzt, die Beschwerlichkeiten und langen Kommunikationszeiten des »handwerksburschlichen« Absatzweges durch Nahkontakte zu verkürzen [8]. Durchweg regiert das Motiv, *überhaupt* Kontakte, die im weiten Umfeld der literarischen Berufstätigkeit allenthalben relevant sind, neu aufzunehmen oder aufzufrischen [9]. Das Ziel, Anschluß und Verbindung zu halten durch berufliche Primärkontakte, die über die üblichen Formen der institutionellen Berufsfunktionen hinaus gehen, dient zusätzlich der Möglichkeit, die Anonymität des literarischen Marktes gleichsam zu versinnlichen und für den Einzelnen durchsichtiger werden zu lassen. Mit dem Motiv sinnlicher Präsenz ist die Absicht verschwistert, durch konkrete Anwesenheit ein Stück sozialen Selbstwertes zu erreichen. »Es gab so etwas wie ein ›Zur-Literatur-Gehören‹, ein Status, ... In der Situation ist jeder Schriftsteller heute auch ..., sonst wird er vergessen.« (12/23).

Das Bedürfnis nach Befriedigung der vielzitierten »Eitelkeiten« stellt sich auf dieser Folie weniger als integrales Moment einer anthropologisch bedingten sozial-charaktereologischen Struktur von Künstlern dar, denn als ein reproduktionsnotwendiger Darstellungszwang, der verinnerlicht wird [10]. Wie insgeheim auch immer, die Aura des Tagungsprestiges in Einheit mit der der Anwesenden sickert in die Anschlußmotivation ein: Selbst- und Sozialwertsteigerung innerhalb der Sozialhülle der Prominenz.

Gleichwohl, die Anschlußmotivation ist nicht reduziert auf instrumentelle Bezüge. Das Bedürfnis nach freundschaftlicher Geselligkeit und Vergnügen im Rahmen der Tagungen besitzt eine eigenständige Wirkkraft [11]. Die besonders in der Frühphase virulenten Bedürfnisse nach Feiern, »Zusammenhocken« (23/14), nach »Klatsch« (11/13), die später durchaus noch vorhanden sind, wenn auch abgeschwächt [12], Bedürfnisse, die die »literarische Reisegesellschaft« (Friedrich

1964, 19) immer wieder mit in Gang bringen, mischen sich in das gesamte Motiv-
bündel fermentierend ein. Das gestaute Interesse, »an einem Ort so viele Kollegen
zu treffen«, »die alten Kollegen oder Freunde wiederzusehen« (20/5), in seiner
Bedeutung für die Gruppenentwicklung, d. h. für die Anschlußmotivation ratio-
nalistisch zu unterschätzen, hieße, die sozio-psychische Komplexität der Leistungen der Gruppe 47 als Substitut einer literarischen Hauptstadt fehl zu interpretieren, sie zwischen das Filter zu grob geschnitzter analytischer Kategorien hindurch-
fallen zu lassen.

»Diese unendlich vielen, kleinen, diffizilen Kontakte, Details, die dort weitergegeben
wurden, die sich eben nicht fassen lassen ...«, so daß die Gruppe 47 »wirklich ... der
Ersatz für die fehlende Hauptstadt war.« (13/20)

Die der Anschlußmotivation zugrunde liegenden Bedürfnisse, welche der spezifischen sozialen Gesamtlage literarischer Intelligenz entspringen, werden restriktiv
projiziert und auf einen sozialen Bezugsrahmen – die Gruppe 47 –, der, soz.
»Ersatz für Gesellschaft« (21/38), just wieder ein typisches Konzentrat derjenigen
gesellschaftlichen Subsphäre darstellt, denen die Anschlußmotivation ihre Ausfor-
mung verdankt. D. h., die Anschlußmotivation speist sich aus den Lagebedingun-
gen innerhalb einer gesellschaftlichen Partialphäre und macht sich *restriktiv* an
dieser wiederum fest, indem die Gruppeninteraktionen eng zurückgebunden bleiben an die Schranken der Literaturwelt. Insofern laden die Tagungen der Gruppe
47 die ihre Kontinuität verbürgenden Anschlußmotive selbst auf. Sie besorgen deren Konstanz, indem die Sozialwelt der Gruppe die Grenzen des gesellschaftlichen Segmentes literarisch-intellektueller »Gemeinde«bildung nicht transzendiert,
sondern strikt eingefaßt bleibt innerhalb der Bandbreite sonderideologischer Lizenz [13]. Gleichsam zirkulär bestätigt sich ein Modus restringierter Welterfah-
rung und Sozialaktivität [14]. Die relative Exklusivität der Gruppe 47 als »Obdach« (24/5) literarischer Intelligenz errichtet und zementiert die Mauern einer
Eigenwelt, die je schon durch die relative Abgehobenheit von der Kernbereichen
gesellschaftlicher Produktion determiniert ist. Der Prozeß der über die Gruppe entfalteten Ich-Identität oszilliert um den Kern der Subsinnwelt Literatur. Für das
hier herrschende Ideologem ist Uwe Johnsons Vermerk geradezu exemplarisch.

»... die intellektuelle Situation ist nicht geeignet, einem größeren Kreis vorgetragen zu
werden. Und was die Sorgen der Intellektuellen angeht, so kann ihnen dabei niemand
helfen.« (Johnson 1962, 90)

Diese Bestimmung einer eigenstrukturierten, abgehobenen Problemwelt, welche
soziale Distanzen festschreibt, weiß sich allemal versöhnt mit einem Sozialzusam-
menhang, in welchem traditionell schon die schöngeistig-literarische Intelligenz in
die der Ironie bekömmlichen Zwischen- resp. Seitenlage der intellektuell-belletri-
stischen Sozialprovinz eingegliedert ist (Speyer 1929). »Und subversiv ist die
Gruppe 47 wirklich nicht« (Hildesheimer 1966); diesem Urteil darf unterm Gesichtspunkt der Form sozial-kultureller Reproduktion, wie sie die Gruppe 47 ausbildet, getrost Triftigkeit zugesprochen werden. Denn selbst polemische Kritik,
Mahnungen und Rufe, welche aus der Abgehobenheit dieser Provinz in die politi-

sche Publizität hereinhallen, sind gesellschaftsstrukturell schon vorweg integrativ funktionalisiert als sozial lizenzierter »Auftrag« der literarisch-politischen Subjektivität. Dies gilt zumal dann, wenn die Gruppe 47 diesen Auftrag als Kollektiv *nicht* übernehmen mag, sondern er ausschließlich in der Sozialform exemplarischer Individualität erfüllt wird.

2.3. Gruppe 47: Soziale und ideologische Kohärenz

Im Prozeß der Institutionalisierung verknüpfen sich die konkreten Subjekte zu *sozialer Kohärenz,* deren objektive Seite die Struktur von Zugehörigkeiten, deren subjektive das soziale Kohäsion erzeugende und Gruppenbewußtsein festigende Einverständnis in die Gruppeneingliederung ist. Mitgesetzt im Prozeß sozialer Kohärenz ist ein ideologischer Horizont, der die allgemeinen und einige besondere Züge gesamtgesellschaftlich gegebener ideologischer Verhältnisse zum Vorschein bringt. In diesen Horizont als geronnener Form gesellschaftlichen Bewußtseins sind die am Gruppenprozeß Beteiligten »hineingestellt«; über die Individual-Bewußtseine und das Gruppen-Bewußtsein gebrochen und abschattiert wirken ideologische Selbstverständlichkeiten praxisformativ. Sie sind stabilisierender Rahmen und einengende Schranke zugleich. In der Struktur sozialer Kohärenz und dem zugeordneten ideologischen Amalgam, i. e. in der sozialen und ideologischen Komplexität der Gruppe 47, hat gesellschaftliches Bewußtsein westdeutscher literarischer Intelligenz statt. Der konkrete Modus sozialer Selbstdokumentation drückt ein *dominantes,* repräsentatives Bewußtseinsprofil aus; in ihm ist, über Zwischenglieder gebrochen, die Beziehung zu den sozial-materiellen Verhältnissen *reflektiert.* Die institutionale Wirklichkeit des Gruppenprozesses verfestigt ihrerseits das dominante Profil. Allein, Bewußtsein ist nicht ein heteronom bestimmtes Petrefakt; ihm ist Bewegung eigen. Über die Einfuhr von neuen, an veränderten institutionalen Verhältnissen gewonnenen Erfahrungen der Einzelnen werden gleichsam gruppeneigene Schubkräfte entwickelt, welche gegen die verkrusteten Wände der überkommenen Gruppenkohärenz und -ideologie drängen. Diese Schubkräfte verwandeln sich in Keime veränderten gesellschaftlichen Bewußtseins, indem die gewonnenen Einsichten der einzelnen Gruppenmitglieder in intersubjektiven Akten sowohl innerhalb wie außerhalb des Gruppenfeldes gegeneinander sich »abarbeiten« und hierdurch sogleich sich sozialisieren. In einem »Selbstunterwanderungsprozeß« des gruppendominanten Bewußtseins werden Potenzen erzeugt, die das überkommene institutionale Gehäuse der Gruppe und das ihr zugrundeliegende Selbstverständnis zum theoretischen und praktischen *Problem* lockern. Indem die Selbstverständlichkeiten aufbrechen, wird die Gruppe sich selbst zum Problem: die so aktualisierte *Kontinuitätsfrage* zerrt an den Grundlagen der bisherigen Ordnung. Verfügt der Gruppenzusammenhang nicht über Instrumente und Mechanismen, die die institutionelle Identität durch formellen Ausschluß, »Therapie« oder Neutralisierung der über die Individualbewußtseine von Gruppenzugehörigen eingewanderten »Häresie« (operativ erzwungene Sezession der »Häretiker«) wahren, muß die Gruppe auf die Alternative struktureller Partial-Transformation zurückgreifen, will sie identitätserhaltenden Bestand sichern. Sind aber die genannten Wege nicht gangbar, weil entsprechende, der Gruppe vorausgesetzte gesellschaftliche Bedingungen nicht gegeben sind, die Gruppe nicht über entsprechende Struktureigenschaften verfügt und die soziale Kräfteverteilung innerhalb der Gruppe Kontinuität und Identität sichernde Entscheidungen nicht zuläßt, bleiben, um anomischer Auflösung vorzugreifen, zumal wenn noch Tendenzen allgemeiner Auszehrung des Interesses an der Gruppe stärker werden, die Stillegung des Prozesses und die Erinnerung an die strukturelle Integrität der Gruppe. In dieser Form überwintert sie nach 1967 in den Bewußtseinssedimenten ihrer Mitglieder.

2.3.1. Soziale Struktur: Zugehörigkeit als soziale Festlegung

»Die Gruppe 47 hat, das weiß ich nur allzugut, keine Anstecknadel.« (Enzensberger 1964, 22)

Die hartnäckige Leugnung einer konkreten sozialen Existenz der Gruppe über die Tagungsfristen hinaus, die einer absichtsvollen Selbstverleugnung der Gruppe 47 zu taktischen Zwecken gleichkommt, wird mit dem Fehlen formaler Organisationsmerkmale und -symbole begründet. Schier unübersehbar die Verweise, daß die Gruppe »keinen Kassenwart und keinen Mitgliedsausweis, keine An- und Abmeldung« (Hensel 1949, 37) kenne, also recht eigentlich nicht existent sei. Allen Dementis zum Trotz entwickelt sich sukzessive ein gruppenkonstitutives Gefüge *informeller* Mitgliedschaften. Ein sozial verdichtetes Gefüge objektiv wie subjektiv definierter *Zugehörigkeiten* erweitert und differenziert sich fortschreitend aus zu einem mehrdimensionalen strukturellen Zusammenhang *affektueller, rationaler* und *traditionaler* Beziehungsebenen [1], dessen Textur eben jener über die absorptive Flexibilität gewobene sozial-literarische »Fleckerlteppich« (Walser 1964 a, 370) ist. Eingebettet ist das Gefüge der Zugehörigkeiten in den Rahmen objektiv vorgegebener Affinität der Professionen. Die Gruppe ist vorab definiert durch eine sozial-berufliche Feld-Homogenität, wie ihre soziale Zusammensetzung anzeigt. »Sie alle sitzen im gleichen Boot, sie haben das Gleiche im Auge: die Literatur«, erinnert deshalb Marcel Reich-Ranicki, Martin Walser zu gruppenintegrativem Verhalten anmahnend, an die Gemeinsamkeit der Literaturwelt (Reich-Ranicki 1964, 437) [2]. Auf dieser Grundlage verfestigen sich die verschiedenen Strukturebenen der Gruppe, welche real durch eine Fülle von Querverbindungen und Gelenkstücken ineinander verschoben und verknüpft sind. Das Strukturgewebe der Mitgliedschaften setzt sich zusammen aus segmentalen Zugehörigkeiten zu den einzelnen Ebenen, die hier zu analytischen Zwecken getrennt rekonstruiert werden [3].

Genetisch wie strukturell kommt in der Perspektive sozialer Kohärenz der Strukturebene persönlicher Beziehungsnähe Vorrang vor den anderen zu. »An Stelle der Mitgliedskarte steht die Freundschaft« (Richter 1948). Darin ist früh schon der Grundriß des Gruppencharakters vorgezeichnet, nämlich »dieses kindische Gefühl, einem Freundschaftsbund von Schriftstellern anzugehören« (19/4) [4]. Im Rahmen der überschaubaren, nahezu allseitige Interaktion ermöglichenden Kleingruppe der frühen Phase werden die Fundamente der Kohärenz gelegt, die bis in die Spätzeit hinein forthalten [5]. Jedoch reduziert sich das affektuell -betonte Strukturelement nicht auf »sentimental-kameradschaftliche Bindungen« (16/31) [6]. Der Tendenz einer männerbündisch akzentuierten Gruppe wirkt die

Einbeziehung schreibender Kolleginnen, Ehefrauen und Freundinnen entschieden entgegen.

>>Es gibt Frauen, die man kennt und liebt, Schreibende und Ehefrauen, deren große Stunde beim traditionellen Schlußfest schlägt. Sie schweigen bei der Diskussion. Wenn sie fehlen, vermißt man sie. Auch sie werden gebraucht.<< (Rehmann 1964, 431)

Durchmischt und überlagert werden die Freundschafts- und Intimbeziehungen (einschließlich der nicht gruppensprengenden persönlichen Animositäten) von einem komplexen Gefüge von Bekanntschaftskreisen; dies um so mehr, als mit dem quantitativen Wachstum der Gruppe der Grundriß weniger Freundschaften sich ausweitet und die Bekanntschaftsfäden gleichsam zwischen den Freundschaftskernen vermitteln.

Heben die affektuellen Beziehungselemente primär auf sozio-emotive Bedürfnislagen ab, wirken sich auf der rationalen Strukturebene sozial-materielle Interessen aus. In der Dimension positionsgebundener Interessenlagen werden im Umkreis von Verlagen Ansätze von Teilformationen sichtbar [7], wobei auf der literarisch-konzeptionellen Ebene Konturen, nicht Mauern, von >>Schulen<< sich abzeichnen. Meist sind sie um eine Schlüsselperson, die institutionell abgesichert ist, gruppiert. In der Dimension der Profession bilden die >>Kritiker ... eine Gruppe für sich<< (11/9). Die Teilgruppierungstendenzen auf der rationalen Strukturebene verbleiben jedoch in Ansatzformen. Sie sind eingebunden in das übergreifende gruppenformative Gehäuse wechselseitig anerkannter >>Fachgenossenschaft<<. Darin drückt sich die tradierte Struktur sozialer Beziehungen eines noch nicht oligopolistisch deformierten, vollends anonymisierten literarischen Marktes aus.

Sorgen die Freundschaften für ein kohärenz-förderndes Gegengewicht zu Keimen der Verselbständigung von Subeinheiten auf der rationalen Strukturebene, indem jene quer durch letztere sich hindurchziehen, so leistet schließlich die traditionale Strukturkomponente übergreifende Verklammerung des Zugehörigkeitsgefüges. Es ist die Stetigkeit des Bestandes, der >>Alltagscharakter<<, d. h. die kohäsive Kraft der >>Unverbrüchlichkeit des immer so Gewesenen<< (M. Weber 1964, 739), der die Verwebung der affektuellen und rationalen Beziehungselemente garantiert. Am Leitfaden der >>Macht des Gewohnten<< (741) bilden sich stabile soziale Verstrebungen heraus, die die >>Dschungel-Situation<< (12/36) strukturieren. Hergestellt über informale Mitgliedschaften, gesteuert über die literarische und soziale Selektivität der Institution Tagung, gewinnt die Gruppe 47 soziale Kohärenz, indem spontan sich bildenden sozialen Kräften zwar Raum gewährt wird, diese jedoch in ihrer Wirkung durch sozial definierte Schwellen der Autonomisierung von Teilgruppen begrenzt werden.

Sein Gravitationszentrum hat das Gruppengehäuse in Hans Werner Richter, >>der als einziger sicher sein kann, daß er Mitglied der Gruppe ist<< (Bauke 1966, 238). Auf Richter hin, institutionaler und symbolischer Mittelpunkt, sind die drei Strukturdimensionen, besonders die traditionale, zugeformt. Zwar verbürgt aufgrund der Tagungskonstruktion einzig Richter Gruppenauthentiztät, gleichwohl ist nicht nur er sozial als gruppenzugehörig definiert und mit entsprechender subjektiver Gewißheit ausgestattet, denn »man wußte, wer gehört zur Gruppe 47 und wer gehört nicht zur Gruppe 47« (18/17). Diese bestimmte Vagheit« (18/4) des »man«, in der die Zugehörigkeitsweise sich widerspiegelt, hat Bemessungsgrundlagen, die stufenweise sich rekonstruieren lassen.

Aufgrund des historischen Grundrisses der Gruppe bemißt sich informelle Zugehörigkeit vorab nach der sozialen Nähe zu Richter.

»Die Zugehörigkeit bedeutete doch eine Nahform der Freundschaft, der Spezischaft zu Hans Werner Richter.« (25/17)

Ihren Niederschlag findet diese Nähe in der Stetigkeit der Tagungszuladung.

»Wer von Hans Werner Richter eingeladen wurde und immer wieder eingeladen wurde, gehörte zur Gruppe 47.« (13/13)

Mit der Rationalisierung und Selbstinstrumentierung der Gruppe zum literarischen Legitimationsorgan bemißt sich fortschreitend Zugehörigkeit *nicht* mehr nur nach der Nahform. Der Typus der Zugehörigkeit als Resultat von *Affiliation* wird zunehmend erweitert durch den der instrumentell betonten *Eingliederung,* bei der die vormalig gruppentypische Beziehungsintensität nicht mehr notwendigerweise sich ausbildet. Definiert sich Zugehörigkeit nach dem Kriterium stetiger Einladung (»Ein einmaliges Dasein ist noch keine Zugehörigkeit« – 11/9), so ist sie doch nicht ausschließlich an sinnlicher Tagungspräsenz festgemacht. Mitgliedschaft bestimmt sich zudem nach dem Grad der Einfügung als Gruppenfigur in den institutionalen Haushalt. Solche Gruppenfiguren, die sogar »vielleicht mal Jahre gefehlt haben . . ., sind im Geiste sozusagen immer mitmarschiert; die gehörten dazu« (7/13). Diese Form institutionaler Eingliederung differenziert sich einmal nach Gruppenfiguren, die die Tradition verkörpern (»Veteranen«), zum anderen nach solchen, die das Gruppenprestige dokumentieren (»Prominenz«). Institutionalisierte Zugehörigkeit ist generell dort gegeben, wo erstens außerhalb der Tagungsfristen öffentliche Selbstzurechnung erfolgt [8], ohne daß von Richter ein Dementi laut wird; und zweitens ist institutionale Einfassung dort angezeigt, wo in den öffentlichen Kommentierungen ausdrücklich auf die Tagungsabwesenheit einer Person hingewiesen wird[9]. Sozial abgedeckte Zugehörigkeit bemißt sich des weiteren nach der Selbstverständlichkeit der Nennung in dokumentartigen Selbstkommentierungen. Schließlich geschieht im Wege der Außeninstitutionalisierung soziale Fixierung informaler Mitgliedschaft, wenn sie von den external Festgelegten nicht explizit dementiert wird [10], und sie findet zumal in den Fällen statt, in denen von den »Stigmatisierten« ausdrücklich an die Außendefinition zustimmend angeknüpft wird [11]. In der Reziprozität interner Kohärierung und extern bewirkter sekundärer Zugehörigkeitsfestlegung kristallisiert sich das Sozialgefüge informaler Mitgliedschaften, die mehr sind denn bloß der Status: Gast bei Hans Werner Richter.

So wie nach außen hin wahrnehmbare Gradunterschiede gruppenfiguraler Zugehörigkeit zu verzeichnen sind, so herrschen im Innern abgestufte, gruppenhistorisch variable Stärken der Beziehungsverdichtung von Subeinheiten und Einzelnen: von den *affiliierten Gruppenfiguren,* die einen »inneren Kreis« umreißen (z. B. Günter Grass), über die Ringe verhältnismäßig fest *eingegliederter* (z. B. Reinhard Baumgart, Gabriele Wohmann) bis zu den Rändern lose, z. T. nur kurzfristig *angegliederter* Personen differenziert sich eine Zugehörigkeitsskala aus.

Zugehörigkeit, welche eher über Affiliation sich einstellt, korrespondiert mit der affektuellen Strukturebene; Mitgliedschaft, welche eher das Resultat von Eingliederung ist, mit der rationalen Ebene. In konkreten Fällen überschneiden sich beide Strukturdimensionen. Die Einsozialisierungsform der Affiliation nimmt mit fortschreitender leistungsfunktionaler, struktureller Differenzierung und wachsender Gruppengröße ab, während umgekehrt die der Ein- und Zugliederung dominant wird, Symptom entintimisierender Veröffentlichung.

Das Gruppengefüge entwickelt Stabilität über das soziale Reproduktionsaggregat Tagung und über die tagungsübergreifende Gruppenfeld-Kommunikation und -Interaktion. Zugleich vollziehen sich fortlaufend partielle Umformungen des sozialen Gerüstes, wobei die Institution Tagung und das ihr zugeformte Einladungsverfahren hierfür Schübe freisetzen, indem erfolgreiche literarische Novizen sich zugesellen und »eingemeindet« werden. Für Gegentendenzen zur Verkrustung der Mitgliederstruktur sorgt außerdem der Modus selektiver Kritik, der Verharschung von Teilformationen konterkariert. Gerade im Umkreis der schon erwähnten Preisabstimmung als Hochform der Konkurrenzsituation enthüllt sich einerseits die innere Gruppendynamik wie andererseits deutlich untergründige *Strukturverfestigungen* zum Vorschein kommen. Zwar bilden sich spontane Fraktionierungen heraus, »Gruppen haben sich gebildet immer mit dem Augenblick, wo's an die Preisverleihung ging« (16/32), doch gerade im Gerangel (Heissenbüttel 1971, 37) schimmert Gruppenstruktur durch; denn die spontan mobilisierten Kräfte entzünden sich an und richten sich *gegen* verlegerisch-institutionell sich verhärtende Subgruppen-Tendenzen. Das Oberflächenbild prästabilierter Harmonie kräuselt sich, gibt kurzfristig den Blick frei für »kaschierte Machtkämpfe« (12/15) [12]. Durchweg bleibt aber das Bild einer sozialen Atmosphäre, das den Eindruck von Grundharmonie vermittelt, erhalten. Mit erzwungen wird diese Atmosphäre durch wirksame soziale Kontrollen der Gruppe, die verhindern, daß institutionell-verlegerische Interessen sich entblößen, Kalkül offen und aktiv ans Tageslicht tritt. Insofern, und nur insofern trifft zu,

»eine Gruppe Unseld oder Gruppe Raddatz oder Gruppe Wellershoff hat es dezidiert (!) nicht gegeben. Es wäre auch ganz falsch, taktisch unklug gewesen, so etwas zu machen«. (18/7) [13]

Was an preisinteressiertem Verhalten von Gruppensegmenten sich zusammenballt in bestimmten Tagungssituationen, entsteht nicht gleichsam aus heiterem Himmel, sondern enthüllt sich als Aktualisierung untergründig waltender, den Tagungen vorgelagerter Interessen. Diese Interessen treten temporär in Erscheinung als Gruppensegmente, von welchen subgruppenhaftes Handeln innerhalb der Gesamtgruppe ausgeht. Just gegen diese ansonsten unter der Oberfläche lagernden

Interessenpotentiale bauen sich, sobald sie wahrnehmbar zum Vorschein kommen, spontan Gegenmotivation und -verhalten auf, die Prädominanz eines Gruppensegmentes verhindern. Die allzu glatte Fassade eines ökonomisch interessenlosen resp. nur »Um der Sache willen«, der »Literatur willen« (Heißenbüttel 1971, 39), gestifteten Zusammenhangs blättert denn von Zeit zu Zeit ab.

Der egalitäre Konstruktionsgrundriß der Gruppe, der im Gruppenbewußtsein sich niederschlägt, (»Immer gleich, alle gleich«) (9/32), vermittelt den Schein eines nicht hierarchisch gegliederten Sozialgefüges. Allein, der Sozialprozeß läßt den Egalitarismus früh schon hinter sich.

»Es gab, wie bei allen Konstituierungen, gewissermaßen Schlüsselpersonen, es gab entscheidende Gruppen, die etwas bewirkten, vermutlich auch auf den Einladungsmechanismus Einfluß ausübten, ..., eigentlich schon in Niendorf (1952 – F. K.) (hat) so etwas bestanden, ein kleinerer Zirkel, von dem ich allerdings damals das sehr vage Gefühl hatte, er hat mehr zu sagen als andere Gruppierungen innerhalb der Gruppe. (Es gab) Hierarchien ..., insofern (ist) die Gruppe nur ein Abbild, nur ein Spiegelbild ordnungsgemäßer, selbstverständlicher Konstituierungsversuche.« (20/17, 18)

Die rückprojektiven Einschätzungen erhärten die These von der Gruppenhierarchisierung entgegen der egalitären Gruppenlegende. Allerdings handelt es sich um Hierarchie als kontinuierlichem Prozeß, dessen statuarische Seite nur schwach an der Oberfläche sozial kenntlich wird [14]. Die Hierarchie bemißt sich zum einen nach dem informellen Status (z. B. literarische Rangposition) und der daran gebundenen, z. T. extern institutionell hinterbauten Einflußausstattung [15]; zum anderen nach dem Grad der Mitwisserschaft an gruppenstrategischen Interna. Das soziale Einflußgefälle gliedert sich in Ränder, Kranz und Kern.

Die Entwicklung des Kerns ist gekennzeichnet von sozialen Neu- und Umladungen im Zuge selektiver Ankristallisierung, in deren Gefolge ein tendenziell zweipoliger Kern sich herausdifferenziert: Ein historisch-traditionaler (»Die ehemaligen Ruf-Mitarbeiter, die sich mit Andersch und Richter solidarisch erklärten« (6/4), und ein allmählich sich herausschälender machttragender Kern [16]. Mit leistungs- und erfolgsfunktionaler Strukturierung der Gruppe tritt der traditionale Kernteil, der »Veteranen-Kreis ..., (die) abgeblaßte Prominenz« (12/11), in den Hintergrund, während der durch Prominenz, Sach-Autorität und externale institutionelle Einflußpositionen definierte Kreis in das Entscheidungszentrum einrückt. Gefiltert wird freilich der Machtprozeß über das Nadelöhr Richter, da Einflußausübung erst im Medium von Mitwisserschaft zur Geltung kommt. Um den je aktuellen Machtkern herum rankt sich ein in dauernder Veränderung begriffener Kranz von Subeinheiten und Einzelpersonen, deren Status innerhalb der Hierarchie definiert ist durch die Art der Verknüpfung mit dem inneren Entscheidungskern, sei es in Kurzschaltung zu Richter, sei es über andere kernkonstitutive Schlüsselpersonen. Bei gleicher Grundausstaatung an Einflußpotenzen hängt eben die Stellung eines Kranzzugehörigen von dem Grad der vermittelten Mitwisserschaft, des indirekten Zugangs zu Interna ab, wie andererseits der soziale Rückhalt im Kranz die Stellung eines Mitgliedes des inneren Machtkreises aufwertet. Entsprechend dem zweifach ausgeprägten Gruppenkern profiliert sich Richters

Form der Führung. Seine persönliche Autorität als Leiter und »Mentor« hat, –
jenseits aller konkreten persönlichkeitsspezifischen Leitungsattitüden –, zumal
Richter nicht formell als Tagungsleiter eingesetzt ist, »ihre Grundlage in der Hei-
ligkeit der *Tradition*, also des Gewohnten, immer so Gewesenen« (M. Weber
1964, 702). D. h., sie ist primär auf der affektuellen und später traditionalen
Strukturebene verankert, denn »die Sachautorität lag wieder bei anderen Leuten«
(26/14). Richter agiert und versinnbildlicht Tradition; sein temperierter Pluralismus drückt prototypisch den ideologischen Gruppennenner aus; sein Führungsstil
ist konsistent gruppennorm-adäquat. Schließlich erfüllt Richter die wichtige
Funktion der Informationssammelstelle und des Kommunikationsknotenpunk-
tes [17]. Diese Position stattet ihn mit Erfahrungs- und Informationsvorteilen aus,
die wiederum dem Moment der Mitwisserschaft erst ihre Bedeutung verleihen.
Die unangetastete informelle Zentralstellung Richters leitet sich nicht von einem
Gründungscharisma ab, wie es oft subkulturellen literarischen Gemeinden eigen
its [18]. Der »primäre Patriachalismus« [19], dessen Stabilität gebunden ist an die
stetige, vorderhand freiwillige Zustimmung der Gruppe, gründet in zwei Quellen,
die zugleich den Charakter der Gruppenstruktur insgesamt spiegeln: erstens in
der Kontinuität der Herstellung der Gruppen-Vorgabe (Einladung), zweitens in
der traditionsbefolgenden Vermittlung zwischen den Einzelnen und den Subeinheiten der Gruppe. Es ist die Leistung der *Vermittlung* in einem lose gefügten Sozialgebilde, die den Vermittelnden in den Gruppenzusammenhang fest einflicht
und ihn zugleich heraushebt, zumal innerhalb einer Gruppe, deren oberste Orientierung das duldsame Nebeneinander selbst des Heterogenen ist. Im Gegensatz zu
charismatischen Gestalten literarischer Vereinigungen hüllt Richter nicht einen
Kreis von Jüngern in den Zauber des literarischen »Meisters« oder »Genies« ein.
Richter, darin liegt das Charakteristikum seines Leitungsstils begründet, übt dezidiert Zurückhaltung. Damit gibt er der Entfaltung des Gesamthabitus *exemplarischer Individualitäten* genügend Darstellungsraum. Wo Personen als Individualitäten par excellence aufeinander sich beziehen, ist der ruhende Punkt dort, wo
die individualisierende Prestigekonkurrenz außer Kraft gesetzt ist. Richter wird
gleichsam zum archimedischen Punkt und zum sozialen Zeichen der Gruppen-
identät, weil sein »Gruppenalltag« der der Vermittlung, in Konfliktfällen der
der Versöhnung, ist. Die Vermittlungsebenen, -grade und -formen sind determiniert durch die soziale Struktur der Gruppe. Für die Stabilität und den Erfolg von
entscheidender Bedeutung ist der Bezug Richters zum Kern. Dies trifft um so
mehr zu, als die Gruppe strukturell sich kompliziert. Hierdurch wird der »primäre Patriarchalismus« wiederum rationalisiert in Form von Beratungsorganen.
Dem doppelpoligen Kern entsprechend gliedert sich der Bezugsrahmen der Grup-
penleitung.

»Sicher, daß der alte Kern, . . ., erhalten blieb, das war für ihn (Richter – F. K.) selbstverständlich.« (7/11)

In der Kohäsionsdimension bildet der traditionale Kern gleichsam das Rückgrat.
Der »Veteranenkreis« bezeugt nicht nur mit sozialer Deutlichkeit die Gruppenge-

schichte, sondern prägt zugleich das aktuelle Gruppengeschehen, indem er den »Geist der frühen Jahre« als Gegengewicht zu rationalen Erfolgstendenzen und zur Konkurrenzsituation einbringt.

> »Sie (»die Veteranen« – F. K.) war keine Gruppe in der Gruppe, aber sie war entscheidend . . ., ohne sie hätte die Gruppe nicht existieren können.« (23/25)

Der kontinuierliche Bezug Richters auf »diese Leute, (die) ja nicht nur einen Text als Beitrag für diese Tagung lieferten, sondern auch einiges klimatisch dazu beitrugen« (14/14), wirkt nicht nur über sozio-emotive Grundierung integrativ, sondern stärkt zugleich Richters Stellung, indem die traditionalen Gruppenfiguren an seine Leitungstradition sinnlich erinnern. Bedingung freilich ist die Fortdauer ihrer Loyalität selbst dann noch, als sie mit dem Heraufziehen einer neuen Kernstruktur in den »informellen Veteranenstatus« (12/44) hineingeschoben werden.

Mit der wachsenden Rolle der Gruppe 47 als sozio-kulturelle Institution erhöht sich zwangsläufig die Relevanz der Lokomotionsebene. Es konstituiert sich ein leistungsfunktionaler Kern, dessen sozial kenntliche Existenz die Erfolgskontinuität der Gruppe repräsentiert. Richters Führungs- und Mentorposition wie sein Einfluß sind bestimmt durch die bestands- und erfolgsorientierte Ausbalancierung *beider* Kernteile. So wie der Zugang zum Entscheidungskern abhängig ist von der zusätzlichen Entwicklung einer Nahform zu Richter, so ist Richters Leitungsrolle wiederum gebunden an ein der Bestands- und Erfolgsproblematik der Gruppe angemessenes Verhältnis zu den Kernpolen. Insofern ist der »primäre Patriarchalismus« intern relativiert durch eine Reziprozitätsstruktur [20].

Was den traditionalen Kern betrifft, verbürgen primär Treue-Beziehungen die Aufrechterhaltung der Gruppe [21]. Diese Beziehungen zwischen Richter und den »Veteranen« sind größtenteils eingebettet in Freundschaftsstrukturen, worin die affektuelle Strukturebene mit der traditionalen sich verschränkt. Was den Entscheidungskern – mit Akzent auf der rationale Strukturebene – anlangt, ist diejenige Loyalitätsform dominant, in welcher der Gesichtspunkt »sozialer Ehre« vorwaltet. Es ist für Richter ein Quell sozialer Identität, Mentor und Vermittler einer mit hohem Prestige versehenen, mithin in die Literaturgeschichte eingehenden Gruppe zu sein. Umgekehrt ist es für den inneren Kreis der Gruppen-»Honoratioren« gleichfalls ein Drehpunkt sozialer Identität, nicht nur teilzuhaben an einer tendenziell exklusiven Gruppe der Literaturwelt, sondern sie auch *mitzuverwalten* [22]. Die loyalitätsfestigenden Faktoren der »Treue« und »Ehre« treffen mit unterschiedlicher Akzentuierung für beide Kernteile zu. In der Kombination von »Ehre« und »Treue« äußert sich mithin ein ständisch-feudaler Strukturzug der Gruppe, deren innerer Kreis durch den »Vorteil der kleinen Zahl« einer interessierten Personengruppe, der exklusive Mitwisserschaft garantiert, charakterisiert ist [23]. Weil es kein formal definiertes Gerüst gibt, keinen Schaltplan formaler Befugnisse und Vollmachten, keine Berufsinstanzen, an die zu appellieren wäre, fällt der Gruppenprozeß diese eigentümliche Form informeller Hierarchisierung aus, die trotz Veränderungen in der Hochphase schon eine allemal stabile Struktur aufweist.

Die Vermittlung zwischen den verschiedenen Subeinheiten und den einzelnen Gruppenmitgliedern ist orientiert am Leitfaden des egalitären Grundrisses, auf den Richter legitim sich berufen kann, wenn er um Einflußbalancierung und Machtausgleich in der Perspektive sozialen Friedens der Gruppe bemüht ist. Der Bezug Richters erstreckt sich folglich nicht nur auf die Kernsphären, sondern gerade auch auf den Kranz und die Ränder. Richters Leitungsklaviatur manifestiert sich darin, daß er auf das soziale »Gerüst, das er immer gebraucht« hat, funktional sich bezieht, indem er »mal den einen, mal den anderen Teil als wichtig empfand« (14/20). Richter vertritt so als Vermittler das *Allgemeininteresse* der Gruppe, Bestand und Erfolg, gegen überpointierte Partial- oder Einzelinteressen auf der Kern- wie der Gesamtgruppenebene, sofern deren Durchsetzung gruppenstörende bzw. -sprengende Gefahren birgt.

2.3.2. Wir-Bewußtsein: Zugehörigkeit als subjektives Involvement

»Das wahre Verdienst und der eigentliche Nutzen der Gruppe 47 scheint mir«, so ein Beobachter, »im Vergnügen zu liegen, das die Mitglieder der Gruppe 47 daran empfinden, Mitglieder der Gruppe 47 zu sein. Man liest es in allen Beiträgen der Kritiker *aus* der Gruppe (Herv. – F. K.)« (Kesten 1963, 324/25). Der Kontinuität verbürgende Zusammenhalt hat seine entscheidenden Momente in der Entwicklung eines gruppenspezifischen Wir-Gefühls, das die soziale Kohärenz zementiert. Die organisatorische Oberflächenvagheit der Gruppe nimmt festere Konturen an in der subjektiven Selbstverständlichkeit von Dazugehören.

»Man hatte auch komischerweise, das kommt mir jetzt erst, wo Sie mich fragen, ganz klare Vorstellungen, wer dazu gehörte und wer nicht dazu gehört.« (7/13)

Das kohäsive, Subgliederungen überspannende Dach des Gruppenbewußtseins ist grundlegend bestimmt von der Egalitarismus-Idee, einer ausgelesenen »Gemeinde« ranggleich anzugehören. Durch den besonderen Charakter der Tagungen wird diese Idee je neu aufgeladen.

»Man fühlte sich als Privilegierte innerhalb einer völlig disparaten Welt ... Es war ein Klima wie auf dem Mond ... Die Abhängigkeit gegenüber den Medien, der war man sich wohl bewußt, das Jahr über.« (22/30)

Die sinnlichen Erfahrungen während der Tagungen nähren die Vorstellung einer bestehenden sozialen Gleichheit.

»Ja, im großen und ganzen hatte man schon das Gefühl, man ist Gleiche unter Gleichen ..., der Ledig-Rowohlt ..., der gab sich dann sehr leutselig und kameradschaftlich und großzügig, und lud viele zum Trinken ein, und war da auch leichter für Vorschüsse zu haben ...« (6/56)

Es sind einerseits die gewonnenen Eindrücke eines lockeren Verkehrs innerhalb der Privatgruppensphäre, der reale Differenzen in der sozio-ökonomischen Stellung zeitweise überdeckt (»Hanser war als Gruppenkasper angesehen« – 22/13), und andererseits die Erfahrung klug geübter Zurückhaltung der Verleger in der offiziösen Tagungssphäre, welche ein Wir-Bewußtsein begünstigen, worin eine gruppeneigene Welt erscheint. In ihr verkehren über soziale Differenzierungen und Abhängigkeiten hinweg letztlich »alle miteinander so ganz friedlich, harmonisch« (11/18). Das milde und diffuse Licht des Wir, »daß man ziemlich Gleiche unter Gleichen war« (19/33), deckt die Heterogenität in der sozialen Zusammensetzung zu [1].

Seinen Ursprung hat das Wir-Bewußtsein in der Vorstellung verwandter Generationslagerung, eines spezifisch eingefärbten Generationszusammenhangs und der Zugehörigkeit zu einer Generationseinheit. Die hieraus sich speisende Generationsmentalität, das »starke Gefühl von Zeitgenossenschaft, dieselbe Generation . . ., Ausnahmezeit, und wir haben sie geteilt« (24/35), wirkt kohäsiv und handlungsmotivierend zugleich. Nicht zuletzt ist ja diesem Basisgefühl die Gruppenbildung geschuldet [2].

»Ich konnte also mit den Kriegsgenerationsleuten; man verstand sich einfach, das kann man heute schlecht erklären. Diese Kriegsgeneration verstand sich von vorneherein.« (2/13)

Die vor-theoretische, mentalitätsspezifische Übereinstimmung verhärtet sich jedoch nicht zur Undurchlässigkeit einer ideologisch-programmatischen Gußform. Hierdurch wird die Subsumtion von neu in die Gruppe Aufgenommenen unters Wir erleichtert. Zwar ist die Generationslagerung – im Längsschnitt der Entwicklung gesehen – nicht einheitlich innerhalb der Gruppe, doch stellt sich gleichwohl das Bewußtsein eines Generationszusammenhangs über Teillagerungen hinweg her. Die Vorstellung eines inneren Zusammenhangs gründet in der tatsächlichen Teilnahme an einem gemeinsamen sozialen Gesamt»schicksal«. Die sinnlichen Erfahrungen von Faschismus und Krieg reichen hin bis zur sog. Flakhelfer-Generation (Andersch 1949). Diese homogenisierende Vorstellung setzt sich als Bild einer politisch-geistigen Generationseinheit, die durch eine antifaschistische Grundhaltung geeint ist, fest.

Über diese Mentalitätsgrundierung legen sich sukzessiv weitere Schichten eines Wir-Bewußtseins, das nicht nur Gemeinsamkeit festigt, sondern auch zwischen den Generationslagerungen vermittelt: die Vorstellung einer literarischen Zusammengehörigkeit, Junge Deutsche Nachkriegsliteratur, und die einer intellektuellen Gegenstruktur zur restaurativen, politisch-sozialen Umwelt. Auf beiden Ebenen drückt sich die Kohäsionsform des Wir gerade in der fehlenden programmatischen Zielverbindlichkeit sowohl auf der literarischen wie auf der politisch-geistigen Ebene aus. Es bindet allerdings die Gruppe

»ein Widerwille gegen das Adenauersche Restaurationsklima . . . vage Oppositionsgefühle; d. h., die Zusammengehörigkeitsgefühle waren hauptsächlich negativ«. (4/27) [3]

Einmal in Gang, erzeugt die Zugehörigkeit zu einer traditionalen Gemeinschaft selbst kohäsive Zusatzwirkung.

»Es gab auch ein starkes Moment der Loyalität. Das war fast wie eine Familie.« (26/14)

Das verbreitete Selbstbild einer »großen Familie« (Raddatz 1955, 113) resultiert aus dem trotz aller Überlagerungen immer noch erhaltenen Strukturmoment der Privatheit der Zusammenkünfte.

Zu der traditional-familialen Komponente gesellt sich, diese mehr und mehr überfrachtend, der Kohäsionsfaktor erfahrener, im Bewußtsein der Einzelnen sedimentierter, gemeinsamer Erfolgsgeschichte. »Wir haben wieder Literaturgeschichte gemacht« (23/27), ist die Quintessenz eines Selbstbewußtseins, das über interne Trennlinien hinweg Gemeinsamkeit herstellt. Nicht nur Grass hat »Welterfolg«, nicht nur die westdeutsche Nachkriegsliteratur erreicht wieder »Weltgeltung« (23/49), sondern die Gruppenmitglieder »selbst nahmen ja immer ein bißchen von dem Erfolg mit nach Hause ... Man gehörte dazu, – das Wir spielt wieder eine Rolle –, ... Die Gruppe hatte einen Erfolg, das Wir hatte einen Erfolg« (23/27). Es ist die Gruppe 47 und ihre Kritik, der das Prädikat der Erstauszeichnung der später erfolgreichen Schriftsteller gebührt: »Es kannte den Böll kein Mensch, als er den Preis (1951) bekam. Und jetzt steht er halt für die Gruppe ein« (5/8). In solchen Wendungen scheint interessierte Partizipation am Gruppenerfolg untrüglich auf.

»Du bist auch dabei bei der Gruppe, die in wachsendem Maße die literarische Meinungsbildung in Deutschland beherrscht, die am stärksten besprochen wird ..., man gehörte dazu. Man war aufgenommen in den innersten Kreis der Leute, auf die es in Deutschland literarisch ankam ... eine Art Rangerhöhung.« (19/8)

Aus der Erfolgsgeschichte heraus entwickelt die Gruppe fortschreitend ein »eigenes historisches Bewußtsein von ihrer Wichtigkeit« (4/24). Das gewonnene Selbstbewußtsein wird zu einer Gruppenklammer.

Endlich die aus der Restaurationsepoche resultierende Sonderstellung der Gruppe 47 als literarisch-intellektuelle Gegengemeinde speist das Wir-Bewußtsein, indem die Eigengruppe in Funktion einer Schutzclique erfahren wird [4]. Das Wir-Bewußtsein tritt auf dieser Ebene immer dann heftig in Erscheinung, wenn okkasionell der politisch (und literarisch-politisch) motivierte Außendruck sich verstärkt. Trotz Flexibilität und Pluralität zieht sich die Gruppe gleichsam igelförmig zusammen, wenn sie »von außen angegriffen wurde von Sieburg oder Krämer-Badoni oder wem auch immer; dann fühlten wir uns schon zugehörig und haben sie verteidigt« (6/45). Unterm gezielten Außendruck formiert sich die Gruppe, die ansonsten in ihrer Selbstkommentierung tunlichst einen Kollektiv-Eindruck zu vermeiden sucht, indem ihre Mitglieder – unaufgefordert und ohne organisatorischen Auftrag – sie verteidigen, dort wo man die *Gruppenidentität* und *-integrität* verletzt glaubt. In der Bestimmtheit des Widerstandes aktualisiert sich allemal Wir-Bewußtsein [5]. Es zeugt von der Homogenität der Gruppe, und ist deren Bedingung, daß sie ein Bewußtseinsnetz über ihre Mitglieder auswirft. Es hält nicht nur der Zerreißprobe durch die Verharschung der Institution Kritik lange Zeit hindurch stand, sondern neutralisiert zudem die Probleme, welche der gruppeninternen Hierarchisierung entspringen, indem es die Strukturdimension sozial-beruflicher Abhängigkeiten zudeckt.

Der Zerfall der sozialen Kohärenz und die Auszehrung des Wir-Bewußtseins sind Resultate eines komplexen gruppenintern wie -extern definierten Faktorenbündels. Zunächst einmal gelingt die Integration von neu Hinzukommenden in der Schlußphase nicht zureichend, weil diese dem ursprünglichen gruppenkonstitutiven Generationszusammenhang, dessen Gemeinsamkeit in den Sozialbiographien vorab gegeben ist, nicht mehr angehören. Das hieraus früher abgeleitete »Gefühl für Zeitgenossenschaft« (24/9) zieht die zuletzt Eingegliederten nicht mehr in seinen Bann; die Vorstellung einer politisch-geistigen Generationsaffinität stellt sich nicht mehr ein; ein politisch-generativer Bruch hat statt. Was in Sigtuna (1964) sich abzeichnet, »politische Divergenzen innerhalb der Gruppe« (Schwab-Felisch 1964 a, 200), entwickelt sich zum Vorspiel offener Kollision. Was den im tradierten Gruppenbewußtsein noch tief verankerten Mitgliedern als »Nichtintegrierbarkeit jener Absolutheitsideologen, die dann also für ihren jeweiligen linken Weg Heilscharakter beansprucht haben« (15/39), erscheint, (»getroffen wurde die Gruppe erst, als die Ideologie hineindrang« – 23/24), ist für die spät zur Gruppe hinzustoßenden jungen Schriftsteller Ausdruck einer neuen Form von »Zeitgenossenschaft«. Diese äußert sich im Versuch, ihren sozio-politischen Standort aufgrund ihrer eigenen Erfahrungen und Einsichten innerhalb der Geschichte der Bundesrepublik neu zu bestimmen. Der Unterschied im sozialbiographischen Hintergrund bewirkt Gärungsprozesse sozialen und politischen Bewußtseins, von denen allerdings auch eine Reihe langjähriger Gruppenmitglieder, die einer anderen literarischen Generation angehören, ergriffen werden. Zunächst aber wird noch keine adäquate Handlungsform innerhalb der Literaturwelt gefunden.

»Wir haben wohl mitgemacht, aber ... wir haben die Schwächen eigentlich sehr deutlich gesehen, vielleicht auch deshalb, weil wir schon in dieser Spätphase dazukamen. Andererseits waren wir noch nicht soweit, damit radikal zu brechen und zu sagen, da wollen wir überhaupt nichts damit zu tun haben.« (26/12)

Was als Nicht-Mehr-Integrierbarkeit einer neuen literarischen Generation auf der Oberfläche sich zeigt, ist Ausdruck der Erschütterung der sozialen Lage und des tradierten gesellschaftlichen Bewußtseins nicht nur der schöngeistig-literarischen Intelligenz, sondern Ausdruck einer Krise der traditionellen Struktur intellektueller Positionen überhaupt (Hofmann 1970).

Die nur schwach gelungene Assimilation der »letzten Gruppengeneration«, deren Primärerfahrungen ausschließlich in der nachfaschistischen deutschen Geschichte wurzeln, trifft nun allerdings auf eine gruppeninterne und -externe Gesamtsituation, in der jene Nichtintegrierbarkeit überhaupt erst zum Bestandsproblem wird. Bindet die Erfolgsgeschichte einerseits die Gruppe zusammen, so wohnen ihr andererseits desintegrative Effekte inne, insofern als mit Sigtuna (und in Princeton in vollem Umfang) der Aufstieg der Gruppe 47 zu einer repräsentativen Institution beargwöhnt wird als Tendenz gesellschaftlicher »Über-Anpassung«. Sie ist mit dem sozial standardisierten Eigenbild literarisch-intellektueller Subjektivität als unabhängige Gegenfigur zum »Establishment«, zur demonstrativen Öffentlichkeit, nicht mehr in Einklang zu bringen.

».. . die Gruppe 47 (hat) sowas wie einen offiziellen Status bekommen und das war mit dem Selbstverständnis einiger Schriftsteller von ihrem Beruf auf die Dauer nicht zu vereinbaren.« (12/40)

Die Geschichte der Institution Gruppe 47 erdrückt, Dialektik des Sozialprestiges, die von ihr selbst kultivierte exemplarische Individualität (Hildesheimer 1966).

Die Dissoziierungstendenz wird verschärft, weil mit der Krise des »CDU-Staates« objektiv das durch Oppositions-Mentalität zusammengehaltene Selbstverständnis der Gruppe als kritische Gegengemeinde entkräftet wird (Böll 1965). Der Außendruck beginnt nachzulassen, am Horizont wetterleuchtet ein entspannteres Verhältnis zwischen den politischen Kräften, die später, 1969, die sozial-liberale Koalitionsära einläuten, und großen Teilen der literarischen Intelligenz.

»In der Abwehr, im Nein ... gab es eine Einigkeit, ... (aber) es wurde schwierig in dem Moment, in dem die Adenauer-Ära aufhörte und sich die Alternativen anboten..., da brach dann diese Einheit auseinander.« (14/34)

Mit der Verminderung des Außendrucks bröckelt die Kohäsion ab, latent vorhandene Gegensätze brechen auf, die die gemeinsame Plattform des Wir schnell hinter sich zurücklassen. Verschärft werden die Gegensätze innerhalb der Gruppe durch den Einzug der SPD, die großen Teilen der Gruppe bis dato als Alternative gilt [6], in die Große Koalition 1966. Nicht nur eine literarisch-kulturelle, sondern auch eine politische »Überintegration« dämmert herauf (Puttkamer 1965).

»Hinzu kam, daß die SPD an die Regierung kam und die Gruppe sozusagen in der Mehrheit nicht mehr in der Opposition war wie vorher ...« (6/49)

Das extern bewirkte Ensemble desintegrierender Momente trifft in der Spätphase auf eine Gruppe, in der – jenseits der politischen Divergenzen – Identifikationsverzehr sich ausbreitet aufgrund quantitativen Wachstums und ritueller Erstarrung [7]. Entfremdung vom Gruppenzusammenhang verwandelt sich wiederum in beschleunigte Parzellierung. Für den traditionalen Kern bedeutet dies Rückzug auf den eingeschränkten Sozialverkehr mit den »Veteranen«; »Ich hatte mich dann immer wieder an die (mir) bekannteren Friedrich ... und Richter und Kolbenhoff (gehalten)« (2/7). Während der traditionale Kreis die integrative Verklammerung zu vermissen beginnt, fehlt den zuletzt Hinzukommenden überhaupt schon der Zugang zu den tradierten Beziehungsformen, wie sie innerhalb der Gruppe gelten. Für jene schärft sich die Empfindung, allmählich zu einer »Traditionskompanie« (15/41), zu einer »Art Schützenverein« (8/10) zu denaturieren; bei den jüngeren Mitgliedern insbesondere, aber nicht nur bei ihnen, verstärkt sich der Eindruck, daß sie einer Gruppe angehören, die als quasi-offizieller Bestandteil der Kulturpolitik zu einem international renommierten »Exportartikel« geworden ist.

In letzter Instanz sind es strukturelle Veränderungen innerhalb des literarischen Marktes, welche die Grundlagen des Wir-Bewußtseins aushöhlen. Das »literarische Zeitalter« geht zur Neige, die überkommenen »freundschaftlichen, manchmal auch grimmigen Beziehungen«, aber eben Primärbeziehungen, der Autoren zu den Verlegern werden in weiten Bereichen abgelöst von anonymen Beziehungsformen der »Ära der Verlagsfusionen und Großkonzerne« (Lattmann 1973, 77 ff.). Der Idee des Egalitarismus wird die Basis entzogen. Der egalitaristische Zug im Inneren und der elitaristische nach außen verfallen der bewußtseinsverändernden Macht des Faktischen. Die Grundvorstellung der Zugehörigkeit zu einer »autokephalen Gruppe« (Zwilgmeyer 1956, 1193), die nicht im Halbschatten subkultureller Bohème, sondern im hellen Licht demonstrativer Öffentlichkeit verortet ist, zu einer Gruppe also, die in sich »doch eine kompakte literarische Potenz« (25/12) beherbergt weiß und komplementär dieses Selbst-Bewußtsein sozial bescheinigt bekommt als gesellschaftlich anerkannte Versammlung literarischer Prominenz, währt wie taubes Gestein solange die adjustiven Außenbedingungen stabil sind.

»Und da hat es sich dann gezeigt«, in der Phase der Legitimationskrise der Institution und der Strukturkrise und -veränderung des literarischen Marktes, »wie unvorbereitet die Gruppe in der Hinsicht ist, wie unzurechnungsfähig; wir haben also, das kann man wirklich sagen, ... eine Entwicklung versäumt als Gruppe.« (3/18) [8]

Zwar werden formell keine Loyalitäten aufgekündigt, doch zergliedert sich die Gruppe schnell in soziale Splitterungen, indem das der Literaturwelt eingeordnete, sozial integrative, tendenziell elitäre Gruppenbewußtsein abzudanken beginnt vor der Einsicht, daß »im Windschatten der Prominenz« die Sozialschicht der literarischen Produzenten sich »ihre Probleme hat verschleiern lassen« (Böll 1973, 355) [9]. Dem »Ende der Bescheidenheit« fällt der tradierte Modus sozialer Selbstdokumentation, der auf ökonomisch-sozialen und ideologischen Strukturwandel nicht eingestellt ist, zum Opfer. Die Nichtintegrierbarkeit der »letzten Gruppengeneration«, die dem repräsentativen Gruppenbewußtsein als re-ideologisch motivierter Generationskonflikt dünkt, enthüllt sich als Ankündigung grundlegender sozialer Veränderungen im Relevanzbereich der literarischen und literar-politischen Intelligenz. Auf der einen Seite erwirkt die allgemeine Legitimationskrise der sozial-kulturellen Institutionen eine Eruption des herrschenden politischen Bewußtseins innerhalb der »ideologischen Stände«, auf der anderen Seite erschüttern sozio-ökonomische und technisch-organisatorische Strukturwandlungen im literarischen Markt, im Machtgefüge der Kulturindustrie überhaupt, die Grundlagen eines gesellschaftlichen Bewußtseins, in welchem die Sozialstrukturdimension allenfalls als sekundär gilt und die generativen Gliederungen des Literaturprozesses als eigentlich bedeutsam für die historisch-strukturelle Bestimmung der Lage der literarischen Intelligenz hochgewertet sind.

2.3.3. Ideologisches Profil: Gesellschaftlich eingemeindetes Bewußtsein

Dem konstitutiven Selbstverständnis entsprechend, einer post-ismen Periode zuzugehören, definiert sich die Gruppe 47 nicht durch ein ideologisch expliziertes Programm. Trotz dieser selbstauferlegten Enthaltsamkeit zielprogrammatischer Explikation gegenüber, welche die Gruppe 47 heraushebt aus der Tradition

künstlerisch-intellektueller Manifestgruppen (König 1974), inhärieren ihrem konkreten Sozialprozeß kohärenzstiftende ideologische Verstrebungen. Die resümie-
rende Analyse des Grundmusters dieser *impliziten* Verstrebungen bewegt sich im
folgenden auf drei thematischen Ebenen: 1. auf der Ebene der für das Gruppenbewußtsein charakteristischen Vorstellung vom Verhältnis zwischen Gesellschaft
und Individuum; 2. auf der des Bildes von der westdeutschen Gesellschaft und 3.
auf derjenigen der Orts- und Inhaltsbestimmung der Literatur als spezifisch
strukturierter Eigenwelt.

2.3.3.1. Temperierte Monadologie: Hypostase des Individuums

Die Idee des Individuums als irreduzibler Gegebenheit, als gleichsam extra-
resp. vorsozialer Kategorie bestimmt die Denkgrundlagen, welche die Vor- und
Frühgeschichte der Gruppe 47 prägen. Auf den Weg kommt das Basiskonstrukt
des vorgesellschaftlichen Individuums in Gestalt existentialistischer Neuauflage
des tradierten idealistischen Subjektivitätsbegriffs (Exkurse 1968, 40 ff.) [1]. Während des Treffens in Herrlingen 1947 gibt Andersch (1948, 20) diesem Konstrukt
eine pointierte Fassung im Kontext literaturhistorischer Bestandsaufnahme: unterm real- und ideengeschichtlichen Strich bleibt nichts »als die schlechthinnige
Existenz des Menschen«. Das Fazit des auf nichts als seine individuelle Existenz
zurückgeworfenen Menschen wird innerhalb des *Ruf*-Kreises zum Ausgangspunkt
des Denkens und Handelns umformuliert. Das Individuum wird zum »ruhenden
Pol eines neuen gesellschaftlichen Seins« (Richter, 1946, 32) erklärt. So formt sich
denn die für die erste Nachkriegsphase typische Vorstellung des aus allen sekundären, sozialen Bezügen herausgefallenen Menschen [2] nicht nur zu einem Imperativ um, in Zukunft das Individuum gegen die Ansprüche sozialer, politischer
und geistiger Systeme ins existential-anthropologische Recht zu setzen. Mehr
noch, die These vom sozial entkleideten Menschen versteift sich zu einem impliziten erkenntnis- und gesellschaftstheoretischen Axiom (D. Weber 1968, 1 ff.). Die
erkenntnis- und gesellschaftstheoretische Verkehrung des abstrakten zum konkreten Menschen, indem Individuierung nachgerade als eigenständiger Gegenvor-
gang zur Gesellschaft gefaßt wird, d. h. die Deutung der Individuierung als ein-
zelmenschlichem Akt im Medium von Freiheit und Entscheidung, statt als Resultat von Vergesellschaftung, in deren Prozeß Individuierung erst vonstatten geht,
verdankt sich einer spezifischen Interpretation der geschichtlichen Situation nach
1945. Der sozialtheoretische Grundgedanke, daß »das Individuum seine Kristallisation den Formen der politischen Ökonomie, insbesondere dem städtischen
Marktwesen (verdankt)«, auf dem Adorno (1969, 195) unterm Abschnitt »Mona-
de« im Jahr 1945 beharrt, bestimmt – allerdings in einer eigentümlichen kontrapunktischen Entzifferung zu Adorno – das Bewußtsein des frühen 47-Kreises.
Richter (1946) glaubt im Augenschein der realen und ideellen Trümmerlandschaft
Europas, insbesondere natürlich Deutschlands, eine spezifische Dialektik der inneren Bewegung der politischen Ökonomie des Kapitalismus konstatieren zu
können. Er nimmt an, daß als Resultat dieser Bewegung, 1945, zum einen die

»Zerstörung der Dinge«, mithin der Zusammenbruch aller Strukturen festzustellen sei und daß zum anderen zugleich *der Mensch* in seiner »individuellen Existenz« erzeugt worden sei.

»Die Mechanik der ökonomischen Gesetzmäßigkeit, die das menschliche Sein bedingen und bestimmen soll und die einen so breiten Raum in den geistigen Auseinandersetzungen des vorigen Jahrhunderts einnahm, wird sekundär. Mag diese Mechanik in ihrer Gesetzmäßigkeit die ökonomische Entwicklung bis in das Chaos unserer Zeit vorgetrieben haben, in ihrer letzten Auswirkung atomisierte sie nicht nur den Menschen, sondern auch ihre eigene Gesetzmäßigkeit. Mit der Zerstörung der Dinge und in der Nivellierung des Menschen hob sie die Klassengegensätze auf, zermalmte sie ihre eigene ökonomische Basis und ließ den Menschen mit dem Menschen allein. So tritt der Mensch, brüchig geworden in seinen Bezügen zur Umwelt, fragwürdig und irrend geworden in seiner Existenz vor Gott, vor dem Universum, vor sich selbst, wiederum in den Mittelpunkt des Lebens, . . .« (32)

Bei Richter erscheint Individuierung – durch die »Grenzsituationen« hindurch – nicht als Resultat der Vergesellschaftung des Menschen, sondern der *Ent*gesellschaftung. Für ihn ist das gleichsam nongesellschaftliche Individuum Produkt historisch-gesellschaftlicher Dynamik. Von dieser Basis aus wird für die Zukunft Individuierung als Akt der Subjektivität begriffen. Die gegensoziologische Substantialisierung des Subjekts bleibt eine bestimmende Denkkonstante der Entwicklung der Gruppe 47, die vorderhand schon sich ausdrückt in der emphatischen, oft wiederholten Beteuerung des individualitätsfreundlichen Charakters der Gruppe 47:

»Wenn etwas wieder in den Vordergrund rückt, so ist es die Persönlichkeit. Das ist auch in der Gruppe 47 so. Starke Individualitäten lassen sich nicht kollektivieren.« (Richter o. J.)

Allerdings, wie in diesem Zitat angedeutet, erlebt die Denkfigur des substantialisierten Individuums eine für das bewußtseinsmäßige Verhältnis zur Gesellschaft im weiteren und zur Literaturwelt im engeren entscheidende Ebenenverschiebung. Sie ist Ausdruck der die Gruppe konstituierenden literarischen Kehre, in welcher letztlich die gesellschaftliche Stabilisierung in Westdeutschland sich spiegelt. Nach der Ernüchterung der »nüchtern-enthusiastischen«, intellektuellen Repräsentanten des *Ruf* im Zuge der sich anbahnenden Restauration wird das Modell einer dem Gesellschaftsprozeß vorausgesetzten menschlichen Individualexistenz der Ideologiehaftigkeit konkret überführt und zwar aufgrund der Rekonstruktion derjenigen gesellschaftlichen Strukturen, die Richter (1946) »zermalmt« wähnt. Die Idee der der Sozialität vorgeordneten Individualität verlischt keineswegs; sie zieht sich zurück in die literarisch-künstlerische Sphäre. Ist die Hypostase des Individuums auch im gesamtgesellschaftlichen Zusammenhang widerlegt, bleibt der Vorgängigkeitsvorbehalt auch dann noch in Kraft, als in den 50er Jahren im Bewußtsein »nicht mehr das abstrakte, aus allen Bezügen gelöste Individuum im Mittelpunkt (steht), sondern bedingte Figuren in bedingenden Verhältnissen, Verhältnisse selbst« (D. Weber 1968, 7). Die Sonderkategorie der literarisch-künstlerischen Subjektivität verhärtet sich zur Invarianz (Kap. 2.3.3.3.) [3].

Der in der Anfangsphase der Gruppe 47 vorwaltenden, gleichsam zu einer Weltaufordnungskategorie geronnenen Vorstellung eines durch nichts als sich selbst vermittelten Subjekts ordnet sich in erkenntnistheoretischer Perspektive ein für die Entwicklung des Gesellschaftsbegriffs folgenreiches Konzept von Wirklichkeitsaneignung zu. Die Erlebnisunmittelbarkeit wird zur entscheidenden Instanz aufgewertet [4]. Das nicht durch kategoriale oder »ideologische« Filter getrübte Erlebnis gilt als die angemessene Form, der Wirklichkeit ideell sich zu bemächtigen [5]. In zeittypischen Wendungen wie »jähes Begreifen« (Andersch 1962 a, 25) oder »eruptives Bewußtwerden« (Friedrich 1947, 25), die noch unter der Einwirkung eines *spontaneistischen* Bewußtseinskonzeptes stehen, spiegelt sich der bevorzugte Modus von Wirklichkeitszueignung. Zwar schwindet der emphatische Rekurs aufs Erlebnis als wahrheitsbürgendem Modus mit dem Abschied der Gruppe von ihrer Konstitutionsphase (Eichholz 1954), doch bleibt während der gesamten Gruppenentwicklung das erkenntnistheoretische Grundmotiv wirksam. Als adäquate Weise, der Wirklichkeit zureichend beizukommen, gilt die *nicht* theoretisch-kategorial vorstrukturierte und vermittelte subjektive Wahrnehmungsunmittelbarkeit, wie sublim auch immer gebrochen und prismatisch durchs Bewußtsein zersplittert (Batt 1974) [6]. Seine methodische Paßform gewinnt der Modus subjekt-unmittelbarer Zueignung der Erscheinungswelt in den *Inventuren* und *Bestandsaufnahmen* dessen, was dem scheinbar voraussetzungslos registrierenden Subjekt (vgl. kritisch Mayer 1967, 302 f.) an Einzelheiten in Form von Eindrücken gleichsam sich aufdrängt. Nicht theoretisch vermittelte Reproduktion innerer Zusammenhänge der komplexen Welt der Erscheinungen, sondern deren vorurteilsfreie, unbefangen-nüchterne *Sammlung* (vgl. für die Lyrik Rühmkorf 1962, 450) ist das primäre Ziel.

»Alles, was wir tun können, ist: Addieren, die Summe versammeln, aufzählen, notieren.« (Borchert, zit. nach Widmer 1965, 334) [7]

Das *deskriptive* Verfahren ist dem erkenntnistheoretischen Evidenzkonzept auf den Leib geschrieben. Die Welt der Dinge und Vorgänge, die auf den ersten Blick in Trümmer, später in »komplexe Einzelheiten« zerfallen, beim richtigen Namen bzw. später, nach der frühen Phase der jungen Literatur, die Schwierigkeiten beim Richtigen-Namen-Nennen zu nennen, statt Zusammenhänge kausal-analytisch oder motivations-analytisch zu entfalten, wird zur Devise (Johnson 1962, Baumgart 1968, 43) [8]. Die zur Nüchternheit des common sense verurteilte Vernunft (»stornierte Kausalität« – Batt 1974, 244) sagt der Metaphysik, genauer, alles, was dafür gehalten wird, den Kampf an (Friedrich 1964). In der proklamierten und zum Prinzip erhobenen skeptischen Grundhaltung kommt das beherrschende erkenntnistheoretische Profil zur vollen Entfaltung. Es kann als erkenntnispessimistischer Subjektivismus, (»der positive Gehalt der Skepsis ist das Individuum« – Horkheimer o. J., 220), charakterisiert werden.

Der für die Gruppenentwicklung gültige denk- und praxisformative skeptizistische Grundzug ist in dreifacher Hinsicht kontrapunktisch gesetzt: gegen »Ideologie« als Form der Weltaufordnung, gegen »Organisation« als Form der Wirklichkeitsordnung und gegen »Innerlichkeit« als Form des Wirklichkeitsverhältnisses. In der Dimension der kognitiven Weltaufordnungsaspekte regt sich Skepsis vorab gegen *Verwendungs*modi der Sprache. Im »Mißtrauen gegen das Wort« (Raddatz 1964, 54 ff.) formiert sich Skepsis gegen das, was ihr als »Phraseologie« erscheint [9]. Bewußtseinsmanipulative Sprachgebärden (»Propaganda«) ebenso wie wirklichkeitsverdeckende, implizit den status quo rechtfertigende »Schönschreib«-Muster (»Kalligraphie«) [10], kurzum, alle Sprachgesten, die den Anschein das Individuum vereinnahmender Realitätstrübung erwecken, verfallen dem Verdikt einer an diesem Punkt ins Militante überwechselnden Skepsis (Widmer 1965, 331). In Konsequenz des tiefsitzenden Erkenntnispessimismus, der nur der subjektivierten Wahrnehmung noch Zuverlässigkeit zugesteht, selbst diese später noch zurücknimmt in die Vorläufigkeit und Bescheidenheit der Vermutung über Einzelheiten und Sachverhalte [11], bezieht sich skeptische Distanzierung primär negierend gegen die *Form,* in welcher Inhalte auftreten [12]. An die Erfahrung regelnde Skepsis, in deren Medium die Instrumente der Formkritik und -verwerfung all dessen, was in dogmenhafter Gestalt auftritt, geschärft werden sollen, wird die Erwartung geknüpft, die realitätsverzerrenden Sprach*inhalte* zu treffen, um nach erfolgreicher Entzerrung zu konstruktiven wirklichkeitsangemessenen Sprach- und Denkformen zu finden [13]. Was auf der Ebene der Kritik trugbildender Sprachmuster noch direkt an Gegenständen ansetzt, verwandelt sich auf der allgemeineren Ebene des Mißtrauens gegen systematisierte Ideengebilde schlechthin in den »totalen Ideologieverdacht«, der mit einem »totalen Ideologiebegriff« operiert. Die Wahrheitsfrage, die im Ideologieproblem als Nervpunkt gesetzt ist, denaturiert tendenziell zum Formproblem. Der Ideologiebegriff wird formalisiert, indem die der Ideologie eigene Verschränkung von wahr und falsch ausgeblendet wird [14]. Verhältnismäßig gleichgültig gegen die Scheidung von wahr und falsch im Ideologiebegriff ereilt Denken, einfach weil es in bestimmter, systematisierter Form auftritt, die radikalisierte Skepsis. Nicht zufällig wird die Tradition skeptischen Denkens, das in Deutschland aufgrund der gesellschaftlichen Sonderentwicklung nie so recht Fuß gefaßt hat, aufgegriffen, um als Waffe gegen ideologisierendes »deutsches System-Denken« eingesetzt zu werden. Ideologiegeschichtlich handelt es sich um ein Stück nachgeholter Moderne, für die das bestimmende Bewußtsein innerhalb der Gruppe 47 einstehen möchte und einsteht (Vormweg 1973, 247). Der prinzipialisierte Ismen-Verdacht gegen Kunsttendenzen, die theoretisch-programmatisch sich zu Wort melden, und das Mißtrauen gegen System-Denken in Philosophie und Wissenschaft richten sich gleichermaßen gegen Ideologie, Utopie und Theorie. Utopie wird von der gruppenheimischen Skepsis als falsches Versprechen, (»die Appelle der Geschichte sind verrauscht« – Andersch 1962, 37) verworfen [15]; theoretisches Systemdenken wird abgelehnt, weil es im Verdacht steht, die Existenz des Einzelmenschen und sein Bewußtsein ins Zwangsgehäuse von Makro-Kategorien zu zwingen. Statt auf Vermittlung der Einzelmomente, auf Strukturzusammenhänge vermittels theoretischer Abstraktion abzuheben, verordnet sich die skeptizistische Grundeinstellung Bescheidenheit gegenüber Erkenntnisansprüchen theoretischen Wissens; nicht zufällig findet sie im Essay ihre Paßform (Rohner 1965, Horkheimer o. J.). Getroffen wird im »totalen Ideologieverdacht« untergründig der Wahrheitsbegriff selbst: »Die Pest des Menschen ist die Meinung, etwas zu wissen« (Montaigne zit. nach Horkheimer o. J., 213). Diese systematischer Wahrheitsproduktion zuleibe rückende These der skeptizistischen Philosophie [16] konturiert den Denkhintergrund innerhalb der Gruppe, manifest in der Abneigung gegen explizit-programmatische Ausrichtung der Gruppe und in der Verweigerung, bestimmten literarischen Tendenzen theoretisch expliziert Präferenzen zuzuerkennen. In der skeptizistischen Quintessenz, die auf der Oberfläche gegen sog. Absolutheitsansprüche des Denkens konzipiert ist, wird der Wahrheitsbegriff ausgehöhlt, indem er in den prinzipiellen Relativismus zurückgenommen wird. Die sprach»reinigend« auftretende, antikalligraphische Ideologiekritik der frühen Zeit gleichermaßen wie diejenige an die Wahrnehmungsunmittelbarkeit restriktiv zurückgebundene der Hochphase neutralisieren und entschärfen sich selbst, indem die skeptizistische Hintergrundeinstellung konkurrierenden Wahrheitsansprüchen gegenüber entscheidungsabstinent sich verhält. In der selbstverordneten Maxime ideologischer Neutralität, die die 47-Kritik nach außen hin vorgibt, werden nicht-relativistische Ansprüche unter den Ideologievorbehalt gestellt. In dieser Form findet Erkenntnistheorie ihren konkreten Gruppenausdruck. Andere, mitkonkurrierende literar-und sozialtheoretische Konzepte herabzustufen oder gar auszuschließen, d. h. die monopolistische Vertretung eines Standpunktes, erscheint dem dominanten Gruppenbewußtsein nicht nur als sachunangemessen, sondern als disqualifizierend. Der pluralistischen Intention des »wertfreien« Sammelns und Integrierens ist zuwider, was nicht viele »Wahrheiten« gelten läßt. Folgerichtig wird als »Sozial-Religion« abgelehnt, was auf der Ebene von Gesellschaftsanalyse nicht dem wahrheitsneutralistischen Pluralismus sich beugt.

Allerdings, die erkkentnistheoretisch-ideologische Neutralität besitzt für die Gruppe ihrerseits *absolute,* sanktionsgeschützte Geltung. Daß in der Absolutsetzung des Denk-Pluralismus die skeptische Grundhaltung ihre eigene Basis sich entzieht, bleibt verdeckt. Gegen den inneren Widerspruch skeptizistischer Erkenntnistheorie zeigt sich das Gruppenbewußtsein immun. Indem aber die erkenntnistheoretisch-ideologische Tiefengliederung der Gruppe formiert ist nach dem Muster des »totalen Ideologieverdachts«, findet sie ein Obdach innerhalb des gesamtgesellschaftlich herrschenden ideologischen Trends, da hier der Leitgedanke des »postideologischen Zeitalters«, der aus den amerikanischen Sozialwissenschaften in den 50er Jahren importiert wird, im Mittelpunkt steht. Mit ihrem repräsentativen Bewußtseinsprofil denkt sich die Gruppe 47 in eine spätliberale Variante gesellschaftlich herrschenden Bewußtseins hinein, deren Springpunkt ein pluralistisch zerbröselter Vernunftbegriff ist.

In der gesellschaftstheoretischen Dimension richtet sich die handlungsprägende Skepsis gegen Inanspruchnahme des Individuums durch soziale Organisationen. Dem gruppenbestimmenden skeptizistischen Subjektivismus erscheint die Welt der wirklichkeitsmächtigen Sozialgebilde gleichsam als Intimfeind. In erster Linie ist die Idee des sich selbst autorisierenden Subjekts gegen die Erscheinungsform der Massenorganisation, zumal der politischen, (»Parteikram« – 24/33; »Schaftstiefel« – 16/51), abgesetzt. Wiederum indifferent gegen die sozialen Inhalte, den Interessencharakter der Organisationen, fällt ihre Form der skeptisch-distanten Kritik zum Opfer. Der Einwand gegen die Wirklichkeitsordnung formaler Organisation bezieht sich jedoch nicht allein auf das Phänomen der Massenorganisation, sondern tendenziell gegen formale Organisationsgebilde überhaupt. Vor dem Hintergrund des prä-gesellschaftlich definierten Subjekts erscheint Organisierung grundsätzlich als Gewalt gegen die menschliche Konstitution, die auf Spontaneität und Freiheit in individueller Form hin angelegt interpretiert wird [17]. Organisation wird assoziiert historisch mit faschistischer »Gleichschaltung« und aktuell mit »verwalteter Welt« schlechthin [18]. Die prinzipiell ablehnende Distanz zur Welt der Organisationen ist eingeschmolzen in die zur Macht in ihrer institutionalisierten Gestalt überhaupt. Als invariante Grundkomponente bestimmt die zur quasi-ontologischen Konstante stilisierte Geist-Macht-Dichotomie das Denken der Gruppenmitglieder. Das vom »Prinzip Skepsis« geteilte Selbstbewußtsein geht auf kritische Distanz zur Macht, um die Identität seines Subjektivismus und die Integrität des »Geistes« zu wahren (Mayer 1967, 311).

»Das war auch so ein unausgesprochener Konsensus (in der Gruppe 47 – F. K.) . . ., daß der Schriftsteller sich auf gar keinen Fall mit der Macht einlassen darf . . . Also alle, die sich einer Macht verschreiben, die rechtfertigen, das galt als Verrat der Literatur und Verrat des Geistes sozusagen an die Macht . . ., diese Dichotomie (war) allgemein akzeptiert, Geist und Macht.« (26/35, 36)

Was auf der erkenntnistheoretischen Ebene als Prämisse fungiert, das scheinbar geistige Unabhängigkeit verbürgende Konzept vorausgesetzter und voraussetzungsloser Subjektivität, ist hier auf die gesellschaftstheoretische Ebene transponiert: kritisch-skeptische Distanz zur organisierten Macht als Garant von Urteils- und Handlungsunabhängigkeit. Die Idee der geistigen Freiheit als vorgesellschaftlich gesetzt verschwistert sich mit der der Ungebundenheit als vorsozialer Konstitution; Gesellschaft und Macht erscheinen dem gegenüber als sekundäre Konstrukte, vor denen das Individuum zu schützen ist. Unverkennbar macht sich eine späte, anarchoid eingefärbte Wiederbelebung bürgerlich-aufklärerischen Denkens geltend (vgl. Eich 1968; *Gesammelte Maulwürfe*, aus denen Eich 1967 in der Pulvermühle liest, bes. S. 80 f., 98 f.).

Daß der Leitfaden institutionenkritischen liberalen Denkens bestimmend ist, kommt zum Ausdruck in der dritten kontrapunktischen Setzung des skeptischen Subjekts. Zwar wird zur ideologieschwangeren und machtverkrusteten, organisierten gesellschaftlichen Wirklichkeit das Gegenbild freier, entscheidungsmächtiger Individuen inthronisiert, doch wird nicht die Maxime vertreten, in machtgeschützter Innerlichkeit wohnlich sich einzurichten . Auch in dieser Hinsicht regiert das »Mißtrauen« (Demetz 1973, 55). Die Orientierung »zeitflüchtiger Esoteriker« (Schnurre) ist nicht der Leitfaden gruppenbestimmenden Denkens; (daß der Schriftsteller »einsam sein müsse und nur aus der Einsamkeit heraus, aus dem isolierten Zustand heraus, Arbeit möglich ist, war dort (in der Gruppe 47 –

F. K.) schwer denkbar, ...« – 14/18). Dem Sozialprofil exemplarischen Rückzugs in die Reservate machtgeschützter Innerlichkeit wird, – Resultat der Verarbeitung historischer Erfahrung –, die Sozialorientierung des »Engagements«, des
Eingriffs der literarisch-intellektuellen Subjektivität in die Gesellschaft, entgegen-
gestellt. Das leitmotivische Denk- und Handlungsmodell trägt die Signatur *temperierter Monadologie* im Lichte der Wiederbelebung resp. des Nachholbedarfs
aufklärerischer Tradition in Deutschland [19].

Auf der kognitiven Ebene ist für dieses Profil bestimmend die Grundhaltung
der Nüchternheit, die gegen Anfechtungen illusionären, dogmatisierenden Denkens Immunisierungsgewähr bieten soll [20]. Dieser Grundzug illusionsloser
Nüchternheit geht z. T. in die Variante der *Ironie* über, die nichts sich vormachen
läßt. Daß die ironische Attitüde dem »Zauber der Ideologie« nicht verfällt, dafür
soll die mitgesetzte soziale Distanz bürgen. Es kommt eine zentrale Bewußtseins-
tradition literarisch-schöngeistiger Intelligenz innerhalb der bürgerlichen Gesellschaft (Speier 1929) zum Vorschein, die der sozialen Zwischenlage entstammt.
Das hieraus hervorgehende kognitive Wirklichkeitsverhältnis, die Idee des sozial
ungebundenen literarisch-intellektuellen Subjekts, wird übertragen auf die Be-
wußtseinsform des sog. postideologischen Zeitalters: in ironischer Distanz »Aus-
harren und widerstehen« (Rühmkorf 1962, 463; so auch Jens 1961, 80).

»Intellektuelle«, notiert Adorno (1969 a) vor dem Hintergrund der Spätwirkung Mann-
heimscher Rezepte für die Intelligenz, »die sich vom wirklichen oder vermeintlichen
›Dogma‹ abgestoßen fühlen, sind angeheimelt vom Klima einer Vorurteilslosigkeit und
Voraussetzungslosigkeit, die ihnen obendrei etwas vom Pathos der selbstbewußt-einsam
ausharrenden Rationalität Max Webers als Wegzehrung fürs schwankende Bewußtsein
ihrer Autonomie spendet.« (32)

Auf der praxeologischen Ebene ist das Profil temperierter Monadologie charakterisiert durch die Option für intellektuelle Intervention in gesellschaftliche und politische Vorgänge. Allerdings ist diese Option zurückgenommen durch Vorbehalte. Erstens, das Engagement darf nicht den Subjekten als wie immer auch begrün-
deter sozialer Imperativ auferlegt werden (»Festlegen lasse ich mich sowieso auf
garnichts« – Wohmann 1971, 153); versichert bleiben muß die individuelle Entscheidungsfreiheit einzugreifen. Zweitens, der intellektuelle Eingriff hat *prinzipiell* machtsubstruktiv zu sein, gleichgültig gegen die sozialen Inhalte der
Macht [21]. Und drittens hat das Engagement am Leitfaden der Subjektivität sich
strikt zu orientieren; Maxime ist die Gestalt des intellektuellen »Partisans«, des
Tabubrechers par excellence, worin die Zielvorstellung eines skeptizistisch temperierten, moral- und sozialkritisch operierenden Nonkonformismus (Mayer 1967,
320) hervortritt.

Was ursprünglich als Modell für eine Sozialverfassung im Kontext des gesellschaftlichen Neuaufbaus in Deutschland gedacht war, verwandelt sich fortschreitend in ein Konzept, das auf eine bestimmte soziale Schicht und deren Interesse-
ninterpretation zugeschnitten ist; denn realgeschichtlich stellt sich die Ideologie-
und Organisationsphobie allenthalben als historische Restchance für die tradierte
Gestalt literarisch-intellektueller Subjektivität heraus. Hinter der abstrakt-univer-

salistischen Option fürs Allgemeininteresse, für vorgesellschaftliche Freiheit des Individuums schlechthin, steckt allemal auch das Partialinteresse derer, deren soziale Reproduktion als literarisch-intellektuelle Subjektivitäten den repressionsfreien, zumindest restriktionsverdünnten geistigen Warenverkehr zur Bedingung hat.

»Interessiert (war die Gruppe 47 – F. K.) – und da war allgemeiner Konsens – an der Erhaltung und an dem Ausbau dessen, was man so bürgerliche Freiheit nennt, weil das sozusagen auch als Lebens- und Berufselement der Leute selber empfunden wurde, das war sozusagen ihr eigenstes Interesse, auch ökonomisch.« (15/35)

Die denkbestimmende Grundhaltung innerhalb der Gruppe 47 wird hiervon nachhaltig geprägt. Postulate liberaler Gesellschaftsverfassung haben Priorität, da die Intaktheit tradierter Form bürgerlicher Öffentlichkeit und überkommener Strukturen des literarischen Marktes die soziale Basis eines Subjektivitäts-Profils ist, das ihren sozial unverstellten Raum für sich als konstitutiv in Anspruch nimmt, aus dem heraus Machtsubstruktion kontinuierlich oder okkasionell unternommen wird [22]. Vor diesem Horizont erhellen sich die institutionalen Beschwörungsformeln von der »Gruppe, die keine ist«, vom Fehlen eines »normativen Zuges« (Enzensberger 1964, 25). Sie haben die Funktion, das Bild der Unversehrtheit, d. h. der sozialen und geistigen Unabhängigkeit ihrer Mitglieder, sozial zu dokumentieren. Insofern ist die Gruppe ideologisch-politisch »harmlos« (Böll 1965), weil sie einer spätbürgerlichen Gesellschaftsverfassung den uneingeschränkten Vorzug gibt.

»Die Skeptiker sind nach wie vor liberal; sie fordern, daß auch der Person, die der herrschenden Partei nicht unbedingt willkommen ist, eine intellektuelle Wirksamkeit gestattet werde. Solche Bekenntnisse haben keine weitreichende Konsequenz.« (Horkheimer o. J., 240) [23]

2.3.3.2. Nachzuholende Moderne: Vernachlässigte Dimension der Sozialstruktur

Die Vorstellung, durch eine antifaschistische Mentalität verbunden zu sein [1], gehört zu den gruppenkonstitutiven Konstanten des (Selbst-)Bewußtseins der Mitglieder. Sie erstreckt sich als Orientierungsmarke auch auf die Ebene der Literatur,

»denn, wer sich mit dem Nationalsozialismus eingelassen hatte, kam nicht mehr in Frage, der hatte also sein Anrecht auf Literatur verwirkt«. (19/2)

Weil Freiheit schlechthin zur Bedingung von Literatur erklärt wird und Faschismus als Negation von Freiheit begriffen wird, verschränken sich an diesem Punkt bruchlos die ansonsten innerhalb des Gruppenzusammenhangs voneinander abgegrenzten Sphären von Literatur und Politik. Die Abdichtung gegen politische und literarische Tendenzen, die den Faschismus-Argwohn auch nur im Keim auf sich ziehen, und gegen Personen, die im Faschismus aktiv sich kompromittiert haben bzw. vor allem noch im Nachhinein ihr Verhältnis zum Faschismus in Zwei- oder Mehrdeutigkeiten belassen, ist fest im Gruppenselbstverständnis verankert. Theoretisch explizit freilich wird die Erscheinung des Faschismus nicht entwik- kelt, vielmehr ist das Verhältnis bestimmt durch eine mentalitätsmäßige Ableh- nung, die im einzelnen sich aufgliedert in einer abdifferenzierten Skala von Vor- stellungen dessen, was unter Faschismus resp. Nationalsozialismus strukturell zu begreifen ist. Dennoch besitzt die Ablehnung des Faschismus einen gruppencha- rakteristischen Kern, denn »typisch ist sicher, daß die (Gruppenzugehörigen – F. K.) als Literaten und wohl auch jenseits ihres Schreibens in der Sozialpsycholo- gie stecken blieben« (4/29), was die analytische Aufarbeitung des Faschismus an- geht. Sehschärfe und Beharrlichkeit der Faschismusaufarbeitung in der sozialpsy- chologischen und moralischen Dimension bilden das politisch-emotive Rückgrat der Gruppe [2].

Die sozialpsychologische und moralkritische Weichenstellung der Faschismus- theorie hat ihre Genese in den Lernprozessen der Antifa-Lager. In diesen amerika- nischen Umerziehungslagern für deutsche Kriegsgefangene kommen antifaschi- stisch motivierte Kriegsgefangene, die aktiver Teil der demokratischen Erneue- rung im Nachkriegsdeutschland werden sollen, früh schon in Berührung mit In- terpretationen über den Faschismus als Problem der Sozialpathologie des »deut- schen Charakters«, lange bevor diese sozialwissenschaftliche Orientierung in westdeutschen Ausbildungsinstitutionen zum Generalnenner der Faschismus-Re- konstruktion diffundiert (Bungenstab 1970; Haug 1970). Der Einfluß der psych- iatrisch-sozialpsychologischen Version verbindet sich mit der erkenntnis-struk- turellen Grundtendenz innerhalb des *Ruf*-Kreises, der »existentiellen«, individual- und sozialcharektereologischen Optik das Primat vor der gesellschafts-strukturel- len und politisch-ökonomischen zuzuerkennen. Diese Verbindung prägt letztlich das Konzept dessen, was dem *Ruf* mit demokratischer Eliten-Bildung in antifa- schistischer Perspektive vorschwebt: die demokratische Erneuerung in Form der Selbsterziehung, »die Wandlung als eigene Leistung« (Andersch 1946, 24), vermit- telt über demokratisch-intellektuelle »Kräfte- und Willenszentren« (ebd., 21). Wenngleich auch der *Ruf*-Kreis um Andersch und Richter in der Frage der Selbst- erneuerungsfähigkeit des deutschen Volkes und der Kollektivschuld-These in Konflikt gerät mit den offiziellen programmatischen Vorstellungen zumal der amerikanischen Besatzungsbehörden [3], die das Re-education-Programm impor- tieren, so ist doch darin Übereinstimmung festzustellen, daß die Errichtung der Demokratie in Deutschland wesentlich eine institutionelle und eine geistig-päd- agogische Aufgabe sei. Diese sozialpädagogische Strategie basiert auf einer sozial- optimistischen Anthropologie, nach der die Deformation des deutschen Charak- ters reparabel sei. Der Aspekt sozial-ökonomischer Strukturen wird zwar nicht gänzlich ausgeschaltet, doch hinter den der Pädagogik als sekundär zurückge- stuft. Allein, der Gang der politischen Ökonomie erweist sich »härter« als So- zialpsychologie, Erziehungsoptimismus und politisch-soziale Institutionenlehre. Nach der literarischen Kehre der Gruppe nistet sich die Hoffnung auf Fern- und Umwegewirkung der Literatur ein [4]. Dieser vermittelten Langzeitwirkung von

Literatur wird innerhalb moralkritischer Aufarbeitung des Faschismus und innerhalb der gegen die Verdrängung der deutschen Vergangenheit gerichteten Anstrengung sozial-moralischer »Therapie« ein Platz eingeräumt.

Entsprechend der theoriedistanten Grundeinstellung des frühen Kreises verschmilzt die sozialpsychologische Orientierung mit einer moralisch impulsierten, phänomenologischen Kritik terroristischer Herrschaftsausübung im Faschismus. Methoden und Folgen politischer und kultureller Gleichschaltung, soziale und geistig-psychische Zwangsunterwerfung von Individuen unter die massenorganisatorischen Gehäuse der Hörigkeit, Diskriminierung, Verfolgung und physischen Liquidierung sind die Anknüpfungspunkte der Kritik [5]. So ätzend das politisch-essayistische und literarische Verdikt die faschistische Barbarei trifft, so einhellig die Ablehnung und die Notwendigkeit einer kritischen Aufarbeitung der faschistischen Vergangenheit ist, strukturtheoretisch jedoch wird der deutsche Faschismus innerhalb der Gruppe nicht aufgehellt. Deshalb ist, verstärkt durch die moralkritische Selbstverständlichkeit erlebnisdurchsäuerter phänomenologischer Betrachtungsweise, die Gruppe im Ansatz durchlässig für totalitarismustheoretische Akzente – eine Tendenz, die wiederum begünstigt wird durch die Rezeption stalinistischer Machtpraktiken [6]. Weil eine theoretische Entfaltung des Faschismus nicht sich herstellt, kann unterm Gruppendach nebeneinander ein Spektrum sozio-politischer Optiken sich vereinigen. Einen Pol bildet die strikte analytische Scheidung zwischen Faschismus und stalinistischer Deformation der »sozialistischen Idee«.

»Die Formel der schrecklichen Vereinfacher besagt, der Kommunismus sei mit dem Faschismus identisch. Aber diese Formel ist die große Lüge unserer Zeit.« (Andersch 1956, 19/20) [7]

Der andere wird gebildet durch die formalisierende Ineinssetzung resp. Ablehnung beider Systeme unter der Sammelkategorie »Diktatur«.

»... alles, was totalitär war, wurde abgelehnt, jede Form der Diktatur wurde abgelehnt, ob sie von links kam oder von rechts kam«, (23/37)

so die Einschätzung des impliziten Mehrheitsvotums der Gruppe.

In der Pulvermühle 1967 bricht hervor, was an heterogenen Interpretamenten unterm »Verabredungsbegriff« (15/37) Antifaschismus subsumiert ist. Die vorproblematische Selbstverständlichkeit, (»selbstverständlich waren sie alle Antifaschisten« – 8/27), verhindert bis dahin, daß auf den analytischen Gehalt des eingebrachten Faschismus-Begriffs reflektiert wird. In dieser nicht-explizierten Form bedeutet Antifaschismus denn tatsächlich eine intransingente Mentalität, »getragen durch die Biographien« (26/34) und nicht durch eine gruppenkonstitutive kohärente Theorie. Erst, und dann in Schärfe, als 1967 *Explikationsdruck* sich einstellt im Kontext der Rekonstruktion z. T. verschütteter Faschismustheorien, die gebildet sind an der 1939 formulierten Grundthese, »Wer aber vom Kapitalismus nicht reden will, sollte auch vom Faschismus schweigen« (Horkheimer 1968, 2), zerfällt der ideologische Oberflächenkonsens, erweist sich das »verwaschene Bild nicht als tragfähig« (14/30).

Der sozialpsychologische, erscheinungskritische Impetus, der die Faschismus-Rezeption kennzeichnet, findet sich wieder in der Personalisierungstendenz politisch-intellektueller Kritik an Erscheinungsformen der bundesrepublikanischen Wirklichkeit. »Sehr typisch ... waren also die dauernden Personaldebatten« (4/30). Während der Adenauer-Ära, deren politische Szene von einem massiven Anti-Intellektualismus durchzogen ist, greifen Gruppenmitglieder mit einer zwar unerbittlichen, letztlich aber verkürzten Kritik an faschistischen Restbeständen, politisch ein, indem politisch-institutionell re-etablierte Einzelpersonen (z. B. Globke), die im Faschismus aktiv sich kompromittiert haben, zur Zielscheibe der Kritik werden [8]. Insofern verkürzt, als die gesellschaftsstrukturellen Grundlagen, denen die »Globkes« ihre Wiederkehr verdanken, selbst kaum zum Gegenstand der Kritik werden (Hacks 1961).

Mit der moral- und erscheinungskritischen Reaktion auf den Faschismus sind bereits die Weichen für die Kritik an der westdeutschen gesellschaftlichen Wirklichkeit gestellt. Die Erscheinungen des »Wirtschaftswunders« und der »Wohlstandsgesellschaft« gelten vorproblematisch als ausgemacht. Den Oberflächenphänomenen gegenüber zeigt sich die literarisch-politische Intelligenz verhältnismäßig »begriffslos«, insofern die Kritik fast ausschließlich mit dem Aspekt der Konsumtion sich befaßt, d.h. den Massenkonsum als gesellschaftliches Phänomen rügt [9]. Die sich festsetzende Illusion einer krisenfreien Stabilisierung des westdeutschen Kapitalismus, in gewisser Weise eine Neuauflage von intellektuellen Fehleinschätzungen in der Weimarer Republik zwischen 1924 und 1927 (Lethen 1970), entsteht nun allerdings nicht einfach als Reflex des Augenscheins ökonomischen Aufschwungs und Verbesserungen der sozial-materiellen Lage der Bevölkerung. Sie hat ihre Wurzeln in der *Ruf*-Phase. Hier schon gilt der Augenschein der in Trümmer zerfallenen Sozialstruktur als Beweis für die zunehmende Irrelevanz sozio-ökonomisch fundierter Sozialstrukturbetrachtung. Auf der Grundlage der theorie-distanten Resümees des Zerfalls aller Ordnungen, hinter denen partiell, aber eben nur partiell die zutreffende Einschätzung einer politisch-ökonomischen Vakuumsituation im Nachkriegsdeutschland steht, wird dem Konzept der *Generation* der Vorzug vor einer Sozialstruktur-Betrachtung gegeben. Als Tatbestand unterstellt und zum Postulat gewendet wird die These formuliert, daß die gesellschaftliche Zukunftsgestaltung bei den Aktivitäten einer generationsspezifisch strukturierten Verbindung liegt und nicht bei klassen- oder schichtspezifischen Formationen und Organisationsformen. »Junge Generation« als Geschichtskraft nationalen und europäischen Ausmaßes heißt denn: eine durch historische Erfahrungen und durch die Gemeinsamkeit der konkreten sozialen Situation – nämlich aus allen Sozialstrukturgliederungen herausgefallen zu sein – »gleichgestimmte Gruppe«, die sich rekrutiert aus allen vormaligen Klassen- und Schichtgliederungen. Den intellektuellen Repräsentanten der Jungen Generation gelten die sozialstrukturellen Festlegungen als obsolet, (»Für sie ist die ›Kapitalakkumulation‹ der nebelhafte Begriff einer fremden Zeit«. – Richter 1946 b,

74); einzig aktuell und von Relevanz erscheint die generative Gliederung. Generations-, statt Klassen- und Schichtbegriff, diese Hypotase wird zum Grundnenner. In der *Vereinseitigung* des gerade durch die Gesamtsituation im Nachkriegsdeutschland besonders ausgeprägten Sachverhalts einer Noch-Nicht-Festgelegtheit der jungen Generation in sozialer und politischer Hinsicht liegt die Ideologiehaftigkeit des Generations-Prinzips begründet. Daß die sozialanalytische **Prioritäten**verkehrung von Sozialstruktur und Generationsgliederung so wirksam innerhalb des *Ruf*-Kreises sich ausbreitet, hängt damit zusammen, daß die primär an generativen Gliederungen orientierte Form historischer Entzifferung traditionell heimisch ist in der Subsinnwelt einer Sozialschicht, die aufgrund ihrer Zwischenlage dazu neigt, je schon als herausgehoben aus den Gliederungen der Sozialstruktur sich zu begreifen. Was in der Sonderideologie von der »sozial relativ freischwebenden Intelligenz« seit jeher schon unterstellt ist, die Irrelevanz bzw. zumindest die sekundäre Bedeutung sozialstruktureller Verortung, scheint im Angesicht deutscher Nachkriegswirklichkeit gesamtgesellschaftliche Dimensionen angenommen zu haben, insofern als der Primäreindruck entsteht und sich eingräbt, die gesamte Bevölkerung sei aus überkommenen Sozialordnungsgehäusen herausgerissen (z. B. augenfällig in den Flüchtlingsbewegungen). Mit der Rekonstruktion und Stabilisierung spätbürgerlicher Sozialverhältnisse jedoch verflüchtigt sich das emphatische Konzept einer durch soziale »Schicksale« gestifteten Gemeinsamkeit als Trägerschaft eines politischen Aktionsprogramms. Die sozial homogen geglaubte Junge Generation verwandelt sich mentalitätsmäßig in die skeptische (Schelsky), sozial-strukturell aber differenziert sie sich real nach Klassen- und Schichtungszugehörigkeiten. Diese sozial-strukturellen Gliederungen sind freilich wiederum durchzogen von generationsspezifischen Verstrebungen. Übrig bleiben die Restpositionen der publizistischen Vertreter der Jungen Generation, nun aber in Gestalt monadisch-differenziell auftretender literarischer und literarisch-politischer Subjektivitäten, die relativ abgehoben von der klassen- und schichtstrukturell redifferenzierten »Jungen Generation« und zurückbezogen auf die Sphäre literarisch kultureller Eigengruppen in Erscheinung treten. Die Sonderideologie literarischer Intelligenz beginnt in ihrer tradierten Form erneut zu wirken nach dem Muster: »man wird der Einzelne bleiben . . .« (20/46).

Die leitende Grundidee der literarisch-intellektuellen Individualität, die *der* Gesellschaft gegenüber gestellt ist, manifestiert sich nun in Form der skeptischen Kritik an den Erscheinungszügen der »Wohlstandsgesellschaft«. Vortheoretisch mitgesetzt ist dabei das herrschende ideologische Muster von der »nivellierten Mittelstandsgesellschaft« (Schelsky), von der angenommen wird, daß aufgrund einer eindimensionalen Konsumorientierung Geist, Politik und gesellschaftliche Veränderung zu kurz kommen. Von der Warte ironischer Distanzlage aus nimmt die Kritik an der »Ver(klein)bürgerlichung der Massen«, an der »kleinbürgerlichen Hölle« (Enzensberger 1960), zunehmend kulturkritische Züge an, auf die zutrifft, was Horkheimer schon in den 30er Jahren der ironisch-skeptischen Kritik vorhält:

»Wer ohne Darstellung der Basis nur die Ideologie angreift, übt schlechte oder vielmehr gar keine Kritik, wie geistreich sie auch sei. Das nicht mit einer bestimmten Theorie verknüpfte sogenannte Durchschauen und Auflösen von Ideologien, . . ., hat heute leichtes Spiel.« (Horkheimer o. J., 241)

Wird in der Vor- und Frühgeschichte der Gruppe klassenformative, theorieprogrammatisch gesteuerte politische Praxis als veraltet abgewertet und statt dessen generationsspezifische Willensbildung und Organisationsformen als zeitgemäß begrüßt (Richter 1946 a), so wird in der Hochphase der Gruppe 47 gerade wiederum der Verlust an ideologisch-theoretischem Denken und Handeln unter klassen- oder ideologiespezifischen Vorzeichen beklagt (Richter 1961, 115): die Befangenheit der Bevölkerung im Wirtschaftswunder-Fetisch wird als Schwund historischen Bewußtseins angekreidet (»Eisschrank- und Fernseh-Familie« – Scholl 1962, 425). Die soziale Reglosigkeit und den politischen Immobilismus lasten Teile der linksoppositionellen, literarisch-politischen Intelligenz, deren Enttäuschung teils in Ironie, teils in Bitterkeit sich verwandelt, nicht nur dem politisch-repressiven CDU-Staat an, der als »autoritäre Kanzlerdemokratie« gescholten wird. Immobilismus und Autoritarismus werden auch denen zur Last gelegt, die darin scheinbar behaglich sich einrichten, der westdeutschen Bevölkerung. Diese wird interpretiert als ein melting pot, der aus der kleinbürgerlichen Nivellierung der Arbeiterklasse hervorgehe [10]. In die Vergessenheit sedimentiert ist zum einen die Mitwirkung der literarisch-politischen Intelligenz selbst am Prozeß entpolitisierender Entideologisierung, die dem Mittelstandstheorem (Middle Class Blues – Enzensberger 1975, 78/79) so auf den Leib geschrieben ist; und zum anderen ihre eigene gesellschaftliche Integration in Form des nur durch Einzelaktionen und okkasionell von politischen Gruppenaktivitäten durchbrochenen Rückzugs in die Literaturwelt:

»... eigentlich wollte (man) von Politik nicht so sehr viel hören. Man war im Grunde genommen, obwohl man dagegen war, ganz froh, daß da oben der Adenauer saß« (23/55), denn »damals stand Literatur ... ungeheuer im Vordergrund.« (23/7)

Indem das Bild einer bundesdeutschen Wirklichkeit gezeichnet wird, für die die amorphe, kleinbürgerlich getönte Mittelstandsgesellschaft charakteristisch sei, kann um so schärfer die soziale Rolle literarisch-intellektueller Subjektivitäten als Statthalter der Freiheit gegen *politische* Restriktionen sich konturieren.

Zur idealen, konstitutionszugeschnittenen Paßform sozialer Bindung gerinnt die Vorstellung von der zwangs- und verpflichtungslosen intellektuellen Kleingruppen-Gemeinde. Sie erscheint als Plädoyer »für ein Einvernehmen von Außenseitern« (20/44). In dieser »Gemeinde« wird der Individualität, die anderorten schon als weitgehend zerstört gilt durch wohlstandshörigen Konformismus, noch ein geeigneter sozialer Ort der Entfaltung zuerkannt. Aus dieser ideologischen Optik heraus leitet sich das bevorzugte *liberale* Modell *politischer* Verfassung ab, so daß der »Verabredungsbegriff« Antifaschismus projektiv-inhaltlich steht für Abwehr gegen »jeden Versuch, die geschenkte bürgerliche Freiheit einzuengen« (15/37). Als letzte Instanz hierfür definiert sich die literarisch-politische Subjektivität zum Widerpart der machtverkrusteten Welt. Indifferent gegen gesellschaftliche Grundverhältnisse und in getreuer Wiedergabe tradierter Sonderideologie, in welcher den Ideen das eigentliche Primat als Geschichtskraft zugewiesen wird, bilden eine innergesellschaftlich abstrakt-universalistische und intergesellschaftlich eine weltbürgerliche Grundorientierung die zentrale ideologische Verstrebung der Gruppe; formelhaft ausgedrückt in dem Statement, daß die »Internationale des Geistes«, die »einzige Internationale (ist), die funktioniert . . .« (15/49).

Die Affinität zum liberalen Wert-Kodex der Kritik, der Toleranz und des ausgleichenden, schöpferischen Kompromisses als Verhaltensweisen bestimmt die ideologische Rahmenorientierung der Gruppe (Richter 1946 b, Andersch o. J. a, *Die Gruppe 47* 1955) [11].

»Obgleich die Gruppe kein Programm hat, so gibt es doch drei Grundsätze, die ihre Arbeit lenken: Alle Mitglieder der Gruppe verteidigen die Redefreiheit, die Rechtssicherheit und die parlamentarische Demokratie.« (Richter 1963 a)

Vor dem Hintergrund eines diffusen *evolutionistischen* Geschichtsbildes [12] und der Vernachlässigung der Sozialstruktur-Dimension gilt das Interesse vorrangig den politischen Garantien für freien geistigen Verkehr. Der Wunsch nach einem »offenen« Sozialgefüge, das Plädoyer für eine »geöffnete Gesellschaft« (Andersch 1956 a, 21) können als gruppentypisches Leitbild bestimmt werden [13]. Dieser ideologische Grundzug ist geprägt von der Absicht, die liberal eingefärbte Moderne nachzuholen und institutionell wie bewußtseinsmäßig zu verankern. Daß dabei der Aspekt gesellschaftlicher Produktionsverhältnisse an die Peripherie gesellschaftlichen Bewußtseins gedrängt wird, kennzeichnet nicht nur das skizzierte Gesellschaftsbild, sondern beeinflußt auch nachhaltig das Sozialbild der Literaturwelt.

2.3.3.3. Eigenwelt Literatur: Vernachlässigte Dimension gesellschaftlicher Produktionsbedingungen

Das vom Konzept vorausgesetzter Subjektivität vorbestimmte Individualitätsmuster triumphiert unter den sonderideologischen Vorzeichen der Subsinnwelt Literatur. Als Stätte des Triumphes (»Literaturfeier« – Kaiser) gilt den Mitgliedern ihre Gruppe 47:

»Alles in allem: die schlimme Gesellschaft mit individualistisch-anarchistischen Neigungen«, lobt Reich-Ranicki die Gruppe. »Aber gäbe es nicht solche Leute, dann gäbe es keine Literatur.« (Reich-Ranicki 1958, 140)

Leitmotivisch kehrt wieder, daß, weil Literatur letztlich eine Funktion des gesellschaftssubstruktiven Individuums ist, für die Bestimmung des Schriftstellers resp. des Künstlers sozial-theoretische Kategorien im Ansatz nicht zur Anwendung zu bringen sind; es seien vielmehr geistauthentische oder anthropologische, jedenfalls präsoziologische vorzuziehen. In geschärfter Form tritt eine spezifische Fassung der Hypostase des Subjekts als ein Erstes, Unvermitteltes auf. Wiederum erscheint die Dialektik von Gesellschaft und Individuum vernachlässigt. »Also vorgegeben ist die Konstitution Künstler.« (19/58) [1]. Von dieser Prämisse aus, die analytischer Kritik entzogen ist, wird dann das, wenn auch moral- oder sozialkritisch aufgelockerte, »notorische Einzelgängertum der Schriftsteller« (20/20) abgeleitet. Diese Auffassung kulminiert in apodiktischen Fundamentalsetzungen – »Wie überhaupt der Literat ein egozentrischer Mensch ist« (23/15) [20]. Gleichsam seinsgesetzlich gilt die Literaturwelt je schon als Sphäre unverbrüchlicher Individualität. Hieran schließt bruchlos das denk- und handlungsrichtende Leitbild des »Freien Autors«, (»die Mehrzahl ... war und wollte auch freier Autor sein.« – 13/31) an. Für diese weniger an der Struktur sozial-literarischer Verhältnisse, denn am Faden des Literaturprozesses festgemachte Sozialorientierung erweist sich der Modus sozialer Selbstdokumentation, wie er im Gang der Gruppe 47 zum Austrag kommt, als geeignete Heimstatt, ist doch hier tendenziell all das ausgeblendet, was jenes Leitbild trüben könnte. So bekennt rückprojektiv ein Befragter, für den die Zeit der Gruppe die »schönste« in seiner Schriftstellerbiographie ist, daß sie ein Hort war, der die »Genugtuung gab, daß man ein freier Schriftsteller war, als was man immer bezeichnet wird, ohne es zu sein« (17/38). Die Fixation aufs autonomistische Ideal, im Gruppenprozeß immer wieder aufgeladen, ist eingegliedert in die Mystifikation konkurrenzgesteuerter, leistungsfunktionaler sozial-literarischer Auswahl.

»Und der ganze Markt, das Konkurrenzprinzip, das Sich-Gegeneinander-Ausspielenlassen, was uns erst bei den letzten Tagungen klar wurde, das wurde am Anfang so als naturgegeben hingenommen.« (26/29)

Die versteinerte Vorstellung transsozialer Subjektivität fordert ihren Tribut, denn in jener ist der Schein sekundär hergestellter sozialer Beziehungen zwischen den Subjekten über den Markt gesetzt, der vom Kräftespiel der »vereinzelten Einzelnen« seine Dynamik bezieht. Vorproblematisch wird dieser Dynamik eine gleichsam spontan-naturwüchsige, objektive Qualitätssiebung, welche einer undefinierten inneren Logik folgen soll, zugeschrieben.

»... man hatte das Gefühl, das ist eigentlich ganz normal, das hier das Bessere sich durchsetzt ... Es gab kaum einen, der das in Frage gestellt hat.« (26/29)

Auf der Basis ideologischer Einfriedung in die Erscheinungsform eines literarischen Marktes, der, was Konzentrationsprozesse anlangt, anderen ökonomischen Bereichen nachhinkt, fließt stabilisierend dessen traditionelle Rechtfertigungsideologie ins Bewußtsein ein. Wie auf der Ebene der Begründung vorausgesetzter Subjektivität entweder Geist-Metaphysik oder Anthropologie die legitimatorischen Stützen liefern, besorgt auf der der Begründung der Selektionsprozesse und ihrer Resultate eine anthropologisch durchfärbte Talent-Mystifikation vorreflexiv Legitimation dessen, was geschieht. In getreuer Variation des in der Bundesrepublik wieder zur gesellschaftlichen Wirksamkeit gelangenden Aufgusses der Idee von der Vernünftigkeit der Logik der Konkurrenz obsiegen die ideologischen Derivate des Ideal-Marktes. In Wendungen wie »Wirklich große Talente lassen sich nicht zuschütten ...« (15/31), oder »Wenn man das Zeug dazu hat und wenn der Drang, sich unmittelbar als Autor zu äußern (vorhanden ist), dann setzt er sich auch durch; egal wie der berufliche Weg ausschaut« (7/3, 4), ist sonderideologischer Widerschein gesamtgesellschaftlich herrschender Ideologie zu konstatieren. Wo von Talenten und deren unerbittlichem dranggetriebenen Ehrgeiz die Rede ist, gesellt sich gern der Verweis aufs Echte, das unbeirrt, trotz aller sozialer Konditionen und Widrigkeiten, am Ende seinen Weg macht, dazu.

»Die echten Schriftsteller schreiben weiter, ob man sie kritisiert oder nicht.«(24/20)

Allerdings, »beweisen könnte man das nie« (15/31), daß aus der Konkurrenz die Qualifiziertesten wirklich auch hervorgehen. Die zugestandene Beweisnot verwandelt sich jedoch nicht in grundsätzlichen Zweifel an der Vernünftigkeit des Marktprinzips. Schleicht sich dennoch Zweifel an der Qualität verbürgenden Naturwüchsigkeit der literarischen Marktbeziehungen ein, so hilft ein Talentmystizismus. Mit diesem in der Tat universellen Rationalisierungsmechanismus zur Begründung von Differenzierung und Ungleichheit wird das Unbehagen erstickt. Mit der These vom fehlenden Talent wird das Problem der Verschüttung literarischer Anfänger, mit der These des Versiegens des Talents bei älteren Schriftstellern das Problem des durch literarische Marktprozesse erzeugten Verblassens zugedeckt [3]. So kommt denn die alte *Ruf*-Idee der »Equipe«, der demokratischen Elitebildung, transferiert in die Literaturwelt, doch noch zu ihrem Recht. Nicht Geburt und Herkunft sollen Elitebildung und -zirkulation regulieren, sondern Leistung auf der Basis sich durchsetzender Talente, wobei vorreflexiv vorausgesetzt ist, daß einerseits Chancengleichheit und als deren Resultat andererseits Deckungsgleichheit von literarischer Leistung und des am Markt notierten sozioästhetischen Wertes gewährleistet ist [4].

Daß in der flachen Orientierung an der Ordnung anarchischer Naturwüchsigkeit, die mit dem Bild einer Literaturproduktion, für welche die anarchoide Subjektivität zum invarianten Kern deklariert wird, zusammenstimmt, kaum mehr Licht fällt auf die gesellschaftlich determinierten Produktionsbedingungen von Literatur, ist nur folgerichtig. Die eindimensionale Konzentration auf den Literaturprozeß als ein Moment innerhalb der Strukturgeschichte literarischer Produktionsweise ist Folge wie Bedingung der Fetischisierung der Vernünftigkeit konkurrenzgestimmter sozial-literarischer Auswahl. Im Gang der Gruppe hat die hieran festgemachte restriktive Thematisierung der Entwicklung literarischer Produktivkräfte konkret statt, indem die Problematik gesellschaftlicher Produktionsbedingungen ausgespart bleibt nach dem Motto,

»Denn organisierbar sind nur die äußeren Umstände, Qualität und Geist hingegen wehen, wann und wo sie wollen.« (Kaiser 1962 b)

Gemäß der Sonderideologie literarischer Intelligenz wird zum Eigentlichen der Literatur der Literaturprozeß hypostasiert. Innerhalb der Beschränkung auf die literarischen Produktivkräfte wiederum kommt eine weitere ideologische Selbstbeschränkung zum Vorschein: erstens eine Tendenz zur Indifferenz gegenüber Problematisierung von Sujetpräferenzen; als Kern des Literaturprozesses gelten vielmehr die Schreibmodi, die literarischen Techniken und handwerklichen Muster;

zweitens eine Bevorzugung traditioneller literarischer Gattungen; drittens eine Schwerpunktsetzung auf das, was traditionell Belletristik heißt, die sich ausdrückt in der Orientierung aufs *Buch* als Wunschprojektion eigentlicher literarischer Entäußerungsform [5]. Zusammengenommen spiegeln diese Akzente eine Grundorientierung, in welcher Literatur als Eigenwelt ausgegrenzt ist; d. h. nichts anderes, als daß an traditionelles Literaturverständnis und an die überkommene Gestalt des Schriftstellers als belletristischem Buch-Autor – Reflex des »literarischen Zeitalters« – angeknüpft wird.

Problematisierung der Produktionsbedingungen gehört nicht zum Bestandteil des Denkhorizonts der Gruppe; allenfalls kursorisch, kaum systematisch, finden sich in den Pressematerialien Verweise und Andeutungen zu diesem Thema, weithin überlagert von der belletristischen Betrachtungsweise [6]. Die gruppentypische Optik ist hierin legitimes Kind der übergreifenden Sonderideologie wie der herrschenden Ideologie überhaupt, in denen die soziale Sensitivität für gesellschaftliche Produktionsbedingungen wenig geschärft ist.

»Wenn einer so etwas gesagt hätte«, (gemeint ist die Thematik beruflicher Lagebestimmung), »dann hätten wir gesagt, ... geh doch, langweil' mich doch nicht mit dem Käse. Das hätte jeder für sich selbst machen müssen.« (2/37)

Mag diese Rückblende auch überzeichnen, gibt sie doch in der Überspitzung die Grundtendenz wieder. Die Seite sozio-ökonomischer Fragen bleibt vor den Toren der Gruppe; Widerschein des Zaubers einer Ideologie, in der *Individualität* und *Literatur* herausgeschnitten sind aus ihren gesellschaftlichen Konstitutionsbedingungen. Komprimiert in der Formel:

»Der Schriftsteller kann gar nicht anders als zuerst und als Wichtigstes und immer wieder nur sein eigenes Werk sehen.« (Leonhardt 1962)

Die erkenntnistheoretische Grundposition und die sozialtheoretische Wirre reichen wirksam in das Gehäuse der Literaturwelt hinein. Die »klimatische Insel« (18/10) Gruppe 47 enthüllt sich als der soziale und ideologische Reflex einer Einmauerung des Bewußtseins in die verselbständigte Kategorie des Literaturprozesses. So wie der Generationsbegriff im Umkreis gesellschaftstheoretischen Denkens hypostasiert wird, so wird die Dimension des intergenerativ gebrochenen Literaturprozesses unzulässig verselbständigt. Nicht der Bezug auf die Generationskategorie und die Dimension des Literaturprozesses erzeugen ideologischen Schein, sondern die Verkehrung der Relevanzstruktur, daß nämlich Generation und Literaturprozeß jeweils ein Erstes seien und die gesellschaftlichen Struktur- und Produktionsbedingungen nur ein Zweites oder gar Äußerliches (Leonhardt 1962 a) [7].

Wie bedeutungsvoll auch immer im subjektiven Bewußtsein literarischer Produzenten die soziale Einordnung in den generationsspezifisch strukturierten Literaturprozeß sein mag, in der Tendenz zur Verabsolutierung dieses Aspektes liegt die Befangenheit in der Subsinnwelt Literatur als gesellschaftlich abgehobener Eigenwelt begründet. An jener Verkehrung partizipiert aktiv der Gruppenprozeß, insofern als der ihm inhärierende und von ihm miterzeugte »Windschatten der Prominenz« de facto als ideologischer Ablenkungsmechanismus fungiert [8]. Unter dem Gesichtspunkt des einigenden Bandes der Literatur als Eigenwelt setzt die Gruppe bewußtseinskonstitutive Sozialisationswirkungen frei:

»Die Gruppe hat uns desensibilisiert als soziale Wesen. Sie hat uns nur die Spezialistenidentität als Schriftsteller (gegeben) ... Wir haben uns gegenseitig als Schriftsteller bestätigt.« (3/48) [9]

In dem Augenblick, als die Wende vom belletristischen Zeitalter zur sozialen und politischen Literaturbewegung sich anbahnt, die Tendenzen oligopolistischer Verformungen des Marktes berufspolitische Reflexionen sozial dringlich werden lassen, fällt nicht nur die Gruppe als Sozialform der Vereinigung »belletristischer« Subjektivitäten der Kritik anheim, sondern das in ihr sich manifestierende, verkürzte gesellschaftliche Bewußtsein generell. Das sonderideologisch geprägte Bewußtsein tritt ein in Gärungsprozesse, in deren Verlauf über die Reflexion literarischer Produktionsverhältnisse sukzessive realistisches Lagebewußtsein sich herausformt [10]. Der eingeschlagene Weg, auf dem die Gruppe 47 zurückbleibt, hat inzwischen die Stufe gesellschaftlicher Interessenvertretung erreicht. Die Annahme, daß der Grundbestand der Sonderideologie endgültig weggeräumt sei, kann durch den »stofflichen Kern« dieser Untersuchung, die Interviews (1974–1976), jedoch nicht erhärtet werden.

1. Problemzusammenhang

1.1.

1 Verzeichnis der Gruppentagungen: Anhang I. Zur Groborientierung ist in Anhang II eine schematische Darstellung des Phasenverlaufs der Gruppe 47 beigefügt. Anhang III informiert über die Preisverleihungen der Gruppe 47. Gleich zu Anfang sei auf den durch dieses Untersuchungsprojekt angeregten Erinnerungsbericht *Richters* (1974), Wie entstand und was war die Gruppe 47?, verwiesen, der eine Fülle von Einzelheiten über den Gang der Gruppe 47 enthält, die in dieser Untersuchung mit verarbeitet sind.

2 Bisher fehlt eine systematische Sozialgeschichte künstlerischer Gruppierungen; der Vergleich stützt sich deshalb auf verstreute Materialien. Ergiebig *Kreuzer* (1971), *Hauser* (1973); dort auch zahlreiche Literaturhinweise.

3 Da der hier eingeführte Begriff »soziale Selbstdokumentation« nicht definitorisch vorentschieden, sondern im Untersuchungsverlauf am Gegenstand entfaltet werden soll, genügt die vorläufige Negativ-Bestimmung, daß unter dem Begriff sozialer Selbstdokumentation solche literarisch-künstlerischen Gruppierungen gefaßt werden, die nicht, wie etwa Geheimbünde, durch Arkanpraxis, sondern durch eine dezidierte Öffentlichkeitszuwendung sich auszeichnen.

4 An dieser Stelle ein erster Vorgriff auf die Verwendung des Begriffs »literarische Produktionsweise«: zunächst kann literarische resp. künstlerische Produktion allgemein als ein Zweig innerhalb des Gesamtspektrums gesellschaftlicher Produktionszweige lokalisiert werden. Die Bestimmung »marginale Produktionsweise« (nicht zu reduzieren auf die Arbeitsweise!) bezieht sich nun auf den Sachverhalt, daß Kunstproduktion aus der entwickelten kapitalistischen Produktion herausfällt: sog. kleine immaterielle Warenproduktion, die historisch der entwickelten kapitalistischen Produktionsweise vorausgeht und neben dieser dominanten als »Restform« fortbesteht (vgl. Marx 1972, 789 f.). Trotz der tendenziellen Ausgliederung aus der entwickelten kapitalistischen Produktion ist die literarische Produktionsweise eingebunden in den gesamtgesellschaftlichen Reproduktionsprozeß, der wiederum durch den kapitalistischen Produktionsprozeß determiniert ist (Jung 1972, 23 f.). Innerhalb dieses Bezugsrahmens definiert sich die besondere Stellung literarischer bzw. künstlerischer Produktionsweise.

5 Zur Bestimmung des Verhältnisses von gesellschaftlichem und Individual-Bewußtsein nehme ich inhaltlich und methodisch Bezug auf die Arbeiten von Deppe (1971, Kap. III), Sandkühler (1973), Hahn (1974). Zu dieser Problematik Kap. 1.2.

6 Der Begriff »Sonderideologie«, welcher abhebt auf die geronnene, systematisierte Form des Sonderbewußtseins literarisch-künstlerischer Intelligenz, thematisiert einen *Spezialfall* ideologischer Prozesse. Die Entstehung und Entwicklung von Sonderideologie ist generell gebunden an den Sachverhalt relativer Verselbständigung immaterieller Produktionszweige gegen Strukturen materieller Produktion. Was hier als Sonderideologie im historischen Kontext bürgerlicher Gesellschaftsformation thematisiert wird, gründet ein in die Besonderheit dessen, daß je schon – mit Herausbildung der Arbeitsteilung – das Bewußtsein immaterieller Produzenten dadurch charakterisiert ist, daß sie an der Erzeugung und Systematisierung gesellschaftlicher Sinnzusammenhänge *unmittelbar* beteiligt sind. Zwar ist Struktur und Inhalt der Sonderideologie

geprägt durch das je herrschende ideologische Grundmuster einer Gesellschaftsformation, umgekehrt aber läßt sich eine gegen gesellschaftsformativen Strukturwandel verhältnismäßige Invarianz, was die spezifische Eingliederung der Tätigkeit der »Ideenproduzenten« in gesellschaftliche Ideologieprozesse angeht, konstatieren. Oder anders, vorm gattungsgeschichtlichen Horizont ist der »Magier« dem »Intellektuellen«, was grundlegende gesellschaftliche Ortsbestimmung seiner Tätigkeit im gesellschaftlichen Reproduktionsprozeß anlangt, verwandt.

7 Schulfälle solcher Hypostase *Valéry,* Die Politik des Geistes, (1937). *Löbl,* Geistige Arbeit – Die wahre Quelle des Reichtums, (1968).

8 Entgegen der auch in den Sozialwissenschaften verbreiteten Auffassung, in konzentrierter Form etwa bei Schumpeter (1946), der unterstellt, daß künstlerisch-intellektuell Tätige soz. aus allen Ecken der Gesellschaft herkommen, zeigen neuere empirische Arbeiten, daß die soziale Herkunft recht einheitlich und das Sozialisations- und Verkehrsmilieu der Künstler und »Intellektuellen« recht homogen ist (*Fohrbeck/Wiesand* 1972; dies. 1975). Das Rekrutierungsfeld literarisch-künstlerischer Intelligenz setzt sich vorwiegend zusammen aus Zwischenschichten, zumal der freiberuflichen Intelligenz, in denen die traditionelle »Geist« – resp. Bildungsorientierung tief verankert ist.

9 »Das Genialische des künstlerischen Schaffens ist zumeist nur eine Waffe im Konkurrenzkampf und die subjektive Ausdrucksweise oft nur eine Form der Selbstreklame.« (Hauser 1973, 567). Zur Genese bürgerlicher »Originalität« Zilsel (1926).

10 Prototypisch für diese Form extrasozialer Substanzialisierung *Corso* (1958); zugespitzt B. v. *Wiese,* der gar – und nicht als einziger – vom »angeborenen Instinkt« des Künstlers zu erzählen weiß (1958).

11 Zur materialistisch-historischen Rekonstruktion des Robinson-Mythos *Marx,* Einleitung zu Grundrisse der Kritik der politischen Ökonomie, (o. J.).

12 Von dieser Grundlage wird die geläufige Absolutsetzung der Freiheit des Künstlers bzw. der künstlerischen Freiheit abgeleitet. Zur sozialhistorischen Entwicklung dieser Verabsolutierung im Kontext der Herausbildung einer spezifisch bürgerlichen Kultur *Caudwell* (1971).

13 »Die Intelligenz ist ja auf ihrem Felde, wie der Unternehmer auf dem seinen, Pionier des der Tradition entgegengesetzten Prinzips, nämlich der Fortschrittsdynamik.« (Geiger 1949, 141). In Geigers Vergleich wird der innere Zusammenhang zwischen Sonder- und gesamtgesellschaftlich herrschender Ideologie deutlich: hier wie dort Traditionsbruch als trug- wie selbsttrugbildende Norm.

14 Noch im Motto des ersten VS-Kongresses (Verband deutscher Schriftsteller) 1969, der ein wesentlicher Schritt zur Destruktion sonderideologischer Tradition, nicht aber Endpunkt ist, lugt die überkommene monadologische Präjudikation hervor: »Einigkeit der Einzelgänger.«

15 Unüberhörbar die in letzter Zeit wieder sich mehrenden Warnungen teils konservativer, teils liberaler sonderideologischer Observanz vor einer zu gewärtigenden Uniformierung literarischer Subjektivitäten im Zuge gewerkschaftlicher Interessenvertretung.

16 »Die Abkapselung gegenüber der Gesellschaft geht einher mit einer Intensivierung der Verbindungen, die die Mitglieder der künstlerischen Sozietät zueinander unterhalten.« (Bourdieu 1970, 84). Bourdieu knüpft bei der Analyse der Kristallisation einer institutionalisierten künstlerischen Sozialwelt an die Untersuchung von Schücking (1961, 34 f.) an.

17 Zur Ideengeschichte der Differenz »Dichter« – »Schriftsteller« unter den Vorzeichen der deutschen Sonderentwicklung Schröter (1973).

18 »In unseren bürgerlichen Demokratien ist der Schriftsteller total freigesetzt. Er gilt, wenn er überhaupt etwas gilt in unserer Gesellschaft, als moralische Instanz: kraftlos, aber rein, oftmals wahr, aber mit Sicherheit immer unterlegen. Er vertritt, wie es so heißt, die Stimme der Menschlichkeit oder der Vernunft. Er kann Ankläger sein, aber

hat kein Mandat, außer dem seines Gewissens.« (H. Krüger 1970). Im Rekurs auf das »Gewissen« als letzter Legitimitäts- und Urteilsinstanz ist implizit eine tendenzielle Kongruenz der Interessen von künstlerisch-intellektueller Subjektivität und Allgemeinheit unterstellt. Diese Setzung gehört zum festen Bestandteil des sonderideologisch eingefärbten gesellschaftlichen Bewußtsein literarischer Intelligenz; vgl. die Interview-Sammlungen von *Bienek* (1962) und *Rudolph* (1971). Die Reziprozität von intellektueller Subjektivität und bisweilen kosmopolitischer Allgemeinheit wird durchweg auch innerhalb der Soziologie der »Intellektuellen« vorm Horizont der These des gleichsam universellen Charakters der *Kritik* als typischer Verhaltensweise künstlerisch-intellektueller Subjektivitäten zum selbstverständlichen Ausgangspunkt der Betrachtungen gemacht; vgl. die informative Zusammenstellung einschlägiger sozialwissenschaftlicher Literatur von *Wiehn* (1971).

19 »Er ahnt die Vergeblichkeit seines Bemühens ... Doch der engagierte Schriftsteller gibt nicht auf.« (*Schnurre* 1963, zit. nach D. *Weber* 1968, 4). Die geisteswissenschaftliche Wissenssoziologie, unkritisch an die Sonderideologie anknüpfend, schreibt ihrerseits, komplementär zum Selbstbild literarisch-intellektueller Subjektivitäten, deren historische Erfahrungen zu gleichsam ahistorischen Universalien fest: »Der geborene Feind der freien Idee aber und damit des Intellektuellen als solchen ist die Macht ...« (*Martin* 1962, 414).

20 Die Kategorie »Lagebewußtsein« knüpft an die Typologie von Stufen gesellschaftlichen Bewußtseins, wie sie *Deppe* (1971) entwickelt, an.

21 Zur Begrifflichkeit: »gesellschaftliche Stellung« hebt ab auf die sozio-ökonomische Ortsbestimmung im engeren; »soziale Lage« (bzw. »soziale Gesamtlage«) hebt ab auf den Zusammenhang von Stellung, Arbeitsweise und Lebenssituation; »soziale Lagerung« betont das Moment der »Antiquiertheit« der literarischen Produktionsweise.

22 Angelegt ist die Tendenz, Widerstände gegen die Dequalifizierung der Arbeitskraft *verkürzt* als zurückgebliebenes Bewußtsein literarischer Produzenten zu interpretieren, in der Redewendung vom »Wortproduzenten« (Autorenreport 1972). So angemessen es ist, anhand der Empirie realitätsschiefe Bilder über Stellung und Arbeitsweise literarischer Intelligenz kritisch zurechtzurücken, so inadäquat scheint es mir, gleichsam das Kind mit dem Bade auszuschütten und *qualitative* Momente literarischer Produktion zu vernachlässigen. Der Begriff »Wortproduzent« und das dahinterstehende formalisierende theoretische Konzept, Reflex tatsächlicher Deformationstendenzen der literarischen Arbeitskraft innerhalb der Kulturindustrie, bedürfen erst noch einer genaueren ideologiekritischen Analyse. Ansatzweise bei *Hitzer* (1972), *Batt* (1974).

23 Auf diese Prozesse ist schon früh – im Kontext der Diskussion um Formen materieller Interessenvertretung – von den Sozialwissenschaften aufmerksam gemacht worden, wenn auch organisationspraktisch wenig folgenreich. Vgl. *Heuss* (1916), *Sinzheimer* (1922).

24 Zu Recht wird in sozial-struktureller Hinsicht, abhebend auf die Seite der stofflichen Spezifik der Tätigkeit, unterschieden zwischen Grundtypen der Intelligenz: z. B. »technisch-wissenschaftliche Intelligenz« (*Lange* 1972), »sozialwissenschaftliche Intelligenz« (*König* 1959), denen als ein weiterer Grundtyp die »literarisch-künstlerische Intelligenz« hinzuzufügen wäre.

25 Produzenten von sog. Trivialliteratur sind deshalb vom soziologischen Ansatz her in die Kategorie literarische Intelligenz einzubegreifen.

26 Daß die Vertretung dieses Interesses allzu leicht borniert-ständische Züge annehmen kann, wenn nicht der Bezug zur gesellschaftlichen Stellung, nämlich die Tendenz der Angleichung an den Status von Lohnabhängigen, reflektiert wird, liegt auf der Hand. Hierzu *Benjamin* (1971), *Kievenheim* (1973, 144 f.).

27 Auf die Frage, ob er beim Schreiben an den Leser denke, S. *Lenz* (1971), dessen Antwort für eine Vielzahl inhaltlich deckungsgleicher steht: »Nein, das tue ich nicht. Ich glaube, das kann kein Autor, denn der Leser ist niemand bestimmtes oder sagen wir:

Er ist etwas so Beliebiges, daß man ihn nicht eingegrenzt beim Schreiben ins Auge fassen kann. Jeder Autor büßte seine ganze Freiheit ein, in dem Augenblick, wo er sich den Leser vorzustellen versuchte.« (103). Zum Problem des Bezugs Autor-Publikum *Bosch/Konjetzky* (1973).

28 Näher hierzu *Habermas* (1971, 151). Zu sozial-kulturellen Folgen der »brancheneigentümlichen Verzögerung« des Literaturmarktes im Verhältnis zur gesamtwirtschaftlichen Struktur *Greven* (1971, 30 f.).

29 Zur wissenschaftstheoretischen Begründung, daß die soziologische Forschung gesellschaftlich repräsentativer Erscheinungen sowohl mit quantitativer als auch qualitativer Akzentuierung entworfen werden kann, unterm methodologischen Aspekt des Verhältnisses von Typik und Spezifik *Hahn* (1974 c).

1.2.

1 Den Hauptbestandteil der Unterlagen bildeten die in H. W. Richters Privatarchiv gesammelten Pressematerialien, verstreute Artikel selbstdokumentativer Art zur »Gruppe 47«, Funkmanuskripte u. ä.

2 Die Erfahrungen und speziellen Probleme im Umkreis »kooperativer Interviews« (*Scheuch* 1973, 96) mit Schriftstellern (und Literaturkritikern), speziell unter Berücksichtigung von Gesichtspunkten des Verbalisierungs- und Reflexionsniveaus, werden vom Verf. in einem gesonderten Artikel resümiert, um diesen Untersuchungsteil nicht zu zerdehnen.

3 In den gesamten Interviewprozeß, Anlage und Durchführung, sind die Vorarbeiten von Frau Ilse Hochleitner im Rahmen des Forschungsprojektes eingegangen. Sozialbiographien und Bibliographien von 117 Schriftstellern, Kritikern, Redakteuren, Lektoren und Verlegern, die aufgrund der dokumentarischen Analyse als zum weiteren Feld der »Gruppe 47« zugehörig gerechnet werden konnten, wurden zusammengestellt.

4 Aufgrund des in dieser Untersuchung eingebrachten Bewußtseinskonzepts, in welchem die Dimension der Kognition, Emotion und des Handlungsbezugs nicht als gegeneinander isoliert und verselbständigt begriffen werden, sondern als Ensemble, dessen »Syntax« die Bewußtseinsstruktur ausmacht, erwies sich eine »reinliche« Scheidung von sog. Werturteil und »purem sozialen Wissen« in den Aussagen, wie sie *Doehlemann* (1970, 11/12) in seiner Untersuchung vorzunehmen können glaubt, als hinfällig. Mehr noch, die jener Scheidung zugrundeliegende glatte Identifizierung der Ebenen »Werturteil«/»Wissen« und »Nicht-Wahrheit«/»Wahrheit« im Kontext von Bewußtseinsanalysen beruht auf einem Mißverständnis, daß nämlich – vorproblematisch – sog. wertende Komponenten in Aussagen von vornherein mit dem Makel eines getrübten kognitiven Verhältnisses zur Wirklichkeit behaftet, d. h. falsch seien. Auf die erforderliche erkenntnistheoretische Entfaltung der Diskussion muß hier verzichtet werden; und, die Standardliteratur zu diesem Problemkreis ist seit dem sog. Positivismusstreit in den 60er Jahren so sehr bekannt, daß wohl von einer Listung abgesehen werden darf. Es mag genügen *Adorno* u. a., Der Positivismusstreit in der deutschen Soziologie (1969).

5 Im Rahmen ihrer empirischen Studie, Gesellschaftliches und politisches Bewußtsein von Arbeitern, weisen *Jaeger* u.a. (1972, 19) m. E. zu Recht darauf hin, daß es zur Strategie von »Ermittlungsgesprächen«, die mehr sein wollen denn »bloße Bestandsaufnahme von Bewußtseinsinhalten«, sondern den über die Interessenlage der Befragten vermittelten Bezug zum (verändernden) Handeln ins Auge fassen, gehört, daß der Kontext, in welchen die Fragen eingezogen sind, durchscheint. Dieses methodische Postulat, das bei Interviews mit Schriftstellern wohl als selbstverständlich gelten mag, scheint mir gerade auch in den sozialen Feldern von Bedeutung zu sein, für die allzu-

gern mit dem stillschweigenden Glauben an den Mangel an »Kontext«-Fähigkeit der Befragten die Interviews nach dem »Lurchen«-Prinzip des Reiz-Reaktions-Schemas entworfen und durchgeführt werden.

6 Zur »Ironie« des objektivistischen Prinzips der Interview-Gestaltung eingründend in das Dilemma der Absicht, »störende« Einflüsse in der Interviewsituation durch mimetische Angleichung ans Laboratorium zu tilgen, aber gerade durch die »Entnormalisierung« der Situation Verzerrung von Interviewergebnissen erst recht zu erzeugen, *Berger* (1974, 77 ff.): »Die Ironie dieses Prinzips wissenschaftlicher Beobachtung liegt nun darin, daß es eingesetzt wird zur Sicherung objektiver, d. h. von Einflüssen der Sozialbeziehungen im Untersuchungsprozeß unabhängiger Ergebnisse, in der praktische Anwendung jedoch das Verhalten der Befragten systematisch verändert.« (80).

7 Zu berücksichtigen ist in diesem Zusammenhang noch die besondere Interview-Erfahrung der Befragten, die zum einen die Durchführung in mancher Hinsicht erleichterte, zum anderen aber das Problem eines »Manierismus« aufwarf, weil der Selbstverständlichkeit und Sicherheit im Umgang mit Interviewsituationen die Tendenz einer gegen die Fragestellungen sich verselbständigenden »Eloquenz« inhäriert. Dem wirkte entgegen, daß die Interviews nicht den Charakter öffentlichkeitszugeschnittener selbstdokumentativer Porträtzeichnungen hatten, wie sie in der literarischen Öffentlichkeit gang und gäbe sind, und daß der Verf. die gegenauratische, methodische Prämie des »unbekannten Soziologen« einziehen konnte.

8 Zur Überschneidung resp. Differenz von gesellschaftlichem und Individualbewußtsein *Hahn* (1974 a, 1974 b).

9 Für den gesamten Interviewprozeß war zu berücksichtigen, daß der öffentliche Diskussionszusammenhang über Lage, Bewußtsein und Aktionsrichtung innerhalb der literarischen Intelligenz dynamisiert worden ist in den letzten Jahren; d. h., die Auswertung der Interviewergebnisse hatte der Meinungsumakzentuierungen, Stimmungsumschwünge (z. B. These von der Wiederentdeckung der Subjektivität) und deren Rückstrahlung auf die späteren Interviews inne zu werden.

10 Die erste Ziffer hinter den Interviewausschnitten bezieht sich auf die verschlüsselte Reihenfolge der Befragten, die zweite auf die Seitenzahl der transskribierten, nicht publizierten Interviews. In Anhang IV sind ausgewählte Interview-Partikel zusammengestellt.

2. Rekonstruktion der Gruppe 47

2.1.

1 Diesbezüglich zeichnet sich bei einigen Literaturkritikern Einstellungswandel ab: »Doch daß eine Rezension vor allem an die Adresse des Autors geschrieben wird, wenn auch vor Publikum, an dieser Illusion habe ich noch lange festgehalten, so lange, bis ich als Belletrist und Leser von Rezensionen meiner eigenen Bücher zu spüren bekam, daß eben Rezension nichts weniger ist als Beratung und Gespräch unter vier Augen, eben weil Öffentlichkeit, das Publikum, der Markt ihr zuhören, daß damit alles Ich-will-dir-helfen-als-Fachmann-und-Freund zur Allüre, zur Farce wird.« (*Baumgart* 1970, 41).

2 Vor dem Hintergrund gegenwärtiger ökonomischer und technisch-organisatorischer Umstrukturierungen des literarischen Marktes und genereller Entkräftung kritischer Öffentlichkeit (*Habermas* 1971) werden Stellung und Rolle traditioneller Literaturkritik mitgeschwächt (*Wellershoff* 1967) – analog zu Tendenzen der Verwandlung des »schöngeistig-gebildeten« Lektors in einen Produkt-Manager *(Fohrbeck/Wiesand* 1972). Aus den Tendenzen allerdings schon ein »Ende der Literaturkritik« abzuleiten, dürfte jedoch, wie ein Blick auf die Feuilletonseiten klarlegt, irrig sein.

2.1.1.

1 Illustrativ die Erinnerung: »Ich habe gleich beim ersten Mal gelesen ... Ich habe gelesen ein kleines, kurzes Hörspiel und es war sehr tumultuarisch, es wurde gezischt, gepfiffen und geklatscht. Irgendein Dummkopf sagte, das wolle er nicht mehr länger mit anhören, das ist Dünnschiß. Darauf sagte ein anderer, nämlich Alfred Andersch, besser, mein Lieber, ist Dünnschiß als Verstopfung.« (17/1).

2 Das Untersuchungsinteresse ist nicht gerichtet auf eine theoretische Rekonstruktion des Zusammenhangs bzw. der Differenz zwischen Form und Inhalt. Von soziologischem Belang ist hier, daß in der Frühphase zwar schon auf dem »Wie« des Schreibens besondere Betonung liegt, gleichwohl aber die literarischen Gegenstände – das Sujetproblem – noch explizit Teil der Diskussion sind, und nicht, wie später, der programmatischen Orientierung nach jedenfalls ausgeklammert werden (*Lettau* 1967, 10). Gleichwohl ließe die Annahme sich erhärten, daß Präferenzen für bestimmte Sujets auch später eine wirksame Rolle innerhalb der Urteilsbildung der Kritik spielen.

3 Die Bestimmung der quantitativen Entwicklung beruht auf einer groben Schätzung, die, da keine exakten Unterlagen hierzu vorliegen, auf das zeitgenössische Pressematerial sich stützt. In Bannwandsee (1947) sind es 15 Personen, die zusammenkommen, bei der zweiten Tagung in Herrlingen (1947) verdoppelt sich die Zahl auf ca. 30; bis zur Tagung in Mainz (1953) pendelt sich die Teilnehmerzahl auf ca. 30 bis 40 ein, Mainz (1953) erlebt ungefähr 70 Teilnehmer; in der Folge stagniert die Teilnehmerzahl zwischen 50 und 70, um in Großholzleute (1958) auf 100 anzuschwellen und in Aschaffenburg (1960) eine Rekordbeteiligung von 130 zu erreichen; danach reduziert sich aufgrund gezielter »Verschlankung« die Zahl wiederum auf 70 bis 80, um mit Sigtuna (1964), Berlin (1965), Princeton (1966) wieder auf über 100 Teilnehmer anzuwachsen.

4 Kaum ein befragtes Gruppenmitglied, das nicht gleich zu Anfang des Interviews auf das Erscheinungsbild der repräsentativen Kritik zusteuerte; so sehr hat sie als Gruppensignatur in die Erinnerungen sich eingefressen. Instruktiv auch Beispiele zeitgenössischer Glossierungen der Groß-Kritik, vgl. *Walser* (1964), *Heissenbüttel* (1965).

5 Ein Vergleich von Photographien (Almanach 1964) zeigt: aus der kreisförmigen Sitzordnung der frühen Phase wird ein gegliedertes Vis-à-Vis von Vorleser und Auditorium.

6 »Rollen-Handlungen, die von den Beteiligten mit ganz besonderem Ernst ausgestattet werden, sind Rituale.« (*Hofstätter* 1965, 93).

7 Zum Zusammenhang von Rolle und Zuschauerperspektive die ideologiekritischen Überlegungen zum Rollenbegriff von *Furth* (1971). Vor dem Hintergrund der typischen Muster der zeitgenössischen Kommentierung des Kritik-Vorgangs als »Spiel«, die den Anschein allzugroßer Leichtigkeit erwecken, ist an die sozialpsychologische Einsicht zu erinnern, daß die zum Zeremoniell hin tendierende Rollenhandlung »dem Zaungast oft spielerisch erschein(t), während der Innenstehende sich in ihr vorbehaltlos einsetzen kann.« (*Hofstätter* 1965, 93).

8 Indem aber die interkollegial motivierte kritische Mitwirkung wiederum nur auf einige wenige wie etwa Grass (»Kein anderer eigentlich von denen, die als Nur-Autoren angefangen haben, hat es zu solcher Autorität gebracht, ...« – 4/21), eingeschränkt bleibt, wird letztlich nur wieder eine *Zusatz*rolle geprägt. Die Rolle des Autoren-Kritikers kann wiederum nur von bestimmten Autoren, sei es aufgrund Selbstsicherheit verleihenden Prestiges und/oder Verfügung über ein Arsenal literar-kritischer Instrumente, eingenommen werden.

1.2.

1 Die Konzentration auf literarische Sozialisation ist allerdings von einer folgenreichen Wandlung begleitet: dem Rückzug aus den politischen Tageskämpfen auf das Feld der Literatur. D. h., der enge Zusammenhang von literarischer und politischer Sozialisation lockert sich auf, beide Momente verselbständigen sich, nachdem das Ruf-Konzept (»demokratischer Sozialismus«) an der Entwicklung der deutschen Wirklichkeit scheitert.
»Warum verschweigen, daß man sich darüber unterhält, ob es noch einen Zweck hat, irgend etwas zu tun? ... Die Hoffnung hat getrogen. Die Illusionen-Dämmerung ist radikal ... Die Freiheit flüchtet sich in die Kritik. Sie hat dort ihre letzte Position.« (*Andersch* 1947, 132 ff.). Kritik als Rückzugsposition ist die erste Etappe, die tendenzielle Verengung auf Literaturkritik der zweite Schritt des die Gruppe 47 vorbereitenden Weges. Vgl. zur »Illusionen-Dämmerung« innerhalb des Ruf-Kreises *Migner* (1968, 315 f.).)

2 »Nur ..., wenn sich keine Hand und kein Mund für einen gerührt hat, dann war der eben ganz durchgefallen. Das schlimmste war, wenn jemand unterbrochen wurde während des Lesens, weil sich im Saal ... unartikuliert ein Unisono von Stöhnen, Räuspern, Husten« (3/7) breitmachte. Zur Häufigkeit der »Durchfälle« die lapidare Auskunft des »Gruppen-Chefkritikers« *Jens* (1962): »Wer durchfällt – neun von zehn Novizen schaffen's nicht – kommt (meist) nicht mehr wieder; ... Junge Talente wachsen nach; ...«

3 »Es gab Katastrophen vor allem bei Jüngeren, die das als die Stunde ihres Lebens betrachtet hatten.« (10/43).

4 »Das ist auch ganz klar, weil der Enzensberger oder der Grass oder wer auch immer einen Namen hatte, und dann konnte lediglich die literarische Qualität eines bestimmten Textes in Frage gestellt werden. Während es bei Neulingen oft so war, daß die Frage dann aufkam, warum schreibt er überhaupt ...« (26/28).

5 Die »Launen der literarischen Öffentlichkeit, die die Gruppe 47 als Vollzugsorgan vollstreckt« (4/36), präziser wohl: mitvollstreckt, haben ihre Determinanten in der komplizierten Bewegung des an ästhetische Produkte geknüpften Zirkulationssystems. Es ist eine »doppelgesichtige Wirklichkeit, Ware und Signifikation«, die die Wertbestimmung ästhetischer Produkte kennzeichnet (*Bourdieu* 1970, 82). Zur Problematik der ökonomisch-ästhetischen Wertbestimmung literarischer Erzeugnisse auch *May* (1970, 44 f.).

6 Der Prozeß sozialer Profilierung läßt sich in drei Grundstufen gliedern: 1. Erwerb sozialer Kenntlichkeit – Signifikanz von Autor und Werk, 2. Erwerb des Status als literarisch-künstlerischer Subjektivität – graduelle Abdifferenzierungen in der sozioästhetischen Rangbemessung, 3. Eingliederung in die Hochform sozial-kultureller Profilierung – literarische Prominenz.

7 Hierzu gehören u. a. Kooptation durch Akademien, Aufnahme in Preis-Gremien kultureller Institutionen usw. Vgl. *Linz* (1965).

8 Exemplarisch die Erinnerungsskizze: »Und als das Buch dann herauskam, wurde dort (in der gruppenexternen literarischen Öffentlichkeit – F. K.) sofort angeschlossen in der Kritik. Das ist der, der auf der Gruppe also reüssiert hat. Das hat sich dann auch sofort im Marktverhalten bewiesen. Ich hatte vorher (vor der Erstlesung auf einer Tagung – F. K.) schon Hörspiele geschrieben, die kein Mensch wollte, ... Und als dann gute Besprechungen kamen von der Lesung, bekam ich sofort Telegramme von zwei Radioanstalten, sie möchten das Hörspiel, was sie schon mal hatten (und vorher abgelehnt worden war – F. K.), wieder.« (22/5).

9 »Ich meine, Hans Werner Richter hat es durchaus in der Hand gehabt ..., wenn er z. B. geglaubt hat, ein Autor wurde falsch behandelt von der Kritik; man sah, wie der Hans Werner Richter litt, wenn ein Autor nach seinem Urteil ungerecht von der

Kritik behandelt wurde, (dann) versuchte er selber noch im Kreis der Zuhörer jemanden zu finden, von dem er annahm, er hätte vielleicht einen besseren Eindruck, ...« (18/9).

10 Zum Begriff der Gruppenfigur im Verhältnis zu dem der sozialen Rolle *Dreitzel* (1972, 125). Popitz gibt einige Beispiele von Gruppenfiguren, die vor allem in *informellen* Gruppen, in denen noch kein durchorganisiertes Gerüst entwickelt ist, sich ausbilden: »Solche Gruppenfiguren sind etwa der Initiant und Ideenproduzent, auf dessen Einfälle man wartet, der Narr und Alleinunterhalter, der Vertrauensmann und Beichtvater, der diplomatische Vertreter für Außenbeziehungen der Gruppe, – und schließlich natürlich die verschiedensten Spielarten des Anführers und der sogenannten ,Null-Personen' oder Prügelknaben.« (zit. nach *Dreitzel* 1972, 154).

11 »Sie (die Kritiker – F. K.) konnten sehr reüssieren und verschiedene haben dort ihren Weg gemacht.« (23/32). Walter Jens dürfte wohl in diesem Zusammenhang ein soziologisch interessantes Beispiel dafür sein, wie eine Ebenen-Verschiebung im Prozeß sozialer Profilierung vor sich geht. Aus dem »Spaltprodukt der Literaturinstitution Jens«, Autor und Kritiker, differenziert und profiliert sich mithin im Gang der Gruppe 47 die literar-kritische Institution schärfer heraus, während das sozial-kulturelle Profil des Autors Jens sukzessive in den Hintergrund tritt (*Kolbe* 1968).

12 »Die Kritiker standen auch immer unter Bewährungsdruck. Die mußten brilliante Kritiker sein.« (12/24). Die oft zum Quasi-Existential stilisierten (Selbst-)Einschätzungen wie, »Kritiker sind immer eitel« (5/4), enthüllen sich denn als Ausdruck verinnerlichter Differenzierungszwänge, die zum Rollenzubehör organisiert sind.

13 In den Kapiteln, »Der Großschriftsteller, Rückansicht« und, »Der Großschriftsteller, Vorderansicht«, skizziert *Musil* (1952) präzis Bedingungen und Erscheinungsform sozial-kultureller Profilierung im gesellschaftlichen Großformat: »So wie der Geistesfürst zur Zeit der Fürsten, gehört der Großschriftsteller zur Zeit des Großkampftages und des Großkaufhauses.« (429). Fraglos, Tagungen der Gruppe 47 sind unterm Gesichtspunkt folgenreicher sozialer Profilierung »Großkampftage«, allemal mit funktionalem Bezug zu den literarischen »Warenhäusern«.

2.1.3.

1 Zutreffend deshalb die Richtigstellung: »Aber nein, seit einigen Jahren ist der Preis nicht vergeben worden, und sie (die Autoren – F. K.) sind trotzdem erschienen.« (*Reich-Ranicki* 1958, 140).

2 Diese Arbeitsweise hat ihre Parallele in der tradierten Gestalt des »Schreibtisch-Gelehrten«, dessen Tätigkeit noch nicht vom organisierten Wissenschaftsbetrieb aufgesaugt und dessen Bewußtsein noch nicht von der »Eingliederung des Geistes in die Angestelltenschaft« imprägniert ist (*Adorno* 1969, 168/69).

3 »Da gibt's noch ein Motiv (kritischer Arbeitsöffentlichkeit fortlaufend sich auszusetzen – F. K.), das ist vermutlich das eigentliche Motiv gewesen, kein äußerlich-literarisches, sondern der Versuch wieder einmal, nein, anders ausgedrückt, herauszukommen aus einer Art Anfängerschaft, ..., aus einer Anfängerschaft, die immer wieder bei mir selbst heute noch stattfindet.« (17/3, 4).

4 Ohne Umschweife stellt ein befragter Autor klar, »daß jeder von Zeit zu Zeit neugierig genug ist, seinen Schätzpreis zu erfahren, auch ein Schriftsteller, ein Schätzpreis, über den er natürlich ironisch (!) hinweggehen kann, ...« (20/8).

5 Ich wollte natürlich gerne wissen, ob das, was ich seit Jahr und Tag da schrieb, wie das vor Kollegen, z. T. renommierten Kollegen, wie das wirken würde, was die dazu sagen würden.« (3/3).

6 »Und ich brauche dazu (zur kritischen Kontrolle der Arbeit – F. K.) unbedingt einen Kritiker. Der erste ist meine Frau, die unbestechlich ist, der zweite der Lektor des

Verlages, manchmal zwei Lektoren, dann Freunde.« (*Böll* 1962, 144). Eine interessante Darstellung einer freundschaftlich strukturierten Form von Werkprozeß-Rückmeldung *Jens* (1974), Herr Meister – Dialog über einen Roman. Zu dem empirisch abgestützten Resultat, daß zwischengeschaltete Nah-Instanzen das ferne Lese-Publikum ersetzen, kommt auch der Autorenreport (1972): »... die große Mehrheit der Autoren (zieht es) vor, sich an privaten, familiären Bezugspersonen zu orientieren, mit Fachkollegen oder anderen Autoren inhaltlich zu diskutieren oder gar völlig abgeschirmt zu arbeiten. Daß unter diesen Umständen kaum mehr als ein vages, undifferenziertes Bild vom Publikum entstehen kann, liegt auf der Hand, ...« (362/63); vgl. dort auch Tab. 7. So wird denn das durch die Anonymität des literarischen Warenverkehrs erzeugte Autor-Leser-Fernverhältnis über die genannte Orientierungsweise fortwährend reproduziert. Zum Einfluß von Leserbriefen als Form der Rückmeldung zum Produktionsprozeß im Verhältnis zu den zitierten Kontrollen und Kritikquellen auf der einen und den vermittelten Formen des veröffentlichten Rezensionsgewerbes auf der anderen Seite wäre eine empirische Untersuchung wünschenswert.

7 »... manche (haben) auch Texte genommen, wo sie sich am unsichersten fühlten und wo sie dachten, na, da werde ich noch ein paar Hinweise kriegen, während ich sonst überhaupt nicht weiß, ob ich den (Text) veröffentlichen soll oder nicht. Solche gab's schon auch; Günter Eich hat es z. B., das weiß ich ganz sicher, oft unter solchen Gesichtspunkten gemacht.« (21/38). Von Eich nun wird berichtet, daß er »plötzlich mal keine Lust mehr (hatte)« und temporär Vorleseverzicht übte. »Es ist richtig, daß Leute, die also die Ernsthaftigkeit dieser Zusammenkunft übertrieben sahen, daß die dann natürlich enttäuscht worden sind. Ich darf dazu noch sagen, daß ich nicht so enttäuscht war, weil ich von vornherein mit dem, was Günter Eich von dieser Gruppe erwartet hatte, nicht übereinstimme. Also ich wundere mich, daß jemand glauben konnte, daß eine Gruppe eine so persönliche Hilfe sein könnte.« (10/38).

8 »... man wußte, wenn diese Reaktionen (der Kritik – F. K.) in der Gruppe 47 kommen, dann kommen sie auch, wenn das gedruckt ist, und zwar sehr ähnlich.« (4/5).

2.1.4.

1 Zwischen einer viertel und halben Stunde Lesezeit scheint die Regel zu sein; die Angaben über die Leser-Zahl während einer Tagung schwanken in der Presse zwischen 20 und 30 in der Hoch- und Spätphase.

2 »... Celan hatte damals noch eine sehr pathetische Art, seine Gedichte zu lesen. Das kam also gar nicht an ... und auf diese Weise fiel also der neben Eich bedeutendste deutsche Lyriker für die Gruppe 47 aus.« (19/14).

3 Die Begrifflichkeit für die hier unterschiedenen Normtypen lehnt sich an *Dreitzel* (1972) an.

4 »Wer bringt Neues, was ist unerhört, was geilt einen auf, was treibt einen an!« (22/3). Diese Pointierung hebt ab auf die den Zwang zur innovativen Überraschung noch verschärfenden Ermüdungskurven, welche notwendigerweise einem Tagungsverlauf inhärieren (»black-out-Situationen«) und das Bedürfnis nach Interessantem noch intensivieren.

5 ... es zeigte sich erschreckend, daß Eich gegenwärtig einer Manier zu erliegen droht.« (*Friedrich* 1953, 95); »Vorm Jahr hätte er um ein Haar für solche Verse den Preis der Gruppe 47 bekommen; diesmal wollte man Rühmkorf gern anders.« (*Schnurre* 1961, 160); »Nun hatte er (Bichsel) es riskiert, noch einmal zu lesen. Würde er sich wiederholen, sich selbst plagiieren? Es wurde mehr als eine Bewährungsprobe.« (*Reich-Ranicki* 1965, 215/16). Die Reihe der Beispiele ließe mühelos sich verlängern, um zu erhärten, daß die Novitätenspirale der 47-Tagungen sich bemächtigt. Mitgesteuert wird die Innovationserwartung durch den schon analysierten sozio-kul-

turellen Druck, welcher auf der Kritik lastet, nicht in den Verdacht zu geraten, Dauerlob über Tagungen hinweg zu spenden. Vor diesem Gesamthintergrund besitzt die Einschätzung, »eine Gefahr war die, daß man, wenn man jemanden in einer Tagung sehr gelobt hatte, in der nächsten vielleicht unbewußt das zurücknahm« (24/8), Triftigkeit. Ein Eindruck, der von einigen Befragten aufgrund ihrer eigenen Leseerfahrung bestätigt wird.

6 Der in den Interviews zuweilen geäußerte Hinweis auf Grass, der am Prinzip der produktionsinteressierten Offenlegung festhält, bestätigt nur die Grundtendenz; denn Grass besitzt einen hohen Status nicht nur innerhalb der Gruppe; er ist Symbol für die feste Verknüpfung der westdeutschen Gegenwartsliteratur mit der »Weltliteratur«. In diesem Zusammenhang denn auch interessant die aufmerksame Beobachtung: »Manche von ihnen (»Alteingesessene«), so Günter Grass, bestiegen ihn (den Prüfstand – F. K.) wie einen angestimmten Thron, sieges- und publikumssicher.« (*Raddatz* 1961, 164).

7 In schematischer Vereinfachung läßt sich das Produktions-Hilfe-Motiv dem Offenlegungs-Verhalten, das Querschnittstest-Motiv der Immunisierung und das Motiv der individuellen Selbstdokumentation dem demonstrativen Verhalten zuordnen.

8 »Die Leute, die die Gruppe 47 gründeten, also dazu gehört in erster Linie selbstverständlich Richter und Schnurre und auch ich und andere, wir waren noch eine Generation von Schriftstellern, von Leuten, die, das wird einem kaum geglaubt werden, gar nichts anderes im Sinn hatten als tatsächlich zu schreiben. Während unmittelbar danach kam bereits eine Gruppe etwas jüngerer Schriftsteller, bei denen wir also fassungslos zusahen, ziemlich fassungslos zusahen, daß die Literatur als Karriere betrieben. Und das war natürlich nun unbeschreiblich naiv von uns, denn es ist gar nichts dagegen einzuwenden, daß jemand Literatur als Karriere betreibt, nicht. Nur, daß es gemacht wurde etwa von jungen Schriftstellern wie Ingeborg Bachmann und Enzensberger u. a., dem standen wir zunächst ganz fassungslos gegenüber.« (19/47). Nicht erst in der Spätphase also ändert sich das Erscheinungsbild, das ein befragter Autor so resümiert: »Es kamen dann auf einmal junge Leute daher, Namen wollen wir ja nicht nennen, das ist ja Unsinn, die hatten auf einmal Schriftstelleruniformen (!) an. Die gaben sich besonders lässig und machten auf Brecht ..., die machten so wild auf Schriftsteller. So als ob sie in einem Buch nachgeschlagen hätten, wie ist ein Schriftsteller, wie benimmt man sich als Schriftsteller.« (2/7); eine instruktive Beschreibung des standardisierten Individualitätsprofils der »coulourful personality«. Vgl. *Adorno* (1969, 176/77).

9 Dafür, wie sehr die Antizipation der Situation regiert, mag diese Erinnerung stehen: »Ja, es wurde mir gesagt, ich solle also sehr gut lesen. Ich mußte ihm (dem betreuenden Lektor – F. K.) dann auch vorlesen, daß die Betonung richtig ist. Damals konnte ich noch weniger hochdeutsch, sondern hatte sehr viel Schwäbisches drin. Das wurde rücksichtslos ausgemerzt. Das war mir sehr früh gesagt worden, drei oder vier Wochen vorher (vor der Erstlesung – F. K.) und ich hab' mit meiner damaligen Frau, die Schauspielerin war, geübt, daß ich also gut lesen konnte.« (22/5, 6).

10 Interviews mit Schriftstellern, die exemplarisch auf die Erzeugung von individualitätsspezifischen Erscheinungsbildern hin angelegt sind, gehen vorgängig von dieser Verschränkung aus und heben auf diese Verschränkung als vorproblematischen Standard ab. Ein Beispiel hierfür die Verlagsankündigung zu *Arnold*, Gespräche mit Schriftstellern, (1975): »Aus den Gesprächen, die Heinz Ludwig Arnold mit fünf Schriftstellern geführt hat, sind indirekte Selbstportraits der deutschen Gegenwartsliteratur entstanden, wie es sie lebendiger und präziser heute kaum gibt.« (Die Zeit v. 28. 11. 1975). Vgl. auch das Vorwort von *Rudolph* zu, Protokoll zur Person – Autoren über sich und ihr Werk (1971, 7 ff.).

11 Eine wirkungsästhetisch orientierte soziologische Analyse hätte die literarischen und sozialisationsspezifischen Folgen der Gruppe 47 im Kontext der forumsspezifischen

Mechanismen ihrer Tagungen zu rekonstruieren. Diese separate Analyse könnte einen Beitrag zu Entwicklungslinien der westdeutschen Nachkriegsliteratur leisten, insofern als ein innerer Zusammenhang zwischen literarischen Tendenzen auf der einen und sozio-psychischen Vorstrukturierungen aufgrund der durch die 47-Tagungen in Gang gesetzten sozialen Kontrollen (Vorweg-Sozialisation) auf der anderen Seite mit großer Wahrscheinlichkeit anzunehmen ist.

2.1.5.

1 Nur einmal schneidet das Fernsehen mit, allerdings wird dies doch als allzu störend empfunden, so daß es nicht wiederholt wird.

2 Diese Grundsituation ist weder ein Spezifikum innerhalb der westdeutschen Gesellschaft noch ein historisches Novum, sondern genuiner Bestandteil der Herausbildung des literarischen Marktes. Vgl. *Hauser* (1973, 568 ff.).

3 Neben den an anderer Stelle schon genannten Bemühungen Richters zur Abmilderung der Situation ist die Konkurrenzbeziehung allerdings vorweg gemildert durch zwei Momente: erstens bindet diejenigen, die einen Status als literarische Subjektivität sich schon erworben haben, das *gemeinsame* Interesse an der Entwicklung und Sichtbarmachung ihres spezifischen literarischen *Arbeitsvermögens* zusammen (vgl. Kap. 1.1.); zweitens knüpft das Selbstbewußtsein zusammen, Produzent qualitativ hochwertiger, nicht kulturindustriell deformierter Trivialliteratur zu sein. Mithin Ausdruck einer charakteristischen ingroup-outgroup-Differenzierung, wie sie im Autorenreport (1972, 353 ff.) als typisches Einstellungsmuster innerhalb der literarischen Intelligenz empirisch belegt wird.
»Also bitte, bitte nicht«, wehrt ein Befragter symptomatisch ab auf die Frage, ob die Gruppe 47 resp. ihr Ende im Kontext aufkommender Bestseller-Strategien zu beleuchten sei, »... aufkommende Seller-Strategien, das hat mit Literatur überhaupt nichts zu tun. Wowon Sie sprechen, Seller-Strategien, das sind Titel, die auf der Bestseller-Liste stehen. Das hat mit der Literatur, die die Gruppe 47 vertrat, nichts zu tun. Also das müssen Sie ganz weghalten davon.« (18/18). Vgl. zu diesem Problemkreis Kap. 2.3.3.3.

4 »Das ist ja im Grunde keine gute Sache, denn man kann ja mal Pech haben und erstens schlecht disponiert sein, zweitens auch einen unglückseligen Text ausgewählt haben.« (11/14).
»Das ist eine Sache in der Natur der Geschichte, genauso, wenn man hintereinander (ein) paar (vorlesende Autoren – F. K.) sehr gelobt hat, dann verlangt sozusagen, dann sieht die Automatik nach einem Opfer. Dann schlachten sie einen ab. Wenn man Pech hat, ist man gerade an der Stelle.« (24/18).

5 Ein Befragter, der schon in den frühen 50er Jahren von der Lesung sich zurückzieht, zum hierdurch veränderten Teilnahmeinvolvement: »Es ist ein Unterschied, ob Sie in der Reihe derer sich befinden, die sich dort produzieren müssen oder ob Sie nur als Aufnehmender sitzen. Sie sind ruhiger, Sie sind überlegener, Sie sind auch kritischer.« (7/7).

6 »Ja, einige waren richtig flattrig und hatten fürchterliche Ängste da durchzufallen, sind dann natürlich auch durchgefallen. Das waren aber weniger die ganz Jungen, die zum ersten Mal hinkamen, die sind ja meist naiv und direkt und spontan, sondern so einige, die schon ein paar Jahre in dem Literaturbetrieb sich getummelt hatten und die dann größere Ängste haben. Die wissen auch, was da alles dranhängt, ..., es war ja nachher eine Literaturbörse, wie da über Veröffentlichungen entschieden wurde, je nachdem wie ein Manuskript ankommt, ...« (26/3).

7 Die Tagungsgestaltung bezieht sich auch auf die Sachdimension der literarischen Gattungen. Prosa hat Dominanz vor allen anderen; besonders unterrepräsentiert sind

dramatische Arbeiten und Essays. In tagungsdramatischer Perspektive läßt sich aus den Interviews rekonstruieren, daß Lyrik, stärker repräsentiert als die beiden letztgenannten literarischen Formen, tagungsfunktional als »Füllsel« instrumentiert wird, um Eintönigkeit, welche durch eindimensionale Präsentation einer Gattung sich einstellt, zu vermeiden. »Ich hab' mich immer für Lyriker breitgemacht, weil die sowieso immer ins Hintertreffen gerieten ... man hat Gedichte so als Sauerteig dazwischengestreut.« (22/22, 23).

8 »Keiner kann sich offenbar 'raushalten, wenn eine solche Gruppenatmosphäre in einem solchen Saal ist, nicht? Man hat nachts miteinander getrunken und am anderen Morgen ist man dann so oder so aufgelegt. Dann liest einer dementsprechend etwas und dann merkt einer etwas, das ist wie in einer Schulklasse wahrscheinlich. Der macht einen bestimmten Laut, der gar nicht artikuliert ist, aber der sehr vielsagend ist und genau auf der Frequenz dieses ersten Lautes setzt sich dann die Stimmungsbildung gegenüber dem gerade Gelesenen fort und formiert sich, und dann kommt der Hans Werner Richter und formuliert es und unterbricht den (der liest – F. K.) und sagt, Junge, seien Sie nicht böse, aber das ... und macht dann eine witzige Formalexekution. Da hatte er dann den Beifall und er hatte auch den Beifall sozusagen vom ganzen literarischen Deutschland immer. Weil das wurde dann in den Gazetten entsprechend wiederum weiterverbreitet und so war dann wieder einer gestorben.« (3/9). Diesseits »sakraler« Literaturgeschichte mögen solche tagungssituativen Momente als irrelevant erscheinen, unterm Gesichtspunkt der Strukturiertheit der sozialen Situation der 47-Tagungen jedoch dürften die situativen Einflüsse auf die Urteilsbildung der Kritik und somit die Weichenstellungen im Feld literarischer Tendenzen kaum zu unterschätzen sein.

9 »Wenn jemand gar keine Nehmer-Qualität hatte, dann hätte man ihn, mit anderen Worten, wenn er ein hochempfindlicher Mensch gewesen ist, dann hätte man ihn eigentlich nicht einladen dürfen.« (19/13). Diese von einer Reihe anderer Befragter in ähnlicher Form geäußerte Ansicht wirft Licht auf den Sachverhalt, daß das Kritikverfahren nicht nur ein Medium literarischer, sondern auch persönlichkeitsstruktureller Auswahl ist. Anhand der noch z. T. erhaltenen Mitschnitte der Tagungen wäre eine gruppendynamische Teilanalyse der Tagungssituation äußerst interessant, insofern als – wie mehrfach angedeutet – die gesamte Beeinflussungsstruktur allemal Literaturgeschichte mitgeschrieben hat. Die sozialpsychologischen Ergebnisse wären dann literaturtheoretisch noch einmal zu problematisieren. Nur soviel sei hier angedeutet, in leistungsfunktionaler Hinsicht wären vorm situativen Horizont die Momente der »Schnelligkeit« und der »Uniformierung« der kritischen Reaktionen zu beleuchten in ihrer Wirkung auf die literaturhistorisch doch folgenreiche Urteilsbildung.

10 Auffällig, daß ein scheinbar unausgesprochenes Einvernehmen zwischen Interviewern und Befragten in jenen Interviews herrscht, die auf präsentative Veröffentlichung hin angelegt sind, das Konkurrenzthema auszublenden. Es darf wohl von einer tief sitzenden Tabuisierung der Konkurrenzstruktur (»eine Serie von Stillhalte-Abkommen« – Walser 1974, 26/39) innerhalb des Gang-und-Gäbe-Literaturweltbewußtseins gesprochen werden.

11 Noch bis in die Interviews hinein ist der in diesem Zusammenhang wirksame Sanktionsmechanismus spürbar, Ressentiments dem zu unterstellen, der sich anschickt, das Konkurrenzprinzip und die Sortierungsmodalitäten grundsätzlich zu kritisieren, nach dem Muster, das Horkheimer (1972, zuerst 1934) skizziert hat: »Ein feiner Trick: das System zu kritisieren soll denen vorbehalten bleiben, die an ihm interessiert sind. Die anderen, die Gelegenheit haben, es von unten kennenzulernen, werden entwaffnet durch die verächtliche Bemerkung, daß sie verärgert, rachsüchtig, neidisch sind. Sie haben ›Ressentiment‹.« (53). In den Verdacht des Ressentiments darf die mit dem Bild der Selbstautorisation auftretende literarische Subjektivität nun partout nicht geraten, denn sonst widerfährt ihr jenes Verdikt, das in generalisierender Form der

Gruppenkritiker Mayer noch im Rückblick auf die Gruppe 47 hervorkehrt. Lakonisch heißt es: »Immer wieder meldeten sich Kritiker zu Wort, die vor der Gruppe aufgetreten und durchgefallen waren. Man konnte nicht umhin, sich zu fragen, ob ihr Urteil über das literarische Gremium bei anderem Ausgang der eigenen Darbietung vielleicht anders ausgefallen wäre.« Und Mayer fährt dann fort, sublim jenen Mechanismus in Gang setzend: »Fest steht andererseits, daß die konzentrierte und gleichzeitig oft dissentierende Aktion der Gruppenkritik in kaum einem Fall literarisch versagte.« (*Mayer* 1971, 46/47).

12 Temporärer oder endgültiger Vorlese- oder gar Teilnahme-Verzicht ist bei den befragten Autoren primär motiviert von eben den konkurrenzakzentuierten Deformationen der offiziösen Tagungssphäre.

2.1.6.

1 Ohne Anflug von Ironie gar meint ein befragter Autor zu Anfang des Interviews auf eine Frage nach den Phasen der Produktivität der Tagungen: »Das ist furchtbar schwer zu sagen. Also das wissen die Kritiker immer besser, so 'was kann der Kaiser garantiert wunderbar, . . .« (2/5). Äußerst instruktiv in diesem Zusammenhang Traumprotokoll, Nacht zum 1. Juni 1967, *Bächler* (1972, 108).

2 Zur Differenzierung zwischen formaler Kompetenz und Quasi-Kompetenz die typologischen Unterscheidungen von *Lepsius* (1964).

3 Zur Dominanz restaurativer Tendenzen in der westdeutschen Literaturkritik der 50er Jahre *Schonauer* (1962), *Mayer* (1971).

4 Zur kritischen Korrektur des Bildes von der »pluralistischen Universalzuständigkeit« *Mayer* (1971): »Diese konkrete Totalität jedoch aus partiellen kritischen Einzelmomenten repräsentierte nicht gesellschaftliche Ganzheit. Sie stand nicht einmal für eine konkrete *literarische* Totalität. Zunächst wurde, ohne daß es eigens postuliert werden mußte, *Literatur gleichgesetzt mit Belletristik.*« (50).

5 Der Vorweis der Unbestechlichkeit, der gleichsam über den Parteien stehenden Integrität gehört zum elementaren Bestandteil der gelungenen Ausübung der Kritikerrolle, die durch das Bild der Selbstmächtigkeit, welche nur dem Interesse des Literaturprozesses verpflichtet sich zeigen will, gezeichnet ist: Reflex an der Wertfreiheitsidee orientierter, sozio-ästhetischer Werttaxation, die über die konkreten Zwänge des literarischen Marktes sich erhaben dünkt. Zum Problem der »intellektuellen Unredlichkeit« und »Betriebsblindheit«, vor der die Kritikinstitution und ihre einzelnen Repräsentanten sich zu hüten haben, *Schwab-Felisch* (1966 a, 407).

6 »Sie sehen ja auch«, so im Kontext einer Replik auf die Problematisierung der Zuverlässigkeit der Kritik und der Gültigkeit ihrer Urteile, »daß die Vergabe der Preise der Gruppe 47 eigentlich meistens die wichtigen Leute getroffen hat.« (21/25).
Trotz allen »Mißtrauens in die Bewertungskriterien« (*Rühmkorf* 1972, 135), das durchweg von den Befragten geäußert wird, obsiegt dennoch in letzter Instanz die Ansicht, daß das Vertrauen in die Gültigkeit der Urteile gerechtfertig war. Nur selten wird die tendenzielle Identifizierung von sachlicher Gültigkeit und nachfolgender gruppenexterner sozial-kultureller Bestätigung des Urteils ernstlich problematisiert und methodisch relativiert.

7 Nicht, um es nochmals zu verdeutlichen, die tatsächliche Zuverlässigkeit der Kritik steht hier unter Betracht – es geht hier nicht um literaturwissenschaftliche Analysen. Von soziologischem Belang jedoch ist die in den Interviews durchweg durchschimmernde wahrheitstheoretische Begründungsfigur der Zuverlässigkeit: »Es hat sich die Beurteilung eingespielt dank dessen, daß so verschiedenste Temperamente da waren, die sich gegenseitig doch immer etwas in einen gewissen vernünftigen Mittelwert eingepegelt haben; also wären so die Banausen in der Überzahl gewesen in der Kritik oder wären die Überkandidelten in einer ungeheuren Überzahl gewesen, dann hätte

sich das nicht in einem Mittelwert einspielen können.« (21/24, 25). Es handelt sich also gleichsam um eine Spätform jener tradierten Idee bürgerlich-kritischen Räsonments, daß nämlich im Gegen- und Zueinander der Meinungen vernünftige, d. h. sachangemessene Urteile im Durchschnitt erzeugt werden. Zur Kritik der Wahrheitstheorie als Mittelwert *Adorno* (1964). Die Anbindung des vernünftigen Urteils nicht nur an den Durchschnitt der Sachkompetenten, sondern an den gruppendurchschnittlichen Meinungsausdruck, spiegelt sich besonders plastisch im Modus der Preisabstimmung: »Ich hatte zuerst gesagt, es dürfen nur die wählen, die literarisch kompetent sind, und dann habe ich alle (wählen lassen).« (23/22).

8 »Nicht nur in eigener Sache«, wie es im Untertitel seines Buches, Lauter Verrisse, heißt, entwirft *Reich-Ranicki* (1970) ein geradezu schulbeispielhaftes Berufsbild »selbstmächtiger« Kritik: »Einem Kritiker gegenüber, dem der Vorwurf erspart bleibt, er sei anmaßend, und der auch nicht der schulmeisterlichen Attitüde bezichtigt wird, ist, glaube ich, besondere Skepsis angebracht« (39). »Schließlich dürfen die Kritiker nicht deshalb eine Meinung äußern, weil sie ein Amt verwalten; vielmehr dürfen sie dieses Amt verwalten, weil sie eine Meinung haben,« (42).

9 Publikationen wie z. B. Ernst *Rowohlt* – In Selbstzeugnissen und Bilddokumenten (1968), oder, Bedroht – Bewahrt – Der Weg eines Verlegers (*Bermann Fischer* 1971), sind typische Sedimente dieser Epoche – (Verleger, Kritiker und Schriftsteller als »große geistige Gestalten«, die Beziehungen zueinander unterhalten) –, deren Niedergang seit längerem im Zuge der den literarischen Markt weiter anonymisierenden industriellen Konzentrationsbewegung beobachtet werden kann. Eine soziologische Fallstudie des Suhrkamp-Verlages und Siegfried Unselds als Spät- bzw. Restform der sog. »Verlegerpersönlichkeit« würde einiges Licht auf den ökonomisch erzeugten *soziokulturellen* Wandel der Literaturwelt werfen.

10 Vgl. den Sammelband, Kritik (1970). *Jaeggis* flottes Urteil: »Die bürgerliche, die herrschende Kritik ist tot« (1972, 125), geht allerdings an der Realität vorbei; Jaeggi nimmt zum einen Tendenzen fürs Resultat und übersieht andererseits innere soziale und politisch-ideologische Abdifferenzierungen der bundesrepublikanischen Literaturkritik.

11 In der »Dialektik der Aufklärung«, die ja im Kontext der institutions- und legitimationskritischen Studentenbewegung ihre Renaissance feiert, heißt es zur Entwicklung der Kritik schon 1947, Erfahrungen mit der Kulturindustrie in den USA reflektierend, der die westdeutschen Kulturmarktverhältnisse erst Mitte der 60er Jahre sich anzugleichen beginnen: »In der Kulturindustrie verschwindet wie die Kritik so der Respekt: jene wird von der mechanischen Expertise, dieser vom vergeßlichen Kultus der Prominenz beerbt.« (*Horkheimer/Adorno* 1968, 191).

12 Typisch für diese »literaturweltlich-personalistische« Reaktionsvariante *Härtling* (1974), Möglicher Nachruf des Kritikers Marcel Reich-Ranicki auf den Schriftsteller Peter Härtling in der Zweiwochenschrift ›Zeit mit Monat‹; *Buch* (1972), Striptease – das literarische Caféhaus – 1047. Folge.

13 Von der Pulvermühle-Tagung (1967) wird berichtet: »Zur Kritik: Sie hat sich verschärft und erinnerte oft an die frühen Jahre. Große Schweiger unter den zuhörenden Dichtern, die oft seit zehn Jahren schon das Wort den Stammkritikern überlassen hatten, sagten plötzlich, laut wie früher: ›Tut mir leid, ich habe kein Wort verstanden!‹ Oder: ›Der Text ist einfach überflüssig. Und sonst gar nichts!‹« (*Hollander* 1967 a).

14 »In Wirklichkeit sind wir tarifgebundene Mitarbeiter einer Großindustrie, die hinter einer rational getarnten Kalkulationsmystik ihre Ausbeutung verschleiert. Ja, ich sagte Ausbeutung, und ich will gleich hinzufügen, daß ich den Begriff Ausbeutung nicht absolut, sondern relativ gesehen habe. Unter einem Ausgebeuteten stellen wir uns – dieses Klischee ist uns eingehämmert worden – einen elend dahintaumelnden Kuli oder südamerikanischen Minenarbeiter vor. Zweifellos sind das die Ausgebeutete. Und

doch ist auch ein Star-Boxer, der im Rolls-Royce zum Kampf fährt und um eine Kasse von 1 Million Dollar boxt und, wenn er Glück hat, 200 000 davon mit nach Hause nimmt, genauso ein Ausgebeuteter wie sein heruntergekommener Kollege, der sich in muffigen Vorstadtsälen für 30 Mark pro Abend die Fresse einschlagen läßt.« (*Böll* 1973, 348). Böll entwickelt hier einen Begriff kulturindustrieller Ausbeutung, der nicht mehr von falschen Frontstellungen und sozio-kulturellen Überformungen entstellt ist.

15 Mit dieser Wende freilich ist nicht die konfliktäre Beziehung zwischen Autoren und Kritikern ausgelöscht, aber sie wird nicht mehr frank zum Zentralkonflikt hypostasiert. Statt dessen erscheint das Verhältnis zunehmend in seiner konkreten politisch-ideologischen Einbettung; nicht so sehr nach beruflichen Funktionen als nach gesellschafts-politischen Standorten differenziert sich die Beziehung aus. Dabei wird jedoch der Aspekt von Gemeinsamkeiten in der sozio-ökonomisch definierten Stellung zwischen literarischer und literar-kritischer Intelligenz nicht zugeschüttet. »Damit kein Mißverständnis aufkommt«, legt Böll zu Anfang seiner Rede auf dem 1. VS-Kongreß klar, »es geht hier nicht um kulturelle Nuancierungen, nicht um die Fragen: Kunst, Antikunst, gibt es noch eine Literatur, gibt es keine mehr? Das gehört in die Feuilletons, in denen wir uns ja ausgiebig tummeln.« (*Böll* 1973, 347).

2.2.

1 In ihrer Untersuchung zur Entwicklung der literarischen Zeitschriften zwischen 1945 und 1970 kommt *King* (1974) zu dem Schluß, daß die Zeitschriften der »Restauration« und des »Wirtschaftswunders« von den Blättern der frühen Nachkriegsphase »durch die Betonung des ›Rein-literarischen‹ (sich) unterscheiden« (35 ff.). Die Gruppe mit ihrer Betonung des Literarischen kommt also in einem entsprechenden sozial-kulturellen Flußbett in Bewegung. Hierzu auch *Böse* (1963).
2 Schon bevor die Gruppe 47 auf den Weg kommt, sind Andersch, Brenner, Richter, Schnabel u. a. als Herausgeber, Redaktionsleiter, Funkmitarbeiter usf. tätig.

2.2.1.

1 In dieser Phase wird die Legende von der Gruppe, die keine Gruppe ist (*Groll* 1948), geboren; zur Legende erst wird diese Definition, als die Gruppenentwicklung die Stufe loser Agglomerierung hinter sich läßt, auf die jene Definition noch allenthalben zutrifft.
2 »Es wird also ein ›Geheimnis‹ postuliert und damit ein an sich allgemeinverständlicher Wissensbestand zu einem esoterischen erklärt. Ein kurzer Blick auf den Umgang zeitgenössischer Theoretikercliquen mit der Öffentlichkeit zu zeigen, wie sich dieser uralte Taschenspielertrick auch heute bewährt.« (*Berger/Luckmann* 1969, 119). Was die Autoren im Kontext sekundärer Immunisierung von Subsinnwelten an Theoretikercliquen konstatieren, gilt auch für literarisch-künstlerische Gruppierungen.
3 »Aber natürlich haben wir in den Jahren (der Gruppenexistenz – F. K.) die Öffentlichkeit, die literarische Öffentlichkeit, ungeheuer stark beeinflußt und wollten es auch, . . .« (23/30).
4 Schon 1956 ist im Handbuch für den Publizisten, der Journalist (1956), der Preis der »Gruppe 47« unter »Die Deutschen Kulturpreise« als fester Bestandteil rubriziert zusammen mit all jenen, die von formal legitimierten Legitimationsinstanzen (*Bourdieu* 1970, 109) kontinuierlich vergeben werden. Diese durch den Preis hergestellte Nähe zu tradierten Kultureinrichtungen wird durchaus als nicht ganz dem Selbstverständnis

der Gruppe entsprechend interpretiert: »Und der Preis der Gruppe 47, das war etwas, was dem Wesen der Tagungen nicht ganz entsprach ... Denn die Preisvergabe gehörte zur Akademie ..., aber nicht zur Gruppe 47.« (23/22).

5 Die Preisträger sind: 1950 Eich, 1951 Böll, 1952 Aichinger, 1958 Grass.

6 Zu berücksichtigen ist außerdem, daß es einem informellen literarischen Organ, das der Qualitätsselektion sich verschrieben hat, schlecht ansteht, nach dem Muster der »Kapazitätsauslastung« Preise zu vergeben; d. h., wenn kontinuierlich der Preis verliehen wird, entsteht allzu leicht der Eindruck, man verleihe Preise einfach, um turnusgemäß zu verfahren, statt auf qualitative Besonderheit resp. Seltenheit zu reagieren.

7 »Die unberühmte Gruppe machte nicht berühmt, sie wurde berühmt durch ihre berühmt gewordenen Mitglieder.« (*Schroers* 1965, 378). Diese These verkürzt die Dialektik, insofern als die *Eigendynamik,* der Eigenwert des Tagungsprestiges, nicht hinreichend als Faktor berücksichtigt ist, konstatiert doch Schroers selbst: »Die Gruppe wurde also verändert, als ihre Angehörigen prominent wurden und diese Prominenz auf die Gruppe zurückwirkte.« (383/84).

8 Am Wandel der Kollektion der Namen, die in den Standard-Lexika als gruppentypische Vertreter genannt werden, lassen sich exakt die Prestige-Wanderungen innerhalb der Gruppe 47 ablesen.

9 Allerdings muß sinnliche Präsenz repräsentativer Autoren und Kritiker gewahrt sein: ein Ausschnitt aus diesem Kreis, »der nicht vollzählig vertreten sein mußte, von dem aber einige Mitglieder da sein mußten, um eine gewisse Publizität zu sichern.« (25/15).

10 Daß dem Kreis der Gruppe 47 sozial-literarische Repräsentativität zugemessen wird, nicht nur im zeitgenössischen öffentlich-belletristischen Bewußtsein, sondern auch innerhalb der Sozialwissenschaft, belegen etwa die Untersuchung von *Linz* (1965) und die jüngst erschienene Arbeit zu, Literarische Karriere in der Bundesrepublik (*Kepplinger* 1975). Kepplinger setzt als Grundgesamtheit (!), aus der er 70 Autoren auswählt, um deren Widerspiegelung in den Medien zu untersuchen, vorproblematisch das, was ihm Gruppe 47 heißt.

11 Zu den Stationen der wesentlich von außen bewirkten Metamorphose der Gruppe in ein *Objekt* literarisch-politischer Auseinandersetzung *Helbig* (1967). Allerdings geht die primär deskriptiv verfahrende Untersuchung von der nicht zu haltenden Prämisse aus, die Gruppe 47 sei ein mit politisch-aktivem Bewußtsein ausgestattetes Handlungs*subjekt.*

12 Die meisten der befragten Autoren heben hervor, daß diese zwanglosere Privatgruppensphäre der Ort ist, an dem sie die für ihre Produktion relevanten bzw. fruchtbaren Gespräche haben.

13 Allerdings gibt es hierüber höchst widersprüchliche Aussagen; einzelne Befragte erinnern sich eher an Situationen, in denen dem »Durchfall« eines Novizen Isolierung im Tagungsverkehr folgt.

14 Ob eine bewußte Re-Theoretisierung und Re-Politisierung die Gruppe zu einem früheren Zeitpunkt als dem der von außen gleichsam ertrotzten politischen Diskussion in der Pulvermühle (1967) desintegriert hätte, ist soziologisch eine müßige Frage, weil rückprojektiv-spekulativ. Zumindest eines dürfte jedoch feststehen, daß Re-Politisierung der offiziösen Sphäre der Tagungen einen Identitätswandel der Gruppe 47 nach sich gezogen hätte, wenn nicht gar Dauersezession zur anomischen Auflösung geführt hätte.

15 Resultate der in der Privatgruppensphäre gebildeten Meinung sind die Manifeste; für sie gibt es freilich keinen formellen Unterschriftszwang. Die Einzelnen unterschreiben, so daß – wie oben angedeutet – die Gruppe 47 dem Wortsinne nach nicht als soziologisch definiertes politisches Handlungssubjekt auftritt. Gleichwohl, aufgrund des Grundkonsens innerhalb der Gruppe und des bei der Manifestproblematik jeweils

sich einstellenden informellen Gruppendrucks sind die Manifeste mehr denn bloß die Addition von Einzelmeinungen; denn erstens wird im öffentlichen Bewußtsein das immer *während* einer Gruppentagung gefaßte Manifest mit der Gruppe 47 identifiziert, und zweitens sind sie Resultate informeller Meinungs-und Willensbildungsprozesse im Rahmen einer realen Gruppe. Die Beteuerung, daß die »Gruppe als solche«, wie gern von Mitgliedern formuliert wird, keine Manifeste hervorgebracht habe, zeugt allenthalben nur davon, daß die Gruppenmitglieder ihren Verbund nicht als politisch-intellektuelles Organ verstanden wissen wollen. Insofern ist die Gruppe keine traditionelle, literarisch-intellektuelle »Manifest-Gruppe« (*Peter* 1972), sondern eine literarische Gruppierung, die *okkasionell* sich zu Wort meldet in Form *gebündelter* Einzelunterschriften, die in ihrem sozio-politischen Kontext gleichsam hinterrücks ein Manifest der Gruppe 47 ausmachen. Vgl. *Klie* (1962) und die Replik von *Kaiser* (1962).

16 So wird in den Interviews vom »Zusammenhocken der alten Mitglieder«, der Kritiker und anderer Mikro-Gruppen berichtet, oder von Kristallisierungen nach Verlagshäusern. »Wenn ich dort war, traf ich natürlich eine Reihe von Verlagsautoren, die dort waren oder die Verlagsautoren werden wollten. Und sicher hab' ich bei irgendeiner Gelegenheit mal gesagt, Kinder, wir setzen uns zusammen an einen Tisch und essen zusammen. Nicht, das war mit Sicherheit. Oder man hat am Abend nach der Lesung Leute eingeladen, saß mit denen zusammen.« (18/7). Vgl. zu lockeren Verfestigungen von Beziehungsformen in Kaffees, Bars, Kneipen etc., *Cavan* (1966).

17 Nach *Kreuzer* (1971) ist der Kaffeehaus-Besuch zusätzlich zur »Suche nach Ruhm oder einem Sprungbrett des Erfolgs« geknüpft »nicht zuletzt (an) die Hoffnung auf leichten Anschluß an das andere Geschlecht«. (205). Da der Charakter der 47-Zusammenkünfte scharf sich abhebt von Profilen literarischer Männerbünde, zu denen Frauen der Zugang versperrt ist (*Schurtz* 1902), darf angenommen werden, daß, wie ein Befragter im Blick auf die soziale Kohäsion hervorhebt, »Frauen . . . Ehefrauen . . . in den Pausen und beim abendlichen Beisammensein und in Gesprächen ein ganz entscheidendes Ferment« (7/23) bilden.

2.2.2.

1 Die Abgrenzung »nach hinten« knüpft an Denkpositionen des Ruf-Konzepts (Junge Generation) an: »Jede Anknüpfungsmöglichkeit nach hinten, jeder Versuch, dort wieder zu beginnen, wo 1933 eine ältere Generation ihre kontinuierliche Entwicklungslaufbahn verließ, um vor einem irrationalen Abenteuer zu kapitulieren, wirkt angesichts dieses Bildes (dieser abendländischen Ruinenlandschaft) wie eine Paradoxie.« (*Richter* 1946, 32).

2 Als »Gäste« erscheinen hin und wieder Autoren der Emigration. So z. B. liest Walter Mehring 1953 in Mainz, aber: »Die Lesungen des Gruppenleiters Hans Werner Richter und des ältesten Gastes Walter Mehring konnten nach dem Wahlmodus nicht gewertet werden.« (*Ferber* 1953, 89). Nicht nur in diesem Bericht kommt zum Ausdruck, daß es soz. Gäste »ersten Grades« (Gruppenmitglieder, die aus der Jungen Generation sich rekrutieren) und »zweiten Grades«, d. h. »Gäste« dem Wortsinn nach, (z. B. von Zeit zu Zeit erscheinende Emigrationsschriftsteller) gibt.

3 Der »Europa-Gedanke« und das »Brückenschlag-Konzept« des *Ruf*, zwischen Ost und West zu vermitteln (*Schwab-Felisch* 1962), drücken sich nicht nur im Einladungs-, sondern auch im Preisvergabe-Verhalten aus. Die Preisverleihungen an Ilse Aichinger (1952), Ingeborg Bachmann (1953), Adriaan Morrien (1954), Johannes Bobrowski (1962), Peter Bichsel (1965) lassen erkennen, daß die Gruppe nicht an den Schranken westdeutscher Literatur halt machen möchte. Die in den Interviews unter qualitativen Gesichtspunkten gerne als »Fehlleistung« bzw. Ausdruck freundschaftlicher Gesin-

nung heruntergespielte Preisvergabe an den Niederländer Morrien (1954, Cap Circeo)
ist just im Kontext des Versuchs der Gruppe 47, Wiederanschluß an die europäische
Literatur zu gewinnen und zugleich die Gruppe selbst als Repräsentantin des »anderen«, nicht kompromittierten literarischen Deutschlands vorzustellen, zu werten; Morrien schreibt nämlich seine Texte nicht in Deutsch; er übersetzt sie zusammen mit
Freunden für die Lesung.

4 Literarische Novizen, die mehrmals »durchfallen«, werden nicht wieder eingeladen,
allerdings, »es gibt Sonderfälle, ich will sie wieder namentlich nicht erwähnen, wo
die dreimal durchfielen und ich hab' sie nochmal eingeladen. Meistens habe ich sie
aber nicht mehr.« (23/8).
Zu diesen Ausnahmen scheint Dieter Lattmann zu zählen; »zwischen Tür und Angel«
wurde dem Verf. mehrmals erzählt, daß Lattmann dreimal »durchgefallen« sei.

5 Diese Orientierung wird von Befragten, die von Anfang an dabei sind, bestätigt:
»Und Richter, das habe ich in all' den Jahren beobachtet, hatte einen sehr genauen
Instinkt dafür, wo jemand ihm die Gruppe als sein Instrument gefährdete.« (1/2).

6 Höchst widersprüchliche Aussagen erbringen die Interviews zur Rolle und Bedeutung
Toni Richters, der Gattin von Hans Werner Richter, im Rahmen des Einladungsverfahrens. Der These einer stillen »Mitregentenschaft«, (»Und die persönliche Wirkung
wurde genauso bestimmt von Frau Richter wie von ihm. Nicht, Frau Richter checkte
die einzelnen, die neu kamen, genauso wie er, und wenn sie der Meinung waren, das
ist ein netter Junge, dann wurde er wieder eingeladen« – 9/6), steht die Aussage
über die Irrelevanz des Einflusses von Toni Richter auf das Einladungsverfahren gegenüber.

7 Insofern finden »literarische Entdeckungen« nicht erst im Medium der Tagungskritik
statt, sondern werden vorbereitet durch das Nadelöhr der empfehlenden Vorauswahl.

8 »Bei anderen war er sicher mißtrauisch, weil er sie für Personen hielt, die vielleicht
statt Literatur Sozialfälle aussuchen.« (4/8). Komplementär hierzu die Konkretion:
»Es gibt Leute, wissen Sie, die machen das (die Empfehlung – F. K.) aus Mitleid,
ist nicht das richtige Wort, ein anderes Wort dafür … Sozialfürsorge: ›ich werd jetzt
mal mit dem Richter sprechen, das wird sich schon machen lassen‹; und es gibt Leute, die sehr genau die literarische Qualität wußten und dann wirklich interessiert waren, das der- oder diejenige dort lasen. Dann war es auch meistens, häufig ein Erfolg.« (23/8)

9 »Der Richter hat sich nicht für die Interessen des Suhrkamp-Verlages einspannen lassen, der stand dem Unseld auch skeptisch gegenüber, aber trotzdem, die Autoren, die
Unseld ihm empfohlen hat, die wurden auch eingeladen. Das kommt nun nicht daher, weil der Unseld einen besonderen Einfluß auf ihn hatte, sondern weil einfach
der Suhrkamp-Verlag, damals ähnlich wie heute, eine Gewähr für Qualität bot und
das lag damals an den sehr guten Lektoren, die Suhrkamp hatte, …« (26/21), differenziert ein befragter Autor, der »damals noch dem Suhrkamp-Verlag (angehörte)«,
die institutionell definierte Relevanz in der Sachdimension des Einladungsverfahrens;
eine Dimension, die für den sozio-kulturellen Eigenwert der Gruppe 47 unverzichtbar
ist.

10 »Wenn der Eich, das weiß ich genau, wenn der Eich jemanden empfahl, hörte er
mehr darauf, als wenn, jetzt will ich keine Namen nennen, als wenn irgendein anderer, der so am Rande der Gruppe war, ihm riet, jemanden neu heranzuholen.«
(17/15).

11 Zur Regel wird hier, was oft Vorstufe neu sich konstituierender formaler Einrichtun-
gen bildet. Vgl. L. v. *Wiese* (1933, 87) zur Kooptation der sich konstituierenden
Deutschen Gesellschaft für Soziologie. In dieser Hinsicht nistet die Gruppe 47 in der
Tradition literarisch-künstlerischer Gruppierungen: sie verbleibt im Vorhof formaler
Organisiertheit.

12 »Vielleicht hat sich auch der Hans Werner Richter mehr Gedanken gemacht als wir

oder als ich. Ich hab' mir darüber keine eGdanken gemacht.« (3/16). Die vorreflexive Selbstverständlichkeit, mit der das ganze Verfahren aufgebaut ist und abläuft, wirkt friktionsentlastend, denn: »Tiefstrahler können Normen nicht ertragen, sie brauchen etwas Dämmerung.« *(Popitz* 1968, 12).

13 »... das ging natürlich darum, diesen Leuten, die ich für begabt hielt, also dieses Forum zu öffnen und zwar in einem doppelten Sinn. Erstens ihnen damit, wie ich glaubte, einen Dienst zu erweisen, zum anderen aber auch der Gruppe.« (15/12).

14 »Ich hab' manche Autoren nicht empfohlen, die ich für sehr gut hielt, aber die ich eben für gar nicht geeignet für diese ganze Atmosphäre hielt.« (21/9); »Ich weiß nur ganz genau, daß ich mehr Leuten abgeraten habe als zugeraten habe.« (3/16). Zum einen scheint diese differenzierte Einstellung zu Implikationen und Folgen der Einladung wenig verbreitet zu sein, zum anderen wird diese Problematik kaum öffentlich artikuliert. Meiner Kenntnis nach ist *Böll* (1965, 393) der einzige, der – wenn auch in der Spätphase erst – dieses Problem öffentlich anschneidet.

15 Die Tradition reicht »bis zum ›Ruf‹ zurück; und ich bin auch heute noch davon überzeugt, daß man bestimmte Dinge nur mit Eliten machen kann. D. h., nicht elitär sein, aber eine gewisse Auswahl treffen«. (23/47). Der gleichsam demokratisierte Elitegedanke, Elitebildung als Erziehungs- und Leistungsproblem in der »modernen Industriegesellschaft«, wie er dem Gruppenbewußtsein untergründig inhäriert, trennt die Gruppe 47 keineswegs von gesellschaftlich herrschenden Leitvorstellungen, eher umgekehrt. Sowohl im Bewußtsein der dominanten politischen Parteien wie im sozialwissenschaftlichen Bewußtsein wird einem freilich von dem »Kompromittierungen« durch den Faschismus »gereinigten« Elitebegriff das Wort geredet. Vgl. *Goldschmidt* (1958); ähnlich auch der damalige Bundesminister des Inneren *Schröder* (1957). Zu den sozialwissenschaftlichen Bemühungen, den durch den Faschismus arg lädierten Begriff der Elite wieder hoffähig zu machen, *Schluchter* (1963); *Zapf* (1965, bes. 18 f.). Unschwer die Nähe zum »Ruf«-Konzept zu erkennen (*Sombart* 1946) und deutlich die Fernwirkung von *Mannheim,* Mensch und Gesellschaft im Zeitalter des Umbaus (1935), eine Arbeit, die im Zuge der Orientierung des westdeutschen sozialwissenschaftlichen Denkens an den angelsächsischen Traditionen in den 50er Jahren importiert wird. Die Idee der Funktionselite ist selbst noch in die jüngste Analyse über Schriftsteller und Schriftstellerverbände eingegangen, *Kron* (1976, 379 ff.).

2.2.3.

1 Die Differenzierung der Ebenen der Kommunikationssysteme ist orientiert am Aufgliederungsschema von *Koszyk/Pruys* (1969, 196). Nicht erwartet werden darf in diesem Kapitel eine kommunikationspolitische Studie zur Gruppe 47; eine solche würde den Rahmen des Untersuchungsinteresses sprengen. Gleichwohl wäre eine solche Untersuchung in Form einer Fallstudie zu wünschen, könnte sie doch zum einen Einsichten in bisher noch wenig untersuchte massenkommunikative Bedingungen und Mechanismen literarisch-intellektueller Gruppierungen zutage fördern, zum anderen auch ein Wegstück bundesrepublikanischer Kommunikations- und Ideengeschichte leisten.

2 Dieses Gewirr von Ent- und Verhüllungen ist Ausdruck der sozio-kulturellen Reproduktion der literarischen Öffentlichkeit mit ihren »Affären und Fehden, die den möglichen literarischen Eintopf würz(t)en und die man das ›literarische Leben‹ zu nennen übereingekommen ist«. (*Vetter* 1966).

3 »Ich würde die erste Gruppentagung schon nicht als Geschehnis, sondern als widergespiegeltes Geschehnis ... ansehen.« (16/16). Zieht man die publizistischen Vorgaben der Gruppenentwicklung in Betracht, – mithin ist die DENA (Deutsche Nachrichten-Agentur) schon 1947 über die erste Tagung in Bannwaldsee informiert –, kann dieser These durchaus zugestimmt werden.

4 So anempfiehlt beispielsweise ein außenstehender Journalist der Gruppe 47 als
Daueraufgabe, solchen »Stoff« zu liefern, indem »sie sich als beachtenswertes gesellschaftliches Ereignis begreift. Als nicht weniger, aber auch nicht mehr«. (Bernstorf
1966). So notiert das Gruppenmitglied Ferber (1964), allemal erfreut, daß es den Tagungen an publizistischer »Begleitmusik« kaum mangelt: »Die Massenpublikations-
mittel registrieren erfreut die Lebensäußerungen derer, die Literatur produzieren und
publizieren.« (41). An Richters privater Pressematerial-Sammlung läßt sich die stetige
Zunahme des öffentlichen Interesses recht gut ablesen: in der Hoch- und Spätphase
schwillt der Strom deutender Primär-, Sekundär- und Tertiär-Berichterstattung über
eine Tagung enorm an. Die Gruppe 47 versorgt zunehmend auch zwischen den Tagungen die einschlägigen Mediensparten mit Themenanlässen.

5 Zwerenz (1964), Replik auf Walser, Sozialisieren wir die Gruppe 47! (1964 a).

6 »... die Existenz der Gruppe und ihre unbeschädigte Weiterexistenz war uns wichti-
ger als soz. die journalistische Neuigkeitssucht oder jedenfalls sehr vielen.« (15/40).

7 Vgl. die Darstellung des »Durchfalls« von Luise Rinser, GY. (1949, 46). Ohne Nennung von Namen werden z. B. die herben »Durchfälle« einiger »Alteingesessener«
(Aschaffenburg 1960) registriert; Heissenbüttel (1960, 157), Schwab-Felisch (1962 a,
169).

8 Von einem solchen Konflikt über die Art der Selbstkommentierung berichtet ein befragter Autor, der daran selbst unmittelbar beteiligt ist. Der Konflikt kommt in Sigtuna (1964) zum Ausbruch. Nach der Tagung in Saulgau (1963), »da hatte der Leonhardt von der ZEIT . . . so Applaus-Kästen gemacht, wo die einzelnen Autoren genannt wurden, und dagegen hatte ich protestiert; das ist eine unzulässige Art, und
habe die Frage nach der Qualifikation von Leonhardt gestellt, weil er sich (!) als Kritiker eingeladen war, aber nie zu Wort meldete. Und das führte zu seiner Abreise in
Sigtuna, weil ich ihn direkt darauf ansprach . . . Weil ich wahrscheinlich auch im anderen Fall abgereist wäre; nicht, ich hätte das Einteilen der Autoren in solche, (mit)
viel Beifall und (solche) Unter-Ferner-Liefen, worunter zumeist die jungen Autoren zu
leiden hatten, . . . nicht mitgemacht. Und das ist auch von vielen so empfunden worden«. (14/21)

9 Signifikantes Beispiel hierfür das in legitimatorischer Funktion herausgegebene Sonderheft von, Sprache im Technischen Zeitalter (1966), in welchem eine Reihe von
Gruppenmitgliedern vehement Funktion und Integrität der Gruppe 47 ausmalen.

10 Zu den diesen Tendenzen zugrunde liegenden ökonomischen Grundprozessen im
Kontext der Warenästhetik-Diskussion Paris (1975), zu den öffentlichkeitsspezifischen
Wandlungen Habermas (1971), und Erscheinungsformen Tomberg (1973).

11 Vgl. prototypisch Schwab-Felisch (1966): »Die ›Gruppe 47‹ besteht aus Individuen,
die nichts anderem verpflichtet sind, als sich selbst; . . .«

2.2.4.

1 In der Synopse, Deutsche Literatur der Gegenwart, resümiert Jens (1961) den Charakter der Gruppe 47, »deren Bedeutung man schon darin sehen darf, daß sie jedem
offensteht und sich vor allem der Adepten annimmt, daß sie keine -ismen und Programme vertritt, sondern die Individualitäten frei gewähren läßt ... Nicht die vor-
gängige Übereinstimmung, sondern die Summe der Disharmonien, charakterisiert die
Gruppe 47 ... Hier ist kein ›Kreis‹ versammelt, hier strebt man nicht nach einer
›heilsamen Diktatur‹ über das deutsche Schrifttum (George an Hofmannsthal), sondern läßt alle Stile und Richtungen gelten«. (78). Mit ihrem anti-programmatischen
Impetus fällt die Gruppe mitnichten aus dem Orientierungsrahmen der westdeutschen
Literaturwelt heraus, wie ein Blick auf die Zeitschrift Akzente zeigt. Vgl. die editorischen Bemerkungen von Bender (1963, 213).

2 »... literarisch konnte es ja kaum eine Sezession geben, weil ja kein literarisches Programm da war; rein programmatisch, das hat immer in der Kunst zu Sezessionen geführt, ...« (23/16).

3 »Die Gruppe ist ästhetisch ein erstaunlicher Vielfraß, dem schlechterdings alles zu schmecken scheint und alles verdaulich – außer dem, versteht sich, was sie für neofaschistisch oder postfaschistisch hält, also *prima vista* keine ästhetische, sondern eine politische Kritik herausfordert.« (*Schroers* 1965, 373). Allein, zwar Vielfraß, aber nicht Allesfraß, denn Literatur, die etwa agitatorisch-politisch explizit sich definiert, die etwa auf politische, klassenspezifische Parteilichkeit pocht, scheint unterm gemeinsamen Nenner des Anti-Dogmatismus gleichsam in Form präjudikativer »freiwilliger Selbstkontrolle« vorweg ausgeschieden zu werden. Vgl. hierzu näher *Mayer* (1971), *Jaeggi* (1972 a). Immerhin symptomatisch, daß es außer der Dortmunder Gruppe 61, die – im Schatten der Gruppe 47 freilich – explizit politisch-programmatisch sich konstituiert, ansonsten zu keinen Gegen- oder Alternativgruppierungen zur Gruppe 47 kommt (hierzu *Kühne* 1972). Literaturhistorisch bedeutsam wäre, einmal die Reaktionsbildungen der 47-Kritik auf politisch-aktuelle Texte zu untersuchen anhand noch erhaltener Tonbandaufzeichnungen; vgl. *Ulrich* (1951, 64/65), *Friedrich* (1953, 94).

4 »Also, was man auch nehmen kann, deutsche Romantik, Stefan-George-Kreis, die Expressionisten, die wollten etwas Bestimmtes ... Gruppe 61, da haben Sie's auch wieder. Die wollten irgendeine geistige, literarische, politisch-soziologische Stilbewegung durchsetzen, ... Und deswegen war es für mich immer ein bißchen phänomenal, daß das von Richter völlig abgelehnt wurde und Richter eigentlich nichts anderes machen wollte als eine Spiegelung aller relevanten literarischen Kräfte in Deutschland.« (19/15). Zur Repräsentativität der Stilrichtungen innerhalb der Gruppe *Dollinger* (1967); dort auch der einleitende Beitrag von Richter.

5 Schulfall der Zeichnung eines Individualitätsmusters die Skizze von *Kaiser* (1962 a, 177) zur Erscheinung Enzensbergers. Jüngst erst hat *Linder* (1975) ein essayistisches Portrait Enzensbergers, das Typik besitzt, veröffentlicht; subtil wird in individual- und sozialpsychologischer Perspektive, in der freilich die strukturell-soziologische Dimension zu kurz kommt, das sozio-kulturelle Muster literarisch-intellektueller Subjektivität freigelegt, (»der Idealfall des bürgerlichen Autors, der auf Originalität schaut.« – 105).

6 Vor dem Hintergrund der Tatsache, daß die Umlaufzeit belletristischer Erzeugnisse – so das Vorergebnis einer Verleger-Umfrage des Spiegel-Instituts – in den 60er Jahren erheblich sich verkürzt hat, erhellt sich das Problem der hieraus resultierenden steigenden Angebotsfülle, welche die Kapazität der 47-Tagungen tendenziell zu überlasten beginnt. »Die Laufdauer eines (Belletristik-)Buches, die früher oft zehn Jahre und länger betrug, hat sich auf durchschnittlich 2 bis 3 Jahre reduziert und liegt in Einzelfällen noch darunter.« (Autoren-Report 1972, 182).

2.2.5.

1 Vgl. J. D. A. (1952), *Schroers* (1953), *Richter*s Richtfest (1962), *Schroers* (1965).

2 »Die Gruppe war quasi die Konkurrenz zu den etablierten Akademien und im Anfang haben die Akademien eine vornehme Distanz zur Gruppe eingenommen. Während später haben sie dann doch, ..., die wichtigeren Teilnehmer an den Tagungen der Gruppe 47 in die Akademie berufen.« (19/37). Vgl. diesbezüglich zur Kooptation westdeutscher Akademien *Linz* (1965, Anhang).

3 Solche oft spontan geknüpften, berufsbezogenen Kontakte verlängern sich nicht in jedem Fall über die Tagungsfrist hinaus. Es gibt eine Fülle mündlicher Kontrakte, (»Immens viele. Es wurde gesagt, können Sie oder kannst Du nicht daraus ein Buch

machen oder etwas längeres, daß es ein Buch wird. Das Wort, ›das müßte länger werden‹, fiel sehr oft, …« – 22/31; »ich (war) umgeben von lauter Leuten, die ich nicht kannte und die flüsterten, der Suhrkamp-Verlag oder der Fischer-Verlag oder sonst ein Verlag …« – 14/2), »manches davon aber ging in die Brüche« (4/33), so daß die eindimensionale Betrachtung der Tagungen als Stätte von unmittelbaren Geschäftsabschlüssen allenthalben verzerrt.

4 »… das hat es tatsächlich gegeben, daß man versuchte, diese drei Tage auszudehnen auch übers Jahr; das war wie etwas Selbstverständliches« (20/17), resümiert ein befragter Autor nach Schilderung einiger Details dieser sozialen Verwebung.

5 Es zählt zu den Gepflogenheiten, daß »diejenigen, die der Gruppe angehörten oder der Gruppe nahestanden, in ihren Positionen, wo sie publizistisch tätig waren oder für andere publizistisch tätig sein konnten, auf die Autoren zurückgegriffen haben; sei es, daß man jemanden zum Gespräch geholt hat, … sei es, daß man einen Nachtstudio-Beitrag angenommen hat. Das ist ganz sicher, daß sich um diese Zentren eine gewisse Pflege der Autoren der Gruppe 47 herausgebildet hat und daß durch diese Pflege übers Jahr die Verbindungen aufrechterhalten worden sind … Das hat schon mit dazu beigetragen, daß man übers Jahr hin das Gruppenbewußtsein aufrechterhalten (hat)«. (7/16, 17).

6 Instruktiv zum Problem des »Einbruchs« von jungen Autoren in die Festung »Publicity« *Ude* (1963), *Schauer* (1967). Von ähnlichen Erfahrungen wird mehrmals in den Interviews berichtet, so z. B. auch: »… ich kam mir (in den ersten Jahren der sozial-literarischen Existenz – F. K.) vor wie ein Troubadour und (als) mir das Geld in Paris ausging, fuhr ich mit ein paar Gedichten in die Bundesrepublik und reiste von Rundfunkburg zu Rundfunkburg und fand dann irgendwo einen Kunst-Honig, einen Dr. Honig, also der war beim Westdeutschen Rundfunk und der irgendwie einen Etat hatte für ein paar Gedichte, nicht, die wurden dann meistens auf Konserve aufgenommen und man bekam sein Honorar unten an der Kasse ausbezahlt. Das war aber auch alles, nicht.« (14/24). Unterm Gesichtswinkel solcher Erfahrungen könnte man Walsers Erläuterung zu seinem Roman, Halbzeit, bezüglich der Hauptfigur Kristlein, soz. jenseits großformatiger Interpretamente, lesen: »Nun aber zu meinem Vertreter. Warum ein Vertreter? Mir ist dieser Beruf zehn Jahre lang aufgefallen, ganz egal, wo ich war, einfach als Erscheinung. Mir ist aufgefallen, was für eine schlimme Sache es ist, wenn ein Mensch dauernd etwas verkaufen muß, ohne daß seine Partner eigentlich etwas brauchen. Zumindest können sie das, was sie bei diesem Vertreter kaufen oder bestellen, genauso gut bei einem anderen kaufen oder bestellen. Es gibt also keinen Beruf, der einem Menschen das Gefühl seiner eigenen Überflüssigkeit so aufdringlich klarmachen könnte, wie der des Vertreters. Das hat mir diesen Beruf sympathisch gemacht, er erinnerte mich eigentlich fast an den des Schriftstellers …« (*Walser* 1962, 194/95).

7 Berlin schält sich in der Hoch- und zumal in der Spätphase zu einem sozialen Kräftezentrum des Gruppenfeldes heraus, folgt man den Berichten derer, die selbst in dieses sozio-kulturelle »Quartier« zugewandert sind oder die diese Wanderungen aufmerksam beobachtet haben.
An die von *Mey* (1965) im Anschluß an *Lewin* entwickelten Überlegungen zu einer Theorie sozialer Feldprozesse knüpfe ich insoweit an, als sie zur Aufhellung der gruppeneigentümlichen sozialen Verwebung hilfreich sind. Als soziologische Basistheorie erscheint mir die Übertragung physikalischer Feldmodelle aus erkenntnis-, d. h. zugleich gesellschaftstheoretischen Erwägungen höchst problematisch. Auf eine begründende Diskussion muß hier verzichtet werden.

8 Pointiert wird diese These etwa von *Röhl* (1971) noch vertreten.

9 »Ja, ganz entschieden hat sie 365 Tage bestanden und nicht nur die drei Tage, sondern die drei Tage waren einfach ein sichtbares Zeichen dafür, daß die Exaktheit des Apparates, … geschmiert mit konzentrierten drei Tagen, vorhanden war.« (16/35).

10 »... es gab das Gütesiegel; wie ›echt Leder‹ gab es ›Mitglied der Gruppe 47‹. Das ist ein Markenartikel, den es jetzt nicht mehr gibt.« (22/33).

11 Was 1949 als Wunsch noch formuliert ist, »die Verbindung mit der Weltliteratur« (*Bauer* 1949, 267), d. h. die Wiederanknüpfung der deutschen Gegenwartsliteratur an die internationale literarische Zirkulation, gelingt Ende der 50er Jahre – Grass Blechtrommel markiert den Punkt.

12 Zum Prozeß integrationistischer Funktionalisierung westdeutscher literarischer Intelligenz *Krüger* (1964). Daß dieser Vorgang keine spezifische westdeutsche Erscheinung ist, zeigt die Studie von *Fyvel* (1968), in welcher anhand der »angry young men« in England die integrative Umarmung der intellektuellen Attitüde des Nonkonformismus sozialhistorisch entfaltet wird. Just als liberale Wunschprojektion, die nach seiner Meinung in den 60er Jahren bereits Wirklichkeit zu werden verspricht in der Bundesrepublik, skizziert *Dahrendorf* (1971, 312) diesen intellektuellen Typus, dessen soziale Umgebung *Böll* (1958, 199) kommentiert: »In unserer Welt droht alles zum Markenartikel zu werden, Krawatten und Konformismus, Hemden wie Nonkonformismus, ...«

13 In dieser Hinsicht gilt für die Gruppe Mephistos Diktum: »Du glaubst zu schieben und Du wirst geschoben.«

2.2.6.

1 »Ein Künstler hat eigentlich zwei Biographien, die kaum etwas miteinander zu tun haben: eine, die die Polizei, das Standesamt und andere Behörden angeht, und die ist bei mir sehr langweilig ... Die andere, sehr viel maßgebendere Biographie, würde erzählen, daß ich mit meinem 14. Lebensjahr zu schreiben begann, ... Nur zuweilen überschneiden sich beide Biographien, und da wäre zu berichten, daß ich 1925 heiratete, daß ich ab 1933 nicht veröffentlichen durfte und daß mir 1945 bei der Zerstörung Hamburgs alles verbrannte, was ich bis dahin geschrieben hatte.« (*Nossack,* zit. nach *Bienek* 1962, 71).

2 Die in diese Untersuchung eingebrachte Begrifflichkeit zur Generationsproblematik rekurriert auf die Studie von *Mannheim* zum Problem der Generationen (1964, Erstveröff. 1928). Allerdings, nicht neben, wie bei Mannheim, oder gar ohne sozial-strukturelle Kategoriengrundlage, sondern in deren Kontext ist der Generationsbegriff sozialtheoretisch fruchtbar zu machen. Zu methodischen Schwierigkeiten der Generationsanalyse *Pfeil* (1968). Eine systematische Rekonstruktion des Generationsbegriffs vor dem Hintergrund der neueren Sozialstrukturdiskussion steht meiner Kenntnis nach noch aus.

3 Es gehört zu den Verkehrsattributen des traditionellen literarischen Marktes, daß Verleger (und Lektoren) nicht bloß als ökonomische, sondern gerade auch als literarisch interessierte Privatperson auftreten: ›Literatoren‹, wie ein Befragter die Erscheinungsform der durch Nahkontakte bestimmten Beziehungsweise charakterisiert. Vgl. *Lattmann* (1973, 78/79); zur Sozialgeschichte der Struktur »persönlicher Beziehungen zwischen Schriftsteller und Verleger« *Borcherdt* (1922).

4 In diesem Zusammenhang ist daran zu erinnern, daß während der Tagungen Unveröffentlichtes zum Vortrag kommt, so daß für interessierte Kollegen mehr als bloß Vergleichsmöglichkeit zu bereits Publiziertem ihrer literarischen Mitwelt geboten ist. »Man beurteilt einen Autor mit Recht nach dem, was er veröffentlicht hat. Für ihn aber ist wichtig, *was* er geschrieben hat. Und davon ist das Veröffentlichte nur ein Teil, wenigstens bei mir.« (*Böll* 1962, 140/41).

5 »Ja, Geselligkeit aber wirklich im notwendigsten Sinn, nicht etwas, was zusätzlich (ist) oder überflüssigerweise.« (3/44).

6 »... als Schreiber sitzt man allein, man arbeitet also zu neunzig Prozent nie im Team-

work, man ist sehr verletzlich, sehr leidensfähig und pumpt sich ständig mit Selbstbewußtsein auf. Echo von den Lesern hat man kaum. Daß die anderen genauso sind, weiß man. Daß die anderen die Kleinigkeiten und die Leidensfähigkeit berücksichtigen, daß sie also jede Stimmung genauso kennen wie man selbst sie kennt, das macht das Bedürfnis aus, zusammenzukommen und eben nach Möglichkeiten einer breiteren Basis zu suchen.« (22/9).

7 Zu Recht verweist ein befragter Autor auf die Notwendigkeit, dieser Differenzierung inne zu werden, zumal des Unterschieds zwischen Fachgenossenschaft und Kollegenschaft vor dem Hintergrund jüngster Gewerkschaftsorientierung. Folgt man *Kracauers* (1971) sozialphilosophischen Reflexionen zur Freundschaft, in welchen er subtil differenziert zwischen Bekanntschaft, Kameradschaft, Fachgenossenschaft und Freundschaft, so ließen sich seine Überlegungen auf den hier thematisierten Kontext transferieren in der Weise, daß Fachgenossenschaft Verbindung herstellt über die Seite der Tätigkeit, der stofflichen Spezifik also, und Kollegenschaft auf die Ebene der Stellung des Schriftstellers im gesamtgesellschaftlichen Reproduktionsprozeß abhebt, *ohne* die erstgenannte Seite als irrelevant auszulöschen. Die Tagungen der Gruppe 47 wären demnach primär Ausdruck *fachgenossenschaftlicher* Zusammenkünfte.

8 Die Gruppe 47 »(bot) zugleich noch die Möglichkeit, Kontakte mit Verlagslektoren, mit Rundfunkredakteuren aufzunehmen, Gespräche anzufangen oder was anzubieten. Während sonst mußte man mühsam herumreisen oder herumschreiben.« (6/32, 33). Vgl. Kap. 2.2.5., Fußn. 6.

9 »Ja, es war für mich aus zwei Gründen nötig (zu 47-Tagungen zu gehen – F. K.); es war für mich als Autor wichtig, aber mein Verleger sagte auch, ich solle dahingehen, also als Lektor auch, Kontakte schaffen und sehen, was in der literarischen Landschaft los ist; überhaupt dabei sein.« (12/5).
»Außerdem hatten sie (die Verleger – F. K.) zwischendurch die Gelegenheit, sich mit den Kritikern zu unterhalten. Das gehörte auch zu dem Geschäft der Verleger, daß man sowas macht« (21/28, 29), blendet ein befragter Autor eine zumeist in den Interviews vernachlässigte Kontaktdimension auf.

10 »... man konnte sich auch in der Gruppe auszeichnen, wenn man gar nicht vorlas. Schon durch Anwesenheit, prominente Anwesenheit, Gesehenwerden, usw.« (12/8).

11 In dieser motivationalen Dimension liegt das Ziel der Gruppenmitgliedschaft in der Tagungsbeteiligung selbst, im Unterschied zur Dimension jener Beweggründe, welche Gruppenmitgliedschaft funktionalisieren als Mittel zur Erreichung von Zielen, welche den Tagungszusammenhang transzendieren.

12 So merkt Richter im Rahmen eines ersten Vorgesprächs zum Interviewprozeß an, daß bis etwa Mitte der 50er Jahre die Tagungsteilnehmer oft schon mittwochs anreisten und erst am darauffolgenden Dienstag wieder abreisten (»Literaten hatten Zeit«), während später mit Zunahme der literaturbetrieblichen Verpflichtungen der Gruppenmitglieder die durchschnittliche Anreise erst kurz vor Tagungsbeginn und die Abreise wiederum kurz nach Tagungsabschluß erfolgt; (Tagungsdauer jeweils Freitag bis Sonntag).

13 Denn, wie mehrfach schon angedeutet, politisch-intellektuelles Handeln ist dem Gruppenverständnis nach der Privatentscheidung des Einzelnen überantwortet. In dieser Hinsicht handelt es sich um eine Variation des »Doppelleben«-Konzepts, wie es oben im Zitat Nossacks aufgerissen wurde, auf der Handlungsebene: weder Doppelleben noch Verschmelzung der beiden Ebenen in einer; statt dessen »Doppelaktivitäten« in den Sphären von Literatur und Politik/Gesellschaft. Vgl. hierzu *Rossbacher* (1973, 147 ff.).

14 Im Zusammenhang des Problems von Bezugsgruppen kommt *Doehlemann* (1970) zu dem empirisch erhärteten Schluß, daß auch junge Schriftsteller kaum literaturferne Kontakte halten: »*Der unmittelbare soziale Horizont der Literaten ist auffällig eng*« (22). Nicht nur, daß die Gruppe 47 diesen Horizont nicht erweitert, sie speist sich ge-

radezu aus dieser Restriktion: »Nicht wahr, wenn man drei Tage lang auf der Gruppe 47 gewesen war und dann zurückfährt und dann plötzlich feststellt, mein Gott, die Welt besteht ja nicht nur aus Literatur: Das ist ein gewaltiger Schock« (13/38). Zum Bezugsgruppenproblem und zur Horizont-Enge Autorenreport (1972, vor allem Kap. VII, 1., 376 ff.); *Kron* (1976, 387 f.).

2.3.1.

1 Unschwer im folgenden zu erkennen, daß der strukturkategoriale Grundriß von einschlägigen Grundlagenreflexionen M. *Webers* (1964) beeinflußt ist.

2 »Nicht um Interessen zu verfechten, nicht um zu repräsentieren, nicht um sich klubexklusiv zu verhalten, sondern um der Sache willen«, habe man sich versammelt, ruft noch im Nachruf auf die Gruppe 47 *Heissenbüttel* (1971) das untergründig waltende gemeinsame Band des Literaturprozesses und der literarischen Subsinnwelt an. »Um der Sache willen: das ist ein großes Wort. Ich sage es bewußt. Ich sage es als Zeugnis, daß es so etwas gab. Um der Sache willen, das hieß und heißt weiter, Literatur sehen als das, was das Individuelle, das Gesellschaftliche, das Personale und das Politische auf einen Nenner zu bringen vermag.« Gleichwohl räumt Heissenbüttel ein: »Daß damit sich auch das verband, was man den Kulturbetrieb nennt, war unvermeidlich.« (39).

3 Das einzelne Gruppenmitglied ist zugleich in jede der Strukturebenen eingebunden, jedoch mit jeweils höchst unterschiedlicher Stärke.

4 Freundschaftsbündische Formen gehören gleichsam zum geschichtlichen Alltag der sozialen Lebenswelt literarisch-künstlerische Intelligenz. Vgl. *Martin* (1962).

5 »Es war einfach nicht zu zerstören, um das nochmal zu sagen, diese Euphorie, diese Freundschaft, alles was zu Anfang entstanden war, das war nicht zu zerstören, . . . Es brauchte die Fermente der ersten Jahre.« (23/24, 25).

6 »Nicht, man hat ja seine Anhänglichkeiten, man hat seine Komplexe von Nibelungentreue und auch seine Komplexe von Freundschaft im ehrenwertesten Sinne.« (20/7).

7 Als signifikanteste, aber nicht einzige Teilformation wird von nahezu allen Befragten das Suhrkamp-Feld genannt.

8 So z. B. *Jens* (1964) in einem Sammelband, Selbstporträts zeitgenössischer Autoren: »Seit 1950 gehöre ich der *Gruppe 47* an, der ich sehr viel verdanke.« (119).

9 Beispielsweise: »Fünf Namen fehlten jedoch, Böll blieb in Rom, Eich in Jugoslawien, Andersch schrieb lieber am Drehbuch für Ruth Leuwerik weiter, Staatsanwalt Mannzen war durch Krankheit verhindert, der herzliche Hans Georg Brenner ist tot. Mit dem Gedenken an ihn fing die Tagung dann an.« (*Schnurre* 1961, 159). In der unter Krisenvorzeichen stehenden Spätphase wird die Diskussion um Erscheinen bzw. Nichterscheinen bei Tagungen bereits zum Gruppenpolitikum. So unternimmt u. a. *Raddatz* (1966, 422) den Versuch, Fernbleiben von einzelnen Gruppenmitgliedern, das außenstehende Gegner als Anzeichen innerer Desintegration werten, in kohäsionsdokumentativer Absicht zu erläutern.

10 Daran, daß meiner Kenntnis nach weder zur Gruppe öffentlich Zugerechnete diese Zurechnung dementieren, noch umgekehrt Richter selbst Zurechnungen je dementiert, läßt sich ablesen, wie sehr im Bewußtsein der westdeutschen literarischen Intelligenz die Innen-/Außen-Differenz der Gruppe 47 – trotz informaler Grenzen – verankert ist.

11 So wird z. B. in einem Vorspann zu einem Artikel von *Hildesheimer* (1966), der explizit mit der Fortsetzungsproblematik der Gruppe 47 sich beschäftigt, von ihm als »einem ›Senior-Mitglied‹ der Gruppe 47« gesprochen. Dieser eröffnet seine Betrachtung mit dem Statement: »Ich argumentiere hiermit als Mitglied, . . .«.

12 Vgl. Kap. 2.1.5. Einige Befragte erinnern sich, daß sie z. B. ihre Stimme in der Stichwahl statt Peter Weiss Johannes Bobrowski gegeben haben, deshalb, weil der erstere Suhrkamp-Autor war. In den Pressespiegelungen wird diese Wahl jedoch in Zusammenhänge gebracht, die völlig hiervon abstrahieren. Vgl. *Schnurre* (1962, 172/73) – wiederum Ausdruck der an anderer Stelle schon erörterten Erscheinung, daß das literarische Bewußtsein die »Niedrigkeiten« ökonomisch-institutioneller Momente nicht wahrhaben darf.

13 »Also ein Lektor des Rowohlt-Verlages, ich improvisiere jetzt, nicht wahr, das wäre dann in dem Fall Raddatz gewesen, der hat ganz bestimmt sich bemüht, den Eindruck zu vermeiden, daß er also jetzt im Sinne von Rowohlt Literatur macht und Suhrkamp kritisiert, nicht. Da gab's dann Gegenmotivationen«, die dafür gesorgt haben, daß man in der öffiziösen Tagungssphäre an »krassen, ja, wie soll ich sagen, Entlarvungssituationen vorbeigeschliddert ist« (12/24), verdeutlicht ein Befragter, der als Autor und Lektor zugleich den Tagungen beiwohnte, diesen Sachverhalt.

14 Deshalb ist die egalitaristische Vorstellung um so wirksamer; in den Interviews wird durchweg am Anfang die Egalitarismus-These vertreten; im Interviewprozeß wird sie dann sukzessive aufgedröselt und korrigiert.

15 »Macht ist in (der) Literatur janusköpfig. Sie kann ökonomisch sein und sie kann Macht über Meinungen sein« (5/27), bzw. – wäre hinzuzufügen – aus beiden Komponenten sich zusammensetzen.

16 Zwischen beiden gibt es natürlich Überschneidungen.

17 Hinzu kommt freilich Richters Vermögen der Kontaktentwicklung und seine organisatorischen Fähigkeiten – mithin schon erprobt in den Antifa-Lagern –, die ihm die meisten Befragten nachrühmen, ihren eigenen Mangel an Organisations»talent« hervorstreichend. Vor dem Horizont der Gruppenmentalität kennzeichnenden Organisationsphobie aufschlußreich der Hinweis auf eine »ganz kuriose Dialektik«: »Richter war, das ist jetzt sehr hart, kritisch gesagt, sicherlich nie die stärkste literarische Potenz, auch nicht der stärkste literarische Präzeptor, aber er war ein Mann mit der klarsten Vorstellung von Macht in einem solchen Kreis. Und das verband sich dann mit der … Institutionsfeindlichkeit dieser Generation … es lag ihm sehr, das Ding sozusagen anarchisch-autoritär zu führen, also das anarchische Ding autoritär zu führen.« (1/2, 3).

18 Vgl. die Bemerkungen M. *Weber*s zum George-Kreis (1964, 181/82) und zu Struktur und Erscheinung des Charismas (832 ff.).

19 Als Grundmerkmal des »primären Patriarchalismus« nennt M. *Weber* (1964) den Sachverhalt, daß »die Herrschaft nur innerhalb des Hauses obligat« ist (171). Der Hinweis, daß innerhalb traditionaler Ordnungen »als Orientierungsmittel für die Rechtsfindung nur Dokumente der Tradition: ›Präzedenzien und Präjudizien‹ in Frage (kommen)« (168), hilft, Verfahrensstrukturen der Gruppe 47 auszuleuchten. Aufgrund der ungeschriebenen Ordnung operiert Richter in der Tat mit der Methode des Präzedenzfalls; ein des öfteren genanntes Beispiel ist der demonstrative Akt, mit dem Richter den Verleger Neske einmal aus dem Tagungsraum verweist, weil dieser nicht geladen ist. In solchen Fällen dokumentiert Richter nicht nur die »Rechtsordnung« der Gruppe, sondern er zeigt auch seine »patriarchalische Macht« an.

20 »Denn Richter war im Grunde nicht abhängig von Einzelnen, sondern er war nur abhängig vom Gesamtecho« (22/37), dieses Fazit generalisiert zutreffend die innere Dialektik der Führungsstruktur, d. h. die Reziprozität von Autonomie und Determination Richterschen Handelns.

21 »Wer von Anfang dazu gehörte, da das nun mal keine geschriebene Verfassung hat, sondern auf die Person Richter zentriert war, …, (dem wurde) die Treue vom Anfang an mit Treue und Freundschaft honoriert.« (4/11).

22 In dieser Hinsicht trifft zu, was *Schroers* (1965) an den 47-Kritikern analysiert: »Sie verwalten das öffentliche Ansehen der Autoren und wissen um ihre daraus resultierende Macht.« (387).

23 Vgl. hierzu M. *Weber* (1964, 700 f., 741 f., 826 f.).

2.3.2.

1 »Dies war im Grunde doch eine Autorenvereinigung auf freiwilliger Basis, bei der solche Fragen (Macht- und Einflußstrukturen – F. K.), für mich zumindest, keine allzu große Bedeutung gespielt haben« (20/19). Das Desinteresse und die mangelnde Sensitivität gegenüber der Sozialstruktur der Gruppe dürfen, den Interviewergebnissen zufolge, als verbreitetes bewußtseinstypisches Merkmal angesehen werden.

2 »Und diese Generation zusammenzuhalten oder deren Mentalität zu pflegen, das war mit ein, mein Ziel« (23/10).

3 In das Gemeinsamkeit stiftende Band des Politisch-Geistigen sind die in der Gruppe 47 integrierten Verleger – insofern eben nicht nur eine Autorenvereinigung – mit einbezogen; einmal aufgrund der antifaschistischen Tradition einiger Verleger und zum anderen – damit unmittelbar verknüpft – aufgrund ihrer demokratischen Einstellung gegenüber der distributiven Struktur der Medien, die sich hineinverlängert bis in die Anti-Springer-Resolution, verfaßt während der Tagung auf der Pulvermühle 1967. Vgl. *Lettau* (1967, Anhang).

4 Zur Rolle von Schutzcliquen in der politisch-intellektuellen Öffentlichkeit *Doehlemann* (1973, 37 f.).

5 So erinnert sich ein gruppenengagierter Befragter: »Ich habe zwar über manche Gruppentagungen auch unfreundliche Sachen geschrieben, aber ich war im Grunde ... doch so sehr Teil dieser ganzen Geschichte, daß ich eher auf Kritik an der Gruppe allergisch reagierte und mich also sehr zusammennehmen mußte, um darauf sozusagen rational zu antworten« (15/10).

6 Vgl. Die Alternative oder Brauchen wir eine neue Regierung (1961); in den Beiträgen zur Bundestagswahl kommt zum Ausdruck, daß zwischen SPD und literarisch-politischer Intelligenz weniger eine eng geschmiedete »Aktionseinheit« als eine »Passionseinheit« besteht (*Rühmkorf* ebd., 44). Vgl. auch *Böll* (1962/63).

7 »Ja, später war die Gruppe dermaßen erweitert, daß man überhaupt dann nicht mehr jeden kannte und lange nicht mehr mit jedem per Du war, es war anonymer« (6/45). Der Identifikationsverlust betrifft insbesondere den Kreis der »Veteranen«, (in der Spätphase, »da kam ich mir manchmal wie ein Fremder vor« – 8/12).

8 Die mangelnde Vorbereitung auf externe strukturelle und intellektuell-klimatische Veränderungen hat ihre gruppenspezifische Ursache besonders im Fehlen von fest installierten Mechanismen und Foren für Selbstkritik; vgl. *Linz* (1965, 94).

9 »Und dann begann auch eben die Frage, was sollen die Verleger hier und diese Kapitalisten und so. Das (tauchte) im Grunde genommen erst in Princeton (auf), ...« (18/17, 18).

2.3.3.

1 »Soll man bei der Analyse menschlicher Angelegenheiten vom ›autonomen‹ Individuum ausgehen, das die Art seines Verhaltens völlig beliebig wählt und auf diese Weise das schafft, was wir gesellschaftliches Leben nennen, oder aber umgekehrt von der Gesellschaft, die das Individuum schafft und die Art seines Verhaltens bestimmt?« (*Schaff* 1966, 20). Nimmt man diese allgemeine Alternativformulierung, mit der Schaff seine Untersuchung, Marx oder Sartre, beginnt, als Bemessungsgrundlage, so hat bis in die frühe Phase des Denkens der Gruppe 47 hinein der Gedanke, daß Indi-

viduierung Resultat entscheidungs-freiheitlicher Akte des Einzelmenschen ist, Vorrang; wenngleich der Einfluß existentialistisch-voluntaristischer Interpretationsmuster von Mensch und Geschichte innerhalb des frühen Kreises spürbar unterschiedlich gewichtet ist (*Friedrich* 1947), so herrscht doch Einhelligkeit über das Primat der Subjektivität vor der Sozialität – ungeachtet dessen, daß man innerhalb des Ruf-Kreises »versuchte, sozialistisch und existentialistisch zugleich zu sein« (Richter 1962, 23). Die Sympathie für ein Denken, das mit existentialphilosophischen Kategorien wie »individuelle Existenz«, »Grenzsituation«, »existentielles Erlebnis« etc. operiert, überlagert Komponenten der marxistischen Tradition. Zum einen ist die existentialanthropologische »Übersetzung« der Geschichts- und Gesellschaftsproblematik kritisch akzentuiert gegen eine »allzu große Bindung an eine erklärende Dogmatik gesellschaftlicher Vorgänge«; nicht nur *Andersch* (1948) begründet die Verlagerung der historischen Problematik *in* den Menschen: »Alles Gerede von der Dialektik darf nicht vergessen lassen, daß die dialektische Dynamik im Menschen, in seiner persönlichen Freiheit, begründet liegt, und nicht in soziologischen Gesetzen« (22). Zum anderen wird selbst noch der existentialistischen Deutung der menschlichen Situation angelastet, befangen zu sein in einer Denkform, die selbst noch einen Ismus über das spezifisch Menschliche stülpt, zu sehr noch »Weltanschauung«, »Mottengeruch des vorigen Jahrhunderts an sich trägt« (Richter 1947, 303 f.). Zur Verschränkung existentialistischer und sozialistischer Ansätze im Ruf *Vaillant* (1973), *Martell* (1975). Zur Diffusion der Existentialphilosophie innerhalb der intellektuellen Diskussion im Nachkriegsdeutschland instruktiv der Artikel »Existentialismus« in: Philosophisches Wörterbuch (1965).

2 »›Ich bin nicht einmal Soldat‹, sagte Gühler.
›Wieso? Was sind Sie denn?‹
›Ein Mensch, einfach ein Mensch. Weiter nichts‹« (1969, 240).
Diese lapidare Szene, in welcher die Hauptfigur in *Richters* Roman, Die Geschlagenen (zuerst erschienen 1949), ihr »Weltbild« artikuliert, bezeichnet präzis existentiale Geschichtsinterpretation. Es sind die durch den »totalen Staat«, den »totalen Krieg« und den »totalen Zusammenbruch« erzeugten »Grenzsituationen«, welche den bar jeder gesellschaftlichen Gebundenheit existentierenden Menschen hervorzubringen scheinen; eine existentiale Ortsbestimmung, die durch den Radius der Unmittelbarkeit der »Hand- und Seh-Greiflichkeit« des Menschen definiert ist. Instruktives Beispiel ist *Eichs* Gedicht, Inventur (1948).

3 Es ist hier nicht der Ort, literatursoziologische Überlegungen zu der Frage zu entwikkeln, ob nicht – trotz der Wende der deutschen Nachkriegsliteratur zu Problemen gesellschaftlicher Bestimmtheit von Handlungen, Verhaltens- und Denkweisen – im literarischen Verhältnis zur Wirklichkeit eine Tendenz zur Substantialisierung des Individuums weiterbesteht bis in die 60er Jahre hinein, wenn auch gebrochen über die Perspektive deformierter Individualitäten. Hierzu *Jens* (1961, 151).

4 Literarisches Sediment expressiver Umsetzung von Erlebnisunmittelbarkeit der von *Richter* (1947 a) edierte Band, Deine Söhne Europa – Gedichte deutscher Kriegsgefangener. Vom vortheoretischen Vertrauen in das Erlebnis und das »sinnliche Bewußtsein« zeugen die *Ruf*-Artikel der Jahre 1946/47.

5 Die Formalisierung der »Diskrepanz zwischen dem geschriebenen Wort und dem erlebten Leben« (*Richter* 1946, 33) und die Option fürs letztere als Wahrheitsgarant durchziehen leitmotivisch die Kommentierungen der frühen 47-Phase.

6 Noch 1971 plädiert *Wohmann* mit einem Seitenhieb auf die »Allwisser-Allüre« des Erzählers (1971) »Fürs Subjektive« der Wirklichkeitsrezeption: »Es scheint mir am reellsten, wahrscheinlich auch am wirksamsten, das Beobachtete – so genau wie möglich – als Befund (!) zu liefern. Resultate haben etwas Verlogenes.« (154).

7 Daß trotz – oder gar wegen – der theoriedistanten Beschwörung nüchterner Bestandsaufnahme mit der »Intention der Wahrheit« selbst »um den Preis der Poesie«

(Weyrauch, zit. nach *Vormweg* 1973, 170) tradierte Optik und Metaphorik stark eingefrachtet sind, hängt unmittelbar mit der begriffsnegierenden Haltung zusammen (*Widmer* 1965).

8 Begründet wird nominalistische Registration mit der These, daß »der Romanschreiber die Übersicht über die Wirklichkeit, die er darstellen will, verloren hat« (*Becker* 1964, 14), daß also – um mit dem phänomenologisch ansetzenden, systemtheoretisch verfahrenden Gesellschaftstheoretiker Luhmann zu argumentieren – angesichts unerhörter Steigerung der Komplexität von Wirklichkeit der Literatur nun nichts mehr übrigbleibt, als mühsam die Reduktion von Komplexität und die hierbei entstehenden Schwierigkeiten zu beschreiben. R. *Lenz* (1966) entfaltet recht instruktiv die für die Entwicklung der Gruppe 47 typische erkenntnistheoretische Grundeinstellung eines »ideologiekritischen Agnostizismus«, der nicht mehr sich zumutet denn Deskription, und der, bei Licht betrachtet, schon jenseits des Ideologiebegriffs sich wähnt; ein Ort, den *Luhmann* (1971 b) als geistige Heimstatt erst anempfiehlt einzunehmen. Vgl. *Baumgart* (1968, 61), *Plavius* (1970, 146 f.).

9 »das wort ist ein unerklärliches geräusch
krank wurde der mensch daran«,
heißt es in einem Gedicht Schneider-Lengyels (*Almanach* 1964, 98), gelesen während der Tagung in Altenbeuren 1948. Fraglos, »Mißtrauen« ist das Signalwort, welches die gesamte Entwicklung des gruppenspezifischen Denkens begleitet; von den Anfängen des »Kahlschlags« bis hin zum »Skrupel und Mißtrauen ins Metier« des Schriftstellers (*Becker* 1964, 15) spannt sich die einende erkenntnismäßige Grundeinstellung: eine »allgemeine Sprachskepsis, die die spätbürgerliche deutschsprachige Literatur«, so *Batt* (1964, 270), »insgesamt befallen hat.«

10 Vgl. den Schlüsselartikel von *Hocke* (1946). Zum Zusammenhang von skeptischem Erkenntnismodus und »antikalligraphischer« Ästhetik *Wehdeking* (1971, 77 f.).

11 Selbst das Ich, das Subjekt, verfällt als Wahrnehmungsbasis der radikalisierten Skepsis zu Anfang der 60er Jahre. Vgl. *Thomas/Bullivant* (1975, 9 f.) zur Erscheinung der »Pluralisierung des Bewußtseins«. Zur Tendenz »sokratischer Selbstverkleinerung« in der Literatur der »Benenner« und »Mutmaßer« *Rühmkorf* (1962, 463 f.), *Schonauer* (1964), *Friedrich* (1967), *Mayer* (1967).

12 »Die nationalen Phrasen waren dieser Generation ebenso verhaßt wie die verkitschten Schalmeienklänge einer Pseudohumanität oder der ideologisch-militanten Arbeiter-Internationale« (*Friedrich* 1964, 16).

13 Unter diesen Vorzeichen nimmt es nicht wunder – blendet man den ökonomischen Aspekt aus, daß angesichts der »Mangelökonomie« der Vor-Währungszeit (Papiermangel) kurze literarische Arbeiten größere Chancen hatten –, daß die Kurzgeschichte eine bedeutendende Rolle spielte: »Die Kurzgeschichte begann mit der Skepsis am Wort, mit der Skepsis an der Schilderung der Realität« (*Bender* 1962, 224).

14 »Die deutschen Schriftsteller um 1950 ... verwarfen das falsche *und* das richtige Bewußtsein zugleich. Sie glaubten gewitzt und gewarnt zu sein. Nicht mehr Expressionismus und zum letzten Mal Ideologie. Die Literatur hatte von nun an im Dienst der Ideologiefeindschaft zu stehen« (*Mayer* 1967, 304). Selbst dort, wo über einen formalisierten, damit als kritisches Instrument jedoch entleerten Ideologiebegriff hinausgegangen wird, entwickelt er sich allenfalls zu einer interessepsychologischen Kategorie.

15 In Wendungen wie »Bad der Utopie«, in welches der Geist getaucht wird (*Andersch* 1962 a, 26; vgl. auch *Richter* 1946 b, 72), kommt zum Vorschein, wie nahe das Bewußtsein literarischer Intelligenz positivistischen Strömungen innerhalb der Sozialwissenschaften verwandt ist; Symptom einer ideologischen Grundtendenz, welcher von *Bell* (1960), The End of Ideology, der Stempel aufgedrückt wird. Unzählig die Variationen, welche in der Tradition von Poppers Kritik des Zaubers Platons dem »Bazillus der Utopie« (*Dahrendorf*) mit den Instrumenten positivistischer Ideologiekritik zu Leibe rücken wollen.

16 »Nach der Lektüre eines Buches über die Geschichte der Philosophie äußerte sich Herr K. abfällig über die Versuche der Philosophen, die Dinge als grundsätzlich unerkennbar hinzustellen. ›Als die Sophisten vieles zu wissen behaupteten, ohne etwas studiert zu haben‹, sagte er, ›trat der Sophist Sokrates hervor mit der arroganten Behauptung, er wisse, daß er nichts wisse. Man hätte erwartet, daß er seinem Satz anfügen würde: denn auch ich habe nichts studiert. (Um etwas zu wissen, müssen wir studieren.) Aber er scheint nicht weitergesprochen zu haben, und vielleicht hätte auch der unermeßliche Beifall, der nach seinem ersten Satz losbrach und der zweitausend Jahre dauerte, jeden weiteren Satz verschluckt.‹« (*Brecht* 1973, 392).

17 In diesem Zusammenhang ist besonders die Bedeutung des Desertions-Motivs als Akt der Selbstbefreiung im engeren von der deutschen Wehrmacht, im weiteren von der organisierten Gewalt überhaupt zu sehen (*Andersch* 1962 a, *Böll* 1961 a); Desertion als Chiffre für Verweigerung: vgl. das von *Rühmkorf* (1962) angeführte Gedicht von Ingeborg Bachmann, Alle Tage, (464).

18 So stellt *Böll* (1952) in seinem Bekenntnis zur Trümmerliteratur die Verbindung her zwischen der Deformation des Menschen durch die Zeit des Faschismus und den fortdauernden Gefahren einer verwalteten Welt, in deren Angesicht es für den Schriftsteller »Aufgabe (ist)«, daran zu erinnern, »daß der Mensch nicht nur existiert, um verwaltet zu werden – ...« (343). Zum Topos verwaltete Welt auch *Andersch* (1956 a), *Mundt* (1961).

19 »Also ich würde mich im Sinne der Aufklärung als Bürger verstehen« (14/44); diese Selbstdeutung kann – mit Abdifferenzierungen – auf die Mehrheit der Gruppenmitglieder extrapoliert werden. Zur moralkritischen Aufklärungstendenz *Thomas/Bullivant* (1975, 64), *Ferber* (1961, 99).

20 Wie Mannheim gleichsam als Pate des Elite-Konzepts im Hintergrund erkennbar wird, so Geiger in bezug auf das »Pathos der Nüchternheit«. So heißt es im Offenen Brief an den Leser (1950), den *Geiger* seiner Arbeit, Die Gesellschaft zwischen Pathos und Nüchternheit (1960), voranschickt: »Ist es nicht endlich an der Zeit, ihn (den Menschen – F. K.) aus der Knechtschaft der ismen und Systeme zu befreien und – leben zu lassen?.« Geigers Maximen der »Gefühlsaskese« und »Wertabstinenz« sind fraglos Konstanten des Bewußtseins der Gruppe 47 – gesellschaftlich eingemeindetes Bewußtsein.

21 Immer wieder wird die Entscheidungsfreiheit auf der einen und der innere Zusammenhang von Literatur und Machtsubstruktion auf der anderen Seite als konstitutiv betont; so u. a. *Böll* (1961, 1962), *Andersch* (1962), S. *Lenz* (1961, 1962), *Becker* (1970). Zur Identifizierung von Literatur und Machtsubstruktion *Martin* (1962), *Neumann* (1968).

22 Schulfall einer okkasionellen Intervention das Manifest zur »Spiegel-Affäre« des Jahres 1962. Hierzu merkt ein Befragter an: »... an Dingen wie Meinungsfreiheit (hat man sich entzündet). Ich meine, ich glaube immer noch ..., daß der einzig wirklich durchschlagende Erfolg dieser Verbalopposition der 50er und 60er Jahre die Spiegel-Krise war und aus dem einfachen Grund, weil dort die eigenen Interessen, auch die materiellen Interessen, nicht nur die geistigen Interessen der Schreibenden betroffen waren. Und wo jemand in seinen materiellen Interessen geschädigt ist, da ist sein politischer Protest überhaupt erst, so meine ich, zur Durchschlagskraft begabt. Dieses rein moralische Reinregieren in die Weltzustände, was zum guten Teil die politisch gemeinte Literatur dieser Gruppe 47 (war), die ist also unschuldig und auch uneffektiv« (4/30).

23 Vgl. die Kontroversen um die Gruppe 47 und ihre Selbstrechtfertigung im Zusammenhang des von Dufhues 1964 geäußerten Vorwurfs, die Gruppe sei so etwas wie eine »geheime Reichsschrifttumskammer«, wie auch die polemischen Ausfälle des damaligen Bundeskanzler Erhard gegen die Schriftsteller im Jahre 1965, zu denen – bezogen auf das Verhalten der Gruppenmitglieder – ein befragter Autor lapidar ver-

merkt, die zitierte These Horkheimers erhärtend: »Im Grunde waren sie alle beleidigt darüber, daß der Erhard sie Pinscher genannt hat. Denn sie wollten eigentlich die offiziellen Vertreter einer neuen deutschen Demokratie sein« (19/27).

2.3.3.2.

1 In den Veröffentlichungen zumal Richters erscheint der Begriff Mentalität zum einen im Kontext des Generationsthemas und zum anderen in dezidierter Absetzung zum Begriff der Ideologie; während das Begriffspaar Klasse-Ideologie zum historischen Ballast gerechnet wird, gilt das Paar Junge Generation-Mentalität als zeitadäquate Kategorie zur Bestimmung des Verhältnisses von Lage und Bewußtsein. Die Verwendungsweise gemahnt auffallend an diejenige von *Geiger* (1932).

2 Zum Theorieklima in den Antifa-Lagern *Wehdeking* (1971). An den Titeln einflußreicher Artikel zur Faschismusfrage und den Fachzeitschriften, in denen sie erscheinen, läßt der Trend, der das Antifa-Lager- wie das Re-education-Programm generell durchherrscht, gut sich ablesen: *Brickner,* The German Cultural Paranoid Trend (1942); *Brickner,* Is German Incurable? (1943); *Abel,* Is a Psychiatric Interpretation of the German Enigma Necessary (1945). Zum Zusammenhang von Psychiatrie, Psychotherapie, Faschismustheorie und -verhinderung im Kontext des Reeducation-Programms *Bungenstab* (1970); speziell zu Entwicklungslinien und -ergebnissen der Antifa-Lager-Programme *Ehrmann* (1947).

3 Nicht ohne Ironie, daß die Kollektivschuldthese ihre theoretische Rechtfertigung in der psychiatrisch-charaktereologischen Sicht des Faschismusproblems findet; eine Denklinie, die im »Ruf«-Kreis durchaus heimisch ist.

4 In einer Reihe von Funkmanuskripten der fünfziger Jahre, welche der Selbstkommentierung der Gruppe 47 gewidmet sind, kehrt leitmotivisch der Gedanke sozial-moralisch vermittelter Wirkung von Literatur wieder; ein Gedanke, der bei S. *Lenz* (1962) – von dem ein Befragter meint, er sei vielleicht der gruppentypischste Autor, was die Vorstellung literarischer Didaktik angeht – fast programmatischen Charakter bekommt, indem er mit der Idee eines »wirkungsvollen Pakts mit dem Leser« (201) das Konzept einer »geheimen Didaktik«, die »allem Schreiben« zugrundeliege, verbindet (S. *Lenz* 1971, 99).

5 Nervpunkt dieses Kontexts ist die die *gesamte* Gruppenentwicklung kennzeichnende hochgradige Sensitivität gegenüber noch den subtilsten Erscheinungen des Antisemitismus. Instruktiv die Erinnerung: ... in einem Text von Konrad Bayer hieß es mal, ..., ›der Tag ist ein schöner«, oder irgend so eine Formulierung. Und da sagte der Erich Fried, auch ein Antifaschist, jüdischer Emigrant, ... dessen Wort viel galt (in der Gruppe), ja diese Satzkonstruktion: ›dieser Tag ist ein schöner‹, also diese Adjektivkonstruktion, das hätte Hitler immer gesagt, das könnte man nicht schreiben. Also da wurde ... diese Formulierung zum Indiz für Faschismus. War albern und lächerlich, das ist nämlich eine österreichische Wendung, ...« (26/34, 35).

6 Vgl. z. B. *Andersch* (1946, 1947), *Richter* (1946 b), die als theoretische Kronzeugen der Jungen Generation Schriftsteller aufrufen, die aufgrund der »Stalinisierung« der Sowjetunion den kommunistischen Parteien den Rücken kehren, gleichwohl aber an der »sozialistischen Mystik« (!) (*Koestler*) festhalten wollen; des öfteren werden genannt Koestler, Silone, Malraux, Spender. Über den Einfluß Koestlers auf die *Ruf*-Gruppe *Vaillant* (1973, 177 f.), besonders was die »Gemeinschaft der Pessimisten« angeht, wie ein Artikel Koestlers aus dem Jahre 1943 lautet, die über den Weg der Bildung von »Oasen« einer humanistisch-sozialistischen Zukunft den Weg weisen soll.

7 Auf dieser Argumentationslinie wird von einem gewichtigen Teil der Gruppe ein Problemkonnex hergestellt zwischen der »verpaßten Umbesinnung unseres Volkes« (*Schallück* 1961, 57), der Verdrängung der faschistischen Barbarei und der politischen

Handhabung einer »feigen Ideologie des Antikommunismus« (ebd., 57), dem wichtigsten Bindemittel, das »diesen Staat zusammenhält« (*Walser* 1961, 112/13). So meldet vor diesem Hintergrund *Enzensberger* (1964 a) Zweifel an einer gelungenen Verarbeitung des Faschismus in der Bundesrepublik an: »Wieviel Glauben kann man der öffentlich plakatierten Reue über die Judenhetze schenken, solange in der Bundesrepublik die lächerlichste Kommunistenhetze fortdauert?« (12).

8 Eingehend hierzu *Helbig* (1967, 225 f.); *Baumgart* (1968 a); *Michel* (1968, 71 f.).

9 Exemplarisch *Walser* (1961): »Der Angestellte und der Arbeiter werden heute nicht mehr in der Produktion ausgebeutet, die Zeit dieses naiven Kapitalismus ist vorbei. Heute werden sie als Konsumenten ausgebeutet.« (113). Ein theoretischer Ansatz, der dann später während der Studentenbewegung unter der Parole »Kosumterror« mobilisierende Kraft gewinnt.

10 In komprimierter Form:

>»an glühenden telefonen baumeln die makler
>im schweiß ihrer schweinsledernen gesichter:
>der klassenkampf ist zu ende, am boden liegt
>die beute in ihrem fett, liquide,
>schaum in rosigen Augen, verschimmelt
>in den vitrinen ruhn, unter cellophan,
>banner und barrikaden, aus einer antiken jukebox dröhnt
>die internationale, ein müder rock.«

Aus: *Enzensberger*, Schaum, gelesen auf der Tagung in Bebenhausen 1955, *Almanach* (1964, 298). Mit *Hochhuth*s Artikel, Der Klassenkampf ist nicht zu Ende (1965), Reflex sich heraufkündigender, verschärfter sozialer Konflikte, die einmünden in die Krise 1965/1966, beginnt das innerhalb der literarisch-politischen Intelligenz verbreitete Bild von der »nivellierten Mittelstandsgesellschaft« zu blättern. Nicht zufällig bezog sich das »Pinscher«-Verdikt von Bundeskanzler Erhard auf diesen Artikel (»Da hört der Dichter auf, da fängt der ganz kleine Pinscher an«), denn »Hochhuth ... hat wieder eines der am sorgsamsten gehüteten Tabus zerstört und mit seiner These vom andauernden Klassenkampf den offenen Kulturkampf ausgelöst« (*Brügge* 1965). Vgl. *Hochhuth*, Krieg und Klassenkampf (1971).

11 Zur Kontinuität gerade der Idee des Kompromisses im Gruppendenken als einer aufgrund der deutschen Sonderentwicklung nachzuholenden Tugend *Andersch* (o. J., 315) und *Grass* (1966).

12 Vgl. das *Grass*'sche Schneckenmotiv in, Aus dem Tagebuch einer Schnecke (1974, zuerst 1972).

13 So darf denn getrost neben Mannheim und Geiger als weiterer »anonymer« Pate des Gruppendenkens *Popper*, Die offene Gesellschaft und ihre Feinde (1958), genannt werden.

2.3.3.3.

1 Es nimmt nicht wunder, daß auch professionelle Literaturkritiker mit solchen Setzungen operieren (vgl. Kap. 2.1.6.) und verwaschene Anthropologie für sich reklamieren. »Einige – Professor Höllerer, Professor Jens, Dr. Kaiser und Marcel Reich-Ranicki – fühlen sich dazu gedrungen (!), fast nach jeder Lesung Kritisierendes oder Lobendes zu äußern«, interpretiert *Kaiser* (1962 a, 174/75) die verbale Dauerpräsenz der Gruppenkritiker. Vgl. auch »Kritik« (1970).

2 Selbst bei Befragten, die Irritation durch formierte Kritik mit negativen Folgen für die literarische Arbeit und Ich-Identität konzidieren, ist dennoch der Glaube an das Durchsetzungsvermögen der gesetzten Größe »Begabung« tief eingesenkt. »Aber sicher sind manche Begabungen nicht gefördert ... oder gehemmt worden (durch die 47-Kritik – F. K.), weil sie nicht stark genug waren, um sich da durchzusetzen. Also

ein richtig potenter Schriftsteller läßt sich natürlich ... durch solche Kritik nicht grundsätzlich ... zerstören« (12/22).

3 Durchgängig, wenn in den Interviews die Thematik des »Mißerfolges« und des Verblassens von Autoren in der literarischen Öffentlichkeit während der 47-Periode angeschnitten wurde, reagierten die Befragten mit Wendungen wie, »Ich bin überfragt«; d. h. das Problem und die Personen, die vom sozial-literarischen Abstieg betroffen sind, scheinen in das Bewußtseinsdunkel sedimentiert. *Hochhuth* (1973) hat in Schärfe den durch die »installierte Kritik« mitvollzogenen Mechanismus, »Kunstmachen heißt unter anderem offensichtlich, mit eigenen Leistungen die der Vorgänger vom Markt zu verdrängen« (55), beleuchtet mit Bezug auf das kaum thematisierte Problem der alten Schriftsteller – ohne Zuhilfenahme der bewußtseinstrübenden Talentideologie: »Ein K.O.-Schlag ist ein Totschlag nur dann, wenn der Getroffene weder Geld noch Nerven, noch Selbstbewußtsein genug hat, weiterzumachen« (55). Zur Problematik alter Schriftsteller *Mechtel* (1972).

4 Hier gilt *Horkheimer*s (1972) Bemerkung im Zusammenhang der Reflexion auf den »Wert des Menschen« in der kapitalistischen Gesellschaft: »Daß man es zu nichts gebracht hat, verzeiht nur der Glaube, daß man es zu etwas hätte bringen können« (143).

5 Die begleitenden Pressekommentare zur Gruppe 47 legen offen, daß ein Großteil der 47-Autoren eine diversifizierte Tätigkeitsstruktur hat, deren Schwerpunkt die Funkarbeit bildet, (»Ausbau der persönlichen Ökonomie auf Funkbasis« – 3/34). Die Realstruktur der Tätigkeit steht also im Widerspruch zur Idealorientierung der Autoren und zur Realorientierung der Gruppentagungen. Nur anläßlich zweier Tagungen »außer der Reihe« (Hörspieltagung Ulm 1960, Fernsehspieltagung Sasbachwalden 1961) wird das thematische Feld erweitert; Tagungen, zu denen ein großer Teil der »belletristischen Autoren« erst gar nicht erscheint (»mattes Echo«). Zu diesen Tagungen *Mauz* (1960), *Drommert* (1961), *Krüger* (1961), *Schwab-Felisch* (1961). Jener Widerspruch ist, wie der Autorenreport (1972) und *Kron* (1976) entwickeln, keineswegs auf die Gruppe 47 beschränkt, sondern typisches Merkmal der »belletristischen Epoche«, für die die Gruppe 47 wiederum repräsentativ steht. Interessant in diesem Zusammenhang der Hinweis eines befragten Autors, daß es innerhalb der Gruppe 47 ein Statusgefälle zwischen dem traditionellen »druckenden Kritiker« und dem »sprechenden Kritiker« (Funk) gibt (13/23), eine Differenz, die durch das Prestige des Mediums resp. die tradierte Nähe zur »schöngeistigen Welt« vordefiniert ist.

6 In den publizistischen Betrachtungen zur Gruppe 47 scheint selten nur der »soziologische Untergrund« (*Eichholz)* des Schreibens auf. Explizit bei *Mönnich* (1949, 1953), *Eichholz* (1954).

7 Die enge Anbindung an die Entwicklungslinien des Literaturprozesses begünstigt die Bildung des »Gettos bloßer Fach- und Cliquenkommunikation« (*Greven* 1971, 25). Allerdings, aufgrund der besonderen Relevanz der stofflichen Spezifik literarischer Produktion einerseits und der spezifischen, verwickelten gesellschaftlichen Stellung literarischer Produzenten andererseits (Kap. 1.1.) kommt dem Verhältnis zum Literaturprozeß (dessen Relevanzstruktur nicht halt macht vor national-gesellschaftlichen Grenzen) eine hervorragende Bedeutung zu. Insofern hieße es, das Kind mit dem Bade ausschütten, die Seite der gesellschaftlichen Produktionsbedingungen von Literatur gegen die der relativen Eigenbewegung des Literaturprozesses zu verselbständigen, diese also als irrelevant, als »falsches Bewußtsein«, abzutun. So wie das Pochen auf prononcierter Individualität die Gefahr der Erzeugung von sozialer Invalidität birgt, so birgt die Verabsolutierung der gesellschaftlichen Bedingtheit die Gefahr der Verschüttung literarischer Identitätsbildung – eine Tendenz, die dann wiederum die »Retter« und »Wiederentdecker« der Subjektivität auf den Plan ruft (Literaturmagazin 4, 1975).

8 »System und Problem der Ausbeutung werden durch die Prominierung einiger Weni-

ger verschleiert, durch die ständige Herausstellung von ein paar Namen« (*Böll* 1973, 348).

9 Innerhalb der literarischen Intelligenz fungieren einige Wenige als Erzeuger von Windschatten, d. h. als populäre Projektionspunkte; die dadurch charakterisiert sind, daß sie den tradierten Typus des kleinen immateriellen Warenproduzenten (»Freier Autor«) de facto vorstellen. Die Symbolkraft und der Einfluß der Gruppe 47 als Konzentrat jenes Typs mögen daran abgelesen werden, daß einige ihrer repräsentativen Mitglieder in der Skala der populären Autoren innerhilb der literarischen Intelligenz an der Spitze rangieren; Böll, Grass, Lenz, Walser (Autorenreport 1972, 350).

10 Im konfliktär zustande gekommenen Entschluß von Mitgliedern der Gruppe 47 während der Tagung in der Pulvermühle (1967), nicht mehr in Publikationen des Springer-Verlags zu veröffentlichen, dem ein unterstützender »Verlegerbeschluß« sich anschließt (vgl. Frankfurter Allgemeine Zeitung v. 17. 10. 1967), deutet sich über die unmittelbar politisch-ideologische Motivation hinaus bereits eine weitergehende *berufspolitisch* akzentuierte Tendenz an.

A. Liste der Forschungsinterviews (unveröffentlicht)

mit
Andersch, A. (1975)
Bächler, W. (1974)
Baumgart, R. (1974)
Buch, H. Ch. (1975)
Eichholz, A. (1974)
Friedrich, H. (1974)
Grass, G. (1974)
Heissenbüttel, H. (1974)
Herburger, G. (1974)
Höllerer, W. (1975)
Hollander, J. v. (1974)
Kaiser, J. (1974)
König, B. (1975)

Kolbenhoff, W. (1974)
Lenz, S. (1975)
Mayer, H. (1975)
Morrien, A. (1976)
Mundt, F. J. (1974)
Richter, H. W. (1975)
Schallück, P. (1974)
Schnurre, W. D. (1974)
Unseld, S. (1974)
Walser, M. (1974)
Wellershoff, D. (1974)
Weyrauch, W. (1974)
Wiegenstein, R. (1974)
Wohmann, G. (1974)

B. Literaturverzeichnis

Abel, Th., (1945), Is a Psychiatric Interpretation of the German Enigma Necessary, in: American Sociological Review, Vol. 10 (1945).

Adorno, Th. W., (1964), Meinung – Wahn – Gesellschaft, in: Th. W. *Adorno*, Eingriffe – Neun kritische Modelle, Frankfurt ²1964.

Adorno, Th. W., (1969), Minima Moralia – Reflexionen aus dem beschädigten Leben, Frankfurt ³1969.

Adorno, Th. W., (1969 a), Das Bewußtsein der Wissenssoziologie, in: Th. W. *Adorno*, Prismen – Kulturkritik und Gesellschaft, Baden-Baden 1969.

Adorno, Th. W., (1971), Kritik (1969), in: Th. W. *Adorno*, Kritik. Kleine Schriften zur Gesellschaft, Frankfurt 1971.

Adorno, Th. W. u. a., (1969), Der Positivismusstreit in der deutschen Soziologie, Neuwied-Berlin ³1971.

a. g., (1957), An Stelle eines Romanischen Cafés, in: *Lettau* (1967).

Almanach, (1964), Almanach der Gruppe 47 – 1947 – 1962, (Hg. H. W. *Richter* in Zusammenarbeit mit W. *Mannzen*), Hamburg ³1964.

Alternative, (1961), Die Alternative oder Brauchen wir eine neue Regierung?, (Hg. M. *Walser*), Reinbek b. Hamburg ²1961.

Andersch, A., (1946), Das junge Europa formt sein Gesicht, in: *Schwab-Felisch* (1962).

Andersch, A., (1947), Aktion oder Passivität?, in: *Schwab-Felisch* (1962).

Andersch, A., (1947 a), Getty oder die Umerziehung in der Retorte, in: Frankfurter Hefte, Jg. 2 (1947).

Andersch, A., (1948), Deutsche Literatur in der Entscheidung. Ein Beitrag zur Analyse der literarischen Situation, Karlsruhe 1948.

Andersch, A., (1949), Gruppe 47 – Facit eines Experiments neuer Schriftsteller, Funkmanuskript v. 26. 7. 1949 (Radio Frankfurt/gekürzte Wiedergabe).

Andersch, A., (1956), Der Rauch von Budapest, in: A. *Andersch*, Die Blindheit des Kunstwerks und andere Aufsätze, Frankfurt 1965.

Andersch, A., (1956 a), Die Blindheit des Kunstwerks, in: A. Andersch, Die Blindheit des Kunstwerks und andere Aufsätze, Frankfurt 1965.

Andersch, A., (1962), Interview mit H. Bienek, in: *Bienek* (1962).

Andersch, A., (1962 a), Die Kirschen der Freiheit – Ein Bericht (1952), München 1962.

Andersch, A., (o. J.), Mein Verschwinden in Providence (1971), in: A. *Andersch*, Meistererzählungen, (Lizenzausgabe der Deutschen Buch-Gemeinschaft).

Andersch, A., (o. J. a), Festschrift für Captain Fleischer (1971), in: A. Andersch, Meistererzählungen, (Lizenzausgabe der Deutschen Buch-Gemeinschaft).

Arnold, H. L. (Hg.), (1971), Literaturbetrieb in Deutschland, München 1971.

Arnold, H. L., (1975), Gespräche mit Schriftstellern. Frisch-Grass-Koeppen-von der Grün-Wallraff, München 1975.

Autorenreport, (1972), *Fohrbeck*, K. u. *Wiesand*, A. J., Der Autorenreport, Reinbek b. Hamburg 1972.

Bächler, W., (1972), Traumprotokolle – Ein Nachtbuch, München 1972.

Batt, K., (1974), Revolte Intern – Betrachtungen zur Literatur in der BRD, Leipzig 1974.

Bauer, A., (1949), Literarische Öffentlichkeit, in: *Lettau* (1967).

Bauke, J. P., (1966), Die Gruppe 47 in Princeton, in: *Lettau* (1967).

Baumgart, R., (1968), Aussichten des Romans oder Hat Literatur Zukunft – Frankfurter Vorlesungen, Neuwied-Berlin 1968.

Baumgart, R., (1968 a), Die Tragödie des Günter Grass, in: Süddeutsche Zeitung v. 8./9. 6. 1968.

Baumgart, R., (1970), Vorschläge, in: Kritik (1970).

Becker, J., (1964), Gegen die Erhaltung des literarischen status quo, in: Über Jürgen Bekker, (Hg. L. *Kreutzer*), Frankfurt 1972.

Becker, J., (1970), Interview mit M. Leier, in: Über Jürgen Becker, (Hg. L. *Kreutzer*), Frankfurt 1972.

Bell, D., (1960), The End of Ideology, Glencoe ILL. 1960.

Bender, H., (1962), Ortsbestimmung der Kurzgeschichte, in: Akzente, 9. Jg. (1962).

Bender, H., (1963), Akzentuierte Auskunft, in: Akzente, 10. Jg. (1963).

Benjamin, W., (1971), Der Autor als Produzent, in: W. Benjamin, Versuche über Brecht, (Hg. R. *Tiedemann*), Frankfurt [3]1971.

Berger, H., (1974), Untersuchungsmethode und soziale Wirklichkeit – Eine Kritik an Interview und Einstellungsmessung in der Sozialforschung, Frankfurt 1974.

Berger, P. u. *Luckmann*, T., (1969), Die gesellschaftliche Konstruktion der Wirklichkeit – Eine Theorie der Wissenssoziologie, dtsch., Stuttgart 1969.

Bermann Fischer, G., (1971), Bedroht – Bewahrt – Der Weg eines Verlegers, Hamburg 1971.

Bermbach, P., (1960), Deutsche Literatur nach dem Kriege, in: *Lettau* (1967).

Bernstorf, M., (1966), Versackt im Sumpf – Im zwanzigsten Jahr ihres Bestehens sieht sich Deutschlands renommierte Literatengruppe von ihren früheren Freunden angegriffen – »Mit allen Fingern und Füßen fest im Establishment«, in: Münchner Merkur v. 22. 5. 1966.

Bestandsaufnahme, (1962), Bestandsaufnahme – Eine deutsche Bilanz – Sechsunddreißig Beiträge Deutscher Wissenschaftler, Schriftsteller und Publizisten, (Hg. H. W. *Richter*), München-Wien-Basel 1962.

Bienek, H. (Hg.), (1962), Werkstattgespräche mit Schriftstellern, München [2]1962.

Böll, H., (1952), Bekenntnis zur Trümmerliteratur, in: H. Böll, Erzählungen, Hörspiele, Aufsätze, Köln-Berlin 1961.

Böll, H., (1958), Lämmer und Wölfe, in: H. *Böll*, Aufsätze – Kritiken – Reden II, München ²1972.

Böll, H., (1961), Ein Interview mit Studenten, in: H. *Böll*, Erzählungen, Hörspiele, Aufsätze, Köln-Berlin 1961.

Böll, H., (1961 a), Befehl und Verantwortung – Gedanken zum Eichmann-Prozeß, in: H. *Böll*, Aufsätze – Kritiken – Reden I, München ²1971.

Böll, H., (1962), Interview mit H. Bienek, in: *Bienek* (1962).

Böll, H., (1962/63), Briefe aus dem Rheinland, in: H. *Böll*, Aufsätze – Kritiken – Reden II, München ²1972.

Böll, H., (1965), Angst vor der Gruppe 47? in: *Lettau* (1967).

Böll, H., (1973), Ende der Bescheidenheit – Zur Situation der Schriftsteller in der Bundesrepublik (1969), in: *Kuttenkeuler* (1973).

Böse, G., (1963), Wegzeichen unserer geistigen Situation – Eine Revue der deutschen Kulturzeitschriften, in: Mannheimer Morgen v. 24./25. 8. 1963.

Borcherdt, H. H., (1922), Das Schriftstellertum von der Mitte des 18. Jahrhunderts bis zur Gründung des Deutschen Reiches, in: *Sinzheimer* (1922).

Borchert, W., (1961), Wolfgang Borchert in Selbstzeugnissen und Bilddokumenten (darg. v. P. *Rühmkorf*), Reinbek b. Hamburg 1961.

Bosch, M. u. *Konjetzky*, K., (1973), Für wen schreibt der eigentlich? Gespräche mit lesenden Arbeitern – Autoren nehmen Stellung, München 1973.

Bourdieu, P., (1970), Zur Soziologie der symbolischen Formen, dtsch., Frankfurt 1970.

Brecht, B., (1973), Geschichten vom Herrn Keuner, in: B. *Brecht*, GW 12, Frankfurt 1973.

Brenner, H. G., (1952), Ilse Aichinger – Preisträgerin der Gruppe 47, in: *Lettau* (1967).

Brickner, R., (1942), The German Cultural Paranoid Trend, in: American Journal of Orthopsychiatry, Vol. 12 (1942).

Brickner, R., (1943), Is Germany Incurable?, Philadelphia-New York 1943.

Brügge, B., (1965), Erhard und die Dichter, in: Lübecker Nachrichten v. 13. 7. 1965.

Buch, H. Ch., (1972), Striptease. Das literarische Caféhaus – 1047. Folge, in: H. Ch. *Buch*, Kritische Wälder – Essays, Kritiken, Glossen, Reinbek b. Hamburg 1972.

Bungenstab, K. E., (1970), Umerziehung zur Demokratie? Reduction – Politik im Bildungswesen 1945–1949, Düsseldorf 1970.

Caudwell, Ch., (1971), Bürgerliche Illusion und Wirklichkeit – Beiträge zur materialistischen Ästhetik, (Hg. P. *Hamm*), dtsch., München 1971.

Cavan, S., (1966), Liquor License. An Ethnography of Bar Behavior, Chicago 1966.

Clappier, L., (1951), Die deutsche Literatur auf der Suche nach sich selbst, in: *Lettau* (1967).

Corso, G., (1958), Dichter und Gesellschaft in Amerika, in: Akzente, Jg. 5 (1958).

Coser, L. A., (1967), Greedy Organizations, in: Archives Européennes De Sociologie, Tome VIII (1967).

Dahrendorf, R., (1971), Gesellschaft und Demokratie in Deutschland, München 1971.

Demetz, P., (1973), Die süße Anarchie – Skizzen zur deutschen Literatur seit 1945, dtsch., Frankfurt-Berlin-Wien 1973.

Deppe, F., (1971), Das Bewußtsein der Arbeiter – Studien zur politischen Soziologie des Arbeiterbewußtseins, Köln 1971.

Diederichs, H. H., (1973), Konzentration in den Massenmedien – Systematischer Überblick zur Situation in der BRD, München 1973.

Doehlemann, M., (1970), Junge Schriftsteller: Wegbereiter einer antiautoritären Gesellschaft?, in: Analysen 6, (Hg. H. *Bilstein)*, Opladen 1970.

Doehlemann, M., (1973), Zur gesellschaftlichen Rolle des heutigen Schriftstellers, in: *Kuttenkeuler* (1973).

Dollinger, H., (1967), außerdem – Deutsche Literatur minus Gruppe 47 = wieviel?, München-Bern-Wien 1967.

Dreitzel, H. P., (1972), Die gesellschaftlichen Leiden und das Leiden an der Gesellschaft – Vorstudien zu einer Pathologie des Rollenverhaltens, Stuttgart 1972.

Dröge, F., (1972), Wissen ohne Bewußtsein – Materialien zur Medienanalyse der Bundesrepublik, Frankfurt 1972.

Drommert, R., (1961), Elfenbeinturm und Fernsehen, in: *Lettau* (1967).

dtv-Lexikon, (1973), Bd. 9, München 1973.

Dürrenmatt, F., (1962), Interview mit H. Bienek, in: *Bienek* (1962).

Ehrmann, H. W., (1947), An Experiment in Political Education: The Prisoner of War Schools in the U.S., in: Social Research, Vol. 14 (1947).

Eich, G., (1948), Abgelegte Gehöfte – Mit vier Holzschnitten von Karl *Rössing,* Frankfurt 1948.

Eich, G., (1968), Gesammelte Maulwürfe, Frankfurt 1972.

Eich, G., (1972), Büchner-Preis-Rede 1959, in: Büchner-Preis-Reden 1951–1972, Stuttgart 1972.

Eichholz, A., (1954), Thomas Manns Lob und das Geldverdienen, in: *Lettau* (1967).

Einigkeit der Einzelgänger, (1971), Dokumentation des 1. Schriftstellerkongresses des VS, (Hg. D. *Lattmann*), München 1971.

Endres, E., (1975), Autorenlexikon der deutschen Gegenwartsliteratur 1945–1975, Frankfurt 1975.

Enzensberger, H. M., (1960), Das Plebiszit der Verbraucher, in: H. M. *Enzensberger,* Einzelheiten I – Bewußtseinsindustrie, Frankfurt [8]1973.

Enzensberger, H. M., (1964), Die Clique, in: Almanach (1964).

Enzensberger, H. M., (1964 a), Über die Schwierigkeit, ein Inländer zu sein, in: H. M. *Enzensberger,* Deutschland, Deutschland unter anderem – Äußerungen zur Politik, Frankfurt [3]1968.

Enzensberger, H. M., (1975), Gedichte 1955–1970, Frankfurt [4]1975.

Exkurse, (1968), Soziologische Exkurse – Nach Vorträgen und Diskussionen, (Hg. Th. W. Adorno u. W. Dirks), Frankfurt [4]1968.

Ferber, Ch., (1953), Die Frühjahrstagung der Gruppe 47 in Mainz, in: *Lettau* (1967).

Ferber, Ch., (1961), Kategorie B an der Wahlurne, in: Alternative (1961).

Ferber, Ch., (1964), Die Gruppe 47 und die Presse, in: Almanach (1964).

Ferber, Ch., (1967), Corpsgeist – im Fränkischen besiegelt? Zwanzig Jahre »Gruppe 47«: Eine literarische Tagung, eine Resolution und Anmerkungen dazu, in: Die Welt v. 9. 10. 1967.

Fohrbeck, K. u. *Wiesand,* A. J., (1972), Der Autorenreport, Reinbek b. Hamburg 1972.

Fohrbeck, K. u. *Wiesand,* A. J., (1975), Der Künstler-Report – Musikschaffende; Darsteller/Realisatoren; Bildende Künstler/Designer, München-Wien 1975.

F. R., (1966), In Sachen Literatur, in: Theater-Rundschau 6 (1966).

Fried, E., (1967), Grass oder Gruppe, in: Konkret (November 1967).

Friedrich, H., (1947), Hat die junge Dichtung eine Chance?, in: *Lettau* (1967).

Friedrich, H., (1948), Vereinigung junger Autoren, in: *Lettau* (1967).

Friedrich, H., (1952), Die Gruppe 47, in: *Lettau* (1967).

Friedrich, H., (1953), Gruppe 47 – Anno 1953, in: *Lettau* (1967).

Friedrich, H., (1960), Die Avantgarde tritt kurz – Zur Herbsttagung der Gruppe 47, in: Rheinische Post v. 8. 11. 1960.

Friedrich, H., (1964), Das Jahr 47, in: Almanach (1964).

Friedrich, H., (1967), Jagdszenen aus Oberfranken. Zur Tagung der Gruppe 47, in: Neue Zürcher Zeitung v. 14. 10. 1967.

Frisch, M., (1970), Öffentlichkeit als Partner, in: M. *Frisch,* Öffentlichkeit als Partner, Frankfurt [3]1970.

Furth, P., (1971), Nachträgliche Warnung vor dem Rollenbegriff, in: Das Argument, Jg. 13 (1971).

Fyvel, T. R., (1968), Intellectuals Today – Problems in a Changing Society, New York 1968.

Gehlen, A., (1957), Die Seele im technischen Zeitalter – Sozialpsychologische Probleme in der industriellen Gesellschaft, Hamburg 1957.

Geiger, Th., (1932), Die soziale Schichtung des Deutschen Volkes – Soziographischer Versuch auf statistischer Grundlage, Stuttgart 1932.

Geiger, Th., (1949), Aufgaben und Stellung der Intelligenz in der Gesellschaft, Stuttgart 1949.

Geiger, Th., (1960), Die Gesellschaft zwischen Pathos und Nüchternheit, København 1960.

Gerhard, P. W., (1968), Clique, Akademie, Rasselbande? Ein Buch über die »Gruppe 47«, in: Die Tat v. 3. 2. 1968.

Glaser, H., (1975), Vor dreißig Jahren – Zum geistigen Profil der Trümmerzeit, in: Frankfurter Rundschau v. 3. 5. 1975.

Goldschmidt, D., (1958), Elitebildung in der industriellen Gesellschaft, in: Die Neue Gesellschaft, Jg. 5 (1958).

Grass, G., (1966), Vom mangelnden Selbstvertrauen der schreibenden Hofnarren unter Berücksichtigung nicht vorhandener Höfe, in: G. *Grass,* Über das Selbstverständliche – Reden, Aufsätze, Offene Briefe, Kommentare, Neuwied-Berlin 1968.

Grass, G., (1974), Aus dem Tagebuch einer Schnecke, Reinbek b. Hamburg 1974.

Greven, J., (1971), Bemerkungen zur Soziologie des Literaturbetriebs, in: Arnold (1971).

Greven, J., (1976), Einzelgänger im Gleichschritt? – Ein neuer Vorstand will den Schriftstellerverband wieder flottmachen, in: Die Zeit v. 30. 1. 1976.

Groll, G., (1948), Die Gruppe, die keine Gruppe ist, in: *Lettau* (1967).

Gruppe 47, (1955), Die Gruppe 47, Funkmanuskript 1955 (Archiv Richter).

Gustafsson, L., (1964), Mörderische Kritik, in: *Lettau* (1967).

Gy., (1949), Die Gruppe 47 tagte am Ammersee, in: *Lettau* (1967).

Habermas, J., (1971), Strukturwandel der Öffentlichkeit – Untersuchungen zu einer Kategorie der bürgerlichen Gesellschaft, Neuwied-Berlin 1971.

Hacks, P., (1961), Diskussionsbeitrag, in: Ja-Sager oder Nein-Sager? Das Hamburger Streitgespräch deutscher Autoren aus Ost und West, (Hg. J. *Müller-Marein* u. T. *Sommer*), Hamburg 1961.

Härtling, P., (1974), Möglicher Nachruf des Kritikers Marcel Reich-Ranicki auf den Schriftsteller Peter Härtling in der Zweiwochenschrift »Zeit mit Monat«, in: Vorletzte Worte – Schriftsteller schreiben ihren eigenen Nachruf, (Hg. K. H. *Kramberg*), Frankfurt-Berlin-Wien 1974.

Hahn, E., (1974), Theoretische Probleme der marxistischen Soziologie, Köln 1974.

Hahn, E., (1974 a), Philosophische Gesihtspunkte der soziologischen Analyse des Menschen, in: *Hahn* (1974).

Hahn, E., (1974 a), Philosophische Gesichtspunkte der soziologischen Analyse des Men-

Hahn, E., (1974 b), Theoretische Aspekte der soziologischen Erkenntnis, in: *Hahn* (1974).

Hahn, E., (1974 c), Methodisches zur Beziehung zwischen Wesen und Erscheinung, in: *Hahn* (1974).

Haug, W. F., (1970), Der hilflose Antifaschismus – Zur Kritik der Vorlesungsreihen über Wissenschaft und NS an deutschen Universitäten, Frankfurt 1970 (3. überarb. u. erg. Aufl.).

Haug, W. F., (1974), Faschismustheorie in antifaschistischer Perspektive, in: Das Argument, Jg. 16 (1974).

Hauser, A., (1973), Sozialgeschichte der Kunst und Literatur, München 1973.

Hayek, F. A., (1952), Individualismus und wirtschaftliche Ordnung, Erlenbach-Zürich 1952.

Heißenbüttel, H., (1960), Und es kam Uwe Johnson, in: *Lettau* (1967).

Heißenbüttel, H., (1965), Gruppenkritik, in: *Lettau* (1967).

Heißenbüttel, H., (1971), Nachruf auf die Gruppe 47, in: *Arnold* (1971).

Heißenbüttel, H., (1972), Neue Linke und die bundesdeutsche Literatur nach 1945, in: H. *Heißenbüttel*, Zur Tradition der Moderne – Aufsätze und Anmerkungen 1964–1971, Neuwied-Berlin 1972.

Helbig, G. R., (1967), Die politischen Äußerungen aus der Gruppe 47 – Eine Fallstudie über das Verhältnis von politischer Macht und intellektueller Kritik, Diss. Erlangen 1967.

Hensel, G., (1948), Gruppe 47 macht keine geschlossenen Sprünge, in: *Lettau* (1967).

Heuss, Th. (1916), Organisationsprobleme der freien Berufe, in: Festschrift für Lujo Brentano, München-Leipzig 1916.

Hildesheimer, W., (1966), Amerys koketter Ruf nach einer Mafia – Eine Erwiderung in Sachen Gruppe 47, in: Die Zeit v. 15. 7. 1966.

Hilsbecher, W., (1965), Die »Gruppe 47« (Leserbrief), in: Rheinische Post v. 18. 8. 1965.

Hitzer, F., (1972), Wortproduktion oder Literatur, in: Kürbiskern 4 (1972).

Hochhuth, R., (1965), Der Klassenkampf ist nicht zu Ende, in: *Hochhuth* (1971).

Hochhuth, R., (1971), Krieg und Klassenkrieg – Studien, Reinbek b. Hamburg 1971.

Hochhuth, R., (1973), Machtlose und Machthaber, in: Literaturmagazin 1 (1973).

Hocke, G. R., (1946), Deutsche Kalligraphie oder Glanz und Elend der modernen Literatur, in: *Schwab-Felisch* (1962).

Hofmann, W., (1970), Zur Soziologie der Studentenrevolte, in: W. *Hofmann*, Abschied vom Bürgertum – Essays und Reden, Frankfurt 1970.

Hofstätter, P. R., (1965), Gruppendynamik – Kritik der Massenpsychologie, Hamburg ⁷1965.

Hollander, J. v., (1950), Wer und was ist die Gruppe 47?, in: *Lettau* (1967).

Hollander, J. v., (1967), Das Geheimnis der Gruppe 47, in: M. *Brockmann* (1967).

Hollander, J. v., (1967 a), Tagsüber Texte und nachts die Vietkong-Fahne – Boykott-Aufruf gegen Springer auf dem 20-Jahres-Treffen der Gruppe 47, in: Münchner Merkur v. 9. 10. 1967.

Horkheimer, (o. J.), Montaigne und die Funktion der Skepsis (1938), in: M. *Horkheimer*, Kritische Theorie der Gesellschaft Bd. II, o. O. o. J.

Horkheimer, M., (1968), Die Juden und Europa (1939), in: M. *Horkheimer*, Kritische Theorie der Gesellschaft Bd. III, o. O. 1968.

Horkheimer, M., (1972), Dämmerung – Notizen über Deutschland, (veröff. unter dem Pseud. Heinrich *Regius* (1934), o.O. 1972.

Horkheimer, M. u. *Adorno*, Th. W., (1968), Dialektik der Aufklärung – Philosophische Fragmente (1947), Amsterdam 1968.

Huster, E. U. u. a., (1972), Determinanten der westdeutschen Restauration 1945–1949, Frankfurt 1972.

Jaeger, H. u. a., (1972), Gesellschaftliches und politisches Bewußtsein von Arbeitern, Arbeitsbericht 2 des Teilprojekts XIX im Sonderforschungsbereich 22, Nürnberg 1972.

Jaeggi, U., (1972), Literatur und Politik – Ein Essay, Frankfurt 1972.

Jaeggi, U., (1972 a), Das Dilemma der bürgerlichen und die Schwierigkeiten einer nicht-bürgerlichen Literatur, in: *Kühne* (1972).

J.D.A., (1952), Vor historischer Kulisse, in: *Lettau* (1967).

Jens, W., (1961), Deutsche Literatur der Gegenwart – Themen, Stile, Tendenzen, München 1961.

Jens, W., (1962), Eine Kumpanei zur Verhinderung von Unfug – Fünfzehn Jahre Gruppe 47, in: Die Zeit v. 21. 9. 1962.

Jens, W., (1964), Gelehrter – Schriftsteller – Rhetor, in: Besondere Kennzeichen – Selbstporträts zeitgenössischer Autoren, (Hg. K. *Ude*), München 1964.

Jens, W., (1974), Herr Meister – Dialog über einen Roman (1963), Frankfurt-Berlin-Wien 1974.

Johnson, U., (1962), Interview mit H. Bienek, in: *Bienek* (1962).

Journalist, (1956), Der Journalist – Handbuch für den Publizisten, (Hg. E. W. *Remy*), Bd. 2, Bremen 1956.

Jung, H., (1972), Zu den klassentheoretischen Grundlagen einer sozialstatistischen Analyse der Klassen- und Sozialstruktur der BRD, in: Klassen- und Sozialstruktur der BRD 1950–1970 – Theorie – Diskussion – Sozialstatistische Analyse, Teil I: Klassenstruktur und Klassentheorie – Theoretische Grundlagen und Diskussion, (Hg. Institut für Marxistische Studien und Forschungen), Frankfurt 1972.

Kaiser, J., (1957), Zehn Jahre Gruppe 47, in: *Lettau* (1967).

Kaiser, J., (1958), Die Gruppe 47 lebt auf, In: *Lettau* (1967).

Kaiser, J., (1962), Ist die Gruppe 47 brav, aber pflichtvergessen?, in: Christ und Welt v. 23. 11. 1962.

Kaiser, J., (1962 a), Die Gruppe 47 in Berlin, in: *Lettau* (1967).

Kaiser, J., (1962 b), Die »Gruppe 47« tagt – Sitten und Unsitten, Chancen und Risiken des prominentesten deutschen Literaten-Zirkels, in: Das Schönste (1962, Dezemberheft).

Kaiser, J., (1964), Physiognomie einer Gruppe, in: Almanach (1964).

Kaiser, J., (1966), Drei Tage und einen Tag, in: *Lettau* (1967).

Kaiser, J., (1967), Allerlei Neues aus der Pulvermühle. Bericht von der Tagung der Gruppe 47, in: Süddeutsche Zeitung v. 10. 10. 1967.

Karasek, H., (1967), Gruppentest in der Pulvermühle, in: Stuttgarter Zeitung v. 14. 10. 1967.

Kautsky, K., (1894/95), Die Intelligenz und die Sozialdemokratie, in: Die Neue Zeit, Jg. XIII (1894/95), Bd. 2.

Keller, G., (1969), Autobiographie 1847, in: Dichter über ihre Dichtungen – Gottfried Keller, (Hg. K. *Jeziorkowski*), München 1969.

Kepplinger, M., (1975), Realkultur und Medienkultur. Literarische Karrieren in der Bundesrepublik, Freiburg 1975.

Kesten, H., (1962), Interview mit H. Bienek, in: *Bienek* (1962).

Kesten, H., (1963), Der Richter der Gruppe 47, in: *Lettau* (1967).

Kesten, H., (1959), Dichter im Café, München-Wien-Basel 1959.

Kievenheim, Ch., (1972), Zur Entwicklung der geistigen Arbeit und der Intelligenz, in: Klassen- und Sozialstruktur der BRD 1950–1970 – Theorie – Diskussion – Sozialstatistische Analyse, Teil I: Klassenstruktur und Klassentheorie – Theoretische Grundlagen und Diskussion, (Hg. Institut für Marxistische Studien und Forschungen), Frankfurt 1972.

Kievenheim, Ch., (1973), Zur Stellung der Intelligenz in der Klassen- und Sozialstruktur des entwickelten Kapitalismus, in: Soziale Stellung und Bewußtsein der Intelligenz, (Hg. Ch. *Kievenheim*/A. *Leisewitz*), Köln 1973.

King, J., (1974), Literarische Zeitschriften 1945–1970, Stuttgart 1974.

Klie, B., (1962), Gruppe 47 und Gruppe 62, in: Christ und Welt v. 23. 11. 1962.

Knaus, A., (1950), Die Meistersinger von Inzigkofen, in: *Lettau* (1967).

König, R., (1959), Wandlungen in der Stellung der sozialwissenschaftlichen Intelligenz, in: Soziologie und moderne Gesellschaft – Verhandlungen des 14. deutschen Soziologentages, Stuttgart 1959.

König, R., (1974), Das Selbstbewußtsein des Künstlers zwischen Tradition und Innovation, in: Künstler und Gesellschaft, (Hg. A. Silbermann und R. König), Kölner Zeitschrift für Soziologie und Sozialpsychologie (1974), Sonderheft 17.

Koeppen, W., (1972), Büchner-Preis-Rede 1962, in: Büchner-Preis-Reden 1951–1971, Stuttgart 1972.

Kolbe, J., (1968), Walter Jens, in: D. *Weber* (1968).

Koszyk, K. u. *Pruys,* K. H., (Hg.), (1969), Wörterbuch zur Publizistik, München 1969.

Kracauer, S., (1971), Über die Freundschaft, in: S. *Kracauer,* Über die Freundschaft, Frankfurt 1971.

Krahl, H. J., (1970), Bemerkungen zum Verhältnis von Kapital und Hegelscher Wesenslogik, in: Aktualität und Folgen der Philosophie Hegels, (Hg. O. *Negt*), Frankfurt 1970.

Kreuzer, H., (1971), Die Bohème – Analyse und Dokumentation der intellektuellen Subkultur vom 19. Jahrhundert bis zur Gegenwart, Stuttgart 1971.

Kritik, (1970), Kritik – von wem/für wen/wie – Eine Selbstdarstellung deutscher Kritiker, (Hg. P. *Hamm*), München [3]1970.

Kröll, F., (1974), Bauhaus 1919–1933 – Künstler zwischen Isolation und kollektiver Praxis, Düsseldorf 1974.

Kron, F., (1976), Schriftsteller und Schriftstellerverbände – Schriftstellerberufe und Interessenpolitik 1842–1973, Stuttgart 1976.

Krüger, H., (1961), Literatur und Fernsehen – Die Frühjahrstagung der Gruppe 47, Funkmanuskript v. 23. 4. 1961.

Krüger, H., (1962), Schriftsteller in der Opposition, in: Literatur zwischen links und rechts / Deutschland – Frankreich – USA, München 1962.

Krüger, H., (1964), Die Sitten verwildern – Wenn Schriftsteller Prominente werden, in: Christ und Welt v. 9. 10. 1964.

Krüger, H., (1970), Ohne Macht und Mandat – Die Erbfeindschaft zwischen Literatur und Politik, in: Die Zeit v. 3. 7. 1970.

Krüger, Hp., (1963), Wer dazugehört, bleibt Geheimnis, in: *Lettau* (1967).

Kühne, P., (1972), Arbeiterklasse und Literatur – Dortmunder Gruppe 61, Werkkreis Literatur der Arbeitswelt, Frankfurt 1972.

Kuttenkeuler, W. (Hg.), (1973), Poesie und Politik – Zur Situation der Literatur in Deutschland, Stuttgart-Berlin-Köln-Mainz 1973.

Lämmert, E., (1973), Über die öffentliche Verantwortung des Schriftstellers, in: *Kuttenkeuler* (1973).

Lange, H., (1972), Wissenschaftlich-technische Intelligenz – Neue Bourgeoisie oder neue Arbeiterklasse? Eine sozialwissenschaftliche Untersuchung zum Verhältnis von sozialer Differenzierung und politischem Bewußtsein, Köln 1972.

Lattmann, D., (1967), Was heißt da literarisches Establishment? (1966), in: D. Lattmann, Zwischenrufe und andere Texte, München 1967.

Lattmann, D., (1973), Stationen einer literarischen Republik, in: Die Literatur der Bundesrepublik Deutschland, (Hg. D. *Lattmann*), München-Zürich 1973.

Lenk, K., (1963), Die Rolle der Intelligenzsoziologie in der Theorie Mannheims, in: Kölner Zeitschrift für Soziologie und Sozialpsychologie, Jg. 15 (1963).

Lenk, K., (1971), »Volk und Staat« – Strukturwandel politischer Ideologien im 19. und 20. Jahrhundert, Stuttgart-Berlin-Köln-Mainz 1971.

Lenz, R., (1966), Verrat der Wahrheit, in: Ansätze 44/45 (1966).

Lenz, S., (1961), Ansteckende Gefühle – Tolstoi und die Krise der Kunst, in: S. *Lenz*, Beziehungen – Ansichten und Bekenntnisse zur Literatur, München 1972.

Lenz, S., (1962), Der Künstler als Mitwisser – Eine Rede in Bremen, in: S. *Lenz*, Ansichten und Bekenntnisse zur Literatur, München 1972.

Lenz, S., (1971), Interview mit E. Rudolph, in: *Rudolph* (1971).

Leonhardt, R. W., (1959), Die Gruppe 47 und ihre Kritiker – Schriftsteller, Verleger und Rezensenten auf Schloß Elmau, in: Die Zeit v. 30. 10. 1959.

Leonhardt, R. W., (1962), Was gilt die deutsche Literatur im Inland?, in: Die Zeit v. 26. 10. 1962.

Leonhardt, R. W., (1962 a), Was gilt die deutsche Literatur im Inland (III)? in: Die Zeit v. 9. 11. 1962.

Lepsius, R. M., (1964), Kritik als Beruf – Zur Soziologie der Intellektuellen, in: Kölner Zeitschrift für Soziologie und Sozialpsychologie, Jg. 16 (1964).

Lethen, H., (1970), Neue Sachlichkeit 1924–1932 – Studien zur Literatur des »Weißen Sozialismus«, Stuttgart 1970.

Lettau, R. (Hg.), (1967), Die Gruppe 47 – Bericht – Kritik – Polemik – Ein Handbuch, Neuwied-Berlin 1967.

Linder, Ch., (1975), Der lange Sommer der Romantik. Über Hans Magnus Enzensberger, in: Literaturmagazin 4 (1975).

Linz, G., (1965), Literarische Prominenz in der Bundesrepublik, Olten-Freiburg 1965.

Lippmann, W., (1964), Die öffentliche Minung, dtsch., München 1964.

Literaturmagazin 4, (1975), Die Literatur nach dem Tod der Literatur – Bilanz der Politisierung, (Hg. H. Ch. *Buch*), Reinbek b. Hamburg 1975.

Löbl, E., (1968), Geistige Arbeit – Die wahre Quelle des Reichtums – Entwurf eines neuen sozialistischen Ordnungsbildes, Düsseldorf 1968.

Luhmann, N., (1971), Öffentliche Meinung, in: N. Luhmann, Politische Planung – Aufsätze zur Soziologie von Politik und Verwaltung, Opladen 1971.

Luhmann, N., (1971 a), Sinn als Grundbegriff der Soziologie, in: J. Habermas/N. Luhmann, Theorie der Gesellschaft oder Sozialtechnologie – Was leistet die Systemforschung?, Frankfurt 1971.

Luhmann, N., (1971 b), Systemtheoretische Argumentationen – Eine Entgegnung auf Jürgen Habermas, in: J. *Habermas*/N. *Luhmann,* Theorie der Gesellschaft oder Sozialtechnologie – Was leistet die Systemforschung?, Frankfurt 1971.

Mannheim, K., (1935), Mensch und Gesellschaft im Zeitalter des Umbaus, Leiden 1935.

Mannheim, K., (1964), Das Problem der Generationen (1928), in: K. *Mannheim,* Wissenssoziologie – Auswahl aus dem Werk, (Hg. K. H. *Wolff*), Berlin-Neuwied 1964.

Martell, H., (1975), Ein Weg ohne Kompaß, in: Kürbiskern 2 (1975).

Martin, A. v., (1962), Die Intellektuellen als sozialer Faktor, in Studium Generale, Jg. 15 (1962).

Marx, K., (o.J.), Grundrisse der Kritik der politischen Ökonomie, Frankfurt-Wien o. J.

Marx, K., (1969), Resultate des unmittelbaren Produktionsprozesses, in: Archiv sozialistischer Literatur 17, Frankfurt 1969.

Marx, K., (1972), Das Kapital – Erster Band, Separatausgabe Marx-Engels-Werke Bd. 23, Berlin 1972.

Marx, K., (1973), Theorien über den Mehrwert – Erster Teil, Marx-Engels-Werke Bd. 26.1., Berlin 1973.

Mauz, G., (1960), Wie wird sich das Hörspiel arrangieren?, in: *Lettau* (1967).

May, H., (1970), Über die Produktion von Literatur. Versuch einer sozio-ökonomischen Einordnung der Literaturproduzenten, in: F. *Benseler* u. a., Literaturproduzenten!, Voltaire Handbuch 8 (1970).

Mayer, H., (1964), In Raum und Zeit, in: Almanach (1964)

Mayer, H., (1967), Zur deutschen Literatur der Zeit. Zusammenhänge, Schriftsteller, Bücher, Hamburg 1967.

Mayer, H., (1971), Einleitung zu: Deutsche Literaturkritik der Gegenwart – Vorkrieg, Zweiter Weltkrieg und zweite Nachkriegszeit (1933–1968), (Hg. H. *Mayer*), Stuttgart 1971.

M. Brockmann, H., (1967), Brockmanns gesammelte Siebenundvierziger – 100 Karikaturen literarischer Zeitgenossen, München 1967.

Mechtel, A., A., (1972), Alte Schriftsteller in der Bundesrepublik – Gespräche und Dokumente, München 1972.

Metscher, T., (1972), Ästhetik und Abbildtheorie – Erkenntnistheoretische Grundlagen materiealistischer Kunsttheorie und das Realismus-Problem in den Literaturwissenschaften, in: Das Argument, Jg. 14 (1972).

Mey, H., (1965), Studien zur Anwendung des Feldbegriffs in den Sozialwissenschaften, München 1965.

Michel, K. M., (1968), Die sprachlose Intelligenz, Frankfurt 1968.

Migner, K., (1968), Alfred Andersch, in: D. *Weber* (1968).

Minssen, F., (1948), Notizen von einem Treffen junger Schriftsteller, in: *Lettau* (1967).

Minssen, F., (1949), Avantgarde und Restauration, in: *Lettau* (1967).

Mitscherlich, A. u. M., (1669), Die Unfähigkeit zu trauern – Grundlagen kollektiven Verhaltens, München 1969.

Mönnich, H., (1949), Schreiben – linker und rechter Hand, in: *Lettau* (1967).

Mönnich, H., (1953), Lobst du meinen Goethe, lob ich deinen Lessing!, in: *Lettau* (1967).

Mundt, H. J., (1961), Kant zur politischen Situation 1961, in: Alternative (1961).

Musil, R., (1952), Der Mann ohne Eigenschaften, Hamburg 1952.

Narr, W. D., CDU-SPD – Programm und Praxis seit 1945, Stuttgart-Berlin-Köln-Mainz 1966.

Naumann, M. u. a., (1975), Gesellschaft – Literatur – Lesen – Literaturrezeption in theoretischer Sicht, Berlin-Weimar 1975.

Negt, O. u. *Kluge,* A., (1972), Öffentlichkeit und Erfahrung – Zur Organisationsanalyse von bürgerlicher und proletarischer Öffentlichkeit, Frankfurt 1972.

Neumann, T., (1968), Der Künstler in der bürgerlichen Gesellschaft – Entwurf einer Kunstsoziologie am Beispiel der Künstlerästhetik Friedrich Schillers, Stuttgart 1968.

Nolte, J., (1963), Selten waren die Momente der Wahrheit, in: *Lettau* (1967).

Paris, R., (1975), Kommentare zur Warenästhetik, in: Warenästhetik. Beiträge zur Diskussion, Weiterentwicklung und Vermittlung ihrer Kritik, (Hg. W. F. *Haug),* Frankfurt 1975.

Peter, L., (1972), Literarische Intelligenz und Klassenkampf – »Die Aktion« 1911–1932, Köln 1972.

Pfeil, E., (1968), Die 23jährigen – Eine Generationsuntersuchung am Geburtenjahrgang 1941, Tübingen 1968.

Philosophisches Wörterbuch, (1965), (Hg. G. *Klaus* und M. *Buhr),* Leipzig ³1965.

Piwitt, H. P., (1973), Klasssiker der Anpassung, in: Literaturmagazin 1 (1973).

Plavius, H., (1970), Zwischen Protest und Anpassung – Westdeutsche Literatur – Theorie – Funktion, Halle 1970.

Popitz, H., (1968), Über die Präventivwirkung des Nichtwissens – Dunkelziffer, Norm und Strafe, Tübingen 1968.

Popper, K. R., (1958), Die offene Gesellschaft und ihre Feinde, Zweiter Band: Falsche Propheten – Hegel, Marx und die Folgen, dtsch., Bern 1958.

Pross, H., (1965), Dialektik der Restauration – Ein Essay, Olten-Freiburg 1965.

Puttkamer, J. v., (1965), Grass und seine Sekundanten – Künstler, Schriftsteller und Verleger bekennen sich zur SPD, in: Vorwärts v. 8. 9. 1965.

Raddatz, F. J., (1955), Wiedersehen mit der Gruppe 47, in: *Lettau* (1967).

Raddatz, F. J., (1961), Eine Woche der Brüderlichkeit, in: *Lettau* (1967).

Raddatz, F. J., (1964), Die Ausgehaltene Realität, in: Almanach (1964).

Raddatz, F. R., (1966), Polemik ist gut – Kenntnisse sind besser, in: *Lettau* (1967).

Redeker, H., (1969), Subjekt-Objekt-Dialektik als ästhetisches Problem, in: Wissenschaftliche Zeitschrift der Humboldt-Universität zu Berlin, Ges.-Sprachwissenschaft, Jg. XVIII (1969).

Rehmann, R., (1964), Was ist das für ein Verein?, in: Almanach (1964).

Reich-Ranicki, M., (1958), Eine Diktatur, die wir befürworten, in: *Lettau* (1967).

Reich-Ranicki, M., (1964), Von der Fragwürdigkeit und Notwendigkeit mündlicher Kritik, in: Almanach (1964).

Reich-Ranicki, M., (1965), Nichts als deutsche Literatur, in: *Lettau* (1967).

Reich-Ranicki, M., (1967), Gelungen und fragwürdig zugleich – Erste Bemerkung zur diesjährigen Tagung der Gruppe 47«, in: Die Zeit v. 13. 10. 1967.

Reich-Ranicki, M., (1970), Lauter Verrisse – Nicht nur in eigener Sache – Bemerkungen über Literaturkritik in Deutschland, München 1970.

Reich-Ranicki, M., (1971), Die deutschen Schriftsteller und die deutsche Wirklichkeit, in:

M. *Reich-Ranicki,* Literatur der kleinen Schritte – Deutsche Schriftsteller heute, Frankfurt-Berlin-Wien 1971.

Reinhold, H., (1958), Zur Sozialgeschichte des Kaffees und des Kaffeehauses (Sammelrezension), in: Kölner Zeitschrift für Soziologie und Sozialpsychologie, Jg. 10, (1958).

Richter, H. W., (o. J.), Diskussion über die Gruppe 47, Funkmanuskript (Anfang der 50er Jahre), Archiv Richter.

Richter, H. W., (1946), Warum schweigt die junge Generation?, in: *Schwab-Felisch* (1962).

Richter, H. W., (1946 a), Parteipolitik und Weltanschauung, in: *Schwab-Felisch* (1962).

Richter, H. W., (1946 b), Die Wandlung des Sozialismus – und die junge Generation, in: *Schwab-Felisch* (1962).

Richter, H. W., (1947), Sauve-qui-peut-Philosophen, in: *Schwab-Felisch* (1962).

Richter, H. W., (1947 a), Deine Söhne Europa – Gedichte deutscher Kriegsgefangener, München 1947.

Richter, H. W., (1948), Werden sie kommen? – Junge Autoren der »Gruppe 47«, in: Sie v. 4. 1. 1948.

Richter, H. W., (1961), Von Links in die Mitte, in: Alternative (1961).

Richter, H. W., (1962), Zwischen Freiheit und Quarantäne – Eine Einführung, in: Bestandsaufnahme (1962).

Richter, H. W., (1963), Kurs auf neue Erde, in: Westfälische Rundschau v. 2./3. 3. 1963.

Richter, H. W., (1963 a), Die Gruppe 47 und die Literatur im heutigen Deutschland – Hans Werner Richter berichtet über seine Gruppe, in: Kansan Lethi v. 10. 4. 1963.

Richter, H. W., (1964), Fünfzehn Jahre, in: Almanach (1964).

Richter, H. W., (1969), Die Geschlagenen (1949), München 1969.

Richter, H. W., (1974), Wie entstand und was war die Gruppe 47? Antworten an Friedhelm Kröll – Ein subjektiver Bericht über die Entwicklung der deutschen Nachkriegsliteratur und meine persönlichen Begegnungen, Erlebnisse, Überzeugungen und Ideen zwischen 1945–1968, (Vierteiliges Sendungsmanuskript, Bayerischer Rundfunk), 1974.

*Richter*s Richtfest, (1962), in: Der Spiegel v. 24. 10. 1962 (Titelgeschichte).

Röhl, K. R., (1971), Nachruf auf die Gruppe 47, in: Konkret v. 2. 12. 1971.

Rohner, L., (1965), Anfänge des Essays, in: Akzente, Jg. 12 (1965).

Rohnert, E.T., (1951), Symposium junger Schriftsteller, in: *Lettau* (1967).

Rossbacher, K., (1973), Literatur und gesellschaftspolitisches Engagement I: Positionen, in: Gegenwartsliteratur – Zugänge zu ihrem Verständnis, Stuttgart-Berlin-Köln-Mainz 1973.

Rowohlt, Ernst, (1968), Ernst Rowohlt – In Selbstzeugnissen und Bilddokumenten, (darg. v. P. *Mayer*), Reinbek b. Hamburg 1968.

Rudolph, E. (Hg.), (1971), Protokoll zur Person – Autoren über sich und ihr Werk, München 1971.

Rühmkorf, P., (1961), Passionseinheit, in: Alternative (1961).

Rühmkorf, P., (1962), Das lyrische Weltbild der Nachkriegsdeutschen, in: Bestandsaufnahme (1962).

Rühmkorf, P., (1972), Die Jahre die Ihr kennt – Anfälle und Erinnerungen, Reinbek b. Hamburg 1972.

Sandkühler, H. J., (1973), Praxis und Geschichtsbewußtsein – Studie zur materialistischen Dialektik, Erkenntnistheorie und Hermeneutik, Frankfurt 1973.

Schäfer, G. u. Nedelmann, C. (Hg.), (1972), Der CDU-Staat – Analysen zur Verfassungswirklichkeit der Bundesrepublik, Bd. 1/2, Frankfurt [3]1972.

Schaff, A., (1966), Marx oder Sartre? – Versuch einer Philosophie des Menschen, dtsch., Frankfurt-Hamburg 1966.

Schallück, P., (1961), Versteinerungen, in: Alternative (1961).

Schauer, L., (1967), Die Stückeschreiber – Wie kommen die Bühnenverlage an ihre Autoren?, in: Die Welt v. 2. 2. 1967.

Scheuch, E. K., (1973), Das Interview in der Sozialforschung, in: Handbuch der empirischen Sozialforschung, (Hg. R. *König*), Bd. 2: Grundlegende Methoden und Techniken, Stuttgart ³1973.

Schluchter, W., (1963), Der Elitebegriff als soziologische Kategorie, in: Kölner Zeitschrift für Soziologie und Sozialpsychologie, Jg. 15 (1963).

Schmidt, E., (1972), Die verhinderte Neuordnung 1945–1952. Zur Auseinandersetzung um die Demokratisierung der Wirtschaft in den westlichen Besatzungszonen und in der Bundesrepublik Deutschland, Frankfurt ³1972.

Schnurre, Wd., (1961), Seismographen waren sie nicht, in: *Lettau* (1967).

Schnurre, Wd., (1962), Verlernen die Erzähler das Erzählen, in: *Lettau* (1967).

Scholl, I., (1962), Eine neue Gründerzeit und ihre Gebrauchskunst, in: Bestandsaufnahme (1962).

Schonauer, F., (1962), Literaturkritik und Restauration, in: Bestandsaufnahme (1962).

Schonauer, F., (1964), Literarische Werkstatt am Mälarsee – Kommentar zur diesjährigen Tagung der »Gruppe 47« in Sigtuna (Schweden), in: Frankfurter Rundschau v. 18. 9. 1964.

Schröder, G., (1957), Elitebildung und soziale Verpflichtung – Schriftenreihe der Bundeszentrale für Heimatdienst 12 (1957).

Schroers, R., (1953), Dichter unter sich, in: *Lettau* (1967).

Schroers, R., (1965), Gruppe 47 und die deutsche Nachkriegsliteratur, in: *Lettau* (1967).

Schröter, K., (1973), Der Dichter, Der Schriftsteller. Eine deutsche Genealogie, in: Akzente, Jg. 20 (1973).

Schücking, L. L., (1961), Soziologie der literarischen Geschmacksbildung, Bern 1961 (3. neubearb. Aufl.).

Schumpeter, J. A., (1946), Kapitalismus, Sozialismus und Demokratie, dtsch., Bern 1946.

Schurtz, H., (1902), Altersklassen und Männerbünde, Berlin 1902.

Schwab-Felisch, H., (1956), Dichter auf dem elektrischen Stuhl, in: *Lettau* (1967).

Schwab-Felisch, H., (1961), Die Schriftsteller und der »Kasten« – Auf einer Tagung der »Gruppe 47« wurde das Fernsehspiel diskutiert, in: Der Tagesspiegel v. 23. 4. 1961.

Schwab-Felisch, H., (Hg.), (1962), Der Ruf – Eine deutsche Nachkriegszeitschrift, München 1962.

Schwab-Felisch, H., (1962 a), Die Grenzüberschreitung als Literatur, in: *Lettau* (1967).

Schwab-Felisch, H., (1964), »Die Provinzialismen überwinden« – Stichworte zur schwedisch-deutschen Begegnung in Stockholm, Mannheimer Morgen v. 23. 9. 1964.

Schwab-Felisch, H., (1964 a), Lesungen am Mälarsee, in: *Lettau* (1967).

Schwab-Felisch, H., (1966), Die Gruppe 47 und die CDU, in: Die Weltwoche v. 29. 4. 1966.

Schwab-Felisch, H., (1966 a), Princeton und die Folgen, in: *Lettau* (1967).

Schwelien, J., (1966), Aug in Aug mit der literarischen Welt Amerikas – Gruppe 47 im Land ihrer Geburt, in: Stuttgarter Zeitung v. 26. 4. 1966.

Schwenger, H., (1973), Schriftsteller – eine neue Arbeiterklasse? Ökonomisches und Sozio-ökonomisches zur Lage der Autoren, in: U. *Paetzold*/H. *Schmidt* (Hg.), Solidarität gegen Abhängigkeit – Auf dem Weg zur Mediengewerkschaft, Darmstadt-Neuwied 1973.

Sh., (1947), Gruppe 47 – Zusammenschluß junger Autoren, in: Lettau (1967).

Sinzheimer, L., (1922), Die geistigen Arbeiter, Erster Teil: Freies Schriftstellertum und Literaturverlag, München-Leipzig 1922.

Sombart, N., (1946), Studenten in der Entscheidung, in: *Schwab-Felisch* (1962).

Sonnemann, U., (1968), Institutionalismus und studentische Opposition, Thesen zur Ausbreitung des Ungehorsams in Deutschland, Frankfurt 1968.

Speier, H., (1929), Zur Soziologie der bürgerlichen Intelligenz in Deutschland, in: Die Gesellschaft, Jg. 6 (1929).

Staat und Politik, (1964), (Hg. E. *Fraenkel* u. K. D. *Bracher*), Frankfurt 1964 (Neuausgabe).

Stiehler, G., (1968), Dialektik und Praxis – Untersuchungen zur »tätigen Seite« in der vormarxistischen und marxistischen Philosophie, Berlin 1968.

Stomps, V. O., (1965), Die literarischen und Kunstzeitschriften, in: Deutsche Presse seit 1945, (Hg. H. *Pross*), Bern-München-Wien 1965.

Tenbruck, F. H., (1964), Freundschaft – Ein Beitrag zu einer Soziologie der persönlichen Beziehungen, in: Kölner Zeitschrift für Soziologie und Sozialpsychologie, Jg. 16 (1924).

Thierse, W., (1969), Marx' Bestimmung der Kunst als eine besondere Weise der Produktion, in: Wissenschaftliche Zeitschrift der Humbold-Universität zu Berlin, Ges.-Sprachwissenschaft, Jg. XVIII (1969).

Thomas, R. H. u. *Bullivant*, K., (1975), Westdeutsche Literatur der 60er Jahre, dtsch., München 1975.

Tjaden, K. H., (1972), Soziales System und sozialer Wandel, Stuttgart 1972.

Tjaden, K. H., (1977), Naturevolution, Gesellschaftsformation, Weltgeschichte, in: Das Argument, Jg. 19 (1977).

Tomberg, F., (1973), Kunst und Gesellschaft heute, in: F. *Tomberg*, Politische Ästhetik, Darmstadt-Neuwied 1973.

Ude, K., (1963), Der Einbruch in die Festung »Publicity« – Wege zur Öffentlichkeit (I): Die Chancen der Nachwuchsautoren, in: Süddeutsche Zeitung v. 21. 7. 1963.

Ulrich, H., (1951), Dichter unter sich, in: *Lettau* (1967).

Vaillant, J., (1973), Un Journal Allemand Face A L'Après-Guerre: Der Ruf (1945–1949)., Paris-Nanterre 1973.

Valéry, P., (1937), Die Politik des Geistes, Wien 1937.

Vegesack, T. v., (1964), Synthese in Sicht, in: *Lettau* (1967).

Vetter, H., (1966), Handke, Neumann und die »Diktatur« der Gruppe 47, in: Kölner Stadtanzeiger v. 31. 12. 1966.

Vormweg, H., (1973), Prosa in der Bundesrepublik seit 1945, in: Die Literatur der Bundesrepublik Deutschland, (Hg. D. *Lattmann*), München-Zürich 1973.

Wagenbach, K., (1959), Gruppen-Analyse, in: *Lettau* (1967).

Walser, M., (1952), Gruppenbild 1952, in: *Lettau* (1967).

Walser, M., (1961), Skizze zu einem Vorwurf, in: Ich lebe in der Bundesrepublik – Fünfzehn Deutsche über Deutschland, (Hg. W. *Weyrauch*), München 1961.

Walser, M., (1962), Interview mit H. Bienek, in: *Bienek* (1962).

Walser, M., (1964), Brief an einen ganz jungen Autor, in: Almanach (1964).

Walser, M., (1964 a), Sozialisieren wir die Gruppe 47!, in: *Lettau* (1967).

Walser, M., (1970), Über die Neueste Stimmung im Westen, in: Kursbuch 20 (1970).

Walser, M., (1972), Engagement als Pflichtfach für Schriftsteller – Ein Radio-Vortrag mit vier Nachschriften (1967/1968), in: M. *Walser*, Heimatkunde – Aufsätze und Reden, Frankfurt ²1972.

Walser, M., (1974), Die Gallistl'sche Krankheit (1972), Frankfurt 1974.

Warneken, B. J., (1972), Abriß einer Analyse literarischer Produktion, in: Das Argument, Jg. 14 (1972).

Weber, D. (Hg.), (1968), Deutsche Literatur seit 1945 in Einzeldarstellungen, Stuttgart 1968.

Wellershoff, D., (1967), Literatur, Markt, Kulturindustrie, in: Merkur, Jg. 22 (1967).

Weber, J., (1975), Über die Grenzen der Meinungsfreiheit im westdeutschen Feuilleton – Aus den Referaten auf den Römerberggesprächen in Frankfurt am 25. und 26. Oktober 1974, in: Tendenzen, Jg. 16 (1975).

Weber, M., (1964), Wirtschaft und Gesellschaft – Grundriß der verstehenden Soziologie, (Hg. J. *Winckelmann*), Köln-Berlin 1964.

Wehdeking, V. Ch., (1971), Der Nullpunkt – Über die Konstituierung der deutschen Nachkriegsliteratur (1945–1948) in den amerikanischen Kriegsgefangenenlagern, Stuttgart 1971.

Wellershoff, D., (1971), Schwierigkeiten mit der Öffentlichkeit, in D. *Wellershoff*, Literatur und Veränderung, München 1971.

Westerfrölke, H., (1924), Englische Kaffeehäuser als Sammelpunkte der literarischen Welt, Jena 1924.

Weyrauch, W. (Hg.), (1949), Tausend Gramm – Sammlung neuer deutscher Geschichten, Hamburg 1949.

Widmer, U., (1965), So kahl war der Kahlschlag nicht, in: *Lettau* (1967).

Wiehn, E., (1971), Intellektuelle in Politik und Gesellschaft, Stuttgart 1971.

Wiese, B. v., (1958), Der Künstler und die moderne Gesellschaft, in: Akzente, Jg. 5 (1958).

Wiese, L. v., (1933), System der Soziologie als Lehre von den sozialen Prozessen und den sozialen Gebilden der Menschen (Beziehungslehre), München-Leipzig 1933 (2. erw. Aufl.).

Winckler, L., (1973), Entstehung und Funktion des literarischen Marktes, in: L. *Winckler*, Kulturwarenproduktion – Aufsätze zur Literatur und Sprachsoziologie, Frankfurt 1973.

Wohmann, G., (1966), Die Siebenundvierziger in Princeton – im Fluge notiert, in: Darmstädter Echo v. 3. 5. 1966.

Wohmann, G., (1971), Interview mit E. Rudolph, in: *Rudolph* (1971).

Zapf, W., (1965), Wandlungen der deutschen Elite – Ein Zirkulationsmodell deutscher Führungsgruppen 1919–1961, München 1965.

Zilsel, E., (1926), Die Entstehung des Geniebegriffs, Ein Beitrag zur Ideengeschichte der Antike und des Frühkapitalismus, Tübingen 1926.

Zimmer, D. E., (1966), Gruppe 47 in Princeton, in: *Lettau* (1967).

Zwerenz, G., (1964), Bloß keine Sozialisierung der Gruppe 47! – Wo kämen ihre Gegner hin, wo bliebe der Spaß?, in: Die Zeit v. 17. 7. 1964.

Zwilgmeyer, F., (1956), Art. Kultur, in: Handbuch der Soziologie, (Hg. W. *Ziegenfuss*), Stuttgart 1956.

Anhang I Gruppentagungen

Frühjahr		*Herbst*
1947		(1) Bannwaldsee
		(2) Herrlingen
1948	(3) Jugenheim	(4) Altenbeuren
1949	(5) Marktbreit	(6) Utting
1950	(7) Inzigkofen	
1951	(8) Bad Dürkheim	(9) Laufenmühle
1952	(10) Niendorf	(11) Burg Berlepsch
1953	(12) Mainz	(13) Bebenhausen
1954	(14) Cap Circeo	(15) Burg Rothenfels
1955	(16) Berlin	(17) Bebenhausen
1956		(18) Niederpöcking
1957		(19) Niederpöcking
1958		(20) Großholzleute
1959		(21) Elmau
1960	(Mai: Hörspieltagung Ulm)	(22) Aschaffenburg
1961	(April: Fernsehspieltagung Sasbachwalden)	(23) Göhrde
1962		(24) Berlin
1963		(25) Saulgau
1964		(26) Sigtuna
1965		(27) Berlin
1966	(28) Princeton	
1967		(29) Pulvermühle

Gruppe 47
– Phasielle Gliederung

Früh- bzw.		1947	1949	
Konstitutionspahse		Bannwaldsee	Utting	
	Konsolidierungs-	1950	1957	
	bzw. Aufstiegsphase	Inzigkofen	Niederpöcking	
Hochphase				1950–1963
		1958	1963	
	Hochphase	Großholzleute	Saulgau	
Spätphase		1964	1967	
		Sigtuna	Pulvermühle	

Anhang III
Preisträger der Gruppe 47

1950	Inzigkofen	Günter Eich
1951	Bad Dürkheim	Heinrich Böll
1952	Niendorf	Ilse Aichinger
1953	Mainz	Ingeborg Bachmann
1954	Cap Circeo	Adriaan Morrien
1955	Berlin	Martin Walser
1958	Großholzleute	Günter Grass
1962	Berlin	Johannes Bobrowski
1965	Berlin	Peter Bichsel
1967	Pulvermühle	Jürgen Becker

Anhang IV
Auszüge aus Forschungsinterviews

Die Auswahl der Interviewpartikel erhebt nicht den Anspruch, eine repräsentative Zusammenstellung zu sein. Die Auszüge sollen einen informierenden Eindruck von den Interviews vermitteln. Hierzu wurden aus einigen Interviews Statements, Gedankengänge und kurze instruktive Abschnitte herausgezogen, die auf relevante thematische Aspekte der Untersuchung abheben. Die ausgewählten Partikel sind weder einzelnen Gliederungsabschnitten der Untersuchung direkt zuzuordnen, noch spiegeln sie in ihrer Anordnung die Struktur des Interviewleitfadens. Qualitative, halbstrukturierte Interviews sind dadurch charakterisiert, daß sie entlang kategorial bestimmter Interviewlinien dem Befragten ein starkes Maß an Assoziationsmöglichkeiten und Gedankenbewegung konzeptionell einräumen. Es ist immer problematisch, aus qualitativen Interviews, die als rekonstruktive Dialoge konzipiert sind (vgl. Kap. 1.3.), einzelne Momente zu isolieren. Es besteht die Gefahr, die Kohärenz des inneren Gewebes des Interviewprozesses, die im Partikel höchst unterschiedlich aufscheint, bis zur Unkenntlichkeit zu verzerren. Zur Orientierung sind den einzelnen Auszügen Statements zum jeweiligen thematischen Aspekt vorangestellt. Um den Zugang zu den Auszügen zu erleichtern, wurden kleine Korrekturen, z. B. Verkürzung der Fragestellung, vorgenommen, ohne den Sinnkontext und den Fluß des Gesprächs zu verletzen. Die in Kap. 1.3. begründete Form der Anonymisierung der Befragten wurde beibehalten.

Die Auszüge sind geordnet nach der verschlüsselten Gliederung der Interviewpartner; eine Ausnahme stellt der Auszug aus Interview (16) dar, da dieser Abschnitt ein interessantes Fazit von Erfahrungen mit der Gruppe 47 wiedergibt und deshalb zum Abschluß sich eignet.

Zum Problem der Zugehörigkeit zur Gruppe 47 (Interview (3))

(K)röll: Läßt sich positiv oder negativ eine Definition der Zugehörigkeit zur Gruppe 47 formulieren? Sind Grenzziehungen zu machen?

(I)nterviewpartner: Für die Leser (von 47-Autoren – F. K.) nachträglich; die Gruppe 47 hatte ja ihren größten Ruhm gehabt, als es sie nicht mehr gab. In den 60iger Jahren wurde sie ja so richtig berühmt. In den 50iger Jahren, das stellt man sich ja doch ein bißchen falsch vor, die vielen Zeitungsausschnitte aus den 50iger Jahren stammen ja doch von denen hauptsächlich, die dadurch sich ein bißchen was verdient hatten, weil sie selber zur Gruppe 47 hingefahren sind, haben dann da die Gruppe mitgemacht und miterlebt und dann haben sie sich noch etwas finanziert, dadurch daß sie im Feuilleton einen Bericht darüber schreiben durften oder im Rundfunk. Gut. Aber da die Autoren der Gruppe in den 50iger Jahren noch nicht so bekannt waren, war auch die Gruppe nicht so bekannt. Also ich hatte den Eindruck auf jeden Fall, daß in den 60iger Jahren, als die Gruppe gar nicht mehr existierte, da konnte man, und in den 60iger Jahren habe ich meine meisten Vorlesungen gemacht, da konnte man eben nirgendwo erscheinen, in keiner Volkshochschule, in keiner literarischen Vereinigung, ohne daß das Hauptinteresse war, also Gruppe 47. Und da habe ich also bis zum Überdruß immer wieder erzählen müssen, daß ich alles andere als ein typischer Zugehöriger der Gruppe bin, und zwar, und das ist auch typisch, daß ich das in den 60iger Jahren sagen mußte, denn in dieser Zeit hat ja die Gruppe begonnen mit Sigtuna, mit Princeton, eine nationale Repräsentanz anzustreben, die ich nur als grotesk hybrid bezeichnen kann und wo das für mich also ein Ausmaß annahm, dem gegenüber ich mich nur noch polemisch verhalten konnte. Abgesehen davon, daß für mich die Besuche mehr und mehr aufgehört hatten; aber diese Anmaßung einer bundesrepublikanischen Repräsentanz, da war es bei mir also Schluß. Das ist natürlich nicht nur dieser Gruppe 47 passiert, sondern das scheint normal zu sein fast; vielleicht ist das eine Gruppenbiologie oder eine Biologie von Gruppenexistenzen, ich weiß nicht woher das kommt, das solche Sachen, wenn sie ganz extensiv werden, oder wenn sie unglaubliche Expansionen erlebt haben, oder die erleben sie erst in dem Augenblick, wenn sie innen schon keine Kraft mehr, wenn sie im Grunde genommen schon tot sind. Und so war das in den ... Also die Zugehörigkeit, die lebendige Zugehörigkeit ist für mich natürlich nur in den 50iger Jahren und da hat sie, da gehörte ich ganz intensiv dazu, ich fühlte mich ganz intensiv zugehörig. Zu beschreiben, worin die Zugehörigkeit bestand: naja hauptsächlich für mich, indem man diese Leute mit gleichen Problemen da gesehen hat. Ich glaube, das ist in jeder Berufsgruppe so.

(K) Stichwort: Kollegen!

(I): Ja, ja. Das dürfte ... Also wenn es einen Beruf gibt, den man weit voneinander ausübt und sozusagen eine spezialisierten Beruf und es sorgt nicht ein Verband für die ganz lebensnotwendige Kommunikation, ohne die nämlich wirklich eine krankmachende Isolation eintritt, wenn da keine Verbandsauseinandersetzung besteht, dann ist, finde ich, so eine Gruppe, die wie auf spontaner Initiative eines einzelnen oder von ein paar einzelnen beruht, dann wird man der gegenüber umso dankbarer, weil man ja, weil man es ja nicht wie ein Recht empfindet, so eine Gruppe zu haben, verstehst Du, ein Unterschied, als wenn es einen Verband der Schriftsteller gibt und der macht einen Kongreß und Du bist ein Schriftsteller, gut, dann fahren vielleicht viele sogar nicht hin, denn ja Gott, es gehen ja die anderen hin und machen die Berufsangelegenheiten, nicht? Da ist es geradezu ein Verdienst hinzufahren. Wenn das aber überhaupt nicht organisiert ist, Dein Berufsfeld, sondern es ist der Initiative vom H. W. Richter und noch zwei oder drei Kollegen zu verdanken, daß Du Deine Kollegen überhaupt siehst, dann wirst Du unheimlich dankbar dafür, daß Du Deine Kollegen da treffen kannst. Das ist ein ganz anderes Empfinden. Heute, da wir ja in der Gewerkschaft sind, wenn wir wollen, da tritt eher eine, vielleicht, also ich fürchte, eher eine leichtere Ermüdung ein, da gehen die Leute vielleicht weniger aktiv hin als sie auf die Gruppe 47 gefahren sind.

(K): Mehr Ego-Involvement?

(I): Ja. Weil es einfach nicht garantiert ist, weil es nicht vorwegorganisiert ist. Nun hat das aber, bitte ich würde niemals dieser Pseudo-Organisation Gruppe 47 da den Vorzug geben, weil die Verwilderung aller Bewußtseine der ganz Aktiven, der halb Aktiven und der Passiven ist unausbleiblich. Etwas, was keinerlei Schriftform hat und was keinerlei demokratische Basis hat und was keinerlei demokratisches Bedürfnis entwickeln will, sondern wo man alles das nur der Spontaneität und/oder auch Pseudo-Spontaneität ...

(K): Liegt ja nahe bei der Autorität ...

(I): Nicht wahr, jede Fehltradition kriegt auch schon eine Autorität; es gibt ja in dieser Gruppenentwicklung Traditionen, die höchst kritisierenswert sind, aber gegen die nichts zu machen war, nicht, also gerade in der Kritikgebarung, was ich also Monopolisierung nenne, usw. Das Verstummen der Kollegen, das Einschränken allen Sagens auf diese paar Rede-Profis da, nicht, keiner hat mehr; am Schluß hast Du schon unter den Achseln geschwitzt, wenn Du Dich zu Wort gemeldet hast in einem Haus, in dem Du vorher daheim zu sein hofftest oder glaubtest.

(K): »Wir trauten uns nicht mehr.«

(I): Genau, es wurde immer schwieriger, weil die Kerle das so ritualisiert hatten, ...

(K): ... Und also noch stolz darauf waren?

(I): ... Und wie und wie.

Zum Problem der Legitimation der Kritik in der Gruppe 47

(K): Ist von den Kritikern Auskunft darüber gegeben worden, wie sie die Kriterien ihrer Kritik verbürgen? Oder, sind sie jemals darauf befragt worden? Sind dazu überhaupt Fragen gekommen?

(I): Sicher hat man diese Spontaneitätsleistungen auch ihrerseits befragt und dann wurden die wieder spontan beantwortet. Da wurde sicher darüber ... Man hat auch gelacht, wenn einer gesagt hat, so oder sowas. Aber das ist ja völlig egal. Wenn etwas mal institutionalisiert ist als Person auf so einem gewissen Stuhl, und der sitzt immer links in der 2. Reihe da und da und der sitzt immer da und man weiß schon, wenn sich das alles schon einmal so gemacht hat, dann bedürfte es eben ganz anderer Reflexion oder wahrscheinlich sogar Entscheidungen, daß man das aufhebt diesen schlechten Brauch, wenn man es für einen schlechten Brauch hält, nicht? Aber soweit, das wäre ja immer der Mord an der Gruppe gewesen, weil eben die Gruppe darin bestand, daß diese 5 oder 6 Leute ihre Spontaneität da spazieren führten. Klar, und die haben das auch in einer erstaunlichen Weise beherrscht, in jedem Sinne beherrscht. Das weiß ich auch noch und das wird jeder wissen. Man war dann erstaunt, daß die Kerle, wenn sie 10 Seiten Romanmanuskripte gehört hatten, daß die dann sofort so lange darüber reden konnten. Natürlich war man dumm genug, dieses Darüber-reden-Können für einen wirklichen Vorzug von denen zu halten anstatt sich zu fragen, ob man wenigstens fragen dürfe, warum man selber sich nicht imstande fühlte jetzt genauso lang und klug darüber reden zu können wie die; ob das unbedingt ein Vorteil sei, daß einer spontan so reagieren könne und gleich mit so einer Urteilsperfektion sich ausrüsten könne für etwas, was er gerade halbwegs zur Kenntnis genommen hatte. Man hat sofort sich unrecht und denen recht gegeben.

(K): Verinnerlichung in einer gewissen Weise ...

(I): Genau! Weil es schon institutionalisiert war.

Zum Einfluss der Gruppe 47 auf die literarische Arbeit

(K): Schlußfrage: Hat die Kritik der Gruppe 47 oder hat die Gruppe 47 Einfluß auf Ihre Produktion gehabt? Thematisch? Formal? Es war ja eine Werkstatt ...

(I): Für mich war es eben keine Werkstatt, für mich war es also, ich muß es wirklich sagen, die Menschen, die Kollegen ...

(K): Geselligkeit ...

(I): Ja, Geselligkeit aber wirklich im notwendigsten Sinn, nicht etwas was zusätzlich oder überflüssigerweise ... Werkstatt konnte es für mich nicht sein, weil ich den Urteils- gewohnheiten und Traditionen und Ritualen nicht vertraut habe dort. Und da ich ja sehr bald Romanschreiber geworden bin und es ja auch werden wollte, aber das hätte ich auch mit Stücken, die ich dann auch geschrieben habe, auch nicht anders gemacht. Ich hätte nie, niemals ein Romankapitel oder, das konnte ich ja nicht, meine Roman- kapitel sind zu lang dazu, aber Abschnitte aus Romanen oder Stücken dieser sport- lichen Versammlung da vorgesetzt und dieser Art von Kritik vorgesetzt, weil ich einfach das Gefühl hatte, die Herren, wenn sie in dieser Rolle da fungieren, sind noch um etwas eitler und unzuverlässiger, als wenn sie zu Hausse sitzen und Bücher rezensieren müssen. Ich hab' diesen Preis kassiert und habe aufgehört damit, das fand ich einfach unzumutbar mir gegenüber. Warum sollte ich das machen? Z. B. hät- te ich dann, wenn die Gruppe 47 hätte einen Einfluß haben können oder sollen auf mich, dann hätte ich, oder wenn sie gehabt hätte, dann hätte ich Geschichten geschrie- ben, um sie dort vorzulesen, nicht. Weil ich glaube, nur die Geschichte also allein, eine begrenzte Geschichte von 15 oder 20 Seiten allein, das kann man halbwegs beurtei- len; die hört man, dann ist sie fertig, gut. Und wenn man dann ein bißchen Routine hat in dem Gewerbe, dann kann man eine Geschichte beurteilen. Aber einen Roman! Nun gibt's natürlich Kollegen, die schreiben Romane in Kapitelformen und die einzelnen Ka- pitel sind wie Geschichten; also z. B. die Blechtrommel von Grass, da sind die einzelnen Kapitel wie Geschichten. Das ist so strukturiert, daß es sich dafür auch noch eignet, da kann man ein Kapitel herausnehmen und lesen. Bei mir könnte man das nie, weil das hängt einfach zu stark miteinander zusammen. Aber die Gruppe 47 hat auch generell nicht solch einen Einfluß gehabt, denn sonst wären mehr Romane in dieser Art geschrie- ben worden. Aber das ist auch nicht literarisch; auf das Schreiben, auf die Stilistik hat die Gruppe keinerlei Einfluß gehabt von irgendeinem Autor nennenswert. Ganz be- stimmt nicht, das wäre auch unsinnig, wie könnte das sein. Allein das Rezeptionsvermö- gen jedes Menschen ist ja derart, daß einmal oder zweimal drei Tage im Jahr, seien sie wie sie wollen, nicht wahr, die verändern ihn nicht in einem Maße, daß das dann auf sein sog. Unterbewußtsein, wo ja die Hauptreize gelagert werden und spielen, daß das also da bestimmend wird. Aber etwas anderes, was Du gesagt hast, die soziale Identität. Nicht, dieses Gefühl, in der Wirklichkeit siehst Du Dich Herrn Sieburg gegenüber und noch im Merkur schreibt der Herr Sowieso in einer bösartigen Weise und da bist Du al- lein. Und da mußt Du irgendwo hingehen können, wo welche sind, die werden von dem genauso behandelt wie Du. Das ist sehr wichtig, nicht. Mit welcher Genauigkeit auch immer, so glaubten wir uns dann doch einig zu sein, Dufhues, Sieburg, Globke, etc., etc. Das sind die und hier sind wir und wir wollen uns unterscheiden davon.

Zum Problem der Orientierung der Gruppe 47 am Gesichtspunkt des »Schreib-Handwerks« (Interview 4)

(K): Ich komme zurück zur Ursprungsintention und damit, um einen Begriff zu nehmen, zum Werkstattcharakter der Gruppe. Dazu drei Fragen, ich nehm mal die erste. Was sind nach Ihrer Meinung die Gründe dafür, daß also die Kritik, wenn ich's recht aus der Presse verstanden habe, sich am Handwerklichen orientierte; d. h. also, daß die Kritik nicht einsetzte etwa an der Themenwahl? Was waren also die Ursachen für diese strenge, ich weiß nicht, ob es immer durchgehalten worden ist, für diese strenge Orientierung, ich will nicht sagen am Formalen, aber am Handwerklichen?

(I): Ich glaube, das stimmt nicht. Das ist eines der Gerüchte, die wohl von Leuten verbreitet worden sind, die kaum je dabei waren oder sonst schlecht zuhörten. Es gab in der Gruppe 47 bei den erstaunlichsten Leuten, da gab es ganz seltsame Bündnisse. Da gab es z. B. erst Widerwillen und Kritik und dann bis zum Abscheu gehende Ablehnung gegen gewisse Themen, oder es gab bei anderen eine vorurteilsvolle Hingabe an gewisse Themen, ganz abgesehen von der, wobei die Frage ist, kann man's isolieren, handwerklich schriftstellerischen Leistung. Die Gruppe stand ja in der Phase der deutschen Literatur, die sich mit dem beschäftigte, was man so schön die Bewältigung der Vergangenheit nannte, und Themen dieser Art und gar noch Juden- und SS-Themen hatten damals, die passierten erstmal, ohne daß man hinsah, wie das verarbeitet war, das war sympathisch; und ein entsprechender Text, der ein politisch nicht so vorprogrammiert in den Applaus der Gruppe hineingetriebenes Thema behandelte, mit wahrscheinlich literarisch viel interessanteren und gewagteren Methoden, ein solcher Text hat es in gewissen Zeiten schwer überhaupt angehört zu werden. Also das ist ein ganz großer Unsinn. Mich hat es interessiert, ich hab' vor einem halben Jahr ein Buch eines Literaturkritikers aus der DDR gelesen, eines der besten Bücher über die gegenwärtige erzählende Literatur hier in der Bundesrepublik, der übrigens eine vernichtende Abfuhr so nebenbei der Gruppe 47 bietet und zugleich eine nachträgliche Rehabilitierung der Wiener Gruppe der Literaten, die ja damals wirklich eine Untergrundliteratur war in Wien, kaum beachtet und die jetzt in ungeheurer Breite nach Deutschland vorgedrungen ist. Diese Sachen, wenn die damals bei der Gruppe 47 gelesen worden wären, wären auf ungeheure Ablehnung gestoßen und sie waren sicher, das kann man bejahen oder nicht bejahen, der Mann aus der DDR bejaht es sogar, sie waren literarisch natürlich weiter sagen wir mal nur handwerklich, ich glaube auch im geschichtlichen Bewußtsein weiter als das meiste, was in der Gruppe 47 gelesen wird. Das war einfach melodramatischer Sozialdemokratismus zum Teil, kam aber immer zu Beifall. Der Widerwillen hat sich erst so Anfang, Mitte der 60iger Jahre durchgesetzt dagegen. Also das nur zur Legende, daß dort nach formalen Gesichtspunkten geurteilt wurde. Ganz im Gegenteil, die Themenwahl war eigentlich schon der halbe Erfolg.

Zur Funktion und Rolle der Kritiker in der Gruppe 47 (Interview 5)

(K): Kleine Pedanterie immer am Anfang. Wann Sie das erste Mal teilgenommen haben an einer Tagung?

(I): Mainz 53.

(K): Sie haben nie selber gelesen?

(I:) Nein.

(K): In welcher Rolle sind Sie dann hingefahren? In einer bestimmten beruflichen Rolle oder als literarisch interessierte Privatperson zur Gruppe beim ersten Mal?

(I): Ich war damals junger Kritiker bei den Frankfurter Heften, deren Kulturleiter Dr. Walter Maria Guggenheimer mit der Gruppe 47 eng verbunden war. Es gehörte auch der Ernst Kuby, der bei den Frankfurter Heften damals eine große Rolle spielte, zum

Kreis der Gruppe 47, mein Freund Heinz Friedrich, der ein Kollege war beim Nachtstudio im Hessischen Rundfunk, und da ich mich als Literaturkritiker schon einigermaßen betätigt hatte, sagten die, komm doch mit. Ich fuhr also sozusagen als von dem näheren Kreis eingeladener Kritiker hin.

(K): Sie haben sich gleich beim ersten Mal an den Diskussionen, an der Kritik beteiligt?

(I): Ja, und zwar gar nicht so unflott. Es hat doch immer eine Schwierigkeit gegeben, die darin bestand, daß die Gruppe 47 auf der einen Seite die deutsche Nachkriegsliteratur repräsentieren und mitformen wollte, also sich um das kümmerte, was nach 1945 entstand, daß sie auf der anderen Seite zwar antifaschistisch war, das war so ein zu nicht sehr viel verpflichtendes Glaubensbekenntnis, aber immerhin es war eines, sich aber um die Emigranten kaum kümmerte. Nun war damals der Walter Mehring da, Ihnen sicherlich bekannt, dieser Kabarettist und Versschreiber aus den 20iger Jahren, der wollte also ein Come-back haben und der las was vor. Und das schien mir ein kitschiger Text zu sein. Und nun gehörte ich, ich bin Jahrgang 1928, ich gehörte also zu der Generation, die in der Nazizeit nicht mehr schuldig geworden sein kann, einfach aufgrund des Geburtsdatums, ich hab' da so qua eine Unbefangenheit geschenkt bekommen von der Natur, die alle meines Jahrgangs haben. Ich hörte also, was der Mehring vorlas und hatte die Kritiken gehört, die an den anderen Sachen geäußert worden waren, an den Gedichten der Bachmann, die glaube ich damals vorlas usw.; und ich faßte mir ein Herz und sagte, es tut mir leid, aus dem und dem Grund finde ich, daß der Text sein Anliegen nicht trifft ... und argumentierte das und war also, sagen wir mal, sehr offen. Das gaben einen ziemlichen Stunk. Es kannte mich ja keiner, ich war ja auch noch sehr jung. Es kam dann nachher der Christian Ferber, mit dem ich mich seither ganz gut befreundet habe, auf mich zu und sagte, aber hören Sie mal, das können Sie aber nicht machen, daß Sie unseren Walter Mehring hier so angreifen, den lassen wir uns doch nicht von Ihnen kaputtmachen, so eine verehrungswürdige Gestalt aus der deutschen Literaturgeschichte. Da sagte ich, ich wußte nicht, daß man hier nicht sagen kann wie einem zumute ist und sie hätten ja durchaus die Möglichkeit gehabt, zu widersprechen und andere Argumente vorzutragen. Ich glaube, sachlich hatte ich recht. Und dabei blieb es dann auch und dann machte ich so weiter. Nach einem Jahr diskutierte ich dann fortwährend mit.

(K): Da eine Zwischenfrage. Sind Sie nie aufgefordert worden selber zu lesen? Kam das nie aus dem Auditorium? Sollte nicht mal der oder der, ich sag mal der Nur-Kritiker nicht selbst lesen? Tauchten solche Fragen nie auf?

(I): Das wurde abstrakt natürlich oft gesagt. Die Kritiker müßten eigentlich auch einmal etwas von sich vorlesen, einen Essay oder so etwas und warum auch nicht. Es hat z. B. Alfred Andersch mal einen Essay vorgelesen, er hieß glaub ich »Vom Wesen des Kunstwerks« oder so ähnlich. Aber darin steckt natürlich, steckte natürlich ein abstraktes und nicht so wahnsinnig gültiges Ressentiment, daß man sagt, wieso sollen die sich nicht auch blamieren? Während natürlich, wenn man sich kontinuierlich äußerte, dann war das Risiko gerade groß genug. Das ging im allgemeinen doch anders. Die meisten, sagen wir mal den Walter Jens, den Höllerer, den Reich-Ranicki und mich, wir waren es am Anfang hauptsächlich und der Guggenheimer, wir hatten also weiß Gott genug Gelegenheit uns zu blamieren und uns miteinander zu streiten und uns auszusetzen. Wer wirklich dabei saß während des Gefechtes, der kam nicht auf die Idee zu sagen, die Kritiker müßten auch mal, das taten die schon.

(K): Ja, also gleich dazu noch eine Frage. Widersprach das nicht, das wäre zu überlegen, widersprach das nicht dem ursprünglichen Konzept, der ursprünglichen Intention der Gruppe, des Arbeitsgespräches von Schriftstellern, wenn sich dann herauskristallisierte eine Gruppe, die also, ich sag's mal gleich pointiert, die sich darauf spezialisiert hatte, in diesem Werkstattkreis auf Nur-Kritik?

(I): Kritiker sind auch Schriftsteller. Das ist eine törichte Unterscheidung. Sie schreiben ja Essay-Bände, z. B. der Walter Jens schreibt auch Romane usw. Es ist eine rührende Vorstellung, daß, als ob nicht auch da die Arbeitsteilung einsetzt. Niemand hat den Günter Grass oder die Ingeborg Bachmann daran gehindert, sich mit kritischen Äußerungen zu melden. Oft genug sind Autoren, die also sagen wir mal ein bißchen naivere und einfachere Kategorien haben, ja keineswegs schlechte Autoren, aber deren kritisches Vokabular erstreckt sich dann doch darin, daß sie den Daumen nach unten halten oder sagen, das ist Scheiße oder so kann man nicht mehr schreiben oder das langweilt mich. Oft genug sind das Reaktionen, die dem Vorgelesenen in gewisser Weise besser entsprechen als feinsinnige ästhetische Erörterungen, die das Objekt auf eine Niveau heben, das es vielleicht selber gar nicht hat. Aber zu sagen, es sollten da nur Schriftsteller miteinander reden und nicht Kritiker, das ist von vornherein Unfug. Das gab es nicht. Was ist denn der Heinz Friedrich, was ist denn der Guggenheimer? Ich meine in der englischen Literatur hat es diese critical poets, also die Leute, die einerseits Lyriker und andererseits ausgesprochen kritisch ausgeprägt sind, der Eliot-Kreis usw., ja wirklich gegeben und das ist bei uns natürlich auch. Also, es hat niemals ein Grund bestanden, daß man sagte, es sollen nur Autoren reden.

(K): Bevor ich dann nochmal zur Frage der Kritik komme. – In Anknüpfung an die erste Tagung, an der Sie teilgenommen haben: Mich würde interessieren, was für ein Bild Sie von der Gruppe hatten, bevor Sie da waren und welche Erwartungen Sie an die Teilnahme geknüpft hatten?

(I): Ich hatte vorher wie alle Außenstehenden ein relativ negatives Bild von der Gruppe. Ich bin eigentlich nur aus Neugier und weil Mainz nahe bei Frankfurt war, hingefahren. Ich hatte mir gedacht, die können Dich ja alle nicht leiden. Ich war dem Typus nach damals ein Intellektueller aus der Adorno-Schule, heute würde man sagen ein Linksintellektueller. Ich fand die Thesen, die ich über die Gruppe 47 gehört hatte, also die Kahlschlag-Literatur, diese derbe Kumpanei, daß eine Krähe die andere wäscht, daß also jeder dem anderen hilft, das fand ich alles eher ein bißchen abstoßend und ich dachte, na wollen mal sehen, was das so ist. Ich hatte das Gefühl, ich komme in einen Zirkel, wo so Biertisch-Gespräche und literarisches Geschwätz herrscht, aber wo eigentlich nicht so schrecklich viel los ist und wo sie Dich alle nicht leiden können, weil Du so ein hochgestochener Intellektueller bist. Das war also meine Vorstellung und diese Vorstellung wurde dann revidiert.

(K): Ist dann revidiert worden?

(I): Ja, bei mir.

(K): Dann zu einer Frage, die sich bezieht, deswegen auch dieses Blättchen (Liste der Tagungen – F. K.), ob Sie kontinuierlich teilgenommen haben an den Tagungen, nachdem Sie das erste Mal da waren oder ob's Unterbrechungen gab, – außer, abgesehen von Terminschwierigkeiten – eventuell, die darin gründen, daß Sie ein verändertes Verhältnis zur Gruppe hatten?

(I): Nein, die gab es nicht, Kritiker sind immer eitel. Das ist eine déformation professionelle, aber sie sind natürlich für so eine Gruppe ziemlich wichtig. Jemand, der als erster sich meldet, wenn eine komplizierte Vorlesung vorbei ist, ist einfach als Eisbrecher entscheidend. Und wenn dieser jemand sich einigermaßen klar und einigermaßen pointiert auszudrücken versteht, dann ist das für den glücklichen Verlauf von Tagungen gar nicht so überflüssig. Der Hans Werner Richter und manche andere, die machten mir also enorme Komplimente, ich weiß gar nicht wie ernst sie es meinten, aber sie machten sie, und sagten, das ist ja toll, immer wenn Sie etwas sagen, versteht man genau, was Sie meinen, und Sie müssen immer wieder kommen usw. Das hat mir natürlich Spaß gemacht, das hat mir geschmeichelt und ich hab ungeheuer viel bei der Sache gelernt. Ich hab auch viel investiert, viel Engagement. Ich könnte Ihnen also meine ganzen Unterlagen zeigen, ich hab mir fast immer Notizen gemacht, ich hab sehr sorgfältig zugehört, war danach meist ganz erledigt. Aber für mich war doch dieser allmählich so richtig eingefahrene, dieses Ritual eine große Erfahrung und ich war sehr traurig, als ich wegen meines Studiums, als ich dann meinen Doktor machen mußte, an irgendeiner Tagung, ich glaub' es war, es muß 1957 gewesen sein, also an irgendeiner Tagung nicht teilnehmen konnte. In Saulgau oder was weiß ich wo. Normalerweise war ich immer dabei, außer wenn ich kein Geld hatte hin zu fahren oder wenn es aus irgendeinem Grund nicht ging. Das hab ich immer sehr beklagt.

Zum Strukturwandel der Gruppe 47 (Interview 8)

(K): Ich kehre also zurück zur Gruppenstruktur, zum Gruppenprozeß. Ich komme also zur Kritik, zu diesem Kernstück. Aus der zeitgenössischen Presse geht hervor, daß also etwa ab 1952 sich die sogenannten Nur-Kritiker etabliert haben, so etwa ist die Zeit, um 52, die also selber nicht gelesen haben, die sich spezialisiert haben auf Kritik. Hat das den Werkstattcharakter und wenn ja in welcher Form verändert?

(I): Der hat ihn absolut verändert. Meiner Meinung nach ist das die Pest gewesen, daß wir die Kritiker und Leute, die Geld gegeben haben für einen Preis, eingeladen haben. Die Kritiker wußten von vornherein, was gut und was schlecht war. Darüber ließ sich überhaupt nicht mit ihnen diskutieren. Da hatten wir auch an und für sich keine Lust. Aber, die armen Autoren, die dort zum ersten Mal oder zum zweiten Mal auf dem Stuhl saßen und lasen, die wußten von vornherein, dort sitzen die Leute, die die politische und die literarische Meinung in Deutschland machen, man kann ruhig beide anführen. Und wenn sie bei denen durchfallen, sind sie tot, dann kauft kein Mensch mehr ein Stück Brot von ihnen. Aber wenn sie von ihnen gelobt werden und hinter den Kritikern saß eine ganze Herde von raubgierigen Verlegern, dann würden sie sofort gekauft werden. Dadurch ist das ganze Wesen der Gruppe 47, dieses Freundschaftskreises, zerrissen worden. Es hat sich niemand mehr gewagt, ein Stück, das ihm viel Sorge und Arbeit gemacht hat und mit dem er nicht recht zu Ende kam, vorzulesen und das mit seinen Freunden zu diskutieren. Das hat die Kritiker nicht interessiert. Jeder der Vorlesenden hat sein bestes Stück herausgesucht und hat daran gefeilt und hat darauf gewartet, daß die Kritiker es gut finden. Denn wenn die Kritiker es gut fanden, von den anderen war gar keine Rede mehr, dann kamen die Käufer, dann kamen die Verleger, und dann war er gemacht. Es gibt eine ganze Menge Beispiele dafür. Aber warum noch einmal wiederholen, was ich vorhin schon gesagt habe. Die Gruppe 47 ist tot und sie ist tot durch den Preis, durch die Kritiker und das alles. Vielleicht ist es gar nicht möglich, eine unpolitische oder eine Gruppe zu starten im öffentlichen Raum, wo die Fernsehlampen glühen und die Reporter herumrasen und fragen: Wie haben Sie heute Nacht geschlafen, werden Sie lesen? Und der Junge, der dort liest, zittert vor Angst vor dem Verdikt der Leute, die direkt vor ihm sitzen. Das ist eine Perversion, das hat, das hatte nichts mehr mit der Gruppe zu tun und aus diesem Grunde ist sie auch auseinandergeplatzt, was heißt, sie ist auseinandergegangen. Ich kenne niemanden, der noch Lust hätte, dort hinzugehen. Vielleicht sind es junge Literaten, die ... Aber das können sie überall. Es gibt ja genügend literarische Foren, wo sie auftreten können und lesen. Die Gruppe 47 war etwas ganz anderes und das ist aus.

Zur Teilnahme-Motivation und zum Vorlese-Verhalten in der Gruppe 47 während der Hoch- und Spätphase (Interview 12)

(K): Was waren die Motivationen, das Motivationsbündel, zu den Tagungen der Gruppe 47 hinzufahren und dort zu lesen?

(I): Daß das eine der wichtigsten Institutionen der literarischen Öffentlichkeit war, eine marktbeherrschende Institution.

(K): Es war also für einen Autor und für Sie, wenn Sie sich als Autor interpretiert haben, nötig quasi dort hinzugehen?

(I): Ja, es war für mich aus zwei Gründen nötig, es war für mich als Autor wichtig, aber mein Verleger sagte auch, ich solle da hingehen, also als Lektor auch, Kontakte schaffen und sehen was in der literarischen Landschaft los ist, überhaupt dabei sein.

(K): Also die Gruppe 47 doch als Focus im literarischen Feld, ...

(I): Ja.

(K): Ich will mal den Begriff Literaturbetrieb weglassen?

(I): Ja, Literaturbetrieb auch und sozusagen als Vorstation des Marktes und der Öffentlichkeit auch.

(K): Es wurde also vorsortiert?

(I): Die Gruppe 47 hat meiner Meinung nach die Funktion gehabt, die Unübersichtlichkeit des Marktes sozusagen etwas aufzufangen und Vorentscheidungen zu treffen, damit man also schon wußte, was wird die Literatur der nächsten Saison.

(K): Sie sind ja Lektor. War die Gruppe 47 jetzt ökonomisch gesehen, ökonomisch-technisch gesehen, so eine Art funktionales Äquivalent neuerer Marketingstrategien? Heute wird ja etwa ein »Lenz« anders herausgebracht, als daß man da wartet, was die Gruppe sozusagen ausfiltert.

(I): Sie war sicher nicht bewußt in diesem Sinne geschaffen worden, sie hatte die Funktion sozusagen den Markt vorhersehbar zu machen. Denn dort war sozusagen ein kleiner Expertenmarkt, wo also Lektoren, Verleger, die Fernseh-und Rundfunkstationen und die Literaturredakteure sich alle trafen und die Kollegen untereinander, die Schriftsteller auch, sozusagen vor den Augen dieser Öffentlichkeit sich gegenseitig ihre Wertigkeiten festlegten.

(K): Ich komm zu Ihnen noch mal zurück. Wenn das also so Publizität hatte, Marktdurchsichtigkeitsort oder wie immer man's nennen will, Sie gefragt, hatten Sie Manuskripte ausgewählt unter solchen Kriterien, also das hieße, in Anführungszeichen, nicht innerliterarischen Kriterien? D. h. Erfolgskriterien?

(I): Ich habe mir wohl überlegt, was kannst Du von den Sachen, die du schreibst, dort vorlesen, ja, was eignet sich wohl, dort vorgelesen zu werden. Ich glaub' nicht, daß ich direkt dafür geschrieben habe. Also das, was ich geschrieben habe, wollte ich schreiben. Aber ich bin der Meinung, daß allein die Antizipation dieser Lesesituation das Schreiben beeinflußt hat, bei mir, aber auch ganz bestimmt bei vielen Kollegen.

(K): Hatte man da als Autor im Hinterkopf konkrete Personen und deren literarkritische Programme? Könnte man's so spezifizieren? Oder wonach richtete sich die – das ist jetzt natürlich sehr diffus, wonach man so einen Text auswählt ... Aber was waren so die Kriterien und Überlegungen, könnte man die personell festmachen?

(I): Also ich möchte für mich behaupten, ich mein', daß ich natürlich auch diesem Erwartungsdruck ausgesetzt war und der war sicher auch personalisiert, z. B. der ungeheure Einfluß von Günter Grass auf die Gruppe, der hat bestimmt literarische Konsequenzen gehabt für die deutsche Literatur. Ich könnte aber vielleicht in meinen Fall sagen, daß also meine Schreibweise schon gegen die Gruppe, gegen ihre literarischen Erwartungen, und auch diese sogenannte Kölner Schule, gegen die literarischen Erwartungen formuliert worden ist.

Zur Sozialisationswirkung der Gruppe 47

(K): Gab es in der Bundesrepublik sowas wie einen Gruppe 47-typischen Schriftsteller?

(I): Ja, das kann man sich wohl nur vor Augen führen, wenn man sich überlegt, wer vielleicht da nicht dahin gehörte, also so ein Autor wie, ältere Autoren wie Jünger oder Benn hätte man sich bei der Gruppe 47 nicht denken können. Oder vielleicht auch eine bestimmte, es gehörte eine gewisse, sagen wir mal, Cleverness dazu, sich bei der Gruppe 47 zu behaupten zu können und eine gewisse Fähigkeit mit einem Mikrophon und mit einem Zuhörerkreis fertig zu werden. Insofern war das sicher auch eine soziale Selektion. So ein ganz introvertierter und öffentlichkeitsscheuer Schriftsteller hätte die Situation wahrscheinlich gar nicht ertragen können. Also eine charaktereologische Auswahl war sicher da, obwohl es natürlich Möglichkeiten gab, sich auch da still zu verhalten, beizusetzen, bescheiden zu sein usw. Wie gesagt, die Gruppe hatte Ausgleichsmechanismen dafür, daß man also solche Leute dann ein bißchen protegierte. Die konnten dann keinen ersten Platz erringen, aber man konnte sie dabei sein lassen.

(K): Eine zweite naive Frage. War die Gruppe 47 zwanzig Jahre lang sowas wie ein Äquivalent für Gewerkschaft, obwohl sie natürlich keine war?

(I): Nein, das würde ich, funktionales Äquivalent für Gewerkschaft, nein. Es wurden ja keine allgemeinen Rechte für Schriftsteller erkämpft. Es wurden ja individuelle Vorteile gesucht und verteilt.

(K): Individuelle?

(I): Individuelle Vorteile.

(K): Das reicht hin; das sind Momente des Sozial-Charaktereologischen, die also sich dingfest machen lassen.

(I): Man mußte eben diese Situation durchstehen können, nicht, da vorn lesen. Es wäre unmöglich gewesen z. B. dann das Urteil der ganzen Kritik abzuweisen, zu sagen, meinetwegen brutal darauf zu reagieren oder mit der Gegenkritik darauf zu reagieren, der wäre nie mehr eingeladen worden. Also man mußte bestimmte Umgangsformen respektieren, man mußte die durchstehen können und so.

(K): Kleingruppenweg ...

(I): Ja, ich mein, jeder konnte dort seinen Erfolg machen oder seinen Mißerfolg. Er konnte nachher schlechter da stehen als vorher. Eine Gewerkschaft würde ja sozusagen unabhängig von dem Ansehen der Personen usw. einfach aufgrund ihrer Mitgliedschaft gemeinsame Rechte erkämpfen. Das war nicht der Fall, im Gegenteil. Man nahm individuelle Chancen wahr.

(K): Dann war die Gruppe 47 ...

(I): Es war ein extremer Markt.

(K): Fast hätte ich gesagt ein Seismograph fürs Einzelgängertum und für soziale Verkehrsformen von Einzelgängern.

(I): Ja, mit dem was es darin gab, informelle Gruppenbildung, Freundschaften usw.

(K): Der traditionelle Typ des literarischen Bewußtseins ...

(I): Aber zusammengedrängt sozusagen wie in einem Tigerkäfig. Also sozusagen eine gewisse Dschungelsituation.

Zum Zerfall der Gruppe 47

(K): Zur vorletzten Frage, Fragebündel: Faktoren des Endes der Gruppe 47, ökonomische, politische, psychologische und sonstige.

(I): Ja, erstens hat die Gruppe 47 sowas wie einen offiziellen Status bekommen und das war mit dem Selbstverständnis einiger Schriftsteller von ihrem Beruf auf die Dauer nicht zu vereinbaren. Dann war die Gefahr, daß sie also die prominenten Mitglieder verlor, weil Leute z. B. wie Enzensberger und Böll und Walser da nicht mehr lesen wollten, sich dann fernhielten. Es gibt bestimmt so was wie eine latente Aggression, die immer da war gegen die Gruppe, weil es für alle eine Belastung war. Viele haben auch negative Erfahrungen gemacht, viele positive. Diejenigen, die ihren Erfolg durch die Gruppe 47 gemacht haben, die waren sicher integrierende Bestandteile und haben die Gruppe am Leben erhalten oder sie haben sich auch so verhalten, daß sie sich zurückgezogen haben. Insgesamt ist ganz entscheidend der Klimawechsel, der politische Klimawechsel durch die Protestbewegung der Jugend, durch die Studentenrevolte. Diese Tagung in der Pulvermühle habe ich nicht mehr mitbekommen, da gab es ja sogar einen Zusammenstoß zwischen Studenten und Schriftstellern, ein mißglückter Solidarisierungsversuch bzw. eine Herausforderung der Schriftsteller durch die Studenten. Aber die Spaltungen begannen im Grunde durch die Amerikareise. Da war der erste Widerstand.

(K): Also durch die politische Fraktionierung?

(I): Ja, ich weiß, daß ich mich darüber auch mit Heißenbüttel unterhalten habe, da kann man doch nicht hingehen, usw., wir machen uns ja lächerlich auch, so als Wanderzirkus und als offizielle Instanz der Gesellschaft. Das paßt nicht mehr mit unserer Rolle als Schriftsteller zusammen und man kann doch nicht jetzt in dem Moment nach Amerika gehen usw. Tja, und von da ab begann auch so etwas wie eine völlig andere Thematik, die Krise der Literatur insgesamt als, bis dahin war die Literatur ein selbstverständlicher kultureller Besitz. Es gab eben Literatur. Und von da ab wurde sie eben in Frage gestellt bzw. sie wurde auf ihre Funktion hin befragt, manchmal sehr dogmatisch und orthodox und bilderstürmerisch.

(K): Ende der Harmlosigkeit bezogen auf Grundsatzdebatten?

(I): Ja, es gab nur noch Grundsatzdebatten, würde ich sagen. Es schlug um. Es entstand dann eine Situation, da konnte man nicht mehr ein Buch vorlesen, erst wurde das Buch diskutiert, weshalb schreiben Sie überhaupt, wurde gefragt. Nicht, das Buch wurde schon gar nicht mehr diskutiert. Es war also eine völlige Umkehrung. Meine ganze theoretische Schreiberei hängt mit der Auseinandersetzung mit dieser neu entstanden Situation zusammen, damals durch Kursbuch 15, Enzensberger und Markus Michel, die Thesen über den Tod der Literatur oder die Verengung des Literaturbegriffs auf Dokumentarliteratur oder auf Agit-prop, die dann eintrat. Da hab aber ich versucht, eine Legitimation von Literatur, die also die harmlose unbewußte Selbstverständlichkeit der Gruppe 47 hinter sich ließ und die neuen Verengungen vermied, zu formulieren. Alles das war im Rahmen der Gruppe 47 undenkbar gewesen, die Diskussion, die dann geführt wurde über Literatur, über Gesellschaft, über den Zusammenhang von Ideologie und individueller Motivation usw. und Zusammenhang zwischen Praxis und Phantasie und Imagination und Politik usw., die wäre im Rahmen der Gruppe 47 nicht denkbar gewesen.

(K): D. h. also die Gruppe 47 zerfiel, als sie ein gesellschaftliches Bewußtsein von sich selber bekam? Oder einige ihrer Mitglieder?

(I): Als die wichtigen Fragen über den Zusammenhang von Literatur und Gesellschaft, die dann thematisiert wurden, bei einigen Autoren aktuell wurden, das wäre also dann in diesem Rahmen nicht mehr auffangbar gewesen, ja. Ja, das kann man sagen.

(K): Soweit ging eben die Liberalität doch nicht, diese diffuse Toleranzgrenze ..

(I): Ich weiß nicht, ob das eine Sache der Toleranz ... im Gegenteil, das hätte das, was dort als Toleranz institutionell festgelegt war, gesprengt. Es wären also dort Gegensätze aufgetaucht, meinetwegen zwischen mir und Enzensberger oder meine Auseinandersetzung mit Grass zum Beispiel. Den literarischen Impuls, den ich damals gesetzt habe mit den Autoren, der ging gegen vieles, was in der Literatur von der Gruppe 47 protegiert worden war. Damals herrschte durch das Vorbild von Grass so eine Tendenz zum Grotesk-phantastischen in der Literatur, zu einem, wie ich fand, sehr manierten Schreibstil, was mit der Vorlesesituation zusammenhängt! Mein ganzes Literaturverständnis hat sich dagegen entwickelt.

(K): Das hat der Rahmen, der institutionelle Rahmen der Gruppe, die spezifische Toleranz hat das nicht mehr ausgehalten, diese ins Grundsätzliche gehende Diskussion.

(I): Ich weiß gar nicht, ob die dort noch geführt worden sind oder ob die im Hintergrund geführt worden sind, daß also dort alles auseinanderfiel. Das ganze war ja schon ein sehr morsches Gebäude, daß z. B. Handke mit diesem Einwurf da in Princeton, also einen solchen Erfolg, Öffentlichkeitserfolg hatte, das war ja nur denkbar, weil alles latent bereitlag an Selbstzweifeln, usw. Ein paar Jahre vorher wäre das ein lächerliches Aufbegehren eines Debütanten gewesen, über das man achselzuckend hinweggegangen wäre, auch die Presse hätte das überhaupt nicht so nach vorne gebracht. Irgendwie war die Gruppe in sich selbst zerfallen.

(K): Todesschwanger ...

(I): Ja, kann man sagen, ja. Es war kein Glaube an Berechtigung dieser Situation noch da, jedenfalls bei wichtigen Schriftstellern.

(K): Die zweite Faktorenreihe, die wir auch ganz am Anfang mal angesprochen hatten. Ist die Gruppe 47 als ökonomisches Medium veraltet, zu dem Zeitpunkt veraltet gewesen? Brauchten die Verlage die Form der Vorsortierung, des Aussortierens nicht mehr? Hat sich im Verlagswesen, in den Marketingstrategien was verändert, das die Gruppe obsolet werden ließ als ökonomisches Instrument?

(I): Ich meine, daß damals dann auch, dann begann ja wohl auch die Konzentrationsbewegung in den Verlagen und es begann die Rationalisierung im Buchhandel, daß also die Einkaufsgewohnheiten des Buchhandels sich veränderten und auch das Käuferverhalten sich änderte, daß also z. B. ein viel größeres Bedürfnis nach Theorie und wo auch Praxisanleitungen im Sachbuch plötzlich da waren, nach Gesellschaftstheorie und auch nach irgendwie praxisnahen Sachbüchern, Fachbüchern usw. Wissenschaft wurde popularisiert in einem ungeheuren Ausmaß von da ab. Da hab ich selbst dran teilgenommen innerhalb meines eigenen Verlages mit der gelben wissenschaftlichen Reihe, die ich da herausgegeben habe. Die Verlage änderten sozusagen ihr Programm. Rein literarische Verlage wurden um diese Zeit, also Mitte der 60iger Jahre, stellten sich um und begannen ein wissenschaftliches Programm aufzubauen. Das war früher eine Sache der rein wissenschaftlichen Verlage, heute haben Suhrkamp, Rowohlt und Kiepenheuer und Witsch, eigentlich alle größeren Verlage eben auch Wissenschaft oder eben soviele Sachbücher wie Piper sie hat.

(K): Was wohl nicht folgenlos dann auch den Stellenwert der Gruppe, die ja nun spezifisch belletristisch war und wohl okkupiert hatte den Literaturbetrieb ...

(I): Ich meine, die Umorientierung der Öffentlichkeit auf auch eben Gesellschaftskritik bei den Studenten und der Zweifel an der Literatur als Instrument der Gesellschaftskritik, als Instrument der Erkenntnis und die Umstellung der Verlage, das ist sicher ein miteinander zusammenhängender Prozeß gewesen; vor allen Dingen hing es auch damit zusammen, daß die Verlage dann eine Literatur haben wollten, die für einen überschaubaren Markt da war, also wieviel Studenten haben wir, wieviel wird ungefähr gebraucht usw., wieviel Universitätsbibliotheken gibt es und wieviel wird abgenommen; hat man da Garantieauflagen usw.; das alles hat man bei der Literatur nicht, die ist viel irrationaler. Und die Irrationalität des Literatur wurde durch die Gruppe 47 etwas aufgefangen, indem dort ein Vortestinstitut bestand, aber nicht nur ein Testinstitut, sondern ein Bestimmungsinstitut, was wird der Erfolg. Man einigte sich schon.

Zum Problem der Einladungskriterien von Hans Werner Richter (Interview 14)

(K): Noch zum Einladungsmodus. Ihrer Kenntnis, Ihrer Einschätzung nach, nach welchen Kriterien hat dann Richter de facto eingeladen?

(I): Ja, das ist schwer zu sagen. Bei ihm hat sicher eine große Rolle gespielt freundschaftliche Verbundenheit. Da gab es so einige, die konnten lesen und durchfallen so oft sie wollten, da bestand er darauf, daß sie wieder eingeladen werden. Das war auch sicher richtig, nicht, weil diese Leute ja nicht nur einen Text als Beitrag für diese Tagung lieferten, sondern auch einiges klimatisch dazu beitrugen. Das hat für ihn eine Rolle gespielt. Und dann war er immer offen für die Vielfalt. Man kann wirklich nicht sagen, daß er ein Bewunderer von Heißenbüttel oder Heißenbüttel verwandte Lyrik ist, aber er hat das eingesehen, z. T. auch einsehen müssen, daß das auch zur Literatur gehört. Und er hat auf der anderen Seite auch sich nicht von der Ausschließlichkeit einer Heißenbüttelschen Ideologie, die nicht von ihm ausging, aber von anderen, nicht, da hat er sich auch nicht lenken lassen. Das ist sicher mit noch ein anderer Grund, warum die Gruppe sich so lange gehalten hat, daß sie auf Vielfalt in der Literatur bestand. Daß sie sich nicht ausschließlich einer bestimmten Richtung verschrieb, sei es der nouveau roman, sei es der konkreten Lyrik, sei es einer sogenannten engagierten Literatur. Das stand alles nebeneinander. Und von Tagung zu Tagung verschieden, überwog das eine oder andere. Aber das gehörte sicher zu Richters Auswahlkriterien, daß er diese Vielfalt erhalten wollte.

Zur Ausgangslage der Gruppe 47 (Interview 19)

(K): Was war Ihre berufliche Tätigkeit bzw. Ihr Wohnort zum Zeitpunkt Ihrer Erstteilnahme?

(I): Bei der Ersstteilnahme da waren wir, da wir ich ein aus dem eigentlichen Journalismus ausgeschiedener Schriftsteller. Sie wissen ja, ich hatte da vorher mit Hans Werner Richter zusammen den »Ruf« gemacht. Und aus dem »Ruf« waren Richter und ich rausgeflogen und wir lebten damals mehr oder weniger ganz vergnügt, das war vor der Währungsreform in München bzw. im Rheinland und führten da ein Leben als freischwebende Intellektuelle.

(K): Leitet sich von daher, von diesem Leben als freischwebende Intellektuelle, wie Sie das nannten, eine bestimmte Erwartung an die Tagung oder an das, was da geschehen soll? Welche Erwartungen hatten sie daran geknüpft?

(I): Ich glaube, es war schon ziemlich früh ein gewisser Anspruch, eine Erwartung, eine Art unausgesprochenes Selbstverständnis, daß also nun damit die neue deutsche Literatur beginnen würde. Das war komischerweise gleich von Anfang an ziemlich da.

(K): Bei Ihnen oder auch verbreitet bei anderen?

(I): Ich möchte annehmen eigentlich auch bei den anderen. Das war der Impetus, das war der Motor. Und zwar einfach, weil man sich sagte, mit einer schönen Arroganz sagte man sich, es gibt eigentlich nichts als uns, denn es gab ja nur die Schriftsteller, die sich in irgendeiner Weise mit dem Nationalsozialismus eingelassen hatten und also praktisch nicht in Frage kamen, nicht mehr in Frage kamen, auch wirklich nicht in Frage kommen. Denn wer sich mit dem Nationalsozialismus eingelassen hatte, kam nicht mehr in Frage, der hatte also sein Anrecht auf die Literatur verwirkt. Und dann gab es diese Schriftsteller der sog. inneren Emigration, also dieser Gegensatz innere Emigration und äußere Emigration spielte damals in der Diskussion schon eine starke Rolle. Es gab also gute Schriftsteller, die in Deutschland geblieben waren und sich dort in so eine Art innere Emigrationsrolle hineingelebt hatten und es gab dann die Emigranten-Schriftsteller, die draußen waren. Und zwischen diesen Konstellationen hindurch war aber beim Zustandekommen der Gruppe 47 gleich von Anfang an ziemlich stark das Gefühl, also eigentlich, die innere Emigration, die äußere Emigration, die Nazi-Schriftsteller, das sind also eigentlich alles Dinge, die sind vorbei, die gehören einer anderen Epoche an und mit uns beginnt etwas Neues.

(K): War das sozusagen ein politisch literarisch-soziales Generationsverständnis? Daß man sich auch als eine bestimmte Generation nicht im biologischen Sinne ...

(I): Ja ich fürchte ja, ich glaube ja.

(K): Sie sagten, fürchten?

(I): Ja ich fürchte. Ich würde es heute als einen Fehler bezeichnen und als eine Gedankenlosigkeit, aber als eine verzeihliche. Jede Generation, die neu kommt, hat dieses Gefühl.

(K): Darf ich da nachfragen, inwiefern Sie das heute als eine Gedankenlosigkeit bezeichnen würden?

(I): Gott, weil wir einfach nicht gesehen haben, daß es beispielsweise doch nun eine ganz große Anzahl hervorragender deutscher Schriftsteller in der Emigration gegeben hat.

(K): Können Sie Beispiele nennen?

(I): Ich meine, die sind doch bekannt. Die Leute, die in die Emigration gegangen waren, sind bekannt und ...ja sagen wir mal die ganz großen Namen, Thomas Mann, Bertolt Brecht, selbstverständlich bekannt. Aber es war für uns irgendwie eine unfaßliche Angelegenheit und ich entsinne mich noch sehr gut an eine Tagung der Gruppe 47 auf dieser Burg Berlepsch, das war aber dann schon Anfang der 50iger Jahre, wo zum ersten Mal ein Vertreter dieser deutschen Emigrationsliteratur kam und mit uns Verbindung aufnahm. Es war Hermann Kesten. Und er wurde natürlich sehr freundlich aufgenommen. Trotzdem bestand zwischen der Gruppe 47 und der Emigrationsliteratur eigentlich nicht mehr als eine höflich-freundschaftliche Verbindung. Kein eigentlicher geistiger Zusammenhang, keine Wechselwirkung.

(K): Ich komm' darauf noch mal später, bei den Fragen der Vorgeschichte der Gruppe 47 zurück. Ich darf vielleicht von dem allgemeineren Bezug nochmal zurückkommen zur Erwartungsfrage. Was haben Sie sich von der Tagungsteilnahme an dem, was dann Gruppe 47 hieß, versprochen? Welche Erwartungen ...?

(I): Also tatsächlich dieses kindische Gefühl, einem Freundschaftsbund von Schriftstellern anzugehören.

(K): Simple Frage, wie war dann Wirklichkeit und Erwartung in dieser ersten Tagung?

(I): Ja ich sagte eben kindisch, weil die Gruppe 47 das im Anfang auch tatsächlich war. Die Gruppe 47 war buchstäblich ein Zusammenkommen von Schriftstellern, die in aller Naivität der Auffassung waren, daß Schriftsteller sich gegenseitig ihre Manuskripte vorlesen könnten. Und aus diesem Kontakt, aus diesen Arbeitskontakten heraus sich irgendetwas freundschaftlich Positives ergeben würde.

Zur literarischen Pluralität der Gruppe 47

(K): Hat sich die Gruppe 47 an der Vielfalt der literarischen Ansätze gleichsam den Magen verdorben?

(I): Nein, jetzt komm ich wieder zu dem Programm der Programmlosigkeit zurück. Natürlich war dieses Programm der Programmlosigkeit, wenn man so will, der genialste Trick, es war selbstverständlich kein Trick. Richter hat das nie als Trick beabsichtigt, aber er hat damit die Kulmination und das Ende der Gruppe herbeigeführt. Denn wenn ich also jeder Programmierung, nach einer bestimmten geistigen Richtung hin, nach einem literarischen Programm hin ausweiche, und sage nein, nein, nein, mich interessiert also nur die Qualität und woher sie kommt, ist mir wurscht. Wenn der symbolistische Lyriker Müller besser ist als der sozialistische Realist Maier, dann soll also das von der Gruppe entsprechend notiert werden, eine Entscheidung treffen wir nicht. Gut. Aber gerade dadurch, daß die Gruppe programmlos blieb, hat sie dann später den Anspruch gestellt, eigentlich die ganze Literatur zu repräsentieren, d. h. also zu sagen, wir repräsentieren jetzt nunmehr die, das ist sehr schwer zu erklären, wir repräsentieren jetzt nunmehr den absoluten Querschnitt, den absoluten Qualität durch die deutsche Nachkriegsliteratur, so daß sich also jeder, der nicht dazu gehörte, als ausgeschlossen fühlen mußte.

(K): Unter der Kategorie »außerdem lief«.

(I): »Außerdem liefen noch«; dazu kam diese sich immer steigernde Publizität; und nun kam etwas zustande, was man eigentlich als einen tönernen Koloß bezeichnen könnte, nicht. Dieser Anspruch a) Programmlosigkeit b) alle Programme enthalten also, verstehen Sie, was ich meine. Damit war natürlich ein Monopol verkündet, alles was wichtig war, war ja da drin. Es gab ja keinen Ausschluß, weil Sie etwa ein experimenteller Konstruktivist waren oder ein, was weiß ich, irgendwas anderes, wurscht was, nicht wahr. Und dieser Krug mußte solange zum Brunnen gehen, bis er brach.

Zum Wandel des Vorlese-Verhaltens (Interview 20)

(K): Um beim Werkstattcharakter zu bleiben, bzw. dessen mögliche Wandlungen. Ich geh mal davon aus, daß in den Anfangsjahren, lassen Sie mich mal die Metapher nehmen, mit offenem Visier Manuskripte präsentiert wurden . . .,

(I): Ja . . .

(K): . . . als Teile, Einblicke in den Arbeitsprozeß. Ist später, angesichts der Repräsentativität, des Einbruchs der Öffentlichkeit, diese Form des offenen Visiers aufgehoben worden oder tendenziell aufgehoben worden zugunsten etwa einer geschickten, an die Erwartungen der Kritik geknüpften Manuskriptselektion bei Autoren, zumal auch Neulingen?

(I): Ich fürchte, daß Sie mit dieser Frage recht haben, weil der Einbruch der Öffentlichkeit und vor allen Dingen die Vorentscheidungen, die dadurch fielen, daß die entscheidende Öffentlichkeit anwesend war, haben in der Tat einige Autoren dazu gebracht vor allen Dingen daran zu denken gut wegzukommen. Das ist ganz selbstverständlich und sehr menschlich und auch wieder etwas ganz unvermeidliches, nicht. Wenn, sagen wir die Kritiker der 5, 6 wichtigsten Zeitungen da sind, die Kritiker des Fernsehens und des Radios und jemand hat ein Buch geschrieben, fast fertig oder es soll im Herbst erscheinen, nicht, die Gruppentagung ist im Frühjahr. Das Buch muß also beinahe in den Druck gehen, und es erfolgte nun ein rabiater Einspruch der versammelten westdeutschen Kritik, dann wirkt das unmittelbar auf den Verleger, dann wirkt das unmittelbar auf den Autor, dann hat das finanzielle, freundschaftliche und ich weiß was nicht für Folgen, und selbstverständlich versucht sich ein Autor, gerade wenn er weiß, was ihm bevorsteht, ein junger Autor, wie Sie richtig sagten, darauf einzurichten; und will man es ihm verdenken, wenn er statt Schwarzbrot eine Rosine anbietet, sozusagen.

ZUR KONZEPTION DER LITERARISCHEN PLURALITÄT (Interview 23)

(K): War das eine bewußte Konzeption von Ihnen, möglichst viele literarische Strömungen aufzusaugen?

(I): Ja, ja, es war ganz bewußt meine Konzeption und zwar hat die einen tieferen Grund; weil ich glaubte, daß die literarischen Revolutionen, wohlgemerkt die literarischen Revolutionen, die Zeit der literarischen Revolutionen zu Ende gegangen war, und zwar die Zeit mit dem Naturalismus, Symbolismus, Expressionismus, Impressionismus, das waren alles literarische Revolutionen sozusagen. Die Zeit war zu Ende mit dem Auslaufen des Expressionismus in den 30er Jahren. Der läuft übrigens aus vor, bevor das Dritte Reich anfängt. War die Zeit dieser Revolution zu Ende und man konnte nur noch mit der Synthese, also die verschiedenen Stilarten, die durch die literarischen Revolutionen entstanden waren in eine größeren Ordnung zu binden, also zu binden darüber hinaus. Und tatsächlich schrieben die Leute nicht unbedingt nach einer Mode, sondern sie versuchten alle Stilmöglichkeiten, die im letzten halben Jahrhundert erarbeitet worden waren, zu verwenden, nicht.

(K): Sie sagten das Stichwort Synthese; ist das nicht aber zuviel für die Gruppe? War eine synthetische Konzeption und das setzt ja fast schon wieder ...

(I): Na ja: Synthese, eher Nebeneinander. Vielleicht ist es besser, man sagt Nebeneinander. Aber es gab also Erscheinungen, wo in der Schriftstellerei Surrealismus etwa und Realismus also beide Möglichkeiten verwandt wurden innerhalb eines Buches, das gab es schon. Das war der Versuch. Jedenfalls, um es anders zu sagen, man hatte nicht die Absicht, eine neue literarische Revolution mit der Gruppe 47 ins Leben zu rufen, also eine neue Schule zu machen, wie es eben der Surrealismus war, sondern man wollte den Weg der Synthese.

ZUM ERSCHEINUNGSBILD DER TAGUNGSINTERAKTION IN DER HOCH- UND SPÄTPHASE (Interview 26)

(K): Woran lag es, daß die Verleger eher in der »Kulisse« der Tagungen verblieben?

(I): Das lag daran, daß die Verleger sehr viel zurückhaltender waren, daß die sich in den Diskussionen fast nie zu Wort meldeten und daß sie auch ihren Einfluß nur sehr im stillen da geltend machten; daß sie etwa die Gruppe 47 finanziell unterstützten, das wußte man; und daß sie dafür dann bestimmte Autoren vorschlagen konnten, die da eingeladen wurden. Das ist sicher eine Verzerrung des Bildes, aber die Kritiker standen so im Mittelpunkt der Öffentlichkeit, die hatten Macht, die konnten Woche für Woche in ihren Rezensionen entscheiden über die Literatur. Das ist ja auch eine alte Frontstellung zwischen Autor und Kritiker, die dort aufbrach, weil man sich so verbal ständig eben Gefechte lieferte. Und die Kritiker waren einfach zu schnell bei der Hand mit ihrem Urteil, zu routiniert, und das störte viele Autoren, die da bedächtiger und vorsichtiger formulierten. Aber die Verleger blieben eigentlich so als graue Eminenzen im Hintergrund. Und der ganze Markt, das Konkurrenzprinzip, das sich gegeneinander ausspielen lassen, was uns erst bei den letzten Tagungen klar wurde, das wurde am Anfang sozusagen als naturgegeben scheinbar hingenommen. Es gab einfach kein Bewußtsein, es hängt auch mit der politischen Bewußtseinslage damals in Deutschland zusammen, von solchen wirtschaftlichen Mechanismen, man hatte das Gefühl, das ist eigentlich ganz normal, daß sich hier das bessere durchsetzt und daß das dann auch gedruckt wird und so ...

(K): »Naturwüchsiges Talent« ...

(I): Es gab kaum einen, der das in Frage gestellt hat. Das war wahrscheinlich dann noch am ehesten Enzensberger, das war also jemand, der das überhaupt gesehen hat, daß da natürlich Marktwerte und Kurswerte festgesetzt wurden und eigentlich nicht Literaturwerte.

(K): Das hieße also, hatten Sie so den Eindruck von den ersten Tagungen, an denen Sie teilgenommen haben, daß man hier sozusagen als Literator, wie das mal jemand genannt hat, so Gleiche unter Gleichen ist?

(I): Ja, ja ...

(K): Also alle, ist egal ob Medienvertreter, ob Verleger, ob Kritiker, aber man ist sozusagen Gleicher uter Gleichen, irgendwo auf einen Level der Literatur oder was immer auch das sei, verpflichtet?

(I): Ja, das schon. Es gab noch so ein idealistisches Literaturbild, zu dem sie alle irgendwie gehörten; und sicher hatten die Autoren ein leicht elitäres Bewußtsein, die hielten sich für die eigentlichen Produzenten und die anderen, Kritiker, waren nur Multiplikatoren oder nur Verleger. Gleichzeitig waren sie aber von denen abhängig und wollten auch den Kontakt zu denen. Und bei den Autoren spielt immer ein überhöhtes Selbstbewußtsein, hängt immer auch zusammen mit einem realen – wie sagt man – Unterschätzungsbewußtsein, ich weiß jetzt nicht, wie ich das ausdrücken soll. D. h., daß sie also einerseits gegenseits zu einem Kritiker oder Verleger kaum Macht haben, auf der anderen Seite aber doch die Literatur machen. Das führt dann zu diesen merkwürdigen Reaktionen, entweder übersteigertes Selbstbewußtsein, was sich in so Hahnkämpfen austobt, oder auch Unterschätzung der eigenen Bedeutung.

Ein Resümee von Erfahrungen mit der Gruppe 47 (Interview 16)

(K): Ich komme zu den Schlußfragen. Hat die Existenz, haben die Prozesse der Gruppe 47 über die Jahre hinweg Einfluß gehabt auf Ihr Schreiben, Denken, ja auch auf Ihr Fühlen als Person und Autor?

(I): Vorübergehend wohl, in dem Bewußtsein, es ist ja manchmal eine ziemlich eisige Sache. Man sitzt da und weiß nicht, wenn man schreibt und schreibt, und den Idealleser kann man sich sowieso nicht vorstellen, den flickt man sich zusammen. Das ist ganz gut zu wissen, daß man sich vorstellen könnte, wieder konjunktivisch gesprochen, es wäre denkbar, daß diese Geschichte könnte doch eigentlich, nicht, man will es gar nicht, aber man stellt sich vor, Du könntest diese Geschichte unter Umständen den Jungens vorlesen und da könnte einige Einhelligkeit bestehen, daß das eine ganz gute Sache ist. Das ist eine handwerkliche Überlegung. Und sonst eigentlich, das war aber nur in sehr frühem Stadium, sonst gibt's eigentlich gar keine, von mir aus gesehen, keine Wechselbeziehung, daß ich vom Schreibtisch zur Gruppe, daß halt irgendetwas negativ oder positiv bestärkt oder gehemmt hätte. Nein. Vor Gruppentagungen immer der Juckreiz in den Fingern, solltest Du nicht doch was kramen, solltest Du nicht doch was mitnehmen, oder 5 Wochen vorher, Mensch, schreib doch die Geschichte, die Du schon so lange schreiben willst. Die könnte sich doch eignen; meistens wieder verworfen, weil man sich sagt, Mensch, das ist Wahnsinn, weil mir immer der Jens im Lokus einfiel als schneller Brüter ...

(K): Nicht nur er ...

(I): Nicht nur er. Für mich war das also das erste Mal, selbstverständlich klar. Sonst eigentlich nicht, das war nur die allererste Zeit, die allererste Zeit, das war sogar eine Gefahr, ich hab' nachher noch versucht, mehrere Geschichten in der Art zu schreiben wie »Ausmarsch« und »Begräbnis«, die ins Auge gingen, die ich Gott sei Dank von mir aus, wo ich schon merkte, nun mach mal einen Punkt und schreib mal ein bißchen woanders hin. Also, daß man dann nachher gesagt hat, im Grunde bist Du alleine da und schreibst für Dich, Du kannst nachher immer mal einen rausfischen, okay. Aber sonst eigentlich nicht, nein.

(K): Nachfrage. Vermissen Sie die Gruppe 47 heute?

(I): Ja, ich vermisse sie. Das ist nun wirklich jetzt ein ausgesprochener Widerspruch zu meiner bisher geäußerten, zu meinen vielen bisher geäußerten Meinungen ...

(K): Bei der Gruppe ist mir gar nichts mehr widersprüchlich ... Was vermissen Sie?

(I): Ich vermisse ...; wir haben zum Beispiel, jetzt sag ich wir, es ist was sehr Hübschens, Sentimentales passiert, ich glaube vor einem Jahr war's, am 1. Mai. Wir waren zufällig in Deutschland, weil wir meistens immer in Italien sitzen, wir haben ein kleines Häuschen da, wo wir immer so ein Vierteljahr hier und dreiviertel Jahr da. Das liegt an dem Kleinen, den wir haben. Da waren wir also gerade hier und Richter hat eingeladen und es war eine inoffizielle Gruppentagung und er hat's immer durchblicken lassen und es war natürlich sehr bezaubernd; es war Grass da, es war Uwe Johnson da und ein paar kamen angereist, und Milo Dor wieder mal aus München oder aus Jugoslawien, ich weiß nicht woher. Und man saß, es war sehr nett, man fraß Würste und saß da draußen im Garten, hier in seinem Haus da. Und einfach die Tatsache, daß man sich mal – ich bin kein gesellschaftlicher Mensch, ich brauch' kein Kaffeehaus, ich brauch' keine Freunde, leider Gottes, ich brauch' keine Kollegen, aber es ist ganz schön, wenn man mal so, jedes Jahr mal irgendwo sagen wir eine Party. Und da will ich dann auch neue Gesichter sehen oder nicht, das ist mir völlig wurscht; aber hin und wieder mal einen beiseite nehmen, Mensch sag mal und so, das wäre also, wenn Sie wollen, mein einziges Gruppengefühl, was ich habe, was also damals so war; und wenn ich das melancholische Ende noch anfügen darf, der arme Hans Werner, dem standen vor Sentimentalität manchmal die Tränen in den Augen, der fing dann an, die Jungs guckten schon an die Decke und er konnte nichts anderes machen als immer wieder, nicht: »Du weißt doch noch«; ich war nun zufällig der einzige Olle, der dabei war, Grass und alle waren ja später dazu gekommen. Und das war zwar sehr rührend, aber das meine ich nicht, sondern die Tatsache, daß man sich einfach mal hinsetzt und ein bißchen absteckt ohne jetzt irgendwelches »Weg mit der Gruppe«. Aber wir haben uns aus der Gruppe heraus gefunden und die Kollegen treffen sich hin und wieder mal und sagen, Mensch Kinder, wie sieht's eigentlich aus, was ist los mit der Literatur. Schreiben wir eigentlich noch lange, gibt's eigentlich morgen auch noch Bücher, wenn jetzt die Hungersnot sich weiter ausbreitet und was weiß ich, was es alles für Themen gibt. Das wäre, da man nun einmal die Kollegen dort kennengelernt hat und da weiß, woran man ist und nicht lange erst zu tasten braucht, dann merk' ich, der verzieht den Mundwinkel, wenn ich links sage, wäre es natürlich ganz schön, wenn man hin und wieder mal sich treffen könnte. Was möglich ist, ich meine, ich bin ja meistens nicht da, aber es ist eben dann in dem Umfang dann doch nicht mehr möglich; wie eben Richter, was ich richtig fand, nach der Tschechoslowakei gesagt hat, also Schluß. Ich find' nur eins nicht richtig, vielleicht paßt das nicht herein, aber vielleicht können Sie's brauchen. Ich finde eben eins nicht richtig, man hätte die Gruppe nicht so tun lassen, als ob man schmollt mit den Russen, als ob die Russen schuld haben am Nicht-mehr-Bestehen der Gruppe, sondern man hätte wesentlich früher sagen solle, Funktionen erfüllt, aus. Literatur hat einen wesentlichen Anstoß gekriegt, nicht, wir haben nicht gezeigt, was ist, sondern wir haben auf eine Strömung der Literatur hingewiesen, die haben wir sehr stark vertreten und nun laßt es gut sein Leute, wir haben eine Menge Leute untergebracht, haben auch einer Menge Leuten Startmöglichkeiten gegeben, Feierabend, hoch die Tassen, laßt uns nette Freunde bleiben, adieu. Meldung in die Zeitung, nicht, ob sie hämisch sind oder nicht, alle hämisch wären sie natürlich gewesen, aber Funktionen erfüllt, aus, würde ich sagen, heute nicht mehr. Aber vielleicht sagen wir, nur nicht warten, bis die Russen das und das tun, was mit der Literatur nichts zu tun hat. Wir sind ja eine literarische Gruppe, nicht, Politik kommt ja erst in zweiter Linie hinzu. Vielleicht sagen wir mal 5, 6 oder vielleicht sogar 10 Jahre früher, wäre meiner Meinung nach besser gewesen als jetzt, wo man immer sagt, naja, gibt es die oder gibt es die nicht, wieso haben die damals aufgehört, schmollen die, warum kann man denn nicht, um Gottes willen, nach der Tschechoslowakei fahren, wo sind denn die Russen, tun die uns denn was. Der Böll fährt dauernd nach Rußland usw. und der Richter will nicht in die Tschechoslowakei, was ist denn eigentlich los. Nicht? Ist ein bißchen vage, ich hätte einen präziseren Schnitt sachlicher besser gefunden als das. Aber eigentlich ist sie nicht mehr existent so von mir her gesehen und daß es die Kollegen alle noch gibt und daß man gerne mal mit ein paar, Böll muß ich so alle drei Monate mal ein Briefchen schreiben und wie geht's denn, usw., und er antwortet und Jens usw., das ist klar. Aber das ist es dann eigentlich auch. Aber ich meine, kennengelernt eben durch die Gruppe und das ist das große Plus für viele Schriftsteller, die ja alle ein bißchen eigenbrötlerisch sind, der Typ Grass ist ja leider Gottes nicht sehr weit verbreitet, der sehr kommunikationsfreudig ist. Und Lenz ist es durch Grass geworden, war es auch nicht. Das ist ja auch ein völlig in sich gekehrter Mann. Also das hat man bei der Gruppe gelernt, daß man sich eben mit Kollegen und mit Öffentlichkeit auseinandersetzt. Ich glaube, mir ist es so gegangen, daß ich meine politischen Reize, ich hab' sie zwar von Haus aus mitgekriegt, aber bei der Gruppe gelernt habe, unbewußt wahrscheinlich, daß es nicht nur genügt, ich setz mich hin, z. B. weiß ich heute noch was ich schrecklich finde, diese sog. Dichterveranstaltungen. Aber das habe ich bei der Gruppe mitgenommen, daß es wichtig ist, dem Stier ins Auge zu blicken. Ich muß mich hinstellen und ich sage auch, das habe ich alles bei der Gruppe gelernt. Ich sage jedesmal, wenn ich Dichterlesungen – um den schönen Ausdruck zu gebrauchen – mache, bitte ich sage Ihnen meine Meinung und gehen Sie anschließend nicht nach Hause, lassen Sie uns anschließend diskutieren, sagen Sie mir bitte auch Ihre, denn ich schreib' ja nicht nur für mich. Ich schreib' ja im Grunde auch, damit Sie mir zuhören, Sie sind hier hergekommen. Das sind alles Dinge, die man dort gelernt hat und die man heute, von mir aus, ich bin bestimmt nicht so veranlagt, die ich bestimmt dort mitgekriegt habe, daß eben das Kommunikationsprinzip der Literatur, daß einem das dort einfach durch pragmatische Beispiele nahegebracht worden ist. Also das wäre jetzt das, was ich – es ist mir gerade in den Mund gekommen – als Quintessenz aus dieser ganzen Geschichte für mich auch heute noch herausziehe. Ich glaube nicht, ich würde nicht anders schreiben, aber ich bin bestärkt worden in der Auffassung, daß es eigentlich zuerst um den Menschen geht, um das thematisch, und dann um das formale, das war immer das Hauptprinzip, wie gesagt, es hat sich nachher verändert. Aber das sind alles Dinge, die einen noch ein bißchen verstärkt haben und die einem manches Grübeln und Bleistiftzerkauen erspart haben, was sonst noch passiert wäre.